국가정보원
일반직 9급

시대에듀

시대에듀 국가정보원 일반직 9급 필기시험

Always **with you**

사람의 인연은 길에서 우연하게 만나거나 함께 살아가는 것만을 의미하지는 않습니다.
책을 펴내는 출판사와 그 책을 읽는 독자의 만남도 소중한 인연입니다.
시대에듀는 항상 독자의 마음을 헤아리기 위해 노력하고 있습니다. 늘 독자와 함께하겠습니다.

국가정보원의 모든 직원들은 아래와 같은 행동강령을 실천지표로 삼아 주어진 미션을 완수하기 위해 최선을 다하고 있다. 우리는 자랑스러운 대한민국 국가정보원 직원으로서, 국가안보와 국민보호를 위해 소리 없이 헌신하고, 자유민주주의 체제 수호와 조국통일의 초석이 될 것을 엄숙히 다짐하면서 다음과 같이 행동한다.

하나 국가와 국민의 안위를 생각하며, 먼저 알고 앞서 대비한다.

하나 투철한 애국심과 사명감으로 맡은 바 임무를 완수한다.

하나 국가정보기관 요원으로서의 신의와 명예를 지킨다.

하나 보안을 목숨같이 여기고 직무상 비밀은 끝까지 엄수한다.

 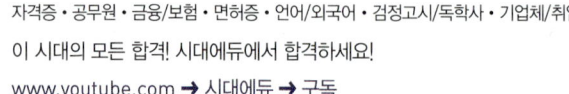 

머리말 PREFACE

국가정보원은 1961년 중앙정보부로 출발하여, 1981년 국가안전기획부를 거쳐, 1999년 국가정보원으로 개칭되어 오늘에 이르고 있습니다. 명실공히 대한민국의 최고 국가정보기관으로서 국가안전보장에 관련되는 정보 · 보안 및 범죄수사에 관한 사무를 관장하며 직제상 대통령 직속기관으로 되어 있습니다. 국가정보기관의 조직 구성과 인원은 국가기밀로 관리되기 때문에 상세한 내용을 알 수 없고 채용 과정에 있어서도 각종 자료가 전혀 공개되지 않는 현실이기에 수험생들이 시험을 준비하는 데 매우 어려움을 겪고 있는 것 또한 사실입니다.

국가정보원의 일원이 되면, 국익을 위한 첩보를 수집하고, 분석하고, 보호하고, 검증하는 업무를 수행하게 됩니다. 이런 일련의 과정이 결코 쉽지만은 않겠지만, 국익을 위해 일하는 만큼 큰 만족을 줄 것이라 생각합니다.

도서의 특징

❶ 출제영역별 핵심이론 및 적중예상문제를 통해 체계적인 학습이 가능하도록 하였습니다.
❷ 최종점검 모의고사 6회분과 모바일 OMR 답안채점/성적분석 서비스를 제공하여 자신의 실력을 스스로 점검할 수 있도록 하였습니다.
❸ 면접 유형 및 실전 대책과 예상 질문을 수록하여 한 권으로 국가정보원 일반직 9급 채용에 완벽하게 대비할 수 있도록 하였습니다.

여러분의 도전을 응원하며, 여러분의 길에 합격의 영광이 함께하기를 진심으로 기원합니다.

시대공무원시험연구소

국가정보원 소개

◆ 역대 원훈

1대 부훈 : 중앙정보부 & 국가안전기획부 (1961.9 ~ 1998.12)

「우리는 陰地에서 일하고 陽地를 指向한다」

언제나 국가와 국민의 안위와 국익을 위해 일하면서 그 활동을 드러내지 않고 묵묵히 헌신해야 하는 정보요원상을 나타내고 있습니다.

2대 원훈 : 국가정보원 (1999.1 ~ 2008.10)

「情報는 國力이다」

무한경쟁시대인 21세기를 대비하는 상황에서 국가발전의 원동력인 정보의 중요성을 강조하고 있습니다.

3대 원훈 : 국가정보원 (2008.10 ~ 2016.6)

「自由와 眞理를 향한 無名의 헌신」

자유민주주의 체제 수호를 위해 진실된 정보만을 추구하며, 보이지 않는 곳에서 묵묵히 헌신하겠다는 의지를 나타냅니다.

4대 원훈 : 국가정보원 (2016.6 ~ 2021.6)

「소리 없는 獻身, 오직 대한민국 守護와 榮光을 위하여」

소리없이 자신을 드러내지 않고 헌신하여 국가안보를 수호하고 대한민국의 번영을 위한 초석이 되겠다는 굳은 다짐이 담겨있습니다.

5대 원훈 : 국가정보원 (2021.6 ~ 2022.6)

「국가와 국민을 위한 한없는 충성과 헌신」

이름 한 줄 남기지 못할지라도 오직 국가와 국민을 위해 보이지 않는 헌신을 다할 것을 다짐하는 뜻을 담고 있습니다.

현재 원훈 : 국가정보원 (2022.6 ~ 현재)

「우리는 陰地에서 일하고 陽地를 指向한다」

드러냄 없이 묵묵히 국가를 위해 헌신하겠습니다.
우리는 보이지 않는 애국의 최전선에서
소리 없이, 두려움 없이, 흔들림 없이 안보를 지키겠습니다.

우리는 개인의 명예를 내세우지 않고 국가와 국민의 안위를 먼저 생각하며,
소임을 다하기 위해 도전과 위험, 역경과 희생을 기꺼이 감수하겠습니다.

대한민국의 영광과 발전을 최고의 명예로 삼겠습니다.
자유민주주의 대한민국의 빛나는 영광과 발전이
우리가 일하는 의미이자 지켜야 할 명예입니다.

최고의 정보역량으로 세계 속에서 대한민국의 위상을 드높이고
국민에게 신뢰받는 정보기관이 되겠습니다.

INTRODUCE

합격의 공식 Formula of pass | 시대에듀 www.sdedu.co.kr

◆ 인재상

최고를 넘어 더 큰 세계를 향해

당신은 자신이 무엇을 원하는지 이미 알고 있습니다.
눈높이를 높이세요. 마음껏 성장하세요.
국가정보원이 더 넓은 세상을 열겠습니다.

애국심·헌신	책임감·전문지식	정보감각·보안의식
愛國心·獻身	責任·知識	情報·保安
국가와 국민을 위해 헌신하려는 애국심이 있어야 합니다.	주어진 임무에 대한 전문지식과 함께 이를 완수하려는 책임감을 가져야 합니다.	정보기관 조직원으로서 정보감각과 보안의식을 겸비해야 합니다.

◆ GI(Government Identity) 소개

나침반 : 별 모양 나침반은 대한민국의 미래를 제시하는 정보기관의 소임을 상징합니다. 직원 개개인이 하나하나의 나침반이 되어 대한민국의 미래를 밝히는 별이 되겠다는 다짐이 담겨 있습니다.

태극 : 대한민국의 고유 상징인 태극을 나침반 중심에 위치시켜 우리나라 최고 정보기관인 '대한민국 국가정보원'을 상징하였습니다.

워드마크 : 별 모양 나침반과 국가정보원의 영문 이니셜을 결합한 워드마크를 제작, 다양한 온·오프라인 플랫폼에서 유연하게 활용할 수 있게 하였습니다.

색상 : 국가정보원의 대표 색상인 'NIS Blue'를 음영이나 기교 없이 정직하게 사용해, 국민의 신뢰를 받는 정보기관이 되겠다는 의지를 담았습니다. 나침반은 미래를 밝히는 '별'의 색상인 옐로·골드를 활용하였습니다.

국가정보원 소개

◆ 직무

01 다음에 해당하는 정보의 수집·작성·배포

가. 국외 및 북한에 관한 정보
나. 방첩, 대테러, 국제범죄조직에 관한 정보
  ※ 방첩 : 산업경제정보 유출, 해외 연계 경제질서 교란 및 방위 산업침해에 대한 방첩 포함
다. 「형법」 중 내란의 죄, 외환의 죄, 「군형법」 중 반란의 죄, 암호 부정사용의 죄, 「군사기밀 보호법」에 규정된 죄에 관한 정보
라. 「국가보안법」에 규정된 죄와 관련되고 반국가 단체와 연계되거나 연계가 의심되는 안보침해 행위에 관한 정보
마. 국제 및 국가배후 해킹조직 등 사이버안보 및 위성자산 등 안보 관련 우주 정보

02 국가 기밀에 속하는 문서·자재·시설·지역 및 국가안전보장에 한정된 국가기밀을 취급하는 인원에 대한 보안 업무

03 01·02의 직무수행에 관련된 조치로, 국가안보와 국익에 반하는 북한, 외국 및 외국인·외국단체·초국가행위자 또는 이와 연계된 내국인의 활동을 확인·견제·차단하고, 국민의 안전을 보호하기 위하여 취하는 대응조치

04 국가·공공기관 대상 사이버공격 및 위협에 대한 예방 및 대응

05 정보 및 보안 업무의 기획·조정

06 그 밖에 다른 법률에 따라 국정원의 직무로 규정된 사항
  ※ 「테러방지법」, 「북한이탈주민법」, 「방산기술보호법」, 「산업기술보호법」, 「출입국관리법」 등

❖ 01의 다·라의 직무는 2024년 1월 1일부터 시행하고, 종전의 국가정보원법(2014.12.30 시행)의 수사권과 관련된 직무는 2023년 12월 31일까지 적용

INTRODUCE

합격의 공식 Formula of pass | 시대에듀 www.sdedu.co.kr

◆ **주요업무**

| 방첩 | 정보전쟁시대, 대한민국의 안보와 국익을 지킵니다. |

| 대테러 | 최정예 요원들이 테러청정국의 위상을 지켜갑니다. |

| 산업보안 | 정보전쟁시대, 산업스파이로부터 첨단기술을 지킵니다. |

| 방위산업보호 | 정보전쟁시대, 방산스파이로부터 대한민국의 방위산업을 지켜냅니다. |

| 해외정보 | 글로벌시대, 해외정보 수집분석으로 국가안보와 국익을 수호합니다. |

| 국제범죄 | 국민의 안전과 재산 보호를 위해 국제범죄 청정국가 실현에 앞장서겠습니다. |

| 사이버안보 | APT 공격 등 각종 사이버 위협으로부터 국가를 지킵니다. |

| 안보조사 | 안보가 튼튼한 나라를 만듭니다. |

| 대북정보 | 안보와 통일, 정확한 북한정보에서 출발합니다. |

| 우주안보정보 | 우주경쟁시대, 보이지 않는 곳에서 대한민국의 우주안보를 지킵니다. |

| 국가보안 | 우리나라의 소중한 국가기밀과 중요시설을 각종 침해행위로부터 보호합니다. |

| 북한이탈주민보호 | 북한이탈주민은 우리 국민이자 통일의 자산입니다. |

채용시험 안내

◇ **모집분야 및 응시자격**

모집분야		응시자격
정보통신 (IT장비 유지·관리)		아래 공인자격증 중 1개 이상 소지자 • 방송통신·무선설비·전파전자통신·통신기기·통신선로 기능사 이상 • PC정비사 또는 정보처리·전자·정보기기운용 기능사 이상 • 정보통신 산업기사 이상 또는 통신설비 기능장
안전(男)		• 공인무도단증 단일종목 3단 이상 소지자
운영지원 (물품관리·행정보조)		아래 공인자격증 중 1개 이상 소지자 • 컴퓨터활용능력 1급·워드프로세서(舊 워드프로세서 1급) • 정보통신·정보처리·정보기기운용·정보보안·사무자동화 산업기사 이상 • 전자계산기조직응용 기사
수송		• 1종 대형 운전면허 소지자
냉난방(기계)		아래 국가기술자격 중 1개 이상 소지자 • 공조냉동기계·설비보전·배관·에너지관리·가스·용접·위험물 기능사 이상 • 건축설비·건설기계설비·소방설비(기계분야) 산업기사 이상 • 일반기계 기사
발간		• 인쇄 기능사 이상 국가기술자격 소지자
사진	사진 촬영	• DSLR·미러리스 등 촬영 카메라 운용이 가능하며, 포토샵·라이트룸 등 보정 및 편집툴 사용가능자
	영상 촬영	• 방송전문카메라(ENG)·DSLR 촬영 및 운용이 가능하며, 에디우스·아비드·프리미어 등 영상 편집툴 사용가능자
정비	일반 정비	• 자동차정비 기능사 이상 국가기술자격 소지자
	도장	• 자동차 보수도장 기능사 또는 자동차정비 기능사 이상 국가기술자격 소지자

❖ 모집분야별 우대사항은 반드시 채용공고를 확인하기 바랍니다.

◇ 공통자격

❶ 1994년 1월 1일부터 2004년 12월 31일 사이 출생한 대한민국 국민으로, 남자의 경우 병역을 畢하였거나 면제된 자 또는 2025년 3월 31일까지 전역이 가능한 자

※ 軍 복무기간에 따라 응시연령 상한 연장(「제대군인 지원에 관한 법률」등 관계법령에 의거하여 복무기간 1년 미만은 1세, 1년 이상~2년 미만은 2세, 2년 이상은 3세 연장)

❷ 「국가정보원직원법」 제8조 제2항의 결격사유가 없으며, 「공무원임용시험령」 등 관계법령에 의하여 응시자격을 정지당하지 아니한 자

※ 결격사유는 최종시험 예정일(12월 중) 현재를 기준으로 해당하지 않아야 함

◇ 전형일정

❶ 원서접수
- 기간 : 2024년 9월 13일(금) 16:00 ~ 10월 4일(금) 16:00
- 국가정보원 채용홈페이지(career.nis.go.kr) → 응시원서 작성
  - 마감 前까지는 최종 제출 후에도 수정이 가능한 점을 감안, 가급적 미리 제출 권고(원서접수 마감 임박 시 접속자 급증으로 접수가 원활하지 않을 수 있음)
  - 사진파일은 여권사진 규정에 맞게 촬영한 사진(3.5cm×4.5cm)으로 500KB 이내 JPG·GIF 형태로 저장(용량 초과 시 원서접수 불가)

❷ 서류심사 결과 발표 : 10월 중(SMS 발송, 채용홈페이지에 로그인 후 확인)

❸ 필기시험 : 11월 16일(토), 서류전형 합격자에 한하여 실시

❹ 체력검정 : 11월 18일(월), 안전 분야 대상자에 한하여 실시

구분	필기시험	체력검정
대상	全분야 공통	안전 분야
과목 (종목)	국어(한문 포함), 한국사, 일반상식	셔틀런, 10m 왕복달리기, 윗몸일으키기, 팔굽혀펴기, 악력

❺ 면접 : 12월 중(필기시험 합격자에 한하여 실시)

※ 필요에 따라 분야별 실기평가 실시 예정

❻ 신체검사 : 1월 중(면접 합격자에 한하여 실시)

❼ 최종 합격자 발표 및 임용 : 합격자 대상 추후 통지

❖ 위 내용은 2024년 공고를 기준으로 작성되었습니다. 시행처의 최신 공고를 반드시 확인하기 바랍니다.

도서 200% 활용하기

1 핵심이론 및 적중예상문제로 영역별 학습

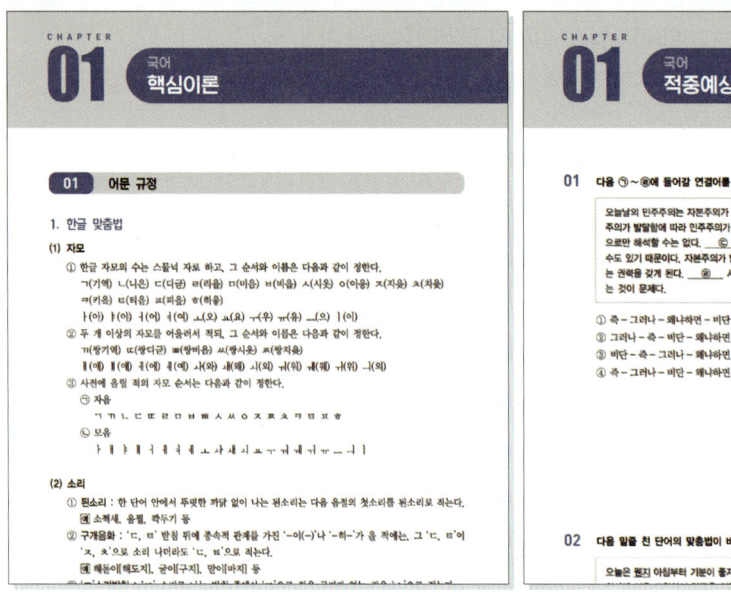
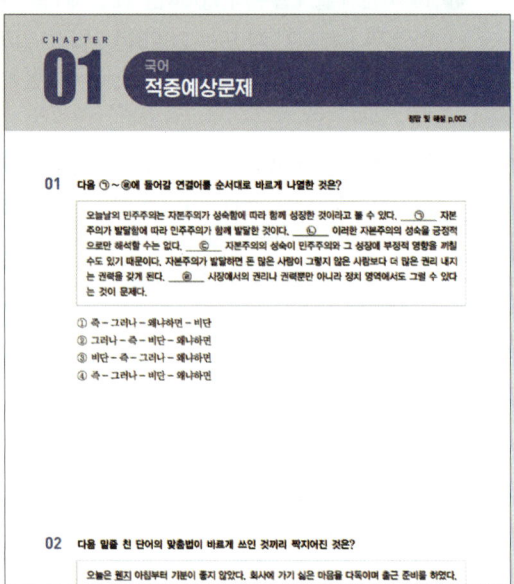

▶ 국가정보원 일반직 9급 필기시험에 출제되는 3개 영역의 핵심이론과 적중예상문제를 수록하였다.
▶ 최근 출제되는 유형을 체계적으로 학습하고 점검할 수 있도록 하였다.

2 최종점검 모의고사로 실전 연습

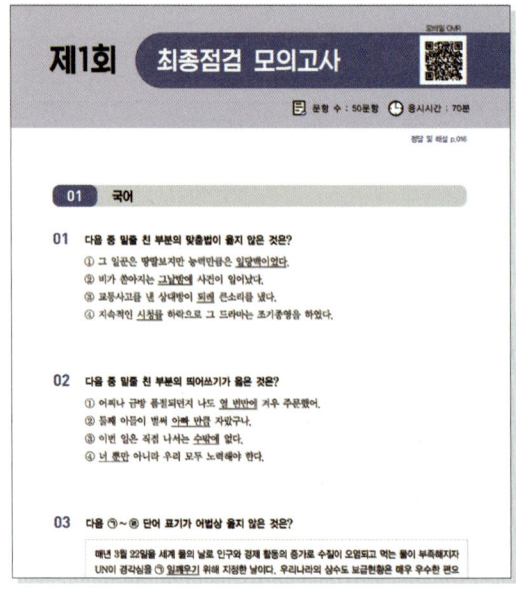
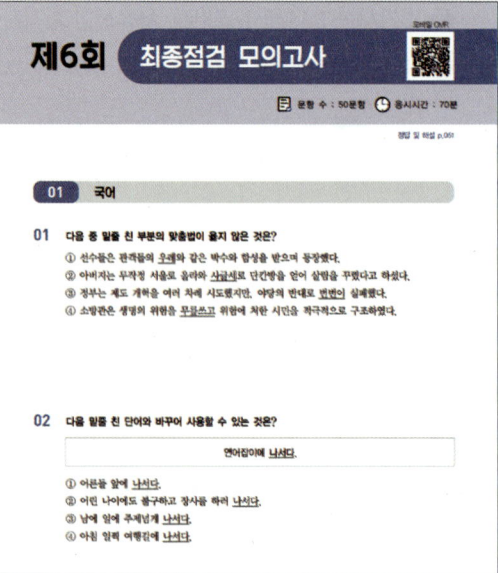

▶ 실제 시험과 유사하게 구성된 최종점검 모의고사 6회분을 통해 마무리를 하도록 하였다.
▶ OMR 답안지를 수록하여 시험 직전 실전처럼 연습할 수 있도록 하였다.

STRUCTURES

합격의 공식 Formula of pass | 시대에듀 www.sdedu.co.kr

3 면접까지 한 권으로 대비

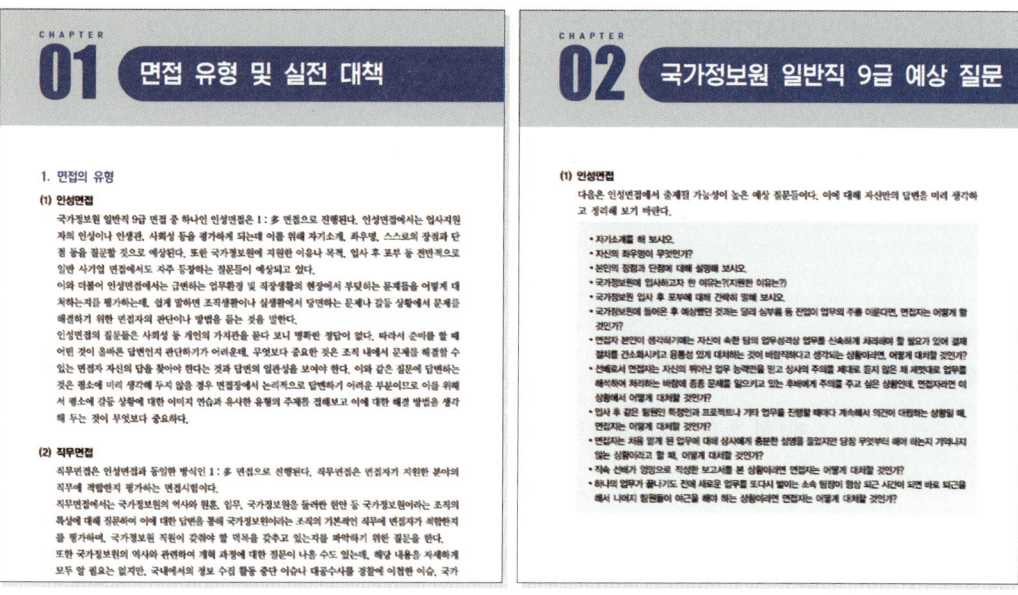

▶ 면접 유형 및 실전 대책과 국가정보원 일반직 9급 예상 질문을 통해 실제 면접에 미리 대비할 수 있도록 하였다.

4 해설 및 오답분석으로 풀이까지 완벽하게

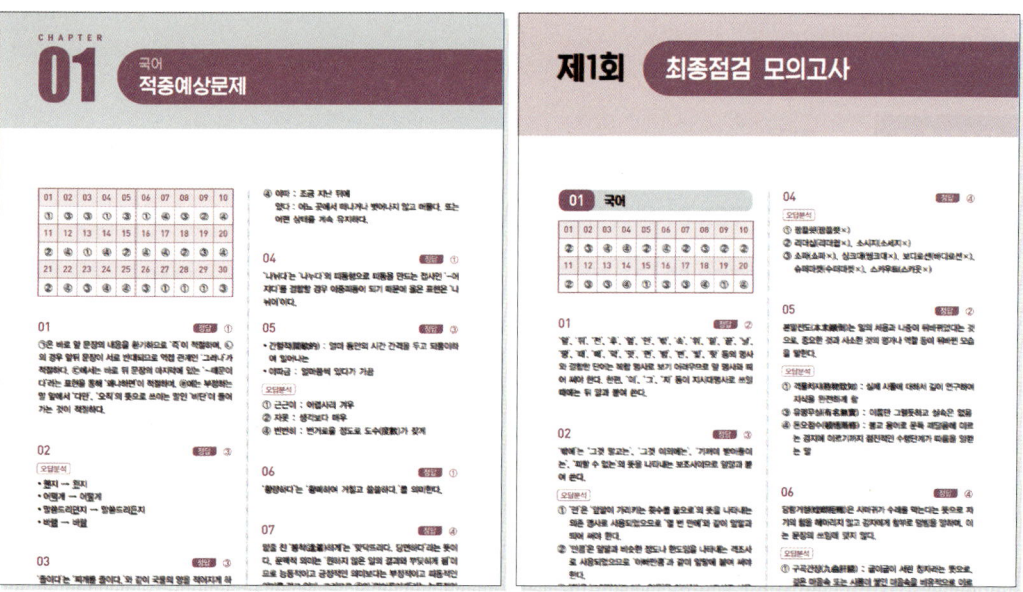

▶ 정답에 대한 상세한 해설과 오답분석을 통해 혼자서도 완벽하게 학습이 가능하도록 하였다.

이 책의 차례

PART 1 · 핵심이론 및 적중예상문제

CHAPTER 01 국어	2
CHAPTER 02 한국사	59
CHAPTER 03 일반상식	87

PART 2 · 최종점검 모의고사

제1회 최종점검 모의고사	128
제2회 최종점검 모의고사	146
제3회 최종점검 모의고사	166
제4회 최종점검 모의고사	188
제5회 최종점검 모의고사	207
제6회 최종점검 모의고사	228

PART 3 · 면접

CHAPTER 01 면접 유형 및 실전 대책	248
CHAPTER 02 국가정보원 일반직 9급 예상 질문	260

별책 · 정답 및 해설

PART 1 핵심이론 및 적중예상문제	2
PART 2 최종점검 모의고사	16

PART 1
핵심이론 및 적중예상문제

- **CHAPTER 01** 국어
- **CHAPTER 02** 한국사
- **CHAPTER 03** 일반상식

CHAPTER 01 국어 핵심이론

01 어문 규정

1. 한글 맞춤법

(1) 자모

① 한글 자모의 수는 스물넉 자로 하고, 그 순서와 이름은 다음과 같이 정한다.
ㄱ(기역) ㄴ(니은) ㄷ(디귿) ㄹ(리을) ㅁ(미음) ㅂ(비읍) ㅅ(시옷) ㅇ(이응) ㅈ(지읒) ㅊ(치읓)
ㅋ(키읔) ㅌ(티읕) ㅍ(피읖) ㅎ(히읗)
ㅏ(아) ㅑ(야) ㅓ(어) ㅕ(여) ㅗ(오) ㅛ(요) ㅜ(우) ㅠ(유) ㅡ(으) ㅣ(이)

② 두 개 이상의 자모를 어울러서 적되, 그 순서와 이름은 다음과 같이 정한다.
ㄲ(쌍기역) ㄸ(쌍디귿) ㅃ(쌍비읍) ㅆ(쌍시옷) ㅉ(쌍지읒)
ㅐ(애) ㅒ(얘) ㅔ(에) ㅖ(예) ㅘ(와) ㅙ(왜) ㅚ(외) ㅝ(워) ㅞ(웨) ㅟ(위) ㅢ(의)

③ 사전에 올릴 적의 자모 순서는 다음과 같이 정한다.
㉠ 자음
ㄱ ㄲ ㄴ ㄷ ㄸ ㄹ ㅁ ㅂ ㅃ ㅅ ㅆ ㅇ ㅈ ㅉ ㅊ ㅋ ㅌ ㅍ ㅎ
㉡ 모음
ㅏ ㅐ ㅑ ㅒ ㅓ ㅔ ㅕ ㅖ ㅗ ㅘ ㅙ ㅚ ㅛ ㅜ ㅝ ㅞ ㅟ ㅠ ㅡ ㅢ ㅣ

(2) 소리

① **된소리**: 한 단어 안에서 뚜렷한 까닭 없이 나는 된소리는 다음 음절의 첫소리를 된소리로 적는다.
예 소쩍새, 움찔, 깍두기 등

② **구개음화**: 'ㄷ, ㅌ' 받침 뒤에 종속적 관계를 가진 '-이(-)'나 '-히-'가 올 적에는, 그 'ㄷ, ㅌ'이 'ㅈ, ㅊ'으로 소리 나더라도 'ㄷ, ㅌ'으로 적는다.
예 해돋이[해도지], 굳이[구지], 맏이[마지] 등

③ **'ㄷ'소리받침**: 'ㄷ' 소리로 나는 받침 중에서 'ㄷ'으로 적을 근거가 없는 것은 'ㅅ'으로 적는다.
예 덧저고리, 돗자리, 웃어른 등

④ **모음**
㉠ '계, 례, 몌, 폐, 혜'의 'ㅖ'는 'ㅔ'로 소리 나는 경우가 있더라도 'ㅖ'로 적는다.
예 계수[계수], 사례[사례], 혜택[혜택] 등
다만, 다음 말은 본음대로 적는다.
예 게송, 게시판, 휴게실 등
㉡ '의'나 자음을 첫소리로 가지고 있는 음절의 'ㅢ'는 'ㅣ'로 소리 나는 경우가 있더라도 'ㅢ'로 적는다.
예 무늬[무니], 씌어[씨어], 본의[본이] 등

⑤ **두음법칙**
  ㉠ 한자음 '녀, 뇨, 뉴, 니'가 단어 첫머리에 올 적에는, 두음법칙에 따라 '여, 요, 유, 이'로 적는다.
    예 여자[녀자], 연세[년세], 요소[뇨소] 등
    • 단어의 첫머리 이외의 경우에는 본음대로 적는다.
      예 남녀(男女), 당뇨(糖尿), 은닉(隱匿) 등
    • 접두사처럼 쓰이는 한자가 붙어서 된 말이나 합성어에서, 뒷말의 첫소리가 'ㄴ' 소리로 나더라도 두음법칙에 따라 적는다.
      예 신여성(新女性), 공염불(空念佛), 남존여비(男尊女卑) 등
  ㉡ 한자음 '랴, 려, 례, 료, 류, 리'가 단어의 첫머리에 올 적에는, 두음법칙에 따라 '야, 여, 예, 요, 유, 이'로 적는다.
    예 양심[량심], 역사[력사], 이발[리발] 등
    • 단어의 첫머리 이외의 경우에는 본음대로 적는다.
      예 개량(改良), 수력(水力), 급류(急流) 등
    • 모음이나 'ㄴ' 받침 뒤에 이어지는 '렬, 률'은 '열, 율'로 적는다.
      예 나열[나렬], 분열[분렬], 전율[전률] 등
    • 접두사처럼 쓰이는 한자가 붙어서 된 말이나 합성어에서, 뒷말의 첫소리가 'ㄴ' 또는 'ㄹ' 소리로 나더라도 두음법칙에 따라 적는다.
      예 역이용(逆利用), 연이율(年利率), 열역학(熱力學) 등
  ㉢ 한자음 '라, 래, 로, 뢰, 루, 르'가 단어의 첫머리에 올 적에는, 두음법칙에 따라 '나, 내, 노, 뇌, 누, 느'로 적는다.
    예 낙원[락원], 노인[로인], 뇌성[뢰성] 등
    • 단어의 첫머리 이외의 경우에는 본음대로 적는다.
      예 쾌락(快樂), 극락(極樂), 지뢰(地雷) 등
    • 접두사처럼 쓰이는 한자가 붙어서 된 단어는 뒷말을 두음법칙에 따라 적는다.
      예 상노인(上老人), 중노동(重勞動), 비논리적(非論理的) 등
⑥ **겹쳐 나는 소리**: 한 단어 안에서 같은 음절이나 비슷한 음절이 겹쳐 나는 부분은 같은 글자로 적는다.
  예 눅눅하다[눙눅하다], 꼿꼿하다[꼿곳하다], 씁쓸하다[씁슬하다] 등

(3) **형태**
  ① **사이시옷**
    ㉠ '순우리말+순우리말'의 형태로 합성어를 만들 때 앞말에 받침이 없을 경우
      • 뒷말의 첫소리가 된소리로 나야 한다.
        예 귓밥(귀+밥), 나뭇가지(나무+가지), 쇳조각(쇠+조각) 등
      • 뒷말의 첫소리가 'ㄴ, ㅁ'이고, 그 앞에서 'ㄴ' 소리가 덧나야 한다.
        예 아랫마을(아래+ㅅ+마을), 뒷머리(뒤+ㅅ+머리), 잇몸(이+ㅅ+몸) 등
      • 뒷말의 첫소리 모음 앞에서 'ㄴㄴ' 소리가 덧나야 한다.
        예 깻잎[깬닙], 나뭇잎[나문닙], 댓잎[댄닙] 등

ⓒ '순우리말+한자어' 혹은 '한자어+순우리말'의 형태로 합성어를 만들 때 앞말에 받침이 없을 경우
- 뒷말의 첫소리가 된소리로 나야 한다.
  예 콧병[코뼝], 샛강[새깡], 아랫방[아래빵] 등
- 뒷말의 첫소리가 'ㄴ, ㅁ'이고, 그 앞에서 'ㄴ' 소리가 덧나야 한다.
  예 훗날[훈날], 제삿날[제산날], 툇마루[퇸마루] 등
- 뒷말의 첫소리 모음 앞에서 'ㄴㄴ' 소리가 덧나야 한다.
  예 가욋일[가왼닐], 예삿일[예산닐], 훗일[훈닐] 등
ⓒ 한자어+한자어로 된 두 음절의 합성어 가운데에서는 다음 6개만 인정한다.
  예 곳간(庫間), 숫자(數字), 횟수(回數), 툇간(退間), 셋방(貰房), 찻간(車間)

② 준말
ⓐ 단어의 끝모음이 줄어지고 자음만 남은 것은 그 앞의 음절에 받침으로 적는다.
  예 엊그저께(어제그저께), 엊저녁(어제저녁), 온갖(온가지) 등
ⓑ 체언과 조사가 어울려 줄어지는 경우에는 준 대로 적는다.
  예 그건(그것은), 그걸로(그것으로), 무얼(무엇을) 등
ⓒ 모음 'ㅏ, ㅓ'로 끝난 어간에 '-아/-어, -았-/-었-'이 어울릴 적에는 준 대로 적는다.
  예 가(가아), 갔다(가았다), 폈다(펴었다) 등
ⓓ 모음 'ㅗ, ㅜ'로 끝난 어간에 '-아/-어, -았-/-었-'이 어울려 'ㅘ/ㅝ, 왔/웠'으로 될 적에는 준 대로 적는다.
  예 꽜다(꼬았다), 쐈다(쏘았다), 쒔다(쑤었다) 등
ⓔ 'ㅣ' 뒤에 '-어'가 와서 'ㅕ'로 줄 적에는 준 대로 적는다.
  예 가져(가지어), 버텨(버티어), 치여(치이어) 등
ⓕ 'ㅏ, ㅕ, ㅗ, ㅜ, ㅡ'로 끝난 어간에 '-이-'가 와서 각각 'ㅐ, ㅖ, ㅚ, ㅟ, ㅢ'로 줄 적에는 준 대로 적는다.
  예 쌔다(싸이다), 폐다(펴이다), 씌다(쓰이다) 등
ⓖ 'ㅏ, ㅗ, ㅜ, ㅡ' 뒤에 '-이어'가 어울려 줄어질 적에는 준 대로 적는다.
  예 보여(보이어), 누여(누이어), 트여(트이어) 등
ⓗ 어미 '-지' 뒤에 '않-'이 어울려 '-잖-'이 될 적과 '-하지' 뒤에 '않-'이 어울려 '-찮-'이 될 적에는 준 대로 적는다.
  예 그렇잖은(그렇지 않은), 만만찮다(만만하지 않다), 변변찮다(변변하지 않다) 등
ⓘ 어간의 끝음절 '하'의 'ㅏ'가 줄고 'ㅎ'이 다음 음절의 첫소리와 어울려 거센소리로 될 적에는 거센소리로 적는다.
  예 간편케(간편하게), 연구토록(연구하도록), 흔타(흔하다) 등
- 'ㅎ'이 어간의 끝소리로 굳어진 것은 받침으로 적는다.
  예 아무렇다 – 아무렇고 – 아무렇지 – 아무렇든지
- 어간의 끝음절 '하'가 아주 줄 적에는 준 대로 적는다.
  예 거북지(거북하지), 생각건대(생각하건대), 넉넉지 않다(넉넉하지 않다) 등
ⓙ 다음과 같은 부사는 소리대로 적는다.
  예 결단코, 기필코, 무심코, 하여튼, 요컨대 등

③ '-쟁이', '-장이'
　㉠ 그것이 나타내는 속성을 많이 가진 사람은 '-쟁이'로 적는다.
　　예 거짓말쟁이, 욕심쟁이, 심술쟁이 등
　㉡ 그것과 관련된 기술을 가진 사람은 '-장이'로 적는다.
　　예 미장이, 대장장이, 토기장이 등

> **틀리기 쉬운 어휘**
> - 너머 : 높이나 경계로 가로막은 사물의 저쪽
>   넘어 : 일정한 시간, 시기, 범위 따위에서 벗어나 지나다.
> - 띄다 : 눈에 보이다.
>   띠다 : 빛깔이나 성질을 가지다.
> - 틀리다 : 바라거나 하려는 일이 순조롭게 되지 못하다.
>   다르다 : 비교가 되는 두 대상이 서로 같지 아니하다.
> - 가리키다 : 어떤 방향이나 대상을 집어서 보이거나 말하거나 알리다.
>   가르치다 : 상대편에게 지식이나 기능, 이치 따위를 깨닫거나 익히게 하다.
> - 금새 : 물건의 값
>   금세 : 지금 바로
> - 어느 : 여럿 가운데 대상이 되는 것이 무엇인지 물을 때 쓰는 말
>   여느 : 그 밖의 예사로운. 또는 다른 보통의
> - 늘이다 : 본디보다 더 길게 하다.
>   늘리다 : 길이나 넓이, 부피 따위를 본디보다 커지게 하다.
> - ~던지 : 막연한 의문이 있는 채로 그것을 뒤 절의 사실이나 판단과 관련시킬 때
>   ~든지 : 나열된 동작이나 상태, 대상 중에서 어느 것이든 선택될 수 있음을 나타낼 때
> - 부치다 : 일정한 수단이나 방법을 써서 상대에게로 보내다.
>   붙이다 : 맞닿아 떨어지지 않게 하다.
> - 삭이다 : 긴장이나 화가 풀려 마음이 가라앉다.
>   삭히다 : 김치나 젓갈 따위의 음식물이 발효되어 맛이 들다.
> - 일절 : 아주, 전혀, 절대로의 뜻
>   일체 : 모든 것, 모든 것을 다

2. 표준어 규정

(1) 자음

① 거센소리를 가진 형태의 단어를 표준어로 삼는다.
　예 끄나풀, 살쾡이, 나팔꽃 등
② 거센소리로 나지 않는 형태의 단어를 표준어로 삼는다.
　예 가을갈이, 거시기, 분침 등
③ 어원에서 멀어진 형태로 굳어져서 널리 쓰이는 것은, 그것을 표준어로 삼는다.
　예 강낭콩, 사글세, 고삿 등

④ 다음 단어들은 의미를 구별함이 없이, 한 가지 형태만을 표준어로 삼는다(다만, '둘째'는 십 단위 이상의 서수사에 쓰일 때에 '두째'로 한다).
　　예 돌, 둘째, 빌리다 등
⑤ 수컷을 이르는 접두사는 '수-'로 통일한다.
　　예 수꿩, 수나사, 수소 등
　　㉠ 다음 단어의 접두사는 '숫-'으로 한다.
　　　　예 숫양, 숫염소, 숫쥐
　　㉡ 다음 단어에서는 접두사 다음에서 나는 거센소리를 인정한다.
　　　　예 수캉아지, 수퇘지, 수평아리, 수키와 등

(2) 모음
① 양성 모음이 음성 모음으로 바뀌어 굳어진 단어는 음성 모음 형태를 표준어로 삼는다.
　　예 깡충깡충, 발가숭이, 오뚝이 등
　　※ 다만, 어원 의식이 강하게 작용하는 단어에서는 양성 모음 형태를 그대로 표준어로 삼는다.
　　예 부조, 사돈, 삼촌 등
② 'ㅣ'역행 동화현상에 의한 발음은 원칙적으로 표준 발음으로 인정하지 아니하되, 그러한 동화가 적용된 형태를 표준어로 삼는다.
　　예 풋내기, 냄비, 동댕이치다 등
③ 모음이 단순화한 형태의 단어를 표준어로 삼는다.
　　예 괴팍하다, 미루나무, 으레, 케케묵다 등
④ 모음의 발음 변화를 인정하여, 발음이 바뀌어 굳어진 형태의 단어를 표준어로 삼는다.
　　예 깍쟁이, 상추, 허드레 등
⑤ '위-, 윗-, 웃-'
　　㉠ '위'를 가리키는 말은 '위-'로 적는 것이 원칙이다.
　　　　예 위층, 위쪽, 위턱 등
　　㉡ '위-'가 뒷말과 결합하면서 된소리가 되거나 'ㄴ'이 덧날 때는 '윗-'으로 적는다.
　　　　예 윗입술, 윗목, 윗눈썹 등
　　㉢ 아래, 위의 대립이 없는 낱말은 '웃-'으로 적는다.
　　　　예 웃돈, 웃어른, 웃옷 등
⑥ 한자 '구(句)'가 붙어서 이루어진 단어는 '귀'로 읽는 것을 인정하지 아니하고, '구'로 통일한다.
　　예 구절(句節), 시구(詩句), 인용구(引用句) 등
　　※ 다음의 단어들은 '귀'로 발음되는 형태를 표준어로 삼는다.
　　예 귀글, 글귀

(3) 단수표준어

비슷한 발음의 몇 형태가 쓰일 경우, 그 의미에 아무런 차이가 없고 그중 하나가 더 널리 쓰이면 그 한 형태만을 표준어로 삼는다.
예 귀고리, 꼭두각시, 우두커니, 천장 등

(4) 복수표준어

① 다음 단어는 앞의 것을 원칙으로 하고, 뒤의 것도 허용한다.
예 네 – 예, 쇠고기 – 소고기 등
② 어감의 차이를 나타내는 단어 또는 발음이 비슷한 단어들이 다 같이 널리 쓰이는 경우에는, 모두를 표준어로 삼는다.
예 거슴츠레하다 – 게슴츠레하다, 고까 – 꼬까, 고린내 – 코린내 등
③ 한 가지 의미를 나타내는 형태 몇 가지가 널리 쓰이며 표준어 규정에 맞으면, 모두를 표준어로 삼는다.
예 넝쿨 – 덩굴, 민둥산 – 벌거숭이산, 살쾡이 – 삵, 어림잡다 – 어림치다, 옥수수 – 강냉이 등

3. 띄어쓰기

① 조사는 그 앞말에 붙여 쓴다.
예 꽃이, 꽃마저, 옷고만 등
② 의존 명사는 띄어 쓴다.
예 아는 것이 힘이다, 나도 할 수 있다, 먹을 만큼 먹어라 등
③ 단위를 나타내는 명사는 띄어 쓴다.
예 한 개, 열 살, 집 한 채 등
단, 순서를 나타내는 경우나 숫자와 어울려 쓰이는 경우에는 붙여 쓸 수 있다.
예 삼학년, 육층, 80원 등
④ 수를 적을 적에는 '만(萬)' 단위로 띄어 쓴다.
예 십이억 삼천사백오십육만 칠천팔백구십팔 → 12억 3456만 7898
⑤ 두 말을 이어 주거나 열거할 적에 쓰이는 말들은 띄어 쓴다.
예 국장 겸 과장, 열 내지 스물, 청군 대 백군 등
⑥ 단음절로 된 단어가 연이어 나타날 적에는 붙여 쓸 수 있다.
예 그때 그곳, 좀더 큰것, 한잎 두잎 등
⑦ 보조용언은 띄어 씀을 원칙으로 하되, 경우에 따라 붙여 씀도 허용한다.
예 불이 꺼져 간다. / 불이 꺼져간다. 비가 올 성싶다. / 비가 올성싶다. 등
⑧ 성과 이름, 성과 호 등은 붙여 쓰고, 이에 덧붙는 호칭어, 관직명 등은 띄어 쓴다.
예 채영신 씨, 최치원 선생, 충무공 이순신 장군 등
⑨ 성명 이외의 고유명사는 단어별로 띄어 씀을 원칙으로 하되, 단위별로 띄어 쓸 수 있다.
예 대한 중학교 / 대한중학교, 시대 고시 / 시대고시 등
⑩ 전문 용어는 단어별로 띄어 씀을 원칙으로 하되, 붙여 쓸 수 있다.
예 만성 골수성 백혈병 / 만성골수성백혈병 등

4. 로마자 표기법

(1) 자음

ㄱ	ㄲ	ㅋ	ㄷ	ㄸ	ㅌ	ㅂ	ㅃ	ㅍ	ㅈ	ㅉ	ㅊ	ㅅ	ㅆ	ㅎ	ㅁ	ㄴ	ㅇ	ㄹ
g/k	kk	k	d/t	tt	t	b/p	pp	p	j	jj	ch	s	ss	h	m	n	ng	r/l

(2) 모음

ㅏ	ㅐ	ㅑ	ㅒ	ㅓ	ㅔ	ㅕ	ㅖ	ㅗ	ㅘ	ㅙ	ㅚ	ㅛ	ㅜ	ㅝ	ㅞ	ㅟ	ㅠ	ㅡ	ㅢ	ㅣ
a	ae	ya	yae	eo	e	yeo	ye	o	wa	wae	oe	yo	u	wo	we	wi	yu	eu	ui	i

(3) 표기상 유의점

① 음운변화가 일어날 때에는 변화의 결과에 따라 적는다.
  ㉠ 자음 사이에서 동화작용이 일어나는 경우
    예 신문로(Sinmunno), 왕십리(Wangsimni), 신라(Silla) 등
  ㉡ 'ㄴ, ㄹ'이 덧나는 경우
    예 학여울(Hangnyeoul), 알약(Allyak) 등
  ㉢ 구개음화가 일어나는 경우
    예 해돋이(Haedoji), 같이(Gachi), 맞히다(Machida) 등
  ㉣ 'ㄱ, ㄷ, ㅂ, ㅈ'이 'ㅎ'과 합하여 거센소리로 소리 나는 경우(단, 된소리는 반영하지 않음)
    예 좋고(Joko), 잡혀(Japyeo), 압구정(Apgujeong), 낙동강(Nakdonggang) 등
② 발음상 혼동의 우려가 있을 때에는 음절 사이에 붙임표(-)를 쓸 수 있다.
  예 중앙(Jung-ang), 반구대(Ban-gudae), 해운대(Hae-undae) 등
③ 고유명사는 첫소리를 대문자로 적는다.
  예 부산(Busan), 세종(Sejong) 등
④ 인명은 성과 이름의 순서로 쓰되 띄어 쓴다.
  예 민용하(Min Yongha), 송나리(Song Na-ri), 홍빛나(Hong Bit-na) 등
⑤ '도·시·군·구·읍·면·리·동'의 행정구역 단위와 거리를 지칭하는 '가'는 'do, si, gun, gu, eup, myeon, ri, dong, ga'로 적고, 그 앞에는 붙임표(-)를 넣는다.
  예 도봉구(Dobong-gu), 종로 2가[Jongno 2(i)-ga]
⑥ 자연지물명, 문화재명, 인공축조물명은 붙임표(-) 없이 붙여 쓴다.
  예 속리산(Songnisan), 경복궁(Gyeongbokgung), 촉석루(Chokseongnu) 등
⑦ 인명, 회사명, 단체명 등은 그동안 써온 표기를 쓸 수 있다.
⑧ 학술, 연구, 논문 등 특수 분야에서 한글 복원을 전제로 표기할 경우에는 한글 표기를 대상으로 적는다.
  예 짚(Jip), 붓꽃(Buskkoch), 조랑말(Jolangmal) 등

5. 외래어 표기법

(1) 외래어 표기법의 기본 원칙
① 외래어는 국어의 현용 24자모만으로 적는다.
② 외래어의 1음운은 원칙적으로 1기호로 적는다.
③ 외래어의 받침에는 'ㄱ, ㄴ, ㄹ, ㅁ, ㅂ, ㅅ, ㅇ'만을 적는다.
④ 파열음 표기에는 된소리를 쓰지 않는 것을 원칙으로 한다.
⑤ 이미 굳어진 외래어는 관용을 존중하되, 그 범위와 용례는 따로 정한다.

(2) 틀리기 쉬운 외래어 표기
- 액세서리(○) / 액세사리(×)
- 바비큐(○) / 바베큐(×)
- 비스킷(○) / 비스켓(×)
- 케이크(○) / 케익(×)
- 초콜릿(○) / 초콜렛(×)
- 소시지(○) / 소세지(×)
- 워크숍(○) / 워크샵(×)
- 팸플릿(○) / 팜플렛(×)
- 앙케트(○) / 앙케이트(×)
- 콘텐츠(○) / 컨텐츠(×)
- 컬렉션(○) / 콜렉션(×)
- 앙코르(○) / 앵콜(×)
- 마니아(○) / 매니아(×)
- 로열(○) / 로얄(×)

6. 높임법

(1) 주체 높임법
① 직접 높임 : '-시-(선어말 어미), -님(접미사), -께서(조사)'에 의해 실현된다.
  예 어머니, 선생님께서 오십니다.
② 간접 높임 : '-시-(선어말 어미)'를 붙여 간접적으로 높인다.
  예 할아버지는 연세가 많으시다.

(2) 상대 높임법
① 격식체 : 공식적이고 직접적이며, 딱딱하고 단정적인 느낌을 준다.
  ㉠ 해라체(아주낮춤) : '-ㄴ다, -는다, -다, -는구나, -느냐, -냐, -어라/아라, -자'
    예 빨리 자거라. 일찍 일어나야 한다.
  ㉡ 하게체(예사낮춤) : '-네, -이, -ㄹ세, -는구먼, -로구먼, -는가, -ㄴ가, -게, -세'
    예 이리 와서 앉게. 자네 혼자 왔나?

ⓒ 하오체(예사높임) : '-(으)오, -(으)소, -는구려, -구려, -(으)ㅂ시다'
  예 어서 나오시오. 무얼 그리 꾸물거리시오?
ⓔ 합쇼체(아주높임) : '-ㅂ니다, -ㅂ(습)니다, -ㅂ니까, -ㅂ(습)니까, -십시오, -시지요'
  예 어서 오십시오. 자주 들르겠습니다.
② 비격식체 : 부드럽고 친근하며 격식을 덜 차리는 경우에 쓰인다.
 ㉠ 해체(두루낮춤) : '-어 / 아, -야, -군'
  예 어서 빨리 가. 가방 놓고 앉아.
 ㉡ 해요체(두루높임) : '-어 / 아요, -군요'
  예 안녕히 계세요. 이따 또 오겠어요.

(3) 객체 높임법
말하는 이가 객체, 곧 문장의 목적어나 부사어를 높이는 높임법
예 드리다, 뵙다, 모시다, 여쭙다 등

(4) 공손법과 압존법
① **공손법** : 말하는 이가 자신을 낮추는 공손한 표현을 써서 결과적으로 상대방을 높이는 높임법
  예 변변치 못한 물건이지만, 정성을 생각하셔서 받아 주시옵소서.
② **압존법** : 주체를 높여야 하지만, 듣는 이가 주체보다 높은 경우에는 높임을 하지 않는 것
  예 할아버지, 아버지가 오고 있어요.

02 어휘 및 한자성어

| 01 | 어휘의 의미

1. 의미 관계

(1) 유의 관계
유의어는 두 개 이상의 어휘가 서로 소리는 다르나 의미가 비슷한 경우로, 유의 관계의 대부분은 개념적 의미의 동일성을 전제로 한다.

(2) 반의 관계
반의어는 둘 이상의 단어에서 의미가 서로 짝을 이루어 대립하는 경우로, 어휘의 의미가 서로 대립되는 단어를 말하며, 이러한 어휘들의 관계를 반의 관계라고 한다. 한 쌍의 단어가 반의어가 되려면, 두 어휘 사이에 공통적인 의미 요소가 있으면서도 동시에 하나의 의미 요소만 달라야 한다.

(3) 상하 관계

상하 관계는 단어의 의미적 계층 구조에서 한쪽이 의미상 다른 쪽을 포함하거나 다른 쪽에 포섭되는 관계를 말한다. 상하 관계를 형성하는 단어들은 상위어일수록 일반적이고 포괄적인 의미를 지니며, 하위어일수록 개별적이고 한정적인 의미를 지니므로 하위어는 상위어를 의미적으로 함의하게 된다. 즉, 상위어가 가지고 있는 의미 특성을 하위어가 자동적으로 가지게 된다.

(4) 부분 관계

부분 관계는 한 단어가 다른 단어의 부분이 되는 관계를 말하며, 전체 – 부분 관계라고도 한다. 부분 관계에서 부분을 가리키는 단어를 부분어, 전체를 가리키는 단어를 전체어라고 한다. 예를 들면 '머리, 팔, 몸통, 다리'는 '몸'의 부분어이며, 이러한 부분어들에 의해 이루어진 '몸'은 전체어이다.

2. 다의어와 동음이의어

다의어(多義語)는 뜻이 여러 개인 낱말을 뜻하고, 동음이의어(同音異義語)는 소리는 같으나 뜻이 다른 낱말을 뜻한다. 중심의미(본래의 의미)와 주변의미(변형된 의미)로 나누어지면 다의어이고, 중심의미와 주변의미로 나누어지지 않고 전혀 다른 의미를 지니면 동음이의어라 한다.

| 02 | 알맞은 어휘

1. 나이와 관련된 어휘

충년(沖年)	10세 안팎의 어린 나이
지학(志學)	15세가 되어 학문에 뜻을 둠
약관(弱冠)	남자 나이 20세. 스무 살 전후의 여자 나이는 묘령(妙齡), 묘년(妙年), 방년(芳年), 방령(芳齡) 등이라 칭함
이립(而立)	30세, 『논어』에서 공자가 서른 살에 자립했다고 한 데서 나온 말로 인생관이 섰다는 뜻
불혹(不惑)	40세, 세상의 유혹에 빠지지 않음을 뜻함
지천명(知天命)	50세, 하늘의 뜻을 깨달음
이순(耳順)	60세, 경륜이 쌓이고 사려와 판단이 성숙하여 남의 어떤 말도 거슬리지 않음
화갑(華甲)	61세, 회갑(回甲), 환갑(還甲)
진갑(進甲)	62세, 환갑의 이듬해
고희(古稀)	70세, 두보의 시에서 유래. 마음대로 한다는 뜻의 종심(從心)이라고도 함
희수(喜壽)	77세, '喜'자의 초서체가 '七十七'을 세로로 써놓은 것과 비슷한 데서 유래
산수(傘壽)	80세, '傘'자를 풀면 '八十'이 되는 데서 유래
망구(望九)	81세, 90세를 바라봄
미수(米壽)	88세, '米'자를 풀면 '八十八'이 되는 데서 유래
졸수(卒壽)	90세, '卒'의 초서체가 '九十'이 되는 데서 유래
망백(望百)	91세, 100세를 바라봄

백수(白壽)	99세, '百'에서 '一'을 빼면 '白'
상수(上壽)	100세, 사람의 수명 중 최상의 수명
다수(茶壽)	108세, '茶'를 풀면, '十'이 두 개라서 '二十'이고, 아래 '八十八'이니 합하면 108
천수(天壽)	120세, 병 없이 늙어서 죽음을 맞이하면 하늘이 내려 준 나이를 다 살았다는 뜻

2. 단위와 관련된 어휘

길이	자	한 치의 열 배로 약 30.3cm
	마장	5리나 10리가 못 되는 거리
	발	두 팔을 양옆으로 펴서 벌렸을 때 한쪽 손끝에서 다른 쪽 손끝까지의 길이
	길	여덟 자 또는 열 자로 약 2.4m 또는 3m. 사람 키 정도의 길이
	치	한 자의 10분의 1 또는 약 3.03cm
	칸	여섯 자로, 1.81818m
	뼘	엄지손가락과 다른 손가락을 완전히 펴서 벌렸을 때에 두 끝 사이의 거리
넓이	길이	논밭 넓이의 단위. 소 한 마리가 하루에 갈 만한 넓이로, 약 2,000평 정도
	단보	땅 넓이의 단위. 1단보는 남한에서는 300평으로 991.74m^2, 북한에서는 30평으로 99.174m^2
	마지기	논밭 넓이의 단위. 볍씨 한 말의 모 또는 씨앗을 심을 만한 넓이로, 논은 약 150~300평, 밭은 약 100평 정도
	되지기	논밭 넓이의 단위. 볍씨 한 되의 모 또는 씨앗을 심을 만한 넓이로 한 마지기의 10분의 1
	섬지기	논밭 넓이의 단위. 볍씨 한 섬의 모 또는 씨앗을 심을 만한 넓이로 한 마지기의 열 배이며 논은 약 2,000평, 밭은 약 1,000평
	간	건물의 칸살의 넓이를 잴 때 사용. 한 간은 보통 여섯 자 제곱의 넓이
부피	홉	곡식, 가루, 액체 따위의 부피를 잴 때 쓰는 단위. 한 되의 10분의 1로 약 180mL
	되	곡식, 가루, 액체 따위의 부피를 잴 때 쓰는 단위. 한 말의 10분의 1, 한 홉의 열 배로 약 1.8L
	말	곡식, 액체, 가루 따위의 부피를 잴 때 쓰는 단위. 한 되의 10배로 약 18L
	섬	곡식, 액체, 가루 따위의 부피를 잴 때 쓰는 단위. 한 말의 10배로 약 180L
	되들이	한 되를 담을 수 있는 분량
	줌	한 손에 쥘 만한 분량
	춤	가늘고 기름한 물건을 한 손으로 쥘 만한 분량
무게	냥	귀금속이나 한약재 따위의 무게를 잴 때 쓰는 단위. 귀금속의 무게를 잴 때는 한 돈의 열 배이고, 한약재의 무게를 잴 때는 한 근의 16분의 1로 37.5g
	돈	귀금속이나 한약재 따위의 무게를 잴 때 쓰는 단위. 한 냥의 10분의 1, 한 푼의 열 배로 3.75g
	푼	귀금속이나 한약재 따위의 무게를 잴 때 쓰는 단위. 한 돈의 10분의 1로, 약 0.375g
	냥쭝	한 냥쯤 되는 무게
	돈쭝	한 돈쯤 되는 무게
묶음	갓	굴비·비웃 따위 10마리, 또는 고비·고사리 따위 10모숨을 한 줄로 엮은 것
	강다리	쪼갠 장작을 묶어 세는 단위. 쪼갠 장작 100개비
	거리	오이나 가지 50개
	고리	소주를 사발에 담은 것을 묶어 세는 단위로, 한 고리는 소주 10사발
	꾸러미	꾸리어 싼 물건을 세는 단위. 달걀 10개를 묶어 세는 단위
	담불	곡식이나 나무를 높이 쌓아 놓은 무더기. 벼 100섬씩 묶어 세는 단위
	동	물건을 묶어 세는 단위. 먹 10정, 붓 10자루, 생강 10접, 피륙 50필, 백지 100권, 곶감 100접, 볏짚 100단, 조기 1,000마리, 비웃 2,000마리

묶음	마투리	곡식의 양을 섬이나 가마로 잴 때, 한 섬이나 한 가마가 되지 못하고 남은 양
	모숨	길고 가느다란 물건의, 한 줌 안에 들어올 만한 분량
	뭇	짚, 장작, 채소 따위의 작은 묶음을 세는 단위. 볏단을 세는 단위. 생선 10마리, 미역 10장
	새	피륙의 날을 세는 단위. 한 새는 날실 여든 올
	쌈	바늘을 묶어 세는 단위. 한 쌈은 바늘 24개
	손	한 손에 잡을 만한 분량을 세는 단위. 고등어 따위의 생선 2마리
	우리	기와를 세는 단위. 한 우리는 기와 2,000장
	접	채소나 과일 따위를 묶어 세는 단위. 한 접은 100개
	제	한약의 분량을 나타내는 단위. 한 제는 탕약 20첩
	죽	옷, 그릇 따위의 열 벌을 묶어 이르는 말
	축	오징어를 묶어 세는 단위. 한 축은 오징어 20마리
	쾌	북어를 묶어 세는 단위. 한 쾌는 북어 20마리
	톳	김을 묶어 세는 단위. 한 톳은 김 100장
	필	명주 40자

3. 절기와 관련된 어휘

봄	입춘	봄의 문턱에 들어섰다는 뜻으로, 봄의 시작을 알리는 절기 [2월 4일경]
	우수	봄비가 내리는 시기라는 뜻 [2월 18일경]
	경칩	개구리가 잠에서 깨어난다는 의미로, 본격적인 봄의 계절이라는 뜻 [3월 5일경]
	춘분	봄의 한가운데로, 낮이 길어지는 시기 [3월 21일경]
	청명	하늘이 맑고 높다는 뜻으로, 전형적인 봄 날씨가 시작되므로 농사 준비를 하는 시기 [4월 5일경]
	곡우	농사에 필요한 비가 내리는 시기라는 뜻 [4월 20일경]
여름	입하	여름의 문턱에 들어섰다는 뜻으로, 여름의 시작을 알리는 절기 [5월 5일경]
	소만	조금씩 차기 시작한다는 뜻으로, 곡식이나 과일의 열매가 생장하여 가득 차기 시작하는 절기 [5월 21일경]
	망종	수염이 있는 곡식, 즉 보리·수수 같은 곡식은 추수를 하고 논에 모를 심는 절기 [6월 6일경]
	하지	여름의 중간으로 낮이 제일 긴 날 [6월 21일경]
	소서	작은 더위가 시작되는 절기로 한여름에 들어선 절기 [7월 7~8일경]
	대서	큰 더위가 시작되는 질기로 가장 더운 여름철이란 뜻 [7월 24일경]
가을	입추	가을의 문턱에 들어섰다는 뜻으로, 가을의 시작을 알리는 절기 [8월 8~9일경]
	처서	더위가 식고 일교차가 커지면서 식물들이 성장을 멈추고 겨울 준비를 하는 절기 [8월 23일경]
	백로	흰 이슬이 내리는 시기로 기온은 내려가고 본격적인 가을이 시작되는 시기 [9월 8일경]
	추분	밤이 길어지는 시기이며 가을의 한가운데라는 뜻 [9월 23일경]
	한로	찬 이슬이 내린다는 뜻 [10월 8일경]
	상강	서리가 내린다는 뜻 [10월 23일경]
겨울	입동	겨울의 문턱에 들어섰다는 뜻으로, 겨울의 시작을 알리는 절기 [11월 8일경]
	소설	작은 눈이 내린다는 뜻으로, 눈이 내리고 얼음이 얼기 시작하는 절기 [11월 22~23일경]
	대설	큰 눈이 내리는 절기 [12월 8일경]
	동지	밤이 가장 긴 날로 겨울의 한가운데라는 뜻 [12월 22~23일경]
	소한	작은 추위라는 뜻으로, 본격적인 추위가 시작되는 절기 [1월 6~7일경]
	대한	큰 추위가 시작된다는 뜻으로, 한겨울 [1월 20일경]

4. 지칭과 관련된 어휘

구분		생존	사망
본인	아버지	가친(家親), 엄친(嚴親), 가군(家君)	선친(先親), 선군(先君), 망부(亡父)
	어머니	자친(慈親)	선비(先妣), 선자(先慈), 망모(亡母)
타인	아버지	춘부장(椿府丈)	선대인(先大人)
	어머니	자당(慈堂)	선대부인(先大夫人)

5. 접속어

순접	앞의 내용을 순조롭게 받아 연결시켜 주는 역할 예 그리고, 그리하여, 그래서, 이와 같이, 그러므로 등
역접	앞의 내용과 상반된 내용을 이어주는 역할 예 그러나, 그렇지만, 하지만, 그래도, 반면에 등
인과	앞뒤의 문장을 원인과 결과로, 또는 결과와 원인으로 연결시켜 주는 역할 예 그래서, 따라서, 그러므로, 왜냐하면 등
환언·요약	앞 문장을 바꾸어 말하거나 간추려 짧게 말하며 이어주는 역할 예 즉, 요컨대, 바꾸어 말하면, 다시 말하면 등
대등·병렬	앞 내용과 뒤의 내용을 대등하게 이어주는 역할 예 또는, 혹은, 및, 한편 등
전환	뒤의 내용이 앞의 내용과는 다른, 새로운 생각이나 사실을 서술하여 화제를 바꾸어 이어주는 역할 예 그런데, 한편, 아무튼, 그러면 등
예시	앞 문장에 대한 구체적인 예를 들어 설명하며 이어주는 역할 예 예컨대, 이를테면, 가령, 예를 들어 등

03 한자성어

1. 깨끗하고 편안한 마음

- 飮馬投錢(음마투전) : 말에게 물을 마시게 할 때 먼저 돈을 물속에 던져서 물 값을 갚는다는 뜻으로, 결백한 행실을 비유함
- 純潔無垢(순결무구) : 마음과 몸가짐이 깨끗하여 조금도 더러운 티가 없음
- 明鏡止水(명경지수) : 맑은 거울과 잔잔한 물이란 뜻으로, 아주 맑고 깨끗한 심경을 일컫는 말
- 安貧樂道(안빈낙도) : 가난한 생활을 하면서도 편안한 마음으로 분수를 지키며 지냄

2. 놀라움·이상함

- 茫然自失(망연자실) : 멍하니 정신을 잃음
- 刮目相對(괄목상대) : 눈을 비비고 상대방을 본다는 뜻. 남의 학식이나 재주가 놀랄 만큼 갑자기 늘어난 것을 일컫는 말
- 魂飛魄散(혼비백산) : 몹시 놀라 넋을 잃음
- 大驚失色(대경실색) : 몹시 놀라 얼굴빛이 변함
- 傷弓之鳥(상궁지조) : 화살에 상처를 입은 새란 뜻으로, 한 번 혼이 난 일로 인하여 늘 두려운 마음을 품는 일을 비유
- 駭怪罔測(해괴망측) : 헤아릴 수 없이 괴이함

3. 계절

- 陽春佳節(양춘가절) : 따뜻하고 좋은 봄철
- 天高馬肥(천고마비) : 하늘은 높고 말은 살찐다는 뜻으로, 가을의 특성을 형용하는 말
- 嚴冬雪寒(엄동설한) : 눈이 오고 몹시 추운 겨울
- 凍氷寒雪(동빙한설) : 얼어붙은 얼음과 차가운 눈. 심한 추위

4. 교훈·경계

- 好事多魔(호사다마) : 좋은 일에는 흔히 장애물이 들기 쉬움
- 戴盆望天(대분망천) : 화분 등을 머리에 이고 하늘을 바라봄. 한 번에 두 가지 일을 할 수 없음을 비유
- 兵家常事(병가상사) : 전쟁에서 이기고 지는 것은 흔히 있는 일. 실패는 흔히 있는 일이니 낙심할 것이 없다는 말
- 登高自卑(등고자비) : 높은 곳도 낮은 데서부터. 모든 일은 차례를 밟아서 해야 함. 직위가 높아질수록 자신을 낮춤
- 事必歸正(사필귀정) : 무슨 일이나 결국 옳은 이치대로 돌아감
- 堤潰蟻穴(제궤의혈) : 제방도 개미구멍으로 해서 무너진다는 뜻으로, 작은 일이라도 신중을 기하여야 한다는 말
- 他山之石(타산지석) : 다른 산의 돌 자체로는 쓸모가 없으나 다른 돌로 옥을 갈면 옥이 빛난다는 사실에서 하찮은 남의 언행일지라도 자신을 수양하는 데에 도움이 된다는 말
- 孤掌難鳴(고장난명) : 한쪽 손뼉으로는 울리지 못한다는 뜻. 혼자서는 일을 이루기가 어려움. 맞서는 이가 없으면 싸움이 되지 아니함
- 大器晩成(대기만성) : 크게 될 인물은 오랜 공적을 쌓아 늦게 이루어짐
- 識字憂患(식자우환) : 학식이 도리어 근심을 이끌어 옴

5. 기쁨 · 좋음

- 氣高萬丈(기고만장) : 일이 뜻대로 잘 될 때 우쭐하며 뽐내는 기세가 대단함
- 抱腹絕倒(포복절도) : 배를 그러안고 넘어질 정도로 몹시 웃음
- 與民同樂(여민동락) : 임금이 백성과 함께 즐김
- 弄璋之慶(농장지경) : '장(璋)'은 사내아이의 장난감인 구슬이라는 뜻으로, 아들을 낳은 즐거움을 이르는 말
- 弄瓦之慶(농와지경) : 딸을 낳은 즐거움을 이르는 말
- 拍掌大笑(박장대소) : 손뼉을 치며 크게 웃음
- 秉燭夜遊(병촉야유) : 경치가 좋을 때 낮에 놀던 흥이 미진해서 밤중까지 놀게 됨을 일컫는 말. 옛날에는 촛대가 없기 때문에 촛불을 손에 들고 다녔음
- 錦上添花(금상첨화) : 비단 위에 꽃을 놓는다는 뜻으로, 좋은 일이 겹침을 비유 ↔ 설상가상(雪上加霜)
- 多多益善(다다익선) : 많을수록 더욱 좋음

6. 슬픔 · 분노

- 哀而不傷(애이불상) : 슬퍼하되 도를 넘지 아니함
- 兎死狐悲(토사호비) : 토끼의 죽음을 여우가 슬퍼한다는 뜻으로, 같은 무리의 불행을 슬퍼한다는 말
- 目不忍見(목불인견) : 눈으로 차마 볼 수 없음
- 天人共怒(천인공노) : 하늘과 사람이 함께 분노한다는 뜻. 도저히 용서 못 함을 비유
- 悲憤慷慨(비분강개) : 슬프고 분한 느낌이 마음속에 가득 차 있음
- 切齒腐心(절치부심) : 몹시 분하여 이를 갈면서 속을 썩임

7. 강박 · 억압

- 焚書坑儒(분서갱유) : 학업을 억압하는 것을 의미하는 것으로, 진나라 시황제가 정부를 비방하는 언론을 봉쇄하기 위하여 서적을 불사르고 선비를 생매장한 일을 일컫는 말
- 盤溪曲徑(반계곡경) : 꾸불꾸불한 길이라는 뜻으로 정당하고 평탄한 방법으로 하지 아니하고 그릇되고 억지스럽게 함을 이르는 말
- 弱肉强食(약육강식) : 약한 자는 강한 자에게 먹힘
- 不問曲直(불문곡직) : 옳고 그른 것을 묻지도 아니하고 함부로 마구 함
- 牽强附會(견강부회) : 이치에 맞지 아니한 말을 끌어 대어 자기에게 유리하게 함

8. 근심 · 걱정

- 勞心焦思(노심초사) : 마음으로 애를 써 속을 태움
- 髀肉之嘆(비육지탄) : 재능을 발휘할 기회를 가지지 못하여 헛되이 날만 보냄을 탄식함을 이름
- 坐不安席(좌불안석) : 불안, 근심 등으로 자리에 가만히 앉아 있지를 못함
- 內憂外患(내우외환) : 나라 안팎의 여러 가지 근심과 걱정
- 輾轉反側(전전반측) : 이리저리 뒤척이며 잠을 이루지 못함

9. 평온
- 物外閒人(물외한인) : 번잡한 세상 물정을 벗어나 한가롭게 지내는 사람
- 無念無想(무념무상) : 무아의 경지에 이르러 일체의 상념을 떠나 담담함
- 無障無碍(무장무애) : 마음에 아무런 집착이 없는 평온한 상태

10. 권세
- 左之右之(좌지우지) : 제 마음대로 휘두르거나 다룸
- 僭賞濫刑(참상남형) : 상을 마음대로 주고 형벌을 함부로 내림
- 指鹿爲馬(지록위마) : 사슴을 가리켜 말이라 이른다는 뜻으로, 윗사람을 농락하여 권세를 마음대로 휘두르는 짓의 비유. 모순된 것을 끝까지 우겨 남을 속이려는 짓
- 生殺與奪(생살여탈) : 살리고 죽이고 주고 빼앗음. 어떤 사람이나 사물을 마음대로 쥐고 흔들 수 있음

11. 노력
- 臥薪嘗膽(와신상담) : 불편한 섶에서 자고, 쓴 쓸개를 맛본다는 뜻. 마음먹은 일을 이루기 위하여 온갖 괴로움을 무릅씀을 이르는 말
- 粉骨碎身(분골쇄신) : 뼈는 가루가 되고 몸은 산산조각이 됨. 곧 목숨을 걸고 최선을 다함
- 專心致志(전심치지) : 오로지 한 가지 일에만 마음을 바치어 뜻한 바를 이룸
- 不撤晝夜(불철주야) : 어떤 일에 골몰하느라고 밤낮을 가리지 아니함. 또는 그 모양
- 切磋琢磨(절차탁마) : 옥·돌·뼈·뿔 등을 갈고 닦아서 빛을 낸다는 뜻으로, 학문·도덕·기예 등을 열심히 닦음을 말함
- 不眠不休(불면불휴) : 자지도 아니하고 쉬지도 아니함. 쉬지 않고 힘써 일하는 모양을 말함
- 走馬加鞭(주마가편) : 달리는 말에 채찍질을 계속함. 자신의 위치에 만족하지 않고 계속 노력함

12. 대책
- 一擧兩得(일거양득) : 한 가지 일로 두 가지 이익을 얻음 ≒ 一石二鳥(일석이조)
- 三顧草廬(삼고초려) : 인재를 맞아들이기 위해서 온갖 노력을 다함을 이르는 말
- 拔本塞源(발본색원) : 폐단이 되는 근원을 아주 뽑아 버림
- 泣斬馬謖(읍참마속) : 촉한의 제갈량이 군령을 어긴 마속을 눈물을 흘리면서 목을 베었다는 고사에서, 큰 목적을 위하여 자기가 아끼는 사람을 버리는 것을 비유하는 말
- 臨機應變(임기응변) : 그때그때의 사정과 형편을 보아 그에 알맞게 그 자리에서 처리함
- 姑息之計(고식지계) : 당장 편한 것만을 택하는 꾀나 방법
- 苦肉之計(고육지계) : 적을 속이기 위하여, 자신의 희생을 무릅쓰고 꾸미는 계책. 일반적으로는 괴로운 나머지 어쩔 수 없이 쓰는 계책을 이름
- 下石上臺(하석상대) : 아랫돌 빼서 윗돌 괴기. 임시변통으로 이리저리 돌려 맞춤을 이르는 말

- 隔靴搔癢(격화소양) : 신을 신은 채 발바닥을 긁음. 일의 효과를 나타내지 못하고 만족을 얻지 못함
- 窮餘之策(궁여지책) : 궁박한 나머지 생각다 못하여 짜낸 꾀
- 束手無策(속수무책) : 어찌할 도리가 없어 손을 묶은 듯이 꼼짝 못함
- 糊口之策(호구지책) : 겨우 먹고 살아갈 수 있는 방책

13. 도리·윤리

- 世俗五戒(세속오계) : 신라 진평왕 때, 원광 법사가 지은 화랑의 계명
- 事君以忠(사군이충) : 세속오계의 하나. 임금을 섬기기를 충성으로써 함
- 事親以孝(사친이효) : 세속오계의 하나. 어버이를 섬기기를 효도로써 함
- 交友以信(교우이신) : 세속오계의 하나. 벗을 사귀기를 믿음으로써 함
- 臨戰無退(임전무퇴) : 세속오계의 하나. 전장에 임하여 물러서지 아니함
- 殺生有擇(살생유택) : 세속오계의 하나. 생명을 죽일 때에는 가려서 해야 함
- 君爲臣綱(군위신강) : 신하는 임금을 섬기는 것이 근본이다.
- 夫爲婦綱(부위부강) : 아내는 남편을 섬기는 것이 근본이다.
- 父子有親(부자유친) : 아버지와 아들은 친애가 있어야 한다.
- 君臣有義(군신유의) : 임금과 신하는 의가 있어야 한다.
- 夫婦有別(부부유별) : 남편과 아내는 분별이 있어야 한다.
- 長幼有序(장유유서) : 어른과 아이는 순서가 있어야 한다.
- 朋友有信(붕우유신) : 벗과 벗은 믿음이 있어야 한다.
- 夫唱婦隨(부창부수) : 남편이 주장하고 아내가 잘 따르는 것이 부부 사이의 도리라는 말

14. 미인

- 丹脣皓齒(단순호치) : 붉은 입술과 하얀 이란 뜻에서 여자의 아름다운 얼굴을 이르는 말
- 綠鬢紅顔(녹빈홍안) : 윤이 나는 검은 머리와 고운 얼굴이라는 뜻. 젊고 아름다운 여자의 얼굴을 이르는 말
- 傾國之色(경국지색) : 한 나라를 위기에 빠뜨리게 할 만한 미인이라는 뜻

15. 비교

- 伯仲之勢(백중지세) : 서로 우열을 가리기 힘든 형세
- 難兄難弟(난형난제) : 누구를 형이라 해야 하고, 누구를 아우라 해야 할지 분간하기 어렵다는 뜻으로, 두 사물의 우열을 판단하기 어려움을 비유
- 春蘭秋菊(춘란추국) : 봄의 난초와 가을의 국화는 각각 그 특색이 있으므로, 어느 것이 더 낫다고 말할 수 없다는 것
- 互角之勢(호각지세) : 역량이 서로 비슷비슷한 위세
- 五十步百步(오십보백보) : 오십 보 도망가나 백 보 도망가나 같다는 뜻으로, 좀 낫고 못한 차이는 있으나 서로 엇비슷함을 이르는 말

16. 변화

- 塞翁之馬(새옹지마) : 국경에 사는 늙은이[새옹 : 人名]와 그의 말[馬]과 관련된 고사에서, 인생의 길흉화복은 변화가 많아 예측하기 어렵다는 말
- 苦盡甘來(고진감래) : 쓴 것이 다하면 단 것이 온다는 뜻으로, 고생 끝에 즐거움이 옴을 비유
- 桑田碧海(상전벽해) : 뽕나무밭이 푸른 바다가 된다는 뜻으로, 세상이 몰라볼 정도로 바뀐 것을 이르는 말≒동해양진(東海揚塵)
- 轉禍爲福(전화위복) : 언짢은 일이 계기가 되어 오히려 좋은 일이 생김
- 朝令暮改(조령모개) : 아침에 법령을 만들고 저녁에 그것을 고친다는 뜻으로, 자꾸 이리저리 고쳐 갈피를 잡기가 어려움을 이르는 말≒朝令夕改(조령석개)
- 龍頭蛇尾(용두사미) : 머리는 용이나 꼬리는 뱀이라는 뜻으로, 시작이 좋고 나중은 나빠짐의 비유
- 改過遷善(개과천선) : 허물을 고치어 착하게 됨
- 榮枯盛衰(영고성쇠) : 사람의 일생이 성하기도 하고, 쇠하기도 한다는 뜻
- 隔世之感(격세지감) : 그리 오래지 아니한 동안에 아주 바뀌어서 딴 세대가 된 것 같은 느낌
- 一口二言(일구이언) : 한 입으로 두 말을 한다는 뜻. 말을 이랬다저랬다 함≒一口兩舌(일구양설)
- 今昔之感(금석지감) : 지금을 옛적과 비교함에 변함이 심하여 저절로 일어나는 느낌
- 換骨奪胎(환골탈태) : 용모가 환하게 트이고 아름다워져 전혀 딴사람처럼 됨

17. 영원함·한결같음

- 常住不滅(상주불멸) : 본연 진심이 없어지지 아니하고 영원히 있음
- 晝夜長川(주야장천) : 밤낮으로 쉬지 아니하고 연달아. 언제나
- 搖之不動(요지부동) : 흔들어도 꼼짝 않음
- 萬古常靑(만고상청) : 오랜 세월을 두고 변함없이 언제나 푸름
- 舊態依然(구태의연) : 예나 이제나 조금도 다름이 없음
- 始終一貫(시종일관) : 처음부터 끝까지 한결같이 함
- 堅如金石(견여금석) : 굳기가 금이나 돌같음
- 始終如一(시종여일) : 처음이나 나중이 한결같아서 변함없음
- 一片丹心(일편단심) : 한 조각 붉은 마음. 곧 참된 정성

18. 은혜

- 結草報恩(결초보은) : 은혜를 입은 사람이 혼령이 되어 풀포기를 묶어 적이 걸려 넘어지게 함으로써 은인을 구해 주었다는 고사에서 유래, 죽어서까지도 은혜를 잊지 않고 갚음을 뜻하는 말
- 刻骨難忘(각골난망) : 은덕을 입은 고마움이 마음 깊이 새겨져 잊히지 아니함
- 罔極之恩(망극지은) : 다함이 없는 임금이나 부모의 큰 은혜
- 白骨難忘(백골난망) : 백골이 된 후에도 잊을 수 없다는 뜻으로, 큰 은혜나 덕을 입었을 때 감사의 뜻으로 하는 말

19. 원수

- 誰怨誰咎(수원수구) : 남을 원망하거나 탓할 것이 없음
- 刻骨痛恨(각골통한) : 뼈에 사무치게 맺힌 원한≒刻骨之痛(각골지통)
- 徹天之寃(철천지원) : 하늘에 사무치는 크나큰 원한
- 不俱戴天(불구대천) : 하늘을 같이 이지 못한다는 뜻. 이 세상에서 같이 살 수 없을 만큼 큰 원한을 비유하는 말

20. 우정

- 斷金之契(단금지계) : 합심하면 그 단단하기가 쇠를 자를 수 있을 만큼 굳은 우정이나 교제란 뜻으로, 절친한 친구 사이를 말함
- 芝蘭之交(지란지교) : 지초와 난초의 향기와 같이 벗 사이의 맑고도 높은 사귐
- 竹馬故友(죽마고우) : 어렸을 때부터 친하게 사귄 벗
- 水魚之交(수어지교) : 고기와 물과의 사이처럼 떨어질 수 없는 특별한 친분
- 刎頸之交(문경지교) : 목이 잘리는 한이 있어도 마음을 변치 않고 사귀는 친한 사이
- 類類相從(유유상종) : 같은 무리끼리 서로 내왕하며 사귐
- 管鮑之交(관포지교) : 관중과 포숙아의 사귐이 매우 친밀하였다는 고사에서, 우정이 깊은 사귐을 이름
- 金蘭之契(금란지계) : 둘이 합심하면 그 단단하기가 능히 쇠를 자를 수 있고, 그 향기가 난의 향기와 같다는 뜻으로, 친구 사이의 매우 두터운 정의를 이름≒金蘭之交(금란지교)
- 知己之友(지기지우) : 서로 뜻이 통하는 친한 벗
- 莫逆之友(막역지우) : 거스르지 않는 친구란 뜻으로, 아주 허물없이 지내는 친구를 일컬음
- 金蘭之交(금란지교) : 둘이 합심하면 그 단단하기가 능히 쇠를 자를 수 있고, 그 향기가 난의 향기와 같다는 뜻으로, 벗 사이의 깊은 우정을 말함
- 肝膽相照(간담상조) : 간과 쓸개를 보여주며 사귄다는 뜻으로, 서로의 마음을 터놓고 사귐을 이르는 말

21. 원인과 결과

- 因果應報(인과응보) : 선과 악에 따라 반드시 업보가 있는 일
- 結者解之(결자해지) : 맺은 사람이 풀어야 한다는 뜻으로, 자기가 저지른 일은 자기가 해결하여야 한다는 말
- 礎潤而雨(초윤이우) : 주춧돌이 축축해지면 비가 온다는 뜻으로, 원인이 있으면 결과가 있다는 말
- 孤掌難鳴(고장난명) : 손바닥도 마주 쳐야 소리가 난다.
- 矯角殺牛(교각살우) : 빈대 잡으려다 초가 삼간 태운다. 뿔을 바로잡으려다가 소를 죽인다. 곧 조그마한 일을 하려다 큰일을 그르친다는 뜻
- 錦衣夜行(금의야행) : 비단 옷 입고 밤길 가기. 아무 보람 없는 행동
- 金枝玉葉(금지옥엽) : 아주 귀한 집안의 소중한 자식
- 囊中之錐(낭중지추) : 주머니에 들어간 송곳. 재능이 뛰어난 사람은 숨어 있어도 저절로 사람들에게 알려짐을 이르는 말

- 談虎虎至(담호호지) : 호랑이도 제 말 하면 온다. 이야기에 오른 사람이 마침 그 자리에 나타났을 때 하는 말
- 堂狗風月(당구풍월) : 서당개 삼 년에 풍월을 읊는다.
- 螳螂拒轍(당랑거철) : 계란으로 바위치기, 하룻강아지 범 무서운 줄 모른다. 사마귀가 수레에 항거한다는 뜻으로 자기 힘을 생각하지 않고 강적 앞에서 분수없이 날뛰는 것을 비유한 말
- 同價紅裳(동가홍상) : 같은 값이면 다홍치마
- 同族相殘(동족상잔) : 갈치가 갈치 꼬리 문다. 동족끼리 서로 헐뜯고 싸움
- 得隴望蜀(득롱망촉) : 말 타면 경마(말의 고삐) 잡고 싶다. 농서지방을 얻고 또 촉나라를 탐낸다는 뜻으로 인간의 욕심이 무한함을 나타냄
- 登高自卑(등고자비) : 천리길도 한 걸음부터. 일을 하는 데는 반드시 차례를 밟아야 한다.
- 磨斧爲針(마부위침) : 열 번 찍어 안 넘어가는 나무 없다. 도끼를 갈면 바늘이 된다는 뜻으로 아무리 어렵고 험난한 일도 계속 정진하면 꼭 이룰 수가 있다는 말
- 亡羊補牢(망양보뢰) : 소 잃고 외양간 고친다.
- 百聞不如一見(백문불여일견) : 열 번 듣는 것이 한 번 보는 것만 못하다.
- 不入虎穴不得虎子(불입호혈 부득호자) : 호랑이 굴에 가야 호랑이 새끼를 잡는다.
- 牝鷄之晨(빈계지신) : 암탉이 울면 집안이 망한다. 집안에서 여자가 남자보다 활달하여 안팎일을 간섭하면 집안 일이 잘 안 된다는 말
- 三歲之習至于八十(삼세지습 지우팔십) : 세 살 버릇 여든까지 간다.
- 喪家之狗(상가지구) : 상갓집 개. 궁상맞은 초라한 모습으로 이곳저곳 기웃거리며 얻어먹을 것만 찾아다니는 사람을 이름
- 雪上加霜(설상가상) : 엎친 데 덮친다(엎친 데 덮치기), 눈 위에 서리 친다.
- 脣亡齒寒(순망치한) : 입술이 없으면 이가 시리다. 서로 이해관계가 밀접한 사이에 어느 한쪽이 망하면 다른 한쪽도 그 영향을 받아 온전하기 어려움을 이르는 말
- 十伐之木(십벌지목) : 열 번 찍어 아니 넘어 가는 나무 없다.
- 十匙一飯(십시일반) : 열에 한 술 밥이 한 그릇 푼푼하다. 열이 어울려 밥 한 그릇 된다.
- 我田引水(아전인수) : 제 논에 물 대기. 자기 이익을 먼저 생각하고 행동하는 것을 이름
- 吾鼻三尺(오비삼척) : 내 코가 석자. 자기 사정이 급하여 남을 돌보아 줄 겨를이 없음
- 烏飛梨落(오비이락) : 까마귀 날자 배 떨어진다. 아무 관계도 없는 일인데 우연히 때가 같음으로 인하여 무슨 관계가 있는 것처럼 의심을 받게 되는 것
- 牛耳讀經(우이독경) : 쇠귀에 경 읽기. 아무리 가르치고 일러 주어도 알아듣지 못함
- 耳懸鈴鼻懸鈴(이현령비현령) : 귀에 걸면 귀걸이, 코에 걸면 코걸이라는 뜻
- 一魚濁水(일어탁수) : 한 마리의 고기가 물을 흐린다. 한 사람의 잘못이 여러 사람에게 해가 됨
- 以管窺天(이관규천) : 우물 안 개구리. 대롱을 통해 하늘을 봄
- 積小成大(적소성대) : 티끌 모아 태산. 적은 것도 모으면 많아진다는 뜻
- 井底之蛙(정저지와) : 우물 안 개구리. 세상물정을 너무 모름
- 種瓜得瓜種豆得豆(종과득과 종두득두) : 콩 심은 데 콩 나고 팥 심은 데 팥 난다.
- 走馬加鞭(주마가편) : 달리는 말에 채찍질하기. 잘하고 있음에도 불구하고 더 잘되어 가도록 부추기거나 몰아침

- 走馬看山(주마간산) : 수박 겉핥기. 말을 타고 달리면서 산수를 본다는 뜻으로 바쁘게 대충 보며 지나감을 일컫는 말
- 兎死狗烹(토사구팽) : 토끼를 다 잡으면 사냥개도 잡아먹는다.
- 下石上臺(하석상대) : 아랫돌 빼서 윗돌 괴기, 임기응변으로 어려운 일을 처리함
- 漢江投石(한강투석) : 한강에 돌 던지기, 한강에 아무리 돌을 던져도 메울 수 없다는 뜻으로, 아무리 애써도 보람이 없는 일을 비유
- 咸興差使(함흥차사) : 일을 보러 밖에 나간 사람이 오래도록 돌아오지 않을 때 하는 말
- 狐假虎威(호가호위) : 원님 덕에 나팔 분다. 다른 사람의 권세를 빌어서 위세를 부림
- 後生可畏(후생가외) : 후생목이 우뚝하다. 젊은 후학들을 두려워 할 만하다는 뜻

03 독해

1. 논리구조

논리구조에서는 주로 문장과 문장 간의 관계나 글 전체의 논리적 구조를 정확히 파악했는지를 묻는다. 글의 순서를 바르게 나열하는 유형이 출제되므로 제시문의 전체적인 흐름을 바탕으로 각 문단의 특징, 문단 간의 역할 등을 논리적으로 구조화할 수 있는 능력을 길러야 한다.

(1) 문장과 문장 간의 관계
① 상세화 관계 : 주지 → 구체적 설명(비교, 대조, 유추, 분류, 분석, 인용, 예시, 비유, 부연, 상술 등)
② 문제(제기)와 해결 : 한 문장이 문제를 제기하고, 다른 문장이 그 해결책을 제시하는 관계(과제 제시 → 해결 방안, 문제 제기 → 해답 제시)
③ 선후 관계 : 한 문장이 먼저 발생한 내용을 담고, 다음 문장이 나중에 발생한 내용을 담고 있는 관계
④ 원인과 결과 : 한 문장이 원인이 되고, 다른 문장이 그 결과가 되는 관계(원인 제시 → 결과 제시, 결과 제시 → 원인 제시)
⑤ 주장과 근거 : 한 문장이 필자가 말하고자 하는 바(주장)가 되고, 다른 문장이 그 문장의 증거(근거)가 되는 관계(주장 제시 → 근거 제시, 의견 제안 → 의견 설명)
⑥ 전제와 결론 관계 : 앞 문장에서 조건이나 가정을 제시하고, 뒤 문장에서 이에 따른 결론을 제시하는 관계

(2) 문장의 연결 방식
① **순접** : 원인과 결과, 부연 설명 등의 문장 연결에 쓰임 예 그래서, 그리고, 그러므로 등
② **역접** : 앞글의 내용을 전면적 또는 부분적으로 부정 예 그러나, 그렇지만, 그래도, 하지만 등
③ **대등·병렬** : 앞뒤 문장의 대비와 반복에 의한 접속 예 및, 혹은, 또는, 이에 반하여 등
④ **보충·첨가** : 앞글의 내용을 보다 강조하거나 부족한 부분을 보충하기 위해 다른 말을 덧붙이는 문맥 예 단, 곧, 즉, 더욱이, 게다가, 왜냐하면 등
⑤ **화제 전환** : 앞글과는 다른 새로운 내용을 이야기하기 위한 문맥 예 그런데, 그러면, 다음에는, 이제, 각설하고 등
⑥ **비유·예시** : 앞글에 대해 비유적으로 다시 말하거나 구체적인 예를 보임 예 예를 들면, 예컨대, 마치 등

(3) 논리구조의 원리 접근법

앞뒤 문장의 중심 의미 파악	→	앞뒤 문장의 중심 내용이 어떤 관계인지 파악	→	문장 간의 접속어, 지시어의 의미와 기능 파악	→	문장의 의미와 관계성 파악
각 문장의 의미를 어떤 관계로 연결해서 글을 전개하는지 파악해야 한다.		지문 안의 모든 문장은 서로 논리적 관계성이 있다.		접속어와 지시어를 음미하는 것은 독해의 길잡이 역할을 한다.		문단의 중심 내용을 알기 위한 기본 분석 과정이다.

2. 논리적 이해

(1) 분석적 이해
글의 내용을 분석적으로 파악하는 것으로, 분석적 이해의 핵심은 글의 세부 내용을 파악하고, 이를 바탕으로 글의 중심 내용을 파악하는 것이다.
① **글을 구성하는 각 단위의 내용 관계 파악하기** : 글은 단어, 문장, 문단 등의 단위가 모여 이루어진다. 글을 이해하기 위해서는 각각의 단어와 단어들이 모여 이루어진 문장, 문장들이 모여 이루어진 문단의 내용을 정확하게 파악하고 각각의 의미 관계를 이해하는 것이 필요하다.
② **글의 중심 내용 파악하기** : 글의 작은 단위를 분석하여 부분적인 내용을 파악했더라도 글 전체의 중심 내용을 파악했다고 할 수 없다. 글의 중심 내용을 파악하는 데는 글을 구성하고 있는 각 단위, 특히 문단의 중심 내용이 중요하다. 따라서 글의 전체적인 맥락을 고려해야 하고, 중심 내용을 파악해 내는 기술이 필요하다.
③ **글의 전개 방식과 구조적 특징 파악하기** : 모든 글은 종류에 따라 다양한 전개 방식을 활용하고 있다. 대표적인 전개 방식은 서사, 비교, 대조, 열거, 인과, 논증 등이 있다. 이와 같은 전개 방식을 이해하면 글의 내용을 이해하는 데 큰 도움이 된다.

(2) 추론적 이해

제시문에 나와 있는 정보들의 관계를 파악하거나 글에서 명시되지 않은 생략된 내용을 상상하며 글을 읽고 내용을 파악하는 것이다. 제시문의 정보를 근거로 하여 글에 드러나 있지 않은 정보를 추리해 낼 수 있어야 한다.

① **내용의 추론** : 제시문의 정보를 바탕으로 숨겨진 의미를 찾거나 생략된 의미를 앞뒤 내용의 흐름 및 내용 정보의 관계를 통해서 짐작한 다음, 다른 상황에 적용할 수 있어야 한다.
  ㉠ 숨겨진 정보를 추리하기
  ㉡ 제시되지 않은 부분의 내용을 추리하기
  ㉢ 문맥 속의 의미나 함축적 의미를 추리하기
  ㉣ 알고 있는 지식을 다른 상황에 적용하기

② **과정의 추론** : 제시문에 설명된 정보에 대한 가정이나 그것의 전체 또는 대상을 보는 관점, 태도나 입장을 파악하는 것이다.
  ㉠ 정보의 가정이나 전제
  ㉡ 글을 쓰는 관점 추리하기
  ㉢ 글 속에 나타나는 대상 또는 정서·심리 상태, 어조 추리하기
  ㉣ 글을 쓰게 된 동기나 목적 추리하기

③ **구조의 추론**
  ㉠ 구성 방식 : 전체 글의 짜임새 및 단락의 짜임새
  ㉡ 구성 원리 : 정확한 의미 전달을 위한 통일성, 완결성, 일관성

(3) 비판적 이해

제시문의 주요 논지에 대한 비판의 여지를 탐색하고 따져보거나 글이나 자료의 생성 과정 및 그것을 구성한 관점, 태도 등을 파악하는 등 글의 내용으로부터 객관적인 거리를 두고 판단하거나 평가함으로써 도달하는 것이다.

① **핵심어 이해** : 제시문이 객관적인지, 또는 현실과 어떤 연관성이 있는지 등을 판단해 본다. 그리고 핵심 개념을 정의하는 부분에 비논리적 내용이나 주제를 강조하기 위한 의도에서 오류는 없는지를 파악해 본다.

② **쟁점 파악** : 제시문의 핵심 내용을 파악했다면, 주장이 무엇인지, 그리고 타당한지를 비판적으로 고려해 보아야 한다.

③ **주장과 근거** : 제시문의 주제를 비판적으로 고려했다면, 그 주장이 어떤 근거에 바탕을 두고 있는지, 그리고 근거와 주장 사이에 논리적 오류가 없는지 비판적으로 생각해 본다.

04 문학

1. 고전 문학

(1) 고대의 문학

① 서사 문학

신화명	주요 내용	주제	출전
단군 신화	우리나라의 건국 신화로 홍익인간의 이념 제시	단군의 조선 건국	삼국유사
주몽 신화	동명왕의 출생에서부터 건국의 성업(聖業)까지를 묘사한 설화	고구려의 건국 과정	삼국유사
박혁거세 신화	나정(蘿井) 근처의 알에서 태어나 사람들의 추대로 임금이 된 박씨의 시조 설화	신라 시조의 신이한 탄생과 신라의 건국	삼국유사
석탈해 신화	알에서 나와 남해왕의 사위가 되고 나중에 임금으로 추대된 석(昔)씨의 시조 설화	탈해의 능력과 왕위 등극 과정	삼국사기
김알지 신화	시림(始林: 施林)의 나무에 걸렸던 금궤에서 태어났다고 전해지는 경주 김(金)씨의 시조 설화	김씨 부족의 시조 출현	삼국사기
수로왕 신화	알에서 태어난 6명의 아이들 중 가락국의 왕이 된 김해 김(金)씨의 시조 설화	수로의 강림과 가락국의 건국	삼국유사

② 고대 가요

가요명	연대	작자	주요 내용	주제	출전
구지가	신라 유리왕	구간(九干)	주술적인 노래. 일명 「영신군가(迎新軍歌)」	수로왕의 강림 기원, 생명 탄생의 염원	삼국유사
해가(사)	신라 성덕왕	강릉의 백성들	수로부인(水路夫人)을 구원하기 위한 주술적인 노래. 「구지가(龜旨歌)」의 아류	수로부인의 구출	삼국유사
공무도하가	고조선	백수 광부의 처	물에 빠져 죽은 남편의 죽음을 애도	임을 여읜 슬픔, 남편의 죽음을 애도(哀悼)	해동역사
황조가	고구려 유리왕	유리왕	실연(失戀)의 슬픔을 노래	임을 여읜 슬픔 (실연의 아픔)	삼국사기
정읍사	백제(百濟)	행상인의 처	남편을 근심하여 부른 노래. 국문으로 정착된 가장 오래된 노래	행상 나간 남편의 무사귀환(안전)을 기원	악학궤범

③ 향가

가요명	작자	연대	형식	주요 내용	주제	출전
서동요	백제 무왕	신라 진평왕	4구	서동이 선화공주를 얻기 위하여 궁중 주변의 아이들에게 부르게 한 동요(童謠). 참요적 성격	선화공주에 대한 연정(戀情), 선화공주의 은밀한 사랑, 선화공주의 비행 풍자, 결혼계략	삼국유사
혜성가	융천사	신라 진평왕	10구	혜성이 심대성(心大星)을 범했을 때 이 노래를 지어 물리쳤다는 축사(逐邪)의 노래	혜성의 변괴를 없애고 왜병의 침략을 막음	삼국유사
풍요	미상	신라 선덕여왕	4구	양지(良志)가 영묘사의 장육존상을 만들 때 부역 온 남녀가 부른 노동요	공덕을 닦음으로써 극락왕생을 기원함	삼국유사
원왕생가	광덕	신라 문무왕	10구	왕생(往生)을 원하는 광덕의 불교적인 신앙심을 읊은 노래	극락왕생에 대한 간절한 염원	삼국유사

작품	작자	연대	형식	주요 내용	주제	출전
모죽지랑가	득오	신라 효소왕	8구	죽지랑의 고매한 인품을 사모하고, 인생의 무상을 노래한 만가(輓歌)	죽지랑에 대한 사모, 연모의 정	삼국유사
헌화가	견우 노인	신라 성덕왕	4구	수로부인이 벼랑에 핀 철쭉꽃을 탐하기에, 소를 끌고 가던 노인이 꽃을 꺾어 바치며 부른 노래	배경설화의 등장인물(수로부인)이 고대 가요「해가」와 같은 노래, 민요가 정착된 향가, 적극적 애정 표현이 나타난 향가	삼국유사
원가	신충	신라 효성왕	10구	효성왕이 약속을 지키지 않자, 노래를 지어 잣나무에 붙였다는 주가(呪歌)	약속을 못 지킨 임금에 대한 원망	삼국유사
도솔가	월명사	신라 경덕왕	4구	해가 둘이 나타나자 지어 불렀다는 산화공덕(散花功德)의 노래	산화공덕(散花功德)	삼국유사
제망매가	월명사	신라 경덕왕	10구	죽은 누이의 명복을 비는 재를 올릴 때 부른 추도의 노래	죽은 누이를 추도함	삼국유사
안민가	충담사	신라 경덕왕	10구	경덕왕의 요청으로 군(君)·신(臣)·민(民)이 알바를 노래한 치국안민(治國安民)의 노래	치국(治國)을 위한 군(君)·신(臣)·민(民)의 유대 관계	삼국유사
찬기파랑가	충담사	신라 경덕왕	10구	충담사가 기파랑의 높은 인품을 추모하여 부른 노래	기파랑에 대한 추모심	삼국유사
천수대비가	희명	신라 경덕왕	10구	희명이 실명(失明)한 자식을 위해 천수대비 앞에 나가 부른 불교 신앙의 노래	눈 뜨기를 기원함	삼국유사
우적가	영재	신라 원성왕	10구	영재가 도둑 떼를 만나, 이를 깨우치고 회개시켰다는 노래	도둑에 대한 교화(敎化)	삼국유사
처용가	처용	신라 헌강왕	8구	아내를 범한 역신(疫神)을 굴복시켰다는 무가(巫歌)	벽사진경(辟邪進境 - 간사한 귀신을 물리치고 경사를 맞이함)의 소박한 민요에서 형성된 무가, 의식무(儀式舞) 또는 연희의 성격을 띠고 고려와 조선시대까지 계속 전승되었음	삼국유사

④ 한문학

작품	작자	연대	형식	주요 내용	주제	출전
여수장우중문시	을지문덕	고구려 영양왕	한시	수(隋)의 우중문을 희롱한 오언시	적장 조롱과 적장의 오판 유도	삼국사기
치당태평송	진덕여왕	진덕여왕	한시	당의 태평을 기린 굴욕적인 외교의 시	진덕여왕이 당나라의 태평을 기림	삼국사기
화왕계	설총	신라 신문왕	설화	꽃을 의인화한 소설적 기록물의 효시인 산문	임금에 대한 경계	삼국사기
토황소격문	최치원	신라 헌강왕	한문	황소의 난 때 지어 문명을 떨침	황소의 죄과를 꾸짖고 투항할 것을 권고함	동문선
계원필경	최치원	신라 정강왕	문집	당에서 지은 원고를 고국에서 찬집함	표(表), 장(狀), 격(檄), 서(書), 위곡(委曲), 거첩(擧牒), 재사(齋詞), 제문(祭文), 소(疏), 계장(啓狀), 잡서(雜書), 시 등을 수록한 전 20권 4책으로 된 최초 개인 문집	계원필경집

작품	저자	연대	갈래	주요 내용	주제	출전
왕오천축국전	혜초	신라 성덕왕	기행문	인도와 인근의 여러 나라를 기행하고 당나라에 돌아와 적은 행문으로 3권으로 구성되어 있음	구도를 위해 천축국을 순례한 기행	왕오천축국전
고승전	김대문	고종	전기	저명한 스님에 대한 전기를 적은 것	불교와 불교도에 대한 찬양	고승전

(2) 고려의 문학

① 고려 가요

작품	연대	작자	주요 내용	주제	출전
사모곡	미상	미상	곡조명 : 엇노리. 「목주가」와 연관됨. 어머니 사랑을 예찬. 비교법	효심(孝心)	악장가사, 시용향악보
상저가	미상	미상	방아를 찧으면서 부른 노동요. 촌부의 효성이 담김		시용향악보
동동	미상	미상	월령체(달거리 형식) 노래의 효시, 연정과 송축. 비련의 노래	송도(頌禱)	악학궤범
정석가	미상	미상	불가능한 상황 설정으로 만수무강 송축. 영원한 사랑을 노래		악장가사, 시용향악보
처용가	미상	미상	향가 「처용가」에서 발전한 희곡적 노래	축사(逐邪)	악학궤범, 악장가사
청산별곡	미상	미상	비애, 고독, 도피, 낙천적, 체념을 노래. 대칭 구조	현실도피	악장가사
가시리	미상	미상	이별의 한(恨), 체념, 기다림의 전통적 여심(女心)을 노래, 일명 「귀호곡」	별리(別離)의 정한(情恨)	악장가사, 시용향악보
서경별곡	미상	미상	이별을 거부하는 적극적 애정		악장가사
쌍화점	고려 충렬왕	미상	남녀상열지사	솔직한 사랑의 표현	악장가사
만전춘	미상	미상	남녀상열지사, '시조'의 형식을 보여줌		악장가사
이상곡	고려 충숙왕	채홍철	남녀상열지사		악장가사
유구곡	미상	미상	「벌곡조」와 유사. 정치 풍자	애조(愛鳥)	시용향악보

② 경기체가

작품	연대	작자	형식	주요 내용	주제	출전
한림별곡	고려 고종	한림제유	8연 3·3·4조	시부, 서적, 명필, 명주, 화훼(花卉), 음악, 누각, 추천(鞦韆)을 노래, 경기체가의 효시(한문과 국어)	명문장과 금의의 문하생 찬양	악장가사, 고려사 악지
관동별곡	고려 충숙왕	안축	8연 3·3·4조	관동의 절경을 읊음(한문과 이두)	선정다짐과 신선의 풍류	근재집 (謹齋集)
죽계별곡	고려 충숙왕	안축	5연	고향인 풍기 순흥의 절경을 읊음 (한문과 이두)	죽계의 자연 경관과 신흥 사대부들의 의욕적인 생활 감정	근재집 (謹齋集)

③ 패관 문학

작품	연대	작자	주요 내용
수이전	고려 문종	박인량	우리나라 최초의 설화집으로 본래 신라의 설화를 실었으나, 지금은 전하지 않고 『삼국유사(三國遺事)』, 『해동고승전(海東高僧傳)』, 『대동운부군옥(大東韻府群玉)』, 『필원잡기』 등에 실려 있음
백운소설	고려 고종	이규보	순연한 시화(詩話)와 문담(文談)으로 이루어지며, 홍만종의 『시화총림(詩話叢林)』에 28편이 전해짐
파한집	고려 고종	이인로	동방 고대 제가(諸家)의 명문장이나 뛰어난 구절을 수록하고, 이에 시화·문담·기사와 자신의 작품 등을 섞은 것으로 총 3권 1책으로 되어 있음
보한집	고려 고종	최자	야사(野史)와 기녀(妓女)들의 얘기를 모아 놓은 것으로 『파한집』을 보(補)하기 위해서 서술된 것인데, 상·중·하 3권으로 구성되어 있음
역옹패설	고려 충혜왕	이제현	야사(野史)와 기녀(妓女)들의 얘기를 모아 놓은 것으로 『파한집』을 보(補)하기 위해서 서술된 것인데, 상·중·하 3권으로 구성되어 있음

④ 가전체 문학

작품	연대	작자	주요 내용	출전
국순전	고려 고종	임춘	술을 의인화하여 술이 사람에게 미치는 영향을 씀. 『국선생전』에 영향을 줌	동문선
국선생전	고려 고종	이규보	술을 의인화하여 군자(君子)의 처신을 경계함	동문선
공방전	고려 고종	임춘	엽전(葉錢)을 의인화하여 탐재(貪財)를 경계함	동문선
죽부인전	고려 말	이곡	죽부인을 의인화하여 절개(節槪)를 나타냄	동문선
저생전	고려 말	이첨	종이를 의인화함	동문선
정시자전	고려 말	석식영암	지팡이를 의인화하여 인세(人世)의 덕에 관하여 경계함	동문선
청강사자현부전	고려 고종	이규보	거북을 의인화하여 어진 사람의 행적을 그림	동문선
강감찬	고려 인종	최자	강감찬의 인품과 책략을 소개하고 있음	보한집
호랑이와 승려	고려 고종	최자	불교의 윤회 사상을 밑바탕에 깔고 불교 교화를 목적으로 함	보한집

(3) 조선 전기의 문학

① 악장 문학 작품

형식	작품	연대	작자	주요 내용	출전
한시체	문덕곡	태조 2년	정도전	태조의 문덕을 찬양	악학궤범
	정동방곡	태조 2년	정도전	태조의 위화도회군을 찬양	악학궤범, 악장가사
	납씨가	태조 2년	정도전	태조가 야인을 격파한 무공을 찬양	악학궤범, 악장가사, 시용향악보
	봉황음	세종	윤회	조선의 문물과 왕가의 축수(祝壽)를 노래	악학궤범
속요체	신도가	태조 3년	정도전	태조의 덕과 한양의 경치를 찬양	악장가사
	유림가	미상	미상	유교 이념을 찬양	악장가사
	감군은	미상	미상	임금의 은덕을 감축(感祝)	악장가사

	상대별곡	정종~태종	권근	조선의 제도 문물의 왕성함을 찬양	악장가사
경기체가체	화산별곡	세종 7년	변계량	조선의 개국 창업을 찬양	악장가사
	오륜가	미상	미상	오륜에 대한 송가	악장가사
	연형제곡	미상	미상	형제의 우애를 기리고 조선의 문물제도를 찬양	악장가사
신체	용비어천가	초간본 세종 29년	정인지, 안지, 권제	조선 6조의 건국 창업을 노래	단행본
	월인천강지곡	세종 31년	세종	석보상절(釋譜詳節)의 석가 공덕을 보고 지은 석가모니(釋迦牟尼)의 찬송가	단행본

② 조선 전기 가사

작품	연대	작자	주요 내용
상춘곡	성종	정극인	태인(泰仁)에서의 은거생활. 『불우헌집』에 수록
면앙정가	중종 19년	송순	향리인 담양에 면앙정(俛仰亭)을 짓고 나서, 그곳의 자연과 정취를 노래함. 「성산별곡」에 영향을 줌
관서별곡	명종 11년	백광홍	「기산별곡(箕山別曲)」과 「향산별곡(香山別曲)」으로 됨. 정철의 「관동별곡」에 영향
성산별곡	명종 15년	정철	성산의 자연미를 읊음. 「송강가사」에 수록됨
관동별곡	선조 13년	정철	강원도 관찰사로 부임하여 그곳의 자연을 노래한 기행 가사
사미인곡	선조 18~22년	정철	충신연주지사. 창평에 귀양가서 지음
속미인곡	선조 18~22년	정철	「사미인곡」의 후편. 두 여인의 문답으로 된 연군지사. 우리말 표현이 뛰어남
고공가	선조	허전	농사에 나랏일을 빗대어 읊음

③ 조선 전기 한문 소설

작품	작자	주요 내용
금오신화	김시습	최초의 한문 소설. 구우의 『전등신화』에서 영향을 받음. 『만복사저포기』, 『이생규장전』, 『취유부벽정기』, 『남염부주지』, 『용궁부연록』
화사	임제	국가와 군신을 꽃에 비유하여 치국흥망의 역사를 기록한 의인체 한문소설, 일설 남성중(南聖重)의 작
수성지	임제	세상에 대한 불만과 현실에 대한 저주를 그린 의인체 한문 소설
원생몽유록	임제	생육신의 한 사람인 남효온의 처지를 슬퍼하여 쓴 전기 소설(傳奇小說), 세조의 왕위 찬탈을 배경으로 한 정치 권력의 모순을 폭로함

(4) 조선 후기의 문학

① 조선 후기 주요 시조집

시조집	연대	편찬자	편수
청구영언	영조 4년	김천택(金天澤)	시조 998수, 가사 17편
해동가요	영조 39년	김수장(金壽長)	시조 883수
고금가곡	미상	송계연월옹	시조 294수, 가사 11편
병와가곡집 (瓶窩歌曲集)	미상	이형상(李衡祥)	시조 1,109수
가곡원류	고종 13년	박효관·안민영	시조 839수

② 조선 후기 가사

작품	연대	작자	주요 내용
고공가	선조 (임란 후)	허전	나라 일을 농사에 비유하여 관리들의 부패를 비판함. 각성 촉구
고공답주인가	임진왜란 이후	이원익	「고공가」의 답가. 나라를 다스리는 도리를 농사에 비유하여 풍자함
태평사	선조 31년	박인로	전쟁 가사, 왜구의 토벌과 태평을 갈구함
선상탄	선조 38년	박인로	임진왜란 뒤 전쟁의 비애와 평화를 추구한 가사
사제곡	광해군 3년	박인로	사제의 승경과 이덕형의 풍모를 읊음
누항사	광해군 3년	박인로	안빈낙도(安貧落島)를 노래함
독락당	광해군 11년	박인로	독락당을 찾아 이언적을 추모하고 서원의 경치를 읊음
영남기	인조 13년	박인로	이근원의 선정을 백성들이 숭앙함을 표현함
노계가	인조 14년	박인로	지은이가 만년에 숨어 살던 '노계'의 경치를 읊음
일동장유가	영조 39년	김인겸	일본 통신사로 갔다가 견문한 바를 적은 장편 기행 가사
만언사	정조	안조원	추자도에 귀양 가서 노래한 장편 유배 가사
도산사	정조	조정신	도산의 정치와 퇴계 선생을 추모
농가월령가	헌종	정학유	농가의 연중행사와 세시 풍속을 읊은 가사. 월령체, 교훈적
봉선화가	헌종	정일당	봉선화에 얽힌 여자의 정서를 노래
한양가	헌종 10년	한산거사	한양의 문물제도를 읊음
북천가	철종 4년	김진형	명천에서 귀양 생활을 하면서 견문을 쓴 유배 가사
연행가	고종 3년	홍순학	청나라 북경에서의 견문을 적은 장편 기행 가사

③ 고대 수필

분류	작품	연대	작자	주요 내용
일기 (日記)	산성일기	인조	궁녀	병자호란을 중심으로 한 치욕적인 일면을 서술한 객관적 작품
	화성일기	정조 19년	이희평	능행(陵行) 시 화성(수원)에 수행하여 왕대비의 회갑연에 참가했던 것을 일기로 엮은 것
	의유당일기	순조	연안 김씨	남편 이회찬이 함흥 판관에 부임하자, 따라가 그 부근의 명승 고적을 찾아다니며 보고 듣고 느낀 바를 적은 글
궁정 수상	계축일기 (서궁록)	광해군	궁녀	광해군이 선조의 계비인 인목 대비의 아들 영창 대군을 죽이고 대비를 폐하여 서궁에 감금했던 사실을 일기체로 기록
	한중록	정조 20년 ~ 순조 4년	혜경궁 홍씨	남편 사도 세자의 비극과 궁중의 음모, 당쟁, 자신의 기구한 생애를 회갑 때 회고하여 적은 자서전적 회고록
	인현왕후전	숙종 ~ 정조	궁녀	인현왕후의 폐비사건과 숙종과 장희빈과의 관계를 그림. 『사씨남정기』는 같은 내용을 비유적으로 소설화한 작품
기행문	을병연행록	영조 41년	홍대용	한글로 적은 긴 연행록으로, 작자의 고백에서부터 역사 문헌의 비판에 이르기까지 백과사전적인 내용을 다룸
	무오연행록	정조 22년	서유문	서장관으로 중국에 갔다가, 그 견문·감상을 자세히 기록한 완전한 산문체 작품
서간	우념재수서	영조	이봉한	일본 통신사의 수행원으로 갔을 때 그 자당에게 보낸 편지
	한산유찰	영조 ~ 정조	양주 조씨	이산중(李山重) 부인의 수기
제문	제문	숙종 45년	숙종	숙종의 막내 아들 연령군이 숙종이 승하하기 한 해 전에 세상을 떠났는데, 그 애통한 심회를 적은 글
	조침문	순조	유씨	자식 없는 미망인으로서 바느질로 생계를 도와 오다가 바늘을 부러뜨려 그 섭섭한 심회를 적은 글

전기	윤씨행장	숙종	김만중	김만중이 그의 모부인(母夫人)이 돌아가시자 그를 추념하여 생전의 행장(行狀)을 지어 여자 조카들에게 나누어 준 글
기타	어우야담	광해군	유몽인	선조에서 광해군까지의 유명·무명 인사들의 기행 일화를 모은 야담집으로 한문, 한글본이 있음
	규중칠우쟁론기	미상	미상	규중 부인들의 손에서 떨어지지 않는 바늘·자·가위·인두·다리미·실·골무 등의 쟁공(爭功)을 쓴 글
	요로원야화기	숙종 4년	박두세	당시 선비 사회의 병폐를 대화체로 파헤친 풍자 문학

④ 고대 소설

분류	작품	연대	작자	주요 내용
사회 소설	홍길동전	광해군	허균	『수호지(水滸誌)』 등의 영향을 받음. 한글 창작 소설, 영웅 소설
	전우치전	미상	미상	『홍길동전』의 아류작(亞流作)
군담 소설	임진록	임란 이후	미상	한문본(漢文本)도 있음. 『삼국지연의』의 영향을 받음
	곽재우전	임란 이후	미상	『천간홍의 장군』이란 제목으로 출간
	임경업전	병란 이후	미상	『임장군전』이라고도 함. 전기적 소설
	박씨전	병란 이후	미상	병자호란을 배경으로 한 박씨 부인의 전기적 소설
염정 소설	춘향전	영조~정조	미상	완판본 『열녀춘향수절가(完版本烈女春香守節歌)』, 『열녀 암행 어사 설화(烈女暗行御史說話)』
	옥단춘전	미상	미상	이혈룡과 기생 옥단춘의 사랑을 그림
	숙향전	영조~정조	미상	한문본도 있음
	숙영낭자전	미상	미상	한문본 재생연(再生緣)
	운영전	선조	미상	원본은 한문본. 일명 『수성궁 몽유록』
	구운몽	숙종	김만중	한문본도 있음
	옥루몽	숙종	남익훈	『구운몽(九雲夢)』의 아류작(亞流作). 한문본도 있음
풍자 소설	배비장전	순조~철종	미상	양반의 위선 풍자. 배비장과 기생 애랑의 이야기
	이춘풍전	영조~정조	미상	무력한 남편과 거센된 양반을 풍자
가정 소설	사씨남정기	숙종 18년	김만중	숙종이 인현왕후를 쫓아냄을 풍자한 것이라고도 함
	장화홍련전	숙종~철종	미상	권선징악을 주제로 함
설화 소설	심청전	미상	미상	『연권녀(蓮權女)』·『효녀 지은(知恩)』 설화. 도덕 소설
	장끼전	미상	미상	『웅치전(雄稚傳)』이라고도 함. 풍자 소설
	흥부전	미상	미상	『방이설화』, 『박타는처녀』에서 발견
	왕랑반혼전	현종 14년	보우(普雨)	고려 이래 민간에 전해 오던 불교 설화가 소설화된 것. 한문본도 있으며, 화엄사본이 가장 오래됨
한문 소설	호질	영조	박지원	도학자의 위선적인 생활 폭로
	허생전	영조	박지원	허생의 상행위(商行爲)를 통한 이용후생의 실학 사상 반영
	양반전	영조	박지원	양반 사회의 허례허식 및 그 부패성의 폭로
	광문자전	영조	박지원	기만과 교만에 찬 양반 생활의 풍자
	예덕선생전	영조	박지원	직업 차별의 타파와 천인(賤人)의 성실성 예찬

2. 근대 및 현대 문학

(1) 개화기 문학

① 개화 가사

작품	연대	작자	형식	주요 내용
교훈가	1880	최제우	4·4조	인간 평등의 주장
동심가	1896	이중원	4·4조	나라사랑과 문명개화를 위해 합심해야 함
애국가	1896	김철영	4·4조	나라사랑과 문명개화를 위해 합심해야 함

② 신체시

작품	연대	작자	주요 내용
해에게서 소년에게	1908	최남선	소년의 씩씩한 기상을 노래, 『소년』의 권두시로 실림

③ 신소설

작품	작자	주요 내용
혈(血)의 누(淚)	이인직	최초의 신소설, 인습 타파, 자유 결혼, 계몽 주장
은세계(銀世界)	이인직	평등권, 자주 독립, 신교육 사상 고취, 정치 소설
귀(鬼)의 성(聲)	이인직	귀족 사회의 부패, 축첩 등의 폐습 폭로
치악산(雉岳山)	이인직	양반의 부패 폭로, 고부간의 갈등을 그림
자유종(自由鍾)	이해조	부녀의 해방, 애국정신과 자유 교육 등을 토론 형식으로 쓴 정치 소설
금수회의록	안국선	동물들의 입을 빌려 인간 세계를 풍자한 우화 소설
안(雁)의 성(聲)	최찬식	인권 옹호, 자유 결혼을 다룸
초월색(秒月色)	최찬식	외국 유학 및 애정의 기복을 다룸

(2) 1920년대 문학작품

① 시

작품	작자	주요 내용
봄, 봄은 간다, 무덤, 낙엽, 악성	김억	창작 시집 『해파리의 노래』를 발간. 감상적인 경향에서 출발하여 민요에 관심을 가지면서 점차 정형시로 옮아감
진달래꽃, 산유화, 초혼	김소월	민요조의 서정시를 많이 남김. 주로 순수 서정시 쪽을 향해 있고 전원·자연에 귀착한 형태
오뇌(懊惱)의 청춘, 우윳빛 거리	박종화	낭만적, 퇴폐적 경향의 작품을 썼는데, 1935년경부터는 역사 소설로 전환함. 『백조』, 『장미촌』의 동인
나의 침실로, 빼앗긴 들에도 봄은 오는가	이상화	탐미적이고 퇴폐적인 시 경향과 현실을 직시한 경향파적 세계가 순차적으로 나타남. 『백조』의 동인
불놀이, 빗소리, 봄, 달잡이, 채석장	주요한	『창조』, 『영대』를 통하여 초기에는 감상적인 작품을, 후기에는 민요에 관심을 기울이면서 건강한 정서의 작품을 씀
님의 침묵, 알 수 없어요, 나룻배와 행인	한용운	불교적인 명상을 통한 자연에의 몰입, 깊은 관조의 세계에서 오는 신비적 경향, 연가풍(戀歌風)의 서정성이 교묘히 결합된 산문시적 작풍(作風)이 특징

② 소설

작품	작자	주요 내용
목숨, 배따라기, 태형(笞刑), 감자, 명문(明文), 광염 소나타	김동인	이광수의 계몽주의적 성향에 대립하여 순수 문학을 주장하였으며 사실주의적 수법으로써 우수한 단편들을 남김
표본실의 청개구리, 묘지(만세전), 금반지, 전화, 조그만 일	염상섭	식민지의 암울한 상황에 처한 지식인의 고뇌, 도시 중산층의 일상생활 등을 사실주의 수법으로 그림
빈처, 운수 좋은 날, 술 권하는 사회, B사감과 러브레터	현진건	치밀한 구성과 객관적 묘사로 사실주의적 단편 소설의 수작(秀作)을 남김
뽕, 물레방아, 벙어리 삼룡이	나도향	낭만적 감상주의 경향에서 출발, 섬세하고 세련된 감각의 소설을 씀
탈출기, 박돌의 죽음, 기아와 살육, 홍염(紅艶)	최서해	신경향파의 대표적 작자. 체험을 바탕으로 주로 하층민의 빈궁 문제를 다룸
생명의 봄, 화수분	전영택	작위적인 허구성을 배제하고 경험주의적인 미학화 및 인도주의의 연민적 인간애가 작품의 기조를 이룸

(3) 1930년대 문학작품

① 시

작품	작자	특징	유파
모란이 피기까지는	김영랑	감각적인 시어를 고운 가락으로 표현	시문학파
떠나가는 배, 싸늘한 이마	박용철	생에 대한 회의가 주조를 이루고 감상적인 가락이 특색	
들국화, 실향의 화원	이하윤	해외시의 소개와 서정시 운동, 『시문학』 동인	
외인촌, 추일 서정, 설야, 와사등, 기항지	김광균	도시의 소시민층의 감정을 노래하여 모더니즘적 경향이 강한 시풍	모더니즘
달·포도·잎사귀, 바다로 가는 여인	장만영	농촌과 자연을 소재로 하여 감성과 시각적 심상을 기교적으로 표현	
오감도, 거울	이상	실험적인 초현실주의 작품을 시도함, 구인회에 참여하여 『시와 소설』 편집	
문둥이, 귀촉도, 춘향 유문, 회사	서정주	인간의 원죄 의식과 생명성 탐구	생명파
생물, 황혼	김달진	눈으로 볼 수 있는 세계를 통해 인생의 의미 추구	
깃발, 울릉도, 생명의 서, 바위	유치환	생명의 의지와 형이상학적 색조에 허무적 요소가 짙음	
그 먼 나라를 알으십니까, 촛불	신석정	자연을 동경하는 목가적 시풍	전원파
파초, 진주만, 백설부, 내 마음은	김동명	전원적 정서와 민족적 비애를 노래	
남으로 창을 내겠소	김상용	『시원』을 통해 등단. 동양적 관조의 세계를 그림	기타
무녀(巫女)의 춤, 바라춤	신석초	동양적 허무 사상을 바탕으로 한 고전적 절제와 형식미를 갖춤. 『자오선』 동인	

② 소설

작품	작자	특징
봄봄, 동백꽃, 소나기, 금 따는 콩밭	김유정	『구인회』 동인. 사실주의적 경향, 토속적 유머
메밀꽃 필 무렵, 돈(豚), 산, 들, 분녀	이효석	소설을 시적 수필의 경지로 승화시킴
상록수, 직녀성, 영원의 미소	심훈	민족주의, 사실주의적 경향의 농촌 계몽 소설
제1과 제1장, 흙의 노예, 농민	이무영	농민 작가, 농촌을 소재로 한 사실주의적 경향
무녀도, 황토기, 산화	김동리	토속적, 신비주의적, 사실주의적 경향, 무속 신앙을 배경으로 함
모범 경작생, 목화씨 뿌릴 때	박영준	농민 작가. 농촌에서 취재한 사실주의적 경향
사하촌, 인간 단지	김정한	현실의 모순에 대항해 나가는 생존 양식의 추구
성황당, 줄곡제, 제신제, 파도	정비석	『동아일보』로 등단. 순수 소설에서 대중 소설로 전환
적십자 병원장, 제3인간형, 북간도	안수길	『조선문단』으로 등단. 민족적 비극의 서사적 전개
늪, 별, 기러기	황순원	범생명적인 휴머니즘의 추구, 『삼사문학』, 『단층』 동인
날개, 종생기	이상	심리주의적 내면 묘사 기법인 '의식의 흐름' 추구
레디 메이드 인생, 치숙, 탁류, 태평천하	채만식	동반자 작가. 식민지 시대의 어두운 현실과 갈등을 투철한 사실성의 토대 위에서 그림

③ 희곡

작품	작자	특징
토막, 소, 자매, 마의 태자	유치진	사실주의적 경향에서 출발, 낭만주의적 경향으로 변모, 『극 예술 연구회』, 『구인회』 동인
무의도 기행, 동승(童僧)	함세덕	사실주의적, 낭만주의적 경향

④ 수필

작품	작자	특징
청추 수제	이희승	결체로 선비 정신을 표현
생활인의 철학, 백설부, 주부송, 매화찬 등	김진섭	철학적, 사색적인 중수필을 주로 씀, 복잡한 내용에 만연체를 주로 씀
신록 예찬, 나무, 페이터의 산문 등	이양하	관조적 태도로 개성적, 주관적 경수필을 주로 씀, 서구 수용 이론 소개

(4) 1940년대 해방 전후 문학작품

① 시

작품	작자	특징
은수저	김광균	회화성에 기초한 이미지즘 시 창작
청록집	박두진, 박목월, 조지훈	일제 말 데뷔하였으나 국어 말살 정책으로 작품을 발표하지 못했던 3인이 해방 즈음하여 발간
생명의 서	유치환	1930년대 생명파의 경향을 발전시킴
슬픈 목가	신석정	대체로 전원적이고 명상적이나 해방 직후 현실 고발 경향의 시도 씀
귀촉도	서정주	『화사집』의 서구 지향성에서 탈피, 동양 정신이 강함
초적(草笛)	김상옥	전원적인 성격을 가짐, 개인 시조집
울릉도	유치환	해방의 감격과 민족의식의 고취를 주제로 다룸
하늘과 바람과 별과 시	윤동주	일제 말기의 암담한 현실을 기독교적 예언의 목소리로 극복, 저항시로 분류할 수 있음
해	박두진	광복의 기쁨을 기독교적 낙원의 회복이라는 주제와 연관시켜 표현한 박두진 최초의 개인 시집
푸른 오월	노천명	일제하의 암울한 현실 속에서 쓴 의지적이고 서정적인 작품
마음	김광섭	일제하의 시련과 고난, 광복의 기쁨을 다룸

② 소설

작품	작자	특징
역마(驛馬), 흥남철수(興南撤收), 사반의 십자가(十字架)	김동리	인간성, 민족주의적 순수 문학을 옹호. 한국적 운명관과 구원의 문제를 추구. 좌익의 문학을 격렬하게 반대하면서 한국적이고, 토속적인 주제를 다루어 이후 우리 문학의 큰 줄기를 이룸
목넘이 마을의 개, 사나이, 독짓는 늙은이	황순원	함축성 있는 간결한 문장. 사물을 시적 어조나 서정적 분위기로 표현. 서정적, 시적인 주제로 일관하면서도 해방 직후의 사회 현실에 대해 중도적 입장에서 우리 민족의 동질감을 강조한 작품을 씀
임종(臨終), 삼팔선, 해방의 아들	염상섭	해방 후부터 주로 가정을 무대로 한 인륜 관계의 갈등 대립을 다룬 작품 발표. 당대의 정치 현실보다는 한 가정에서 벌어지는 세세한 일상을 담담하게 묘사함
논 이야기, 민족의 죄인, 미스터 방, 역로	채만식	해방 직후의 정치적 혼란을 지극히 비판적으로 풍자함. 허무주의적인 시각을 지녀 비판의 대상이 되기도 하나 당대의 모습을 날카롭게 제시한 측면도 있음

(5) 1950년대 문학작품

① 시

작품	작자	특징
목마와 숙녀, 박인환 시선집	박인환	1946년 시작(時作). 광복 후의 혼란과 6·25 전쟁 후의 초토를 배경으로 하여, 도시를 제재로 한 서정시 창작
가까이 할 수 없는 서적, 조고마한 세상의 지혜	김수영	광복 후 박인환 등과 모더니즘 시 창작. 1950년대에 이르러 새로운 의미의 서정 시인으로 등장
생명의 서	유치환	생활과 자연, 애련과 의지, 허무와 신 등을 노래하는 어조의 시
고원의 곡, 이단의 시	김상옥	섬세하고 영롱한 언어를 구사. 해방 후, 시조보다 시 쪽으로 기욺
폐호에서, 적군 묘지, 초토의 시(시집)	구상	원산에서 시집 『응향(凝香)』의 동인으로 활약. 현실 고발이 작품의 주조를 이룸. 시의 생명을 기법보다 사상에 둠

폐호에서, 적군 묘지, 초토의 시(시집)	구상	원산에서 시집 『응향(凝香)』의 동인으로 활약. 현실 고발이 작품의 주조를 이룸. 시의 생명을 기법보다 사상에 둠
상심하는 접목, 심상의 밝은 그림자	김광림	전통적 서정주의를 거부하고 저항 의식을 형상화한 시를 발표. 주지적 서정파라 불림
사랑을 위한 되풀이	전봉건	1950년대 이후 시작(詩作) 활동. 월간지 『현대 시학』을 간행
12음계, 음악, 민간인	김종삼	초현실주의 경향의 특이한 소재와 표현 기법의 단절 및 비약으로 주목

② 소설

작품	작자	특징
제3인간형	안수길	전쟁과 극한 상황을 겪는 지식인의 고민을 사실적으로 그림
카인의 후예	황순원	해방 직후 북한의 토지 개혁을 다룸
요한 시집, 원형의 전설, 비인 탄생	장용학	단편 『지동설』(1955)로 등단, 순수한 관념 세계를 정하여 상징과 우화, 유동적 문체가 특징, 실존주의적
불꽃	선우휘	동인 문학상 수상. 1965년을 전후하여 보수적 입장으로 전환. 행동주의 문학을 지향
비오는 날, 미해결의 장, 잉여 인간	손창섭	사실적 필치로 이상 인격(異常人格)의 인간형을 그려 내어 1950년 대의 불안한 시대 상황을 묘사
학마을 사람들, 오발탄	이범선	1955년 등단. 휴머니즘 시각으로 서민의 인정상 추구
유예, 황선 지대, 백지(白紙)의 기록	오상원	사회 의식과 현실 감각이 뛰어나며, 시대에 대한 증언자로서의 역할을 수행하고자 하는 의식
암야행(暗夜行), 오분간, 바비도	김성한	장용학, 손창섭과 함께 한국 소설의 체질적 현대화에 기여, 현실 참여적인 성격이 강함
만조, 소묘, 나상	이호철	『탈향(脫享)』(1955)으로 등단. 초기의 서정적 리얼리즘의 추구에서 객관적 리얼리스트로 변모
희화(戲畵), 임진강의 민들레	강신재	도시적인 세련성과 감수성을 묘사
감정이 있는 심연, 빛의 계단	한무숙	섬세한 개인 심리 묘사

③ 희곡

작품	작자	특징
나도 인간이 되련다	유치진	「버드나무 선 동네 풍경」, 「빈민가」 등 사실주의 경향 작품들과 「마의 태자」, 「자매」, 「제사」 등 낭만주의적인 작품을 남김
귀향, 불모지, 껍질이 깨지는 아픔 없이는	차범석	조선일보 신춘문예에 「밀주」가 당선(1955)되어 등단. 사실주의적인 경향의 희곡을 주로 지음
시집 가는 날	오영진	한국적 해학과 풍자를 바탕으로 하여 아름다움과 진실을 추구

(6) 1960년대 문학작품

① 시

작품	작자	특징	성격
동경, 성북동 비둘기	김광섭	생경한 관념 세계를 예술적으로 승화시킨 시 창작	순수 서정주의
혼야, 강강술래	이동주	『문예』지에 「황혼」, 「새댁」, 「혼야」 등으로 등단	전통적 서정주의
흥부의 가난	박재삼	전통적인 정서에 연결된 맑은 감수성 견지	
나비의 여행	정한모	순수한 동심의 세계를 그림	
광화문에서, 새	천상병	서정을 발판으로 한 신고전주의 경향	
농무(農舞)	신경림	『문학예술』에 「낮달」, 「갈대」 등이 추천되어 등단	현실 참여주의
오적, 황톳길, 들녘	김지하	사회 현실을 날카롭게 풍자·비판	
이 공동의 아침에, 이농(離農)	이성부	개성과 생기 있는 남도적 향토색과 저항적인 현실의식을 기조로 함	
처용단장(處容斷章)	김춘수	'순수시'의 극단적 형태로서 '무의미 시'를 주장하고 실천함	모더니즘의 변형
속의 바다, 의식(儀式)	전봉건	초기의 현실적인 관점에서 점차 초현실적인 언어 표현에 주력	
앙포스멜, 스와니 강이랑 요단 강이랑	김종삼	관념을 배제하고 사상적 이미지들로 내면세계를 표상함	
거대한 뿌리, 풀	김수영	참된 시민·의식적 시인으로서의 통찰과 안목을 발휘	비판적 현실인식
아니오, 껍데기는 가라	신동엽	강인한 참여 정신을 가지고 건실한 역사의식을 작품 속에 투영	

② 소설

작품	작자	특징
기습작전기, 설원 먼 길 연옥	강용준	단편 「철조망」이 『사상계』에 당선되어 등단. 전쟁의 상흔과 민족의 비극이 잘 조명되어 있음
나무들 비탈에 서다, 움직이는 성(城)	황순원	동인지 『창작』 발행. 서정적인 부문에서 모더니즘까지 폭넓은 활동
이풍헌, 해벽 관촌수필(冠村)	이문구	「다갈라 불망비(不忘碑)」가 『현대 문학』 추천으로 등단
인간단지(人間團地), 모래톱 이야기	김정한	민중 문학의 한 정통을 수립, 리얼리즘 소설의 정공법
부부, 길, 삼부녀	손창섭	착실한 사실적 필치로 이상인격(異常人格)의 인간형을 그려냄
판문점(板門店), 닳아지는 살들	이호철	소시민적인 안일과 권태를 보이면서도 현실 감각과 역사의식에 있어 꾸준한 성장
나신(裸身), 꺼삐딴 리	전광용	냉철한 사실적 시선으로 부조리를 고발하면서 인간의 존엄성의 끈질긴 생명력을 부각시킴
왕릉(王陵)과 주둔군(駐屯軍), 야호(夜壺)	하근찬	농촌 소재의 형상화에서 토착 정신으로, 도회지 서민의 생활상의 부조리로 이동되는 작품 세계
불신 시대, 표류도, 시장과 전장, 토지	박경리	초기에는 운명 앞에서 무너지는 약한 인간사를 그렸으나 후기에 사회와 현실의식이 확대
임진강의 민들레	강신재	초기에는 현대 남녀들의 애정모럴을 추구, 이후 관점을 사회의식, 현실의식으로 확대
무진 기행, 싸게 사들이기	김승옥	『산문 시대』 동인. 인간관계가 중요한 주제로 부각. 밀도 있는 유려한 문체
소문의 벽, 등산가, 퇴원, 병신과 머저리	이청준	현실과 이상의 차이, 그리고 그 속에서 일어나는 심리적 갈등을 집요하게 추구

05 비문학

1. 글의 전개 방식

(1) 설명
  ① 정의 : 이미 알려진 사실에 대한 지식을 모르는 다른 사람에게 이해를 목적으로 전달하는 기술 방식이다.
  ② 설명의 방법
    ㉠ 정의 : 어떤 개념의 속성을 밝히는 것으로, '무엇은 무엇이다' 또는 '~을 ~라고 한다'로 표현된다.
      예 문학은 언어로 표현되는 예술이다.
    ㉡ 분류 : 어떤 기준을 가지고 하의어를 상의어로 묶어 가면서 설명하는 방법이다.
      예 사람, 개, 고래는 포유류이다.
    ㉢ 구분 : 어떤 기준을 가지고 상의어를 하의어로 나누어 가면서 설명하는 방법이다.
      예 문학의 장르에는 시, 소설, 희곡 등이 있다.
    ㉣ 분석 : 어떤 대상이나 관념을 이루고 있는 각 요소와 관계를 밝혀 설명하는 방법이다.
      예 물은 수소와 산소의 결합체이다.
    ㉤ 예시 : 구체적으로 친근한 예를 들어 설명하는 방법이다.
      예 이와 비슷한 예는 극장이나 공연장 같이 사람들이 동시에 많이 모이는 장소에서 찾을 수 있다.
    ㉥ 인용 : 기존의 말이나 글을 빌어와 설명하는 방법이다.
      예 칸트는 "인간을 수단이 아닌 목적으로 대하라."라고 했다.
    ㉦ 비교 : 두 대상이 갖는 유사한 점이나 공통적인 면을 밝혀 설명하는 방법이다.
      예 전쟁과 운동경기는 둘 다 이기기 위해서 싸운다는 공통점이 있다.
    ㉧ 대조 : 두 대상이 갖는 차이점이나 구분되는 점을 들어 설명하는 방법이다.
      예 전쟁은 인류에게 재앙을 가져오지만, 운동 경기는 평화와 화합을 가져온다.
    ㉨ 열거 : 여러 가지 대상, 또는 예나 사실을 낱낱이 나열하여 설명하는 방법이다.
      예 설명문은 객관성, 사실성, 평이성, 명료성, 체계성 등의 특징이 있다.
    ㉩ 인과 : 어떤 일의 원인과 결과를 중심으로 설명하는 방법이다.
      예 도로변에 있는 벼들은 가로등 불빛 때문에 꽃이 피지 않고 이삭이 달리지 않는 경우가 있다.

(2) 묘사
묘사란 대상이나 사물, 현상을 있는 그대로 생생하게 그림을 그리듯 언어로 서술하는 방법이다.
  예 아버지는 남루한 회색 바지저고리에 검은 개털 모자를 쓰고 검은 목도리를 하고 있었다.

(3) 논증
① 정의 : 옳고 그름을 이유를 들어 설명하는 방법으로, 객관적인 증거를 통해 자기가 발견한 사실이나 주장을 밝힌다.
② 논증의 방법
　㉠ 연역법 : 일반적인 원리나 사실을 전제로 하여 개별적이거나 특수한 사실을 이끌어 내는 방법이다.
　　예 모든 사람은 죽는다. 공자는 사람이다. 그러므로 공자는 죽는다.
　㉡ 귀납법 : 특수하거나 개별적인 여러 사실이나 현상으로부터 일반적인 결론을 이끌어 내는 추리 방법이다.
　　예 공자는 죽었다. 맹자도 죽었다. 소크라테스도 죽었다. 이들은 모두 사람이다. 그러므로 모든 사람은 죽는다.

2. 수사법

(1) 비유법
① 직유법 : 비유법 중 가장 명료한 방법으로 유사성을 지닌 두 사물을 직접적으로 비교하여 표현하는 방법이다. '~처럼', '~같이', '~듯'과 같은 표현을 사용한다.
　예 사과 같은 내 얼굴
② 은유법 : 원관념은 숨기고 보조관념만 드러내어 표현하려는 대상을 설명하거나 그 특징을 묘사하는 표현법이다.
　예 내 마음은 호수요
③ 의인법 : 인격이 없는 사물에 인격을 부여하여 그려 내는 표현법이다.
　예 꽃이 생글생글 웃는다.
④ 활유법 : 생명력이 없는 무생물을 생명이 있는 것처럼 그려 내는 표현법이다.
　예 무섭게 달려오는 파도
⑤ 대유법 : 하나의 사물이나 관념을 나타내는 말이 그것과 밀접하게 연관된 다른 사물이나 관념을 나타내도록 표현하는 방법이다.
　예 사람은 빵만으로는 살 수 없다(빵=식량, 인간이 살아가는 데 필요한 최소한의 생존 조건).
⑥ 풍유법 : 격언, 속담, 우화 등의 보조 관념으로만 원 관념을 간접적으로 드러내는 방법으로 풍자적이고 암시적이다.
　예 원숭이도 나무에서 떨어질 때가 있다(익숙하게 잘하는 사람도 간혹 실수를 한다).

(2) 강조법
① 과장법 : 실제보다 과장되게 표현하는 방법이다.
② 영탄법 : 슬픔, 기쁨, 감동 등을 강조하여 표현하는 방법이다.
　예 아, 얼마나 사나운 비바람인가?
③ 반복법 : 동일어나 유사어를 반복하는 방법이다.
④ 열거법 : 유사한 성질의 현상을 늘어놓는 방법이다.
⑤ 점층법 : 말하고자 하는 내용의 비중이나 강도를 점차 높이거나 넓혀 그 뜻을 강조하는 표현 방법이다.
　예 환경 보호! 나를, 이웃을, 인류를 위한 것이다
⑥ 점강법 : 말하고자 하는 내용의 비중이나 강도를 점차 낮추거나 좁혀 그 뜻을 강조하는 표현 방법이다.
　예 천하를 태평히 하려거든 먼저 그 나라를 다스리고, 나라를 다스리려면 가정을 바로잡으라.

(3) 변화법
① 반어법 : 실제와 반대되는 뜻을 말함으로써 청자나 독자의 관심을 끄는 표현 방법이다.
　예 예뻐 죽겠네(속뜻 : 밉다).
② 역설법 : 이치에 어긋나거나 모순되는 진술을 통해 진실을 표현하는 방법이다.
　예 이것은 소리 없는 아우성
③ 대구법 : 비슷한 구절을 나란히 늘어놓는 표현 방법이다.
　예 호랑이는 죽어서 가죽을 남기고, 사람은 죽어서 이름을 남긴다.
④ 설의법 : 쉽게 판단할 수 있는 사실을 의문의 형식으로 표현하여 상대편이 스스로 판단하게 하는 표현 방법이다.
　예 자유 없이 살기를 원하십니까?
⑤ 도치법 : 문장 성분의 배열을 바꾸어 쓰는 표현 방법이다.
　예 나는 아직 기다리고 있을 테요, 찬란한 슬픔의 봄을.

CHAPTER 01 국어 적중예상문제

01 다음 ㉠ ~ ㉣에 들어갈 연결어를 순서대로 바르게 나열한 것은?

> 오늘날의 민주주의는 자본주의가 성숙함에 따라 함께 성장한 것이라고 볼 수 있다. ㉠ 자본주의가 발달함에 따라 민주주의가 함께 발달한 것이다. ㉡ 이러한 자본주의의 성숙을 긍정적으로만 해석할 수는 없다. ㉢ 자본주의의 성숙이 민주주의와 그 성장에 부정적 영향을 끼칠 수도 있기 때문이다. 자본주의가 발달하면 돈 많은 사람이 그렇지 않은 사람보다 더 많은 권리 내지는 권력을 갖게 된다. ㉣ 시장에서의 권리나 권력뿐만 아니라 정치 영역에서도 그럴 수 있다는 것이 문제다.

① 즉 – 그러나 – 왜냐하면 – 비단
② 그러나 – 즉 – 비단 – 왜냐하면
③ 비단 – 즉 – 그러나 – 왜냐하면
④ 즉 – 그러나 – 비단 – 왜냐하면

02 다음 밑줄 친 단어의 맞춤법이 바르게 쓰인 것끼리 짝지어진 것은?

> 오늘은 <u>웬지</u> 아침부터 기분이 좋지 않았다. 회사에 가기 싫은 마음을 다독이며 출근 준비를 하였다. 회사에 겨우 도착하여 업무용 컴퓨터를 켰지만, 모니터 화면에는 아무것도 보이지 않았다. 심각한 바이러스에 노출된 컴퓨터를 힘들게 복구했지만, <u>며칠</u> 동안 힘들게 작성했던 문서가 <u>훼손</u>되었다. 당장 오늘까지 제출해야 하는 문서인데, 이 문제를 <u>어떡게</u> 해결해야 할지 걱정이 된다. 문서를 다시 <u>작성하든지</u>, 팀장님께 사정을 <u>말씀드리던지</u> 해결책을 찾아야만 한다. 현재 나의 간절한 <u>바램</u>은 이 문제가 무사히 해결되는 것이다.

① 웬지, 며칠, 훼손
② 며칠, 어떡게, 바램
③ 며칠, 훼손, 작성하든지
④ 며칠, 말씀드리던지, 바램

03 다음 밑줄 친 단어 중 문맥상 쓰임이 옳지 않은 것은?

① 어려운 문제의 답을 <u>맞혀야</u> 높은 점수를 받을 수 있어.
② 공책에 선을 <u>반듯이</u> 긋고 그 선에 맞춰 글을 쓰는 연습을 해.
③ 생선을 간장에 10분 동안 <u>졸이면</u> 요리가 완성돼.
④ 미안하지만 지금은 바쁘니까 <u>이따가</u> 와서 얘기해.

04 다음 ㉠ ~ ㉣ 중 어법상 옳지 않은 것은?

> 훈민정음은 크게 '예의'와 '해례'로 ㉠ <u>나뉘어져</u> 있다. 예의는 세종이 직접 지었는데 한글을 만든 이유와 한글의 사용법을 간략하게 설명한 글이다. 해례는 집현전 학사들이 한글의 자음과 모음을 만든 원리와 용법을 상세하게 설명한 글이다.
> 서문을 포함한 예의 부분은 무척 간략해 『세종실록』과 『월인석보』 등에도 실리며 전해져 왔지만, 한글 창제 원리가 ㉡ <u>밝혀져</u> 있는 해례는 전혀 알려져 있지 않았다. 그런데 예의와 해례가 모두 실려 있는 훈민정음 정본이 1940년에야 ㉢ <u>발견됐다</u>. 그것이 『훈민정음 해례본』이다. 그러나 이 『훈민정음 해례본』이 대중에게, 그리고 한글학회 간부들에게 공개된 것은 해방 후에 이르러서였다.
> 하나의 나라, 하나의 민족정신을 담는 그릇은 바로 그들의 언어이다. 언어가 사라진다는 것은 세계를 바라보는 방법, 즉 세계관이 사라진다는 것과 ㉣ <u>진배없다</u>. 일제강점기 일제의 민족말살정책 중 가장 악랄했던 것 중 하나가 바로 우리말과 글에 대한 탄압이었다. 일제는 진정으로 우리말과 글이 사라지길 바랐다. 18세기 조선의 실학 연구자들은 중국의 중화사관에서 탈피하여 우리 고유의 문물과 사상에 대한 연구를 본격화했다. 이때 실학자들의 학문적 성과가 바로 훈민정음 해례를 한글로 풀어쓴 언해본의 발견이었다. 일제는 그것을 18세기에 만들어진 위작이라는 등 허구로 몰아갔고, 해례본을 찾느라 혈안이 되어 있었다. 해례본을 없앤다면 세종의 한글 창제를 완벽히 허구화할 수 있기 때문이었다.

① ㉠ ② ㉡
③ ㉢ ④ ㉣

05 다음 밑줄 친 단어와 같은 의미로 사용된 단어는?

> 흑사병은 페스트균에 의해 발생하는 급성 열성 감염병으로, 쥐에 기생하는 벼룩에 의해 사람에게 전파된다. 국가위생건강위원회의 자료에 따르면 중국에서는 최근에도 <u>간헐적</u>으로 흑사병 확진 판정이 나온 바 있다. 지난 2014년에는 중국 북서부에서 38살의 남성이 흑사병으로 목숨을 잃었으며, 2016년과 2017년에도 각각 1건씩 발병 사례가 확인됐다.

① 근근이 ② 자못
③ 이따금 ④ 빈번히

06 다음 ㉠~㉣을 바꾸어 쓸 때 옳지 않은 것은?

> 산등성이가 검은 바위로 끊기고 산봉우리가 여기저기 솟아 있어서 이들 산은 때로 ㉠ <u>황량하고</u> 접근할 수 없는 것처럼 험준해 보인다. 산봉우리들은 분홍빛의 투명한 자수정으로 빛나고, 그 그림자는 짙은 코발트빛을 띠며 내려앉고, 하늘은 푸른 금빛을 띤다. 서울 인근의 풍광은 이른 봄에도 아름답다. 이따금 녹색의 연무가 산자락을 ㉡ <u>휘감고</u>, 산등성이는 연보랏빛 진달래로 물들고, 불그레한 자두와 화사한 벚꽃 그리고 ㉢ <u>흐드러지게</u> 핀 복숭아꽃이 예상치 못한 곳에서 나타난다.
> 서울처럼 인근에 아름다운 산책로와 마찻길이 있고 외곽 지대로 조금만 나가더라도 한적한 숲이 펼쳐져 있는 도시는 동양에서는 거의 찾아볼 수 없다. 또 한 가지 덧붙여 말한다면, 서울만큼 안전한 도시는 없다는 것이다. 내가 직접 경험한 바이지만 이곳에서는 여자들이 유럽에서처럼 누군가를 ㉣ <u>대동하지</u> 않고도 성 밖의 어느 곳이든 아무런 성가신 일을 겪지 않고 나다닐 수 있다.

① ㉠ : 경사가 급하고
② ㉡ : 둘러 감고
③ ㉢ : 탐스럽게
④ ㉣ : 데리고 가지

07 다음 밑줄 친 한자어와 바꾸어 쓸 수 없는 것은?

> 앞에서 말한 바와 같이 과도적인 문화는 많은 혼란과 갈등을 내포하고 있다. 전통 사회의 유형과 외래적인 유형이 혼재하며, 세대 간, 계층 간, 지역 간의 문화적 격차가 일어나고, 명확한 규범의 부재에서 일어나는 아노미가 발생하는 등 과도적인 문화는 그 통합성의 위기에 <u>逢着</u>하게 된다.

① 빠지게
② 부딪치게
③ 마주치게
④ 맞아들이게

08 다음 글의 밑줄 친 한자어의 뜻풀이로 옳은 것은?

> 한국과 러시아 간의 협력이 강화되고 있는 것은 양국의 미래를 위해서 매우 <u>鼓舞</u>적이다.

① 희망적임
② 바람직함
③ 격려하여 기세를 돋움
④ 평화로움

09 다음 중 A씨의 행동을 표현하기에 가장 적절한 한자성어는?

> A씨는 매일 아침 사과를 먹는다. A씨는 어느 날 심한 감기에 걸리게 되는데, 감기에 걸린 이유가 자신의 건강이 나빠서이며, 건강이 나빠진 이유는 매일 아침에 사과를 먹었기 때문이라고 생각하였다. 이후 A씨는 아침에 사과를 먹으면 심한 감기에 걸릴 수 있다고 사람들에게 주장하기 시작했다.

① 아전인수(我田引水) ② 견강부회(牽强附會)
③ 지록위마(指鹿爲馬) ④ 사필귀정(事必歸正)

10 다음 문단을 논리적 순서대로 바르게 나열한 것은?

> (가) 공공재원 효율적 활용을 지향하기 위해 사회 생산성 기여를 위한 공간정책이 마련되어야 함과 동시에 주민복지의 거점으로서 기능을 해야 한다. 또한 도시체계에서 다양한 목적의 흐름을 발생, 집중시키는 노드로서 다기능·복합화를 실현하여 범위의 경제를 창출하여 이용자 편의성을 증대시키고, 공공재원의 효율적 활용에도 기여해야 한다.
> (나) 우리나라도 인구감소 시대에 본격적으로 진입할 가능성이 높아지고 있다. 이미 비수도권의 대다수 시·군에서는 인구가 급속하게 줄어왔으며, 수도권 내 상당수의 시·군에서도 인구정체가 나타나고 있다. 인구감소 시대에 접어들게 되면 줄어드는 인구로 인해 고령화 및 과소화가 급속하게 진전된 상태가 될 것이고, 그 결과 취약계층, 교통약자 등 주민의 복지 수요가 늘어날 것이다.
> (다) 앞으로 공공재원의 효율적 활용, 주민복지의 최소 보장, 자원배분의 정의, 공유재의 사회적 가치 및 생산에 대해 관심을 기울여야 할 것이다. 또한 인구감소 시대에 대비하여 창조적 축소, 거점 간 또는 거점과 주변 간 네트워크화 등에 대한 논의, 그와 관련되는 국가와 지자체의 역할 분담 그리고 이해관계 주체의 연대, 참여, 결속에 대한 논의가 계속적으로 다루어져야 할 것이다.
> (라) 이러한 상황에서는 공공재원을 확보, 확충하기가 어렵게 되므로 재원의 효율적 활용 요구가 높아질 것이다. 실제로 현재 인구 감소에 따른 과소화, 고령화가 빠르게 전개되어온 지역에서 공공서비스 공급에 제약을 받고 있으며 비용 효율성을 높여야 한다는 과제에 직면해 있다.

① (가) - (다) - (나) - (라)   ② (가) - (라) - (나) - (다)
③ (나) - (가) - (라) - (다)   ④ (나) - (라) - (가) - (다)

11 다음 제시된 문장을 읽고, 이어질 문단을 논리적 순서대로 바르게 나열한 것은?

> 역사적으로 볼 때 기본권은 인권 사상에서 유래되었지만, 개념상으로 인권과 기본권은 구별된다.

> (가) 기본권 중에는 생래적 권리가 헌법에 수용된 것도 있지만, 헌법에 의해서 비로소 형성되거나 구체화된다고 생각되는 청구권적 기본권, 참정권, 환경권 등도 있으므로 엄격한 의미에서 인권과 기본권은 동일한 것으로 볼 수 없다.
> (나) 인권은 인간의 권리, 즉 인간이 인간이기 때문에 당연히 갖는다고 생각되는 생래적(生來的)·천부적(天賦的) 권리를 말하며, 기본권은 헌법이 보장하는 국민의 기본적인 권리를 의미한다.
> (다) 그런데 이러한 주관적 공권으로서의 권리는 어떠한 성질의 것이냐에 따라서 자연권설, 실정권설, 통합가치설 등으로 견해가 나뉘고 있다.
> (라) 기본권은 일반적으로 주관적 공권(公權)으로서의 성격을 가진다. 이는 기본권이 기본권의 주체인 개인이 자기 자신을 위하여 가지는 현실적이고 구체적인 권리이기 때문에 국가 권력을 직접적으로 구속하고, 따라서 개인은 국가에 대하여 작위(作爲)나 부작위(不作爲)*를 요청할 수 있으며 헌법 질서를 형성하고 개선해 나갈 수 있다는 것을 뜻한다.
>
> * 작위, 부작위 : '작위'는 의식적으로 한 적극적인 행위나 동작이고, '부작위'는 마땅히 해야 할 일을 의식적으로 하지 않는 일

① (가) – (나) – (다) – (라)
② (나) – (가) – (라) – (다)
③ (나) – (다) – (라) – (가)
④ (다) – (가) – (나) – (라)

12 다음 글에 대한 반박으로 가장 적절한 것은?

> 어떤 경제 주체의 행위가 자신과 거래하지 않는 제3자에게 의도하지 않게 이익이나 손해를 주는 것을 '외부성'이라 한다. 과수원의 과일 생산이 인접한 양봉업자에게 벌꿀 생산과 관련한 이익을 준다든지, 공장의 제품 생산이 강물을 오염시켜 주민들에게 피해를 주는 것 등이 대표적인 사례이다.
> 외부성은 사회 전체로 보면 이익이 극대화되지 않는 비효율성을 초래할 수 있다. 개별 경제 주체가 제3자의 이익이나 손해까지 고려하여 행동하지는 않을 것이기 때문이다. 예를 들어, 과수원의 이윤을 극대화하는 생산량이 Q_a라고 할 때, 생산량을 Q_a보다 늘리면 과수원의 이윤은 줄어든다. 하지만 이로 인한 과수원의 이윤 감소보다 양봉업자의 이윤 증가가 더 크다면, 생산량을 Q_a보다 늘리는 것이 사회적으로 바람직하다. 하지만 과수원이 자발적으로 양봉업자의 이익까지 고려하여 생산량을 Q_a보다 늘릴 이유는 없다.
> 전통적인 경제학은 이러한 비효율성의 해결책이 보조금이나 벌금과 같은 정부의 개입이라고 생각한다. 보조금을 받거나 벌금을 내게 되면 제3자에게 주는 이익이나 손해가 더 이상 자신의 이익과 무관하지 않게 되므로, 자신의 이익에 충실한 선택이 사회적으로 바람직한 결과로 이어진다는 것이다.

① 일반적으로 과수원은 양봉업자의 입장을 고려하지 않는다.
② 과수원 생산자는 자신의 의도와 달리 다른 사람들에게 손해를 끼칠 수 있다.
③ 과수원자에게 보조금을 지급한다면 생산량을 Q_a보다 늘리려 할 것이다.
④ 정부의 개입 과정에서 시간과 노력이 많이 들게 되면 비효율성이 늘어날 수 있다.

13 다음 글의 글쓴이의 주장을 비판하기 위한 탐구 활동으로 가장 적절한 것은?

> 기술은 그 내부적인 발전 경로를 이미 가지고 있으며, 따라서 어떤 특정한 기술(혹은 인공물)이 출현하는 것은 '필연적'인 결과라고 생각하는 사람들이 많다. 이러한 통념을 약간 다르게 표현하자면 기술의 발전 경로는 이전의 인공물보다 '기술적으로 보다 우수한' 인공물들이 차례차례 등장하는 인공물들의 연쇄로 파악할 수 있다는 것이다. 그리고 기술의 발전 경로가 '단일한' 것으로 보고, 따라서 어떤 특정한 기능을 갖는 인공물을 만들어 내는 데 있어서 '유일하게 가장 좋은' 설계 방식이나 생산 방식이 있을 수 있다고 가정한다. 이와 같은 생각을 종합하면 기술의 발전은 결코 사회적인 힘이 가로막을 수 없는 것일 뿐 아니라 단일한 경로를 따르는 것이므로, 사람들이 할 수 있는 일은 이미 정해져 있는 기술의 발전 경로를 열심히 추적해 가는 것밖에 남지 않게 된다는 결론이 나온다.
> 그러나 다양한 사례 연구에 의하면 어떤 특정 기술이나 인공물을 만들어 낼 때, 그것이 특정한 형태가 되도록 하는 데 중요한 역할을 하는 것은 그 과정에 참여하고 있는 엔지니어, 자본가, 소비자, 은행, 정부 등의 이해관계나 가치체계임이 밝혀졌다. 이렇게 보면 기술은 사회적으로 형성된 것이며, 이미 그 속에 사회적 가치를 반영하고 있는 셈이 된다. 뿐만 아니라 복수의 기술이 서로 경쟁하여 그중 하나가 사회에서 주도권을 잡는 과정을 분석해 본 결과, 이 과정에서 중요한 역할을 하는 것은 기술적 우수성이나 사회적 유용성이 아닌, 관련된 사회집단들의 정치적·경제적 영향력인 것으로 드러났다고 한다. 결국 현재에 이르는 기술 발전의 궤적은 결코 필연적이고 단일한 것이 아니었으며, '다르게' 될 수도 있었음을 암시하고 있는 것이다.

① 논거가 되는 연구 결과를 반박할 수 있는 다른 연구 자료를 조사한다.
② 사회 변화에 따라 가치 체계의 변동이 일어나게 되는 원인을 분석한다.
③ 기술 개발에 관계자들의 이해관계나 가치가 작용한 실제 사례를 조사한다.
④ 글쓴이가 문제 삼고 있는 통념에 변화가 생기게 된 계기를 분석한다.

※ 다음 글의 빈칸에 들어갈 내용으로 가장 적절한 것을 고르시오. [14~15]

14

MZ세대 직장인을 중심으로 '조용한 사직'이 유행하고 있다. '조용한 사직'이라는 신조어는 2022년 7월 한 미국인이 SNS에 소개하면서 큰 호응을 얻은 것으로 실제로 퇴사진 않지만 최소한의 일만 하는 업무 태도를 말한다. 실제로 MZ세대 직장인은 적당히 하자라는 생각으로 주어진 업무는 하되 더 찾아서 하거나 스트레스 받을 수준으로 많은 일을 맡지 않고, 사내 행사도 꼭 필요할 때만 참여해 일과 삶을 철저히 분리하고 있다.

한 채용플랫폼의 설문조사 결과에 따르면 직장인 10명 중 7명이 '월급받는 만큼만 일하면 끝'이라고 답했고, 20대 응답자 중 78.5%, 30대 응답자 중 77.1%가 '받은 만큼만 일한다.'라고 답했다. 설문조사 결과 연령대가 높아질수록 그 비율은 감소해 젊은 층을 중심으로 이 같은 인식이 확산하고 있음을 짐작할 수 있다.

이러한 인식이 확산하는 데는 인플레이션으로 인한 임금 감소, '돈을 많이 모아도 집 한 채를 살 수 있을까?' 등 전반적인 경제적 불만이 기저에 있다고 전문가들은 말했다. 또 MZ세대가 '노력에 상응하는 보상을 받고 있는지'에 민감하게 반응하는 특성을 가지고 있는 것도 한몫하고 있다.

문제점은 이러한 '조용한 사직' 분위기가 기업의 전반적인 생산성 저하로 이어지고 있는 것이다. 이에 맞서 기업도 '조용한 사직'으로 대응해 게으른 직원에게 업무를 주지 않는 '조용한 해고'를 하는 상황이 발생하고 있다. 이에 전문가들은 MZ세대 직장인을 나태하다고 구분 짓는 사고방식은 잘못되었다고 지적하며, 기업 차원에서는 "＿＿＿＿＿＿＿＿＿＿＿＿＿＿＿＿＿＿＿＿＿"이, 개인 차원에서는 "스스로 일과 삶을 잘 조율하는 현명함을 만드는 것"이 필요하다고 언급했다.

① 직원이 일한 만큼 급여를 올려주는 것
② 직원이 스트레스를 받지 않게 적당량의 업무를 배당하는 것
③ 젊은 세대의 채용을 신중히 하는 것
④ 젊은 세대가 함께할 수 있도록 분위기를 만드는 것

15

조선시대의 금속활자는 제작 방법이나 비용의 문제로 민간에서 제작하기도 어려웠지만, 그의 제작 및 소유를 금지하였다. 때문에 금속활자는 왕실의 위엄과 권위를 상징하는 것이었고 조선의 왕들은 금속활자 제작에 각별한 관심을 가졌다. 태종이 1403년 최초의 금속활자인 계미자(癸未字)를 주조한 것을 시작으로 조선은 왕의 주도하에 수십 차례에 걸쳐 활자를 제작하였고, 특히 정조는 금속활자 제작에 많은 공을 들였다. 세손 시절 영조에게 건의하여 임진자(壬辰字) 15만 자를 제작하였고, 즉위 후에도 정유자(丁酉字), 한구자(韓構字), 생생자(生生字) 등을 만들었으며 이들 활자를 합하면 100만 자가 넘는다. 정조가 많은 활자를 만들고 관리하는 데 신경을 쓴 것 역시 권위와 관련이 있다. 정조가 만든 수많은 활자 중에서도 정리자(整理字)는 이러한 측면을 가장 잘 보여주는 활자라 할 수 있다. 정리(整理)라는 말은 조선 시대에 국왕이 바깥으로 행차할 때 호조에서 국왕이 머물 행궁을 정돈하고 수리해서 새롭게 만드는 일을 의미한다. 1795년 정조는 어머니인 혜경궁 홍씨의 회갑을 기념하기 위해 대대적인 화성 행차를 계획하였다. 행사를 마친 후 행사와 관련된 여러 사항을 기록한 의궤를 『원행을묘정리의궤(園幸乙卯整理儀軌)』라 이름하였고, 이를 인쇄하기 위해 제작한 활자가 바로 정리자이다. 왕실의 행사를 기록한 의궤를 금속활자로 간행했다는 것은 그만큼 이 책을 널리 보급하겠다는 뜻이며, 왕실의 위엄을 널리 알리겠다는 것으로 받아들여진다. 이후 정리자는 『화성성역의궤(華城城役儀軌)』, 『진작의궤(進爵儀軌)』, 『진찬의궤(進饌儀軌)』의 간행에 사용되어 왕실의 위엄과 권위를 널리 알리는 효과를 발휘하였다. 정리자가 주조된 이후에도 고종 이전에는 과거 합격자를 기록한 『사마방목(司馬榜目)』을 대부분 임진자로 간행하였는데, 화성 행차가 있었던 을묘년 식년시의 방목만은 유독 정리자로 간행하였다. 이 역시 화성 행차의 의미를 부각하고자 했던 것으로 생각된다. 정조가 세상을 떠난 후 출간된 그의 문집 『홍재전서(弘齋全書)』를 정리자로 간행한 것은 아마도 이 활자가 _____

① 정조를 가장 잘 나타내기 때문이 아닐까?
② 정조가 가장 중시하고 분신처럼 여겼던 활자이기 때문이 아닐까?
③ 문집 제작에 적절한 서체였기 때문이 아닐까?
④ 문집 제작에 널리 쓰였기 때문이 아닐까?

16 다음 글의 내용으로 가장 적절한 것은?

세계관은 세계의 존재와 본성, 가치 등에 관한 신념들의 체계이다. 세계를 해석하고 평가하는 준거인 세계관은 곧 우리 사고와 행동의 토대가 되므로, 우리는 최대한 정합성과 근거를 갖추도록 노력해야 한다. 모순되거나 일관되지 못한 신념은 우리의 사고와 행동을 혼란시킬 것이므로 세계관에 대한 관심과 검토는 중요하다. 세계관을 이루는 여러 신념 가운데 가장 근본적인 수준의 신념은 '세계는 존재한다.'이다. 이 신념이 성립해야만 세계에 대한 다른 신념, 이를테면 세계가 항상 변화한다든가 불변한다든가 하는 등의 신념이 성립하기 때문이다.

실재론은 이 근본적 신념에 덧붙여 세계가 '우리 정신과 독립적으로' 존재함을 주장한다. 내가 만들어 날린 종이비행기는 멀리 날아가 볼 수 없게 되었다 해도 여전히 존재한다. 이는 명확해서 논란의 여지가 없어 보이지만, 반실재론자는 이 상식에 도전한다. 유명한 반실재론자인 버클리는 세계의 독립적 존재를 부정한다. 그는 이를 바탕으로 세계에 대한 주장을 편다. 그에 의하면 '주관적' 성질인 색깔, 소리, 냄새, 맛 등은 물론 '객관적'으로 성립한다고 여겨지는 형태, 공간을 차지함, 딱딱함, 운동 등의 성질도 오로지 우리가 감각할 수 있을 때만 존재하는 주관적 속성이다. 세계 속의 대상과 현상이란 이런 속성으로 구성되므로 세계는 감각으로 인식될 때만 존재한다는 것이다.

버클리의 주장은 우리의 통념과 충돌한다. 당시 어떤 사람이 돌을 차면서 "나는 이렇게 버클리를 반박한다!"라고 외쳤다고 한다. 그는 날아간 돌이 엄연히 존재한다는 점을 근거로 버클리의 주장을 반박하고자 한 것이다. 그러나 버클리를 비롯한 반실재론자들이 부정한 것은 세계가 정신과 독립하여 그 자체로 존재한다는 신념이다. 따라서 돌을 찬 사람은 그들을 제대로 반박하지 못했다고 볼 수 있다.

최근까지도 새로운 형태의 반실재론이 제기되어 활발한 논의가 진행 중이다. 논증의 성패를 떠나 반실재론자는 타성에 젖은 실재론적 세계관의 토대에 대해 성찰할 기회를 제공한다. 또한 세계관에 대한 도전과 응전의 반복은 그 자체로 인간 지성이 상호 소통하면서 발전해 가는 과정을 보여준다.

① 발로 찼을 때 날아간 돌은 실재론자의 주장이 옳다는 사실을 증명한다.
② 실재론자에게 있어서 세계는 감각할 수 있는 요소에 한정된다.
③ 형태나 운동 등이 객관적인 속성을 갖췄다는 사실은 실재론자나 반실재론자 모두 인정하는 부분이다.
④ 실재론이나 반실재론 모두 세계는 존재한다는 공통적인 전제를 깔고 있다.

17 다음 글의 내용으로 적절하지 않은 것은?

> 저작권은 저자의 권익을 보호함으로써 활발한 저작 활동을 촉진하여 인류의 문화 발전에 기여하기 위한 것이다. 그러나 이렇게 공적 이익을 추구하기 위한 저작권이 현실에서는 일반적으로 지나치게 사적 재산권을 행사하는 도구로 인식되고 있다. 저작물 이용자들의 권리를 보호하기 위해 마련한, 공익적 성격의 법조항도 법적 분쟁에서는 항상 사적 재산권의 논리에 밀려 왔다. 저작권 소유자 중심의 저작권 논리는 실제로 저작권이 담당해야 할 사회적 공유를 통한 문화 발전을 방해한다.
> 2015년 '애국가 저작권'에 대한 논란은 이러한 문제를 단적으로 보여준다. 저자 사후 50년 동안 적용되는 국내 저작권법에 따라, 애국가가 포함된 〈한국환상곡〉의 저작권이 작곡가 안익태의 유족들에게 2015년까지 주어진다는 사실이 언론을 통해 알려진 것이다. 누구나 자유롭게 이용할 수 있는 국가(國歌)마저 공공재가 아닌 개인 소유라는 사실에 많은 사람들이 놀랐다. 창작은 백지 상태에서 완전히 새로운 것을 만드는 것이 아니라 저작자와 인류가 쌓은 지식 간의 상호작용을 통해 이루어진다. '내가 남들보다 조금 더 멀리보고 있다면, 이는 내가 거인의 어깨 위에 올라서 있는 난쟁이이기 때문'이라는 뉴턴의 겸손은 바로 이를 말한다.
> 이렇듯 창작자의 저작물은 인류의 지적 자원에서 영감을 얻은 결과이다. 그러한 저작물을 다시 인류에게 되돌려주는 데 저작권의 의의가 있다. 이러한 생각은 이미 1960년대 프랑스 철학자들에 의해 형성되었다. 예컨대 기호학자인 바르트는 '저자의 죽음'을 거론하면서 저자가 만들어 내는 텍스트는 단지 인용의 조합일 뿐 어디에도 '오리지널'은 존재하지 않는다고 단언한다. 전자 복제 기술의 발전과 디지털 혁명은 정보나 자료의 공유가 지니는 의의를 잘 보여주고 있다. 인터넷과 같은 매체 환경의 변화는 원본을 무한히 복제하고 자유롭게 이용함으로써 누구나 창작의 주체로서 새로운 문화 창조에 기여할 수 있도록 돕는다. 인터넷 환경에서 이용자는 저작물을 자유롭게 교환할 뿐 아니라 수많은 사람들과 생각을 나눔으로써 새로운 창작물을 생산하고 있다. 이러한 상황은 저작권을 사적 재산권의 측면에서보다는 공익적 측면에서 바라볼 필요가 있음을 보여준다.

① 저작권 보호기간인 사후 50년이 지난 저작물은 누구나 자유롭게 이용할 수 있다.
② 공적 이익 추구를 위한 저작권이 사적 재산권보호를 위한 도구로 전락하였다.
③ 창작은 이미 존재하는 지적 자원의 영향을 받아 이루어진다.
④ 저작권의 의의는 전혀 새로운 문화를 창작한다는 데 있다.

18 다음 글의 주제로 가장 적절한 것은?

> 소액주주의 권익을 보호하고, 기업 경영의 투명성을 높여 궁극적으로 자본시장에서 기업의 자금 조달을 원활히 함으로써 기업의 중장기적인 가치를 제고해 나가기 위해 집단 소송제 도입이 필요하다. 즉, 집단 소송제의 도입은 국민 경제뿐만 아니라 기업 스스로의 가치 제고를 위해서도 바람직한 것이다. 현재 집단 소송제를 시행하고 있는 미국의 경우 전 세계적으로 자본시장이 가장 발달되었으며 시장의 투명성과 공정성이 높아 기업들이 높은 투자가치를 인정받고 있다.

① 집단 소송제는 시장에 의한 기업 지배 구조 개선을 가능하게 한다.
② 집단 소송제를 도입할 경우 경영의 투명성을 높여 결국 기업에 이득이 된다.
③ 기업의 투명성과 공정성은 집단 소송제의 시행 유무에 따라 판단된다.
④ 제도를 도입함으로써 제기되는 부작용은 미국의 경험과 사례로 방지할 수 있다.

19 다음 글의 제목으로 가장 적절한 것은?

> 공동주택이 고층화·고밀화되면서 여러 가지 장단점이 꾸준히 논의되어 왔지만, 갈수록 그 논의의 중요성과 필요성이 커지는 것이 바로 이웃과의 관계다. 공동주택의 주거문화를 비단 경제적으로뿐 아니라 사회·문화적인 면에서도 안정적으로 정착시키기 위해서는 이웃과 함께 살아가는 공유 공간, 사회적 공간으로서 공동체의 규범과 신뢰를 우리 스스로 구축할 필요가 있다.
> 공동주택은 개인 주거 공간으로서의 특성과 이웃과 함께 살아가는 사회적 공간으로서의 특성을 동시에 갖는다. 독립된 생활공간으로서의 편리함과 안전성을 보장받을 권리가 있는 한편, '공동' 주택으로서 함께 사는 이들에 대한 기본적인 이해와 배려도 여전히 필요하다. 어쩌면 예전처럼 자연스럽게 이웃과 소통하며 살지 않게 되었기 때문에 더 적극적으로 혹은 필연적으로 그러한 노력을 기울여야 할지도 모른다.
> 사회·경제 그리고 인구 구조의 변화는 주거문화에 영향을 미치고, 주거문화는 사람의 라이프 스타일을 변화시킨다. 이 과정에서 일어나는 의견 충돌이나 새로운 양상은 '문제'가 아니라 '숙제'다. 새로운 국면을 맞이할 때면 언제나 발생하고 풀어나가야 하는 과정일 뿐이다. 그러니 올바른 공동주택 주거문화에 대해 함께 고민하고 서로 이야기하면 된다.

① 공동주택 주거문화의 문제점
② 지금, 우리의 공동주택 현황
③ 공동주택과 새로운 주거문화
④ 변해가는 이웃과의 관계

20 다음 글의 필자가 주장하는 바로 가장 적절한 것은?

> 인간과 자연환경의 운명이 순전히 시장 메커니즘 하나에 좌우된다면, 결국 사회는 폐허가 될 것이다. 구매력의 양과 사용을 시장 메커니즘에 따라 결정하는 것도 같은 결과를 낳는다. 이런 체제 아래에서 인간의 노동력을 소유자가 마음대로 처리하다 보면, 노동력이라는 꼬리표를 달고 있는 '인간'이라는 육체적·심리적·도덕적 실체마저 소유자가 마음대로 처리하게 된다. 인간들은 갖가지 문화적 제도라는 보호막이 모두 벗겨진 채 사회에 알몸으로 노출되고 결국 쇠락해 간다. 그들은 악덕, 범죄, 굶주림 등을 거치면서 격동하는 사회적 혼란의 희생물이 된다. 자연은 그 구성 원소들로 환원되어 버리고, 주거지와 경관은 더럽혀진다. 또 강이 오염되며, 군사적 안보는 위협당하고, 식량과 원자재를 생산하는 능력도 파괴된다.
> 마지막으로 구매력의 공급을 시장 기구의 관리에 맡기게 되면 영리 기업들은 주기적으로 파산하게 될 것이다. 원시 사회가 홍수나 가뭄으로 인해 피해를 보았던 것처럼 화폐 부족이나 과잉은 경기에 엄청난 재난을 가져올 수 있기 때문이다.
> 노동 시장, 토지 시장, 화폐 시장이 시장 경제에 필수적이라는 점은 의심할 여지가 없다. 하지만 인간과 자연이라는 사회의 실패와 경제 조직이 보호받지 못한 채 그 '악마의 맷돌'에 노출된다면, 어떤 사회도 무지막지한 상품 허구의 경제 체제가 몰고 올 결과를 한순간도 견뎌내지 못할 것이다.

① 무분별한 환경 파괴를 막기 위해 국가가 시장을 통제해야 한다.
② 구매력의 공급은 시장 기구의 관리에 맡기는 것이 합리적이다.
③ 시장 메커니즘은 인간의 존엄성을 파괴하는 제도이므로 철폐되어야 한다.
④ 시장 메커니즘을 맹신하기보다는 적절한 제도적 보호 장치를 마련하는 것이 바람직하다.

21 다음 글의 중심 내용으로 가장 적절한 것은?

> 칸트는 인간이 이성을 부여받은 것은 욕망에 의해 움직이지 않게 하기 위함이라고 말하면서 자신의 행복을 우선시하기보다는 도덕적인 의무를 먼저 수행해야 한다고 주장했다. 칸트의 시각에서 볼 때 행동의 도덕적 가치를 결정하는 것은 어떠한 상황에서든 모든 사람들이 그 행동을 했을 때에 아무런 모순이 생기지 않아야 한다는 보편주의이다. 내가 타인을 존중하지 않으면서 타인이 나를 존중하고 도와줄 것을 기대한다면, 이는 보편주의를 위배하는 것이다. 그러므로 남이 나에게 해주길 바라는 것을 실천하는 것이 바로 도덕적 행동이라는 것이다. 따라서 도덕적 행동이 나의 이익이나 본성과 일치하지 않더라도 나는 나의 의무를 수행해야 한다고 역설했다.

① 칸트의 도덕관에 대한 비판
② 칸트가 생각하는 도덕적 행동
③ 도덕적 가치에 대한 칸트의 관점
④ 무목적성을 지녀야 하는 도덕적 행위

22 다음 글을 읽고 추론한 내용으로 적절하지 않은 것은?

> 세계적으로 기후 위기의 심각성이 커지면서 '탄소 중립'은 거스를 수 없는 흐름이 되고 있다. 이에 맞춰 정부의 에너지정책도 기존 화석연료 발전 중심의 전력공급체계를 태양광과 풍력 등 재생 에너지 중심으로 빠르게 재편하는 작업이 추진되고 있다. 이러한 재생 에너지 보급 확대는 기존 전력 설비 부하의 가중으로 이어질 수밖에 없다. 재생 에너지 사용 확대에 앞서 송배전 시스템의 확충이 필수적인 이유다.
> K전력은 재생 에너지 발전사업자의 접속지연 문제를 해소하기 위해 기존 송배전 전력 설비의 재생 에너지 접속용량을 확대하는 특별대책을 시행하고 나섰다. K전력은 그동안 재생 에너지 발전설비 밀집 지역을 중심으로 송배전설비의 접속 가능용량이 부족할 경우 설비보강을 통해 문제를 해결해 왔다. 2016년 10월부터 1MW 이하 소규모 신재생 에너지 발전사업자가 전력계통 접속을 요청하면 K전력이 비용을 부담해 공용전력망을 보강하고 접속을 보장해 주는 방식이었다. 덕분에 신재생 에너지 발전 사업자들의 참여가 늘어났지만 재생 에너지 사용량이 기하급수적으로 늘면서 전력계통설비의 연계용량 부족 문제가 뒤따랐다.
> 이에 K전력은 산업통상자원부가 운영하는 '재생 에너지 계통접속 특별점검단'에 참여해 대책을 마련했다. 배전선로에 상시 존재하는 최소부하를 고려한 설비 운영 개념을 도입해 변전소나 배전선로 증설 없이 재생 에너지 접속용량을 확대하는 방안이다. 재생 에너지 발전 시 선로에 상시 존재하는 최소부하 용량만큼 재생 에너지 발전량이 상쇄되고, 잔여 발전량이 전력계통으로 유입되기 때문에 상쇄된 발전량만큼 재생 에너지의 추가접속을 가능케 하는 방식이다. K전력은 현장 실증을 통해 최소부하가 1MW를 초과하는 경우 배전선로별 재생 에너지 접속허용용량을 기존 12MW에서 13MW로 확대했다. 또 재생 에너지 장기 접속지연이 발생한 변전소에 대해서는 최소부하를 고려해 재생 에너지 접속허용용량을 200MW에서 평균 215MW로 상향했다. 이 같은 개정안이 전기위원회 심의를 통과하면서 변전소 및 배전선로 보강 없이도 재생 에너지 317MW의 추가 접속이 가능해졌다.

① 기존의 화석 연료 중심의 에너지 발전은 탄소 배출량이 많아 환경에 악영향을 주었다.
② 태양광 에너지는 고갈 염려가 없다고 볼 수 있기 때문에 주목받는 신재생 에너지이다.
③ 재생 에너지 사업 확충에 노후된 송전 설비는 걸림돌이 된다.
④ 현재까지 재생 에너지 사업 확충에 따른 문제들을 해결하는 가장 좋은 해결방법은 설비 보강이다.

23 다음 글을 읽고 공공재·공공자원의 실패에 대한 해결책으로 적절하지 않은 것은?

> 재화와 서비스는 소비를 막을 수 있는지에 따라 배제성이 있는 재화와 배제성이 없는 재화로 분류한다. 또 어떤 사람이 소비하면 다른 사람이 소비할 기회가 줄어드는지에 따라 경합성이 있는 재화와 경합성이 없는 재화로 구분한다. 공공재는 배제성과 경합성이 없는 재화이며, 공공자원은 배제성이 없으면서 경합성이 있는 재화이다.
> 공공재는 수많은 사람에게 일정한 혜택을 주는 것으로 사회적으로 반드시 생산돼야 하는 재화이다. 하지만 공공재는 '무임승차' 문제를 낳는다. 무임승차 문제란 사람들이 어떤 재화와 서비스의 소비로 일정한 혜택을 보지만, 어떤 비용도 지불하지 않는 것을 말한다. 이런 공공재가 가진 무임승차 문제 때문에 공공재는 사회 전체가 필요로 하는 수준보다 부족하게 생산되거나 아예 생산되지 않을 수 있다. 어떤 사람이 막대한 비용을 들여 누구나 공짜로 소비할 수 있는 국방 서비스, 치안 서비스 같은 공공재를 제공하려고 하겠는가.
> 공공재와 마찬가지로 공공자원 역시 원하는 사람이면 누구나 공짜로 사용할 수 있다. 그러나 어떤 사람이 공공자원을 사용하면 다른 사람은 사용에 제한을 받는다. 배제성은 없으나 재화의 경합성만이 존재하는 이러한 특성 때문에 공공자원은 '공공자원의 비극'이라는 새로운 형태의 문제를 낳는다. 공공자원의 비극이란 모두가 함께 사용할 수 있는 공공자원을 아무도 아껴 쓰려고 노력하지 않기 때문에 머지않아 황폐해지고 마는 현상이다.
> 바닷속의 물고기는 어느 특정한 사람의 소유가 아니기 때문에 누구나 잡을 수 있다. 먼저 잡는 사람이 임자인 셈이다. 하지만 물고기의 수량이 한정돼 있다면 나중에 잡는 사람은 잡을 물고기가 없을 수도 있다. 이런 생각에 너도 나도 앞다투어 물고기를 잡게 되면 얼마 가지 않아 물고기는 사라지고 말 것이다. 이른바 공공자원의 비극이 발생하는 것이다. 공공자원은 사회 전체가 필요로 하는 수준보다 지나치게 많이 자원을 낭비하는 결과를 초래한다.
> 이와 같은 공공재와 공공자원이 가지는 문제를 해결하는 방안은 무엇일까? 공공재는 사회적으로 매우 필요한 재화와 서비스인데도 시장에서 생산되지 않는다. 정부는 공공재의 특성을 가지는 재화와 서비스를 직접 생산해 공급한다. 예를 들어 정부는 국방, 치안 서비스 등을 비롯해 철도, 도로, 항만, 댐 등 원활한 경제 활동을 간접적으로 뒷받침해 주는 사회간접자본을 생산한다. 이때 사회간접자본의 생산량은 일반적인 상품의 생산량보다 예측이 까다로울 수 있는데, 이용하는 사람이 국민 전체이기 때문에 그 수가 절대적으로 많을 뿐만 아니라 배제성과 경합성이 없는 공공재로서의 성격을 띠기 때문에 그러한 면도 있다. 이러한 문제를 해결하기 위해서 국가는 공공투자사업 전 사회적 편익과 비용을 분석하여 적절한 사업의 투자 규모 및 진행 여부를 결정한다.
> 공공자원은 어느 누구의 소유도 아니다. 너도 나도 공공자원을 사용하면 금세 고갈되고 말 것이다. 정부는 각종 규제로 공공자원을 보호한다. 공공자원을 보호하기 위한 규제는 크게 사용 제한과 사용 할당으로 구분할 수 있다. 사용 제한은 공공자원을 민간이 이용할 수 없도록 막아두는 것이다. 예를 들면 주인이 없는 산을 개발 제한 구역으로 설정하여 벌목을 하거나 개발하여 수익을 창출하는 행위를 할 수 없도록 하는 것이다. 사용 할당은 모두가 사용하는 것이 아닌, 일정 기간에 일정한 사람만 사용할 수 있도록 이용 설정을 해두는 것을 말한다. 예를 들어 어부가 포획할 수 있는 수산물의 수량과 시기를 정해 놓는 법이 있다. 이렇게 되면 무분별하게 공공자원이 사용되는 것을 피하고 사회적으로 필요한 수준에서 공공자원을 사용할 수 있다.

① 항상 붐비는 공용 주차장을 요일별로 이용 가능한 자동차를 정하여 사용한다.
② 주인 없는 목초지에서 풀을 먹일 수 있는 소의 마릿수를 제한한다.
③ 치안 불안 해소를 위해 지역마다 CCTV를 설치한다.
④ 가로수의 은행을 따는 사람들에게 벌금을 부과한다.

24 다음 중 밑줄 친 '이런 미학'이 의미하는 것은?

사진이 아주 강력한 힘을 발휘할 때가 있다. 사람의 눈으로 도저히 볼 수 없는 세계를 펼쳐 보일 때다. 영월에서 열리는 동강국제사진제에서도 이런 사진을 보았다. 독일 예술대학에 처음으로 사진학과를 창설한 쿤스트 아카데미 뒤셀도르프(베어학파) 출신 작가들의 사진이 전시된 국제주제전에 걸린 클라우디아 페렌켐퍼의 사진에 나는 압도당했다. 소형 곤충 사진인데 눈으로는 관측 불가능한 영역이 거대하게 확대되어 포착되었다. 이런 사진을 '포토 매크로그래피'라 부르는데 요즘 유행하는 예술적인 과학 사진의 가장 흔한 형태 중 하나다. 쉽게 현미경 사진이라 생각하면 된다. 요즘은 수백만 배를 확대해 원자도 관측이 가능하다.

인류는 수많은 사진을 찍었지만 세상을 바꾼 사진의 목록에는 과학 사진이 다수를 차지한다. 1915년 알베르트 아인슈타인은 '일반상대성이론'을 발표해 중력이 공간을 휘게 한다고 주장했다. 아인슈타인은 수성의 근일점에 매우 미세한 차이가 있고 이것이 바로 중력이 빛을 휘어지게 하기 때문이라고 했다. 아직은 가설이었다. 영국 왕립천문학회 소속 천문학자 아서 스탠리 에딩턴이 검증에 나섰다. 그는 1919년 대형 카메라와 탐사대를 이끌고 아프리카의 오지 섬 프린시페로 배를 타고 가 한 달간 촬영 준비를 한 끝에 6분간 일식 사진을 찍었다. 이 사진을 통해 별빛이 태양에 의해 휜다는 것을 포착했다. '과학 사진이 바로 이런 것이다.'라고 증명한 쾌거였다. 이 사진으로 아인슈타인의 주장은 가설에서 이론이 되었다.

그 후로도 인류에 큰 영향을 끼친 과학 사진은 많았다. 그중에서도 우주배경복사의 불균일성을 발견한 사진이 압권이었다. 우주 생성은 늘 과학자들의 연구 대상이었다. '빅뱅 이론'은 우주가 대폭발로 생겼다고 본다. 어떻게 증명할 것인가? 먼저 러시아 출신의 미국 물리학자 조지 가모는 대폭발 이후 광자의 형태로 방출된 복사(우주배경복사)의 일부가 우주에 남아 있다는 가설을 제시했다. 1964년 미국 벨연구소의 아노 펜지어스와 로버트 윌슨은 4,080MHz 대역에서 들려오는 초단파 잡음이 우주에서 온다는 것을 알면서 우주배경복사를 발견했다. 그런데 우리 우주에 항성과 행성이 있기에 우주배경복사는 균일하지 않아야 한다. 과학자들의 다음 목표는 우주배경복사의 미세한 온도 차이 확인이었다. 이를 위해 1989년 미국 물리학자 조지 스무트가 주도한 '코비 프로젝트'가 시작되었다. 미국 항공우주국(나사)이 쏘아 올린 우주망원경 코비가 사진을 전송했고, 그 사진에서 10만 분의 1 정도 온도 차를 발견했다. 이 사진은 우리가 보는 가시광선이 아니라 '태초의 빛'의 흔적인 마이크로파를 찍은 것이었다. 이런 과학 사진을 비가시광선 사진이라 부른다.

과학 사진은 생경하다. 인간이 전에 본 일이 없기 때문이다. 그래서 아름답다. 이 또한 전에 느껴보지 못한 아름다움이다. <u>이런 미학</u>은 재빠르게 기존 예술의 틈으로 파고들어갈 것이다. 사진이 회화에 비해 압도적으로 유리한 자리를 차지할 수 있는 분야이기도 하다.

① 과학의 힘으로 세상이 변화하는 모습
② 한 장의 사진에서 느껴지는 사진사의 의도
③ 가시광선에 의한 색감의 조화
④ 인간의 눈으로 확인할 수 없는 세계가 지닌 아름다움

25 다음 글을 읽고 추론한 내용으로 가장 적절한 것은?

> 노모포비아는 '휴대 전화가 없을 때(No Mobile) 느끼는 불안과 공포증(Phobia)'이라는 의미의 신조어이다. 영국의 인터넷 보안업체 시큐어엔보이는 2012년 3월 영국인 1,000명을 대상으로 설문 조사한 결과 응답자의 66%가 노모포비아, 즉 휴대 전화를 소지하지 않았을 때 공포를 느낀다고 발표했다. 노모포비아는 특히 스마트폰을 많이 쓰는 젊은 나이일수록 그 증상이 심하다. 18~24세 응답자의 경우 노모포비아 응답률이 77%나 됐다. 전문가들은 이 증상이 불안감, 자기회의감 증가, 책임전가와 같은 정신적인 스트레스를 넘어 육체적 고통도 상당한 수준이라고 이야기한다. 휴대 전화에 집중하느라 계단에서 구르거나 난간에서 떨어지는 경미한 사고부터 심각한 차사고까지 그 피해는 광범위하다.

① 노모포비아는 젊은 나이의 휴대 전화 보유자에게서 나타난다.
② 노모포비아는 스마트폰을 사용하는 경우에 무조건 나타난다.
③ 정신적인 스트레스만 발생시킨다.
④ 휴대 전화를 사용하지 않는 사람에게서는 노모포비아 증상이 나타나지 않는다.

26 다음 글에서 설명하고 있는 용어는?

> '엽편소설'이라고도 불리며, 단편소설보다 짧은 분량으로 대개 200자 원고지 20매 내외의 분량으로 되어있다. 내용은 인생의 한 단편을 예리하게 포착하여 그리는 것으로 유머, 풍자 기지를 담고 있다. 사실적이기보다는 기상천외한 발상을 바탕으로 하며 재치와 기지가 주된 기법이다. 또한 사건의 진전이 클라이맥스에서 예상 밖의 전환을 보여주는 것을 원칙으로 하기 때문에 결말에서 반드시 반전이 이뤄진다.

① 담론(Discourse)   ② 에세이(Essay)
③ 콩트(Conte)   ④ 산문(Prose)

27 현 ○○시의 옛 지명은 '서라벌'이다. 다음 중 서라벌과 가장 관계 깊은 문학작품은?

① 서울 밝은 달 아래
  밤 깊도록 노닐다가
  들어와 잠자리를 보니
  다리가 넷이로구나.
② 살어리 살어리랏다 청산(靑山)에 살어리랏다.
  멀위랑 드래랑 먹고 청산(靑山)에 살어리랏다.
③ 펄펄 나는 저 꾀꼬리는
  암수가 서로 노니는데
  외로울 사 이내 몸은
  뉘와 함께 돌아갈꼬
④ 가시리 가시리잇고
  나는 브리고 가시리잇고
  증즐가 대평성딘(太平聖代)

28 다음 사진의 작품 설명과 가장 유사한 것은?

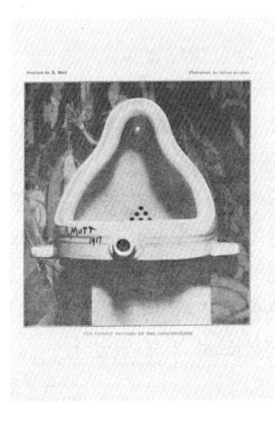

'샘'은 1917년 4월 10일 '마르셀 뒤샹'이 뉴욕의 그랜드센트럴 갤러리에서 열린 독립미술가협회 전시회에 출품한 작품으로, 그의 레디메이드(Ready-made : 기성품) 작품 중 가장 큰 논란을 불러일으켰다. 왜냐하면 뒤샹이 공장에서 대량생산된 남성용 소변기를 그대로 구입해서 '샘'이라 제목을 붙이고 예술작품으로 전시장의 좌대 위에 올려놓았기 때문이다. 뒤샹의 남성용 소변기인 샘은 기존 예술에 대한 전통적인 고정 관념을 완전히 뒤엎는 도발이고 도전이었다. 관습적인 미의 기준을 무시하고 미술 작품과 일상용품의 경계를 허물었다. 기성제품도 작가의 선택에 의해 어떤 주제와 의식을 불어넣으면 독립된 하나의 작품이 될 수 있다는 뒤샹의 혁명적인 제안은 현대미술에 커다란 개념의 변화를 몰고 왔다. 그래서 이제 예술가는 자신이 지닌 예술적인 기교나 솜씨를 선보이는 것이 아니라, 관념적인 요소나 원래의 환경으로부터 분리된 사물에 새롭게 의미를 부여하는 역할을 담당하게 되었다.

① 김춘수 – 꽃
② 이상 – 오감도
③ 윤동주 – 별 헤는 밤
④ 신동엽 – 금강

29 다음 중 2019년 10월 개봉한 영화 『82년생 김지영』의 동명 소설을 발표한 작가는?

① 조남주 ② 신경숙
③ 공지영 ④ 한강

30 다음 글의 전개 방식으로 가장 적절한 것은?

> 이튿날 옥단춘은 혈룡에게 뜻밖의 말을 하였다. "오늘은 평양 감사가 봄놀이로 연광정에서 잔치를 한다는 영이 내렸습니다. 내 아직 기생의 몸으로서 감사의 영을 거역하고 안 나갈 수 없으니 서방님은 잠시 용서하시고 집에 계시면 속히 돌아오겠습니다." 말을 하고 난 후에 옥단춘은 연광정으로 나갔다. 그 뒤에 이혈룡도 집을 나와서 비밀 수배한 역졸을 단속하고 연광정의 광경을 보려고 내려갔다. 이때 평양 감사 김진희는 도내 각 읍의 수령을 모두 청하여 큰 잔치를 벌였는데, 그 기구가 호화찬란하고 진수성찬의 배반(杯盤)이 낭자하였다. 이때는 춘삼월 호시절이었다. 좌우산천을 둘러보니 꽃이 피어 온통 꽃산이 되었고 나뭇잎은 피어서 온통 청산으로 변해 있었다.
>
> — 『옥단춘전』

① 배경을 세밀하게 묘사하여 사건의 분위기를 조성하고 있다.
② 등장인물의 성격 변화를 통해 갈등과 긴장감을 극대화하고 있다.
③ 서술자가 직접 개입하여 인물의 행동과 심리를 드러내고 있다.
④ 과장과 희화화 수법을 활용하여 등장인물의 성격을 부각시키고 있다.

CHAPTER 02 한국사 핵심이론

1. 선사시대와 고조선

(1) 정치
① 정치제도
군장 중에서 왕을 추대 → 왕의 권력 취약
② 지방행정
군장세력이 각기 자기 부족 통치 : 군장의 관료 명칭이 왕의 관료와 동일한 명칭으로 사용 → 왕의 권력 취약
③ 군사제도 : 군장세력이 독자적으로 지휘

(2) 사회
① 신분제
  ㉠ 구석기 : 무리 생활, 평등사회(이동 생활)
  ㉡ 신석기 : 부족사회, 평등사회(정착 생활 시작)
  ㉢ 청동기 : 사유재산제, 계급 발생(고인돌), 군장국가(농경 보편화)
  ㉣ 초기 철기 : 연맹왕국 형성
② 사회조직
  ㉠ 구석기 : 가족 단위의 무리 생활
  ㉡ 신석기 : 씨족이 족외혼을 통해 부족 형성
  ㉢ 청동기 : 부족 간의 정복활동, 군장사회
  ㉣ 초기 철기 : 군장이 부족을 지배하면서 국왕 선출

(3) 경제
① 구석기
  ㉠ 빙하기 : 고기잡이와 사냥, 채집 생활 → 무리 생활 → 이동 생활 → 동굴과 막집 생활(뗀석기, 골각기)
  ㉡ 주먹도끼 : 연천군 전곡리 출토 → 서구 우월적인 모비우스 학설 논파
② 신석기
  ㉠ 농경의 시작 → 정착 생활 → 강가나 해안가(물고기 잡이 병행) : 움집 생활, 씨족 공동체사회 (부족·평등사회)
  ㉡ 빗살무늬 토기, 간석기 사용, 원시 신앙 발달

③ 청동기
   ㉠ 청동기 사용 → 전반적인 기술의 급격한 발달 → 부와 권력에 의한 계급 발생 → 국가(고조선) 등장
   ㉡ 비파형 동검과 미송리식 토기(고조선의 세력 범위와 일치)
   ㉢ 벼농사의 시작과 농경의 보편화 → 구릉지대 생활

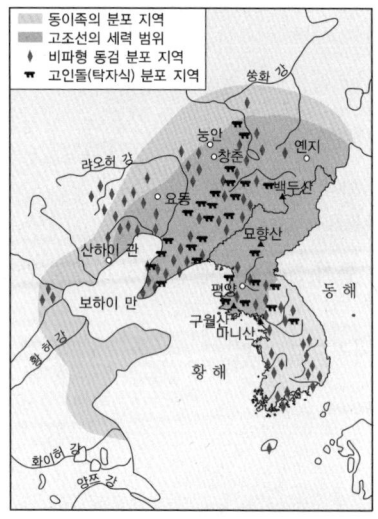

〈동이족과 고조선의 세력 범위〉

④ 철기
   ㉠ 세형동검, 명도전과 거푸집, 암각화
   ㉡ 연맹왕국이 나타나기 시작
   ㉢ 배산임수의 취락 구조 정착, 장방형 움집, 지상가옥화

(4) 문화
   ① 신석기 : 애니미즘, 샤머니즘, 토테미즘, 영혼숭배와 조상숭배(원시신앙)
   ② 청동기 : 선민사상(정치이념)

(5) 고조선
   ① 청동기 문화를 바탕으로 기원전 2333년에 건국
   ② 만주의 요령 지방과 한반도 서북 지방의 여러 부족을 통합
   ③ 건국이념 : 홍익인간(弘益人間, 널리 인간을 이롭게 한다)
   ④ 변천과정 : 건국 → 중국의 연과 대립으로 쇠퇴 → 철기 도입 → 위만조선 건국(기원전 194년) → 철기와 중계무역으로 성장 → 한의 침입으로 멸망
   ⑤ 의의 : 민족사의 유구성과 독자성
   ⑥ 사회 모습
      ㉠ 선민사상 : 환인과 환웅의 후손
      ㉡ 농경사회 : 농사에 필요한 비, 바람, 구름을 주관
      ㉢ 토테미즘 : 곰과 호랑이 숭배
      ㉣ 제정일치 사회

(6) 여러 나라의 성장
① 고조선이 멸망할 무렵 철기 문화를 바탕으로 성립 → 각 부족의 연합 또는 전쟁을 통해 국가 형성
② 만주지방 : 부여, 고구려
③ 한반도 북부 동해안 : 옥저, 동예
④ 한반도 남부 : 마한, 변한, 진한
　㉠ 마한 : 54개의 소국, 목지국의 지배자가 마한의 왕으로 행세
　㉡ 진한과 변한 : 각각 12개의 소국으로 구성

2. 삼국시대와 남북국 시대(통일신라와 발해)

(1) 정치
① 삼국시대(민족 문화의 동질적 기반 확립)
　㉠ 정치제도(왕권강화와 중앙 집권화)
　　• 왕위세습, 율령반포, 관등제
　　• 귀족합의제도 : 제가, 정사암, 화백회의는 국가 중대사 결정 → 왕권 중심의 귀족국가정치
　㉡ 지방행정
　　• 군사적 성격, 부족적 전통
　　• 고구려 : 5부(욕살)
　　• 백제 : 5방(방령)
　　• 신라 : 5주(군주)
　㉢ 군사제도 : 군사조직은 지방제도와 관련, 국왕이 직접 군사를 지휘
② 남북국 시대
　㉠ 정치제도(왕권의 전제화 – 신라 중대)
　　• 집사부 시중의 권한 강화
　　• 국학설치 : 유교정치이념 수용
　　　※ 발해 : 왕위의 장자상속, 독자적 연호 사용
　㉡ 지방행정(지방 제도 정비)
　　• 신라
　　　- 9주(도독) : 행정 중심
　　　- 5소경 : 지방세력 통제
　　• 발해 : 5경·15부·62주
　㉢ 군사제도
　　• 신라 : 9서당(왕권강화, 민족 융합), 10정(지방군)
　　• 발해 : 8위

(2) 경제
    ① 토지제도
        ㉠ 왕토사상 : 토지 공유
        ㉡ 통일신라의 토지 분급, 녹읍(귀족의 농민 징발도 가능) → 관료전 지급(신문왕, 왕권 강화)
            → 녹읍의 부활(신라 하대, 왕권 약화)
        ㉢ 농민에게 정전 분급
    ② 조세제도
        ㉠ 조세 : 생산량의 1/10
        ㉡ 역 : 군역과 요역
        ㉢ 공물 : 토산물세
    ③ 산업
        ㉠ 신석기 : 농경 시작
        ㉡ 청동기 : 벼농사 시작, 농경의 보편화
        ㉢ 철기 : 철제농기구 사용 → 경작지 확대
        ㉣ 지증왕 : 우경 시작
        ㉤ 신라 통일 후 상업 발달, 아라비아 상인 출입(울산항)

(3) 사회
    ① 신분제(신분제도 성립)
        ㉠ 지배층 특권을 유지하기 위해 율령제도, 신분제도 마련
        ㉡ 신분은 친족의 사회적 위치에 따라 결정
            • 귀족 : 권력과 경제력 독점
            • 평민 : 생산 활동에 참여, 조세 부담
            • 천민 : 노비, 부곡민
        ㉢ 신라 골품제
            • 골품은 개인의 신분과 정치활동 제한
            • 관등조직은 골품제와 연계 편성, 복색은 관등에 따라 지정
    ② 사회조직
        ㉠ 골품제도 : 중앙집권국가 성립시기에 군장세력 재편 → 신라 하대에 골품제도의 모순 노출
        ㉡ 귀족합의기구 : 화백, 정사암, 제가회의 → 왕권 견제
        ㉢ 화랑제도 : 교육의 기능, 계급갈등을 조절
        ㉣ 진골 귀족의 왕위 쟁탈전
        ㉤ 반신라 세력 : 호족, 6두품, 도당유학생, 선종, 풍수지리설
        ㉥ 신라 하대 전국적 농민 봉기

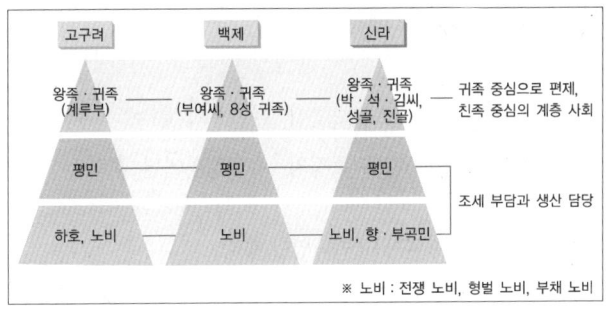

〈삼국의 신분 구조〉

(4) 문화
- ① 삼국시대
    - ㉠ 불교
        - 수용 : 중앙 집권 체제 확립과 통합
        - 발전 : 왕실불교, 귀족불교
    - ㉡ 유교
        - 고구려 : 태학, 경당(모든 계층 망라)
        - 백제 : 5경 박사
        - 신라 : 임신서기석
    - ㉢ 전통사상 및 도교
        - 시조신 숭배 : 지배층
        - 샤머니즘, 점술 : 민중
        - 도교 : 사신도, 산수무늬 벽돌, 사택지적비, 백제 봉래산 향로
- ② 남북국 시대
    - ㉠ 불교
        - 원효의 정토종 : 불교의 대중화, 화쟁 사상(불교 통합)
        - 의상의 화엄종 : 전제왕권 지지
        - 교종 : 경전, 귀족 – 신라 중대
        - 선종 : 참선, 호족 – 신라 하대(반신라), 개인의 정신 중시 → 신라 중대에 탄압
        - 발해 : 고구려 불교 계승
    - ㉡ 유교
        - 유교이념 수용 : 국학, 독서삼품과(귀족의 반대로 실패)
        - 강수 : 외교 문서
        - 설총 : 이두 문자 집대성
        - 김대문 : 주체적
        - 최치원 : 사회개혁
    - ㉢ 전통사상 및 도교
        - 도교 : 최치원의 난랑비, 정효공주 묘비
        - 풍수지리설 : 중국에서 전래, 국토 재편론(호족 지지) → 신라 왕권의 약화

3. 고려시대

(1) 정치
① 정치제도
- ㉠ 최승로의 시무28조 : 중앙집권적, 귀족정치, 유교정치이념 채택
- ㉡ 귀족제 : 공음전과 음서제
- ㉢ 합좌기구 : 도병마사 → 도평의사사(귀족연합체제)
- ㉣ 지배계급 변천 : 호족 → 문벌귀족 → 무신 → 권문세족 → 신진사대부
- ㉤ 서경제 : 관리임명 동의, 법률개폐 동의

② 지방행정
- ㉠ 지방제도의 불완전성(5도 양계 : 이원화)
- ㉡ 중앙집권의 취약성(속군, 속현)
    - ※ 속군과 속현 : 지방관이 파견 안 된 곳으로 향리가 실제 행정을 담당. 이들 향리가 후에 신진사대부로 성장
- ㉢ 중간행정기구의 미숙성(임기 6개월, 장관품계의 모순)
- ㉣ 지방의 향리세력이 강함

③ 군사제도
- ㉠ 중앙 : 2군 6위(직업군인)
- ㉡ 지방 : 주현군, 주진군(국방담당)
- ㉢ 특수군 : 광군, 별무반, 삼별초
- ㉣ 합의기구 : 중방

(2) 경제
① 토지제도(전시과 체제 정비)
- ㉠ 역분전(공신)
- ㉡ 전시과 제도 : 수조권만 지급, 시정전시과 → 개정전시과(직·산관) → 경정전시과(직관)
- ㉢ 귀족의 경제 기반 : 공음전
- ㉣ 고려 후기 : 농장 발달(권문세족)

② 조세제도
- ㉠ 전세 : 민전은 1/10세
- ㉡ 공납 : 상공, 별공
- ㉢ 역 : 정남(16~60세), 강제노동
- ㉣ 잡세 : 어세, 염세, 상세

③ 산업
- ㉠ 농업 중심의 자급자족사회 : 유통경제 부진
- ㉡ 농업 : 심경법, 2년 3작, 시비법, 목화
- ㉢ 상업 : 화폐주조
- ㉣ 무역발달(송, 여진, 거란, 일본, 아랍), 예성강 입구의 벽란도

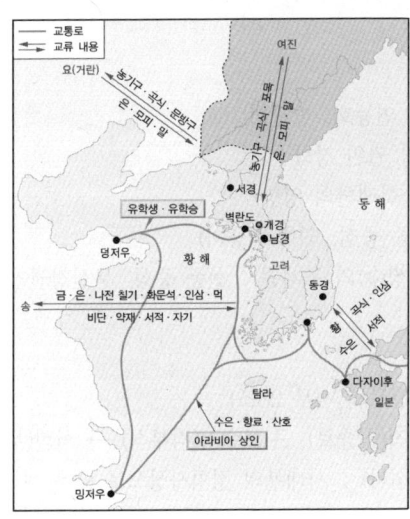

〈고려 전기의 대외 무역〉

(3) 사회

① 신분제(신분제도의 재편성)
  ㉠ 골품제도의 붕괴 : 호족 중심의 중세 사회 형성
  ㉡ 호족의 문벌귀족화
  ㉢ 중간계층의 대두
    • 귀족 : 왕족, 문무고위 관리
    • 중간계층 : 남반, 서리, 향리, 군인
    • 양인 : 농, 상, 공 – 조세부담
    • 천민 : 노비, 향·소·부곡민
  ㉣ 여성의 지위가 조선 시대보다 높음

② 사회조직
  ㉠ 법률 : 대가족 제도를 운영하는 관습법 중심
  ㉡ 지배층의 성격 비교
    • 문벌귀족(고려 중기) : 과거나 음서를 통해 권력 장악
    • 권문세족(몽골간섭기) : 친원파로 권력 독점, 농장소유
    • 신진사대부(무신집권기부터) : 성리학자, 지방 향리 출신, 중소지주
  ㉢ 사회시설
    • 의창·제위보 : 빈민구제
    • 상평창 : 물가 조절

(4) 문화
① 불교
㉠ 숭불정책(훈요 10조 : 연등회, 팔관회)
㉡ 연등회, 팔관회 : 왕실 권위 강화
㉢ 불교의 통합운동(원효 화쟁론의 영향)
- 의천의 천태종 : 교종 중심, 귀족적(중기)
- 지눌(돈오점수, 정혜쌍수)의 조계종 : 선종 중심, 무신정권기
- 혜심의 유불일치설

② 유교
㉠ 유교정치이념 채택(최승로의 시무 28조)
㉡ 유학성격 변화 : 자주적(최승로) → 보수적(김부식) → 쇠퇴(무신)
㉢ 성리학의 수용(몽골간섭기) : 사대부의 정치사상으로 수용, 사회개혁 촉구
㉣ 이제현의 사략(성리학적 사관)

③ 전통사상 및 도교
㉠ 도교행사 빈번 : 장례
㉡ 풍수지리설 : 서경길지설(북진정책 기반 – 묘청의 서경천도 운동)
㉢ 묘청의 서경천도 운동 : 귀족사회의 구조적 모순에서 비롯됨

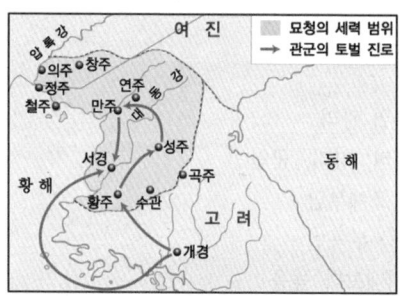

〈묘청의 서경천도 운동〉

4. 조선시대(전기)

(1) 정치
① 정치제도(15C : 훈구파 주도, 16C : 사림파의 성장과 주도)
㉠ 왕권과 신권의 균형(성리학을 바탕으로 한 왕도정치)
㉡ 의정부 : 합의기구, 왕권강화
㉢ 6조 : 행정분담
㉣ 3사 : 왕권견제
㉤ 승정원·의금부 : 왕권강화

② 지방행정(중앙집권과 지방자치의 조화)
  ㉠ 8도(일원화) : 부, 목, 군, 현 – 면, 리, 통
  ㉡ 모든 군현에 지방관 파견
  ㉢ 향리의 지위 격하(왕권강화)
  ㉣ 향·소·부곡 소멸 : 양인 수 증가
  ㉤ 유향소·경재소 운영 : 향촌자치를 인정하면서도 중앙집권강화
  ㉥ 사림은 향약과 서원을 통해 향촌지배
③ 군사제도(양인개병제, 농병일치제)
  ㉠ 중앙 : 5위, 궁궐 수비·수도 방비
  ㉡ 지방 : 영진군
  ㉢ 잡색군 : 전직 관리, 서리, 노비로 구성된 예비군

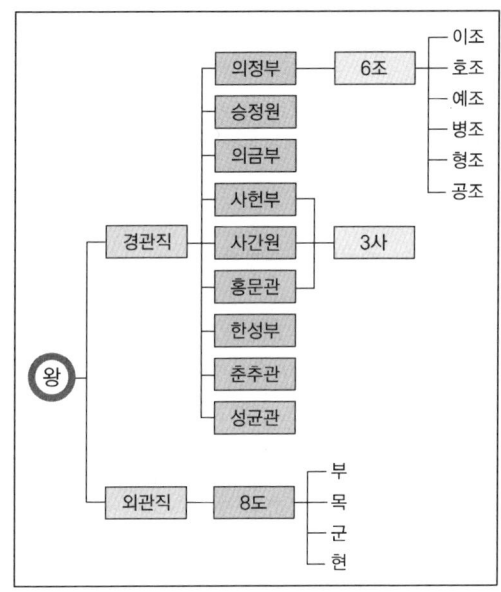

〈조선의 통치 체제〉

(2) 경제

① 토지제도(과전법 체제)
  ㉠ 과전법 : 사대부의 경제기반 마련
  ㉡ 직전법(세조, 직관) : 농장의 출현
  ㉢ 관수관급제(성종) : 국가의 토지 지배 강화, 양반의 농장 보편화 촉진
  ㉣ 녹봉제(명종) : 과전법 체제의 붕괴, 지주 전호제 강화, 농민 토지 이탈
    → 부역제와 수취제의 붕괴(임란과 병란이 이를 촉진시킴)
② 조세제도
  ㉠ 전세 : 수확의 1/10세, 영정법(4두)
  ㉡ 공납 : 호구세, 상공과 별공
  ㉢ 군역 : 양인개병제, 농병일치제

③ 산업(중농억상 정책으로 상공업 부진)
    ㉠ 농업 : 이앙법 시작, 이모작 보급
    ㉡ 상업 : 시전 중심, 지방 중심, 화폐유통 부진
    ㉢ 수공업 : 장인은 관청에 부역
    ㉣ 무역 : 조공무역 중심

(3) 사회
  ① 신분제(양반 관료제 사회)
    ㉠ 양인 수 증가 : 향·소·부곡의 해체, 다수의 노비 해방
    ㉡ 양천제 실시(양인과 천민)
    ㉢ 과거를 통한 능력 중심의 관료 선발
    ㉣ 16C 이후 양반, 중인, 상민, 천민으로 구별
  ② 사회조직
    ㉠ 법률 : 경국대전 체제(성리학적 명분질서의 법전화)
    ㉡ 종법적 가족제도 발달 : 유교적 가족제도로 가부장의 권한 강화, 적서차별
    ㉢ 사회시설
      • 환곡 : 의창 → 상평창(1/10)
      • 사창 : 양반지주층 중심의 자치적인 구제기구
    ㉣ 사회통제책 : 오가작통법, 호패법

(4) 문화
  ① 불교
    ㉠ 불교의 정비 : 유교주의적 국가 기초 확립
    ㉡ 재정확보책 : 도첩제, 사원전 몰수, 종파의 통합
      ※ 고대 : 불교, 중세 : 유·불교, 근세 : 유교
  ② 유교
    ㉠ 훈구파(15C) : 중앙집권, 부국강병, 사장 중시, 과학기술 수용, 단군 숭배
    ㉡ 사림파(16C) : 향촌자치, 왕도정치, 경학 중시, 과학기술 천시, 기자 숭배
    ㉢ 주리론 : 이황(영남학파, 남인, 도덕 중시)
    ㉣ 주기론 : 이이(기호학파, 서인, 현실 중시)
  ③ 전통사상 및 도교
    ㉠ 도교 행사 정비 : 소격서(중종 때 조광조에 의해 폐지)
    ㉡ 풍수지리설 : 한양천도(왕권강화), 풍수·도참사상 – 관상감에서 관리
    ㉢ 민간신앙의 국가신앙화
      ※ 기타 종교와 사상에 대한 국가 관리는 유교사회를 확립하려는 의도

5. 조선시대(후기)

(1) 정치
① 정치제도
  ㉠ 임란을 계기로 비변사의 강화 → 왕권의 약화(상설기구 전환)
  ㉡ 정쟁의 심화 → 서인의 일당 독재화, 영·정조의 탕평책 실패 → 세도정치의 등장 → 대원군의 개혁(왕권강화, 농민 안정책)
② 군사제도
  ㉠ 중앙 : 5군영(용병제), 임란과 병란으로 인한 부역제의 해이로 실시
  ㉡ 지방 : 속오군(향촌자체방위, 모든 계층)
  ㉢ 조선 초기(진관체제) → 임란(제승방략체제) → 조선 후기(진관체제 복구, 속오군 편성)

(2) 경제
① 토지제도
중농학파 "농민의 토지 이탈과 부역제의 붕괴를 막는 것은 체제의 안정을 유지하는 것"
  ㉠ 유형원 : 균전제(계급 차등분배)
  ㉡ 이익 : 한전제(영업전 지급)
  ㉢ 정약용 : 여전제(급진적 내용, 공동생산과 공동분배)
② 조세제도
농민의 불만 해소와 재정 확보를 위해, 궁극적으로는 양반지배체제의 유지를 위하여 수취제도를 개편
  ㉠ 영정법(전세) : 1결 4두 → 지주 유리
  ㉡ 대동법(공납) : 공납의 전세화, 토지 결수로 징수
  ㉢ 균역법 : 2필 → 1필, 선무군관포, 결작
     ※ 조세의 전세화, 금납화 → 화폐경제, 도시와 시장 발달 → 수요 증대 → 상품경제와 상공업 발달 ⇒ 자본주의 맹아
③ 산업
서민경제의 성장 → 서민의식의 향상
  ㉠ 농업 : 이앙법, 견종법의 보급 → 광작 → 농촌사회의 계층 분화
  ㉡ 상업 : 사상, 도고의 성장 → 상인의 계층 분화, 장시의 발달 → 도시의 발달
  ㉢ 민영수공업 발달 : 납포장, 선대제
  ㉣ 광업
    • 17C : 사채의 허용과 은광 개발이 활발(대청 무역)
    • 18C : 상업 자본의 광산 경영 참여로 잠채 성행(금·은광)
    • 자본과 경영의 분리 : 덕대가 채굴 노동자 고용

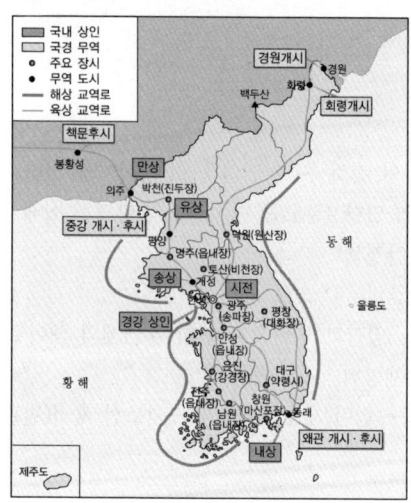

〈조선 후기의 상업〉

(3) 사회
　① 신분제(신분제도의 동요)
　　　㉠ 양반 수의 증가 : 납속책, 공명첩, 족보 위조
　　　㉡ 중인층의 지위 향상 : 서얼의 규장각 등용, 역관
　　　㉢ 평민의 분화 : 농민(경영형 부농, 임노동자), 상인(도고상인, 영세상인)
　　　㉣ 노비 수의 감소 : 공노비 해방(순조), 양인 확보
　② 사회조직(사회 불안의 고조)
　　　㉠ 신분제 동요 : 몰락양반의 사회개혁 요구
　　　㉡ 삼정(전정, 군정, 환곡)의 문란 : 서민의식의 향상(비판의식)
　　　㉢ 위기의식의 고조 : 정감록 유행, 도적의 출현, 이양선의 출몰

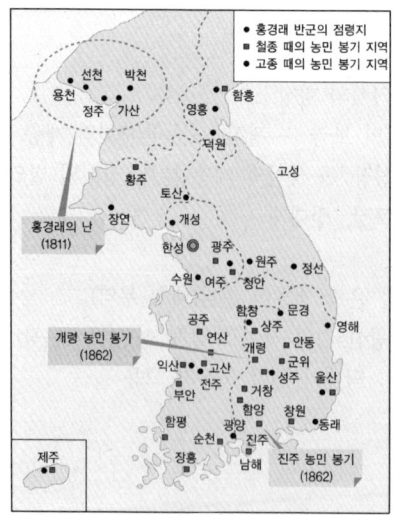

〈19세기의 농민 운동〉

(4) 문화
① 불교 : 불교의 민간 신앙화
② 유교
 ㉠ 양명학의 수용 : 정제두의 강화학파
  ※ 실학 : 통치 질서의 붕괴와 성리학의 한계, 서학의 전래, 고증학의 영향으로 등장
 ㉡ 중농학파 : 토지제도 개혁
 ㉢ 중상학파 : 상공업 진흥책, 박제가(소비론), 박지원(화폐유통론)
 ㉣ 국학 : 동사강목(한국사의 정통론), 해동역사(다양한 자료 이용), 동사·발해고(반도 사관 극복), 연려실기술(실증적 연구)
③ 전통사상 및 도교(사회의 동요)
 천주교 수용, 동학의 발전, 정감록 등 비기도참 사상, 미륵신앙 유행 → 현실 비판(서민문화의 발달)

6. 근·현대

(1) 정치

Ⅰ. 개항과 근대 변혁 운동
① 흥선대원군의 정책
 ㉠ 19세기 중엽의 상황 : 세도정치의 폐단, 민중 세력의 성장, 열강의 침략적 접근
 ㉡ 흥선대원군의 집권(1863~1873)
  • 왕권강화정책 : 서원 철폐, 삼정의 문란 시정, 비변사 폐지, 의정부와 삼군부의 기능 회복, 『대전회통』 편찬
  • 통상수교거부정책 : 병인양요, 신미양요, 척화비 건립
② 개항과 개화정책
 ㉠ 개항 이전의 정세
  • 개화 세력의 형성
  • 흥선대원군의 하야와 민씨 세력의 집권(1873)
  • 운요호 사건(1875)
 ㉡ 문호개방
  • 강화도 조약(1876) : 최초의 근대적 조약, 불평등 조약
  • 조·미 수호통상조약(1882) : 서양과의 최초 수교, 불평등 조약(최혜국 대우)
③ 갑신정변(1884) : 최초의 근대화 운동(정치적 - 입헌군주제, 사회적 - 신분제 폐지 주장)
 ㉠ 전개 : 급진개화파(개화당) 주도
 ㉡ 실패원인 : 민중의 지지 부족, 개혁 주체의 세력 기반 미약, 외세 의존, 청의 무력간섭
 ㉢ 결과 : 청의 내정 간섭 심화
 ㉣ 1880년대 중반 조선을 둘러싼 열강의 대립 심화

④ 동학농민운동의 전개
  ㉠ 배경
    • 대외적 : 열강의 침략 경쟁에 효과적으로 대응하지 못함
    • 대내적 : 농민 수탈, 일본의 경제적 침투
    • 농민층의 상황 : 불안과 불만 팽배 → 농촌 지식인들과 농민들 사이에서 사회 변화 움직임 고조
  ㉡ 전개 과정
    • 고부 봉기 : 전봉준 중심으로 봉기
    • 1차 봉기 : 보국안민과 제폭구민을 내세움 → 정읍 황토현 전투의 승리 → 전주 점령
    • 전주 화약기 : 폐정개혁 12개조 건의, 집강소 설치
    • 2차 봉기 : 항일 구국 봉기 → 공주 우금치 전투에서 패배

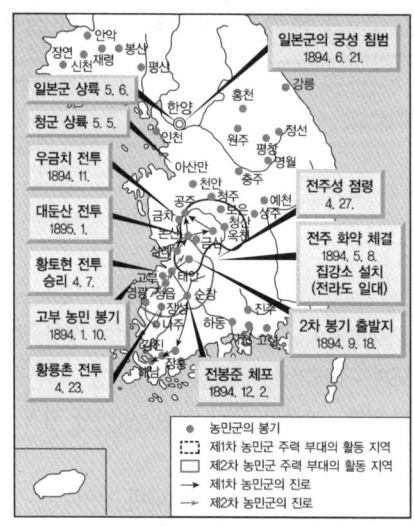

〈동학농민운동의 전개〉

⑤ 갑오개혁과 을미개혁
  ㉠ 갑오개혁(1894)
    • 군국기무처 설치 : 초정부적 회의 기관으로 개혁 추진
    • 내용 : 내각의 권한 강화, 왕권 제한, 신분제 철폐
    • 과정 : 홍범 14조 반포
    • 한계 : 군사적 측면에서의 개혁이나 농민들의 요구에 소홀
  ㉡ 을미개혁(1895)
    • 과정 : 일본의 명성 황후 시해 → 친일 내각을 통해 개혁 추진
    • 내용 : 단발령, 태양력 사용 등
⑥ 독립협회와 대한제국
  ㉠ 독립협회(1896 ~ 1898)
    • 배경 : 아관파천으로 인한 국가 위신 추락
    • 활동 : 국권·이권수호 운동, 민중계몽운동, 입헌군주제 주장
    • 만민공동회(1898) : 최초의 근대식 민중대회
    • 관민공동회 : 헌의 6조 결의

ⓒ 대한제국 성립(1897)
- 배경 : 고종의 환궁 여론 고조
- 자주 국가 선포 : 국호 – 대한제국, 연호 – 광무
- 성격 : 구본신참의 복고주의, 전제 황권 강화

⑦ 일제의 국권 강탈
ㄱ. 러·일 전쟁(1904 ~ 1905) : 일본의 승리(한반도에 대한 일본의 독점적 지배권)
ㄴ. 을사조약(1905, 제2차 한·일 협약)

⑧ 항일의병전쟁과 애국계몽운동
ㄱ. 항일의병운동
- 을미의병(1895) : 한말 최초의 의병봉기(을미사변과 단발령이 원인)
- 을사의병(1905) : 평민의병장 신돌석의 활약
- 정미의병(1907) : 고종의 강제퇴위와 군대 해산에 대한 반발, 13도 창의군 조직, 서울진공작전
ㄴ. 애국계몽운동(교육과 산업)
- 신민회(1907) : 비밀결사 조직, 문화적·경제적 실력양성운동, 105인 사건으로 해산

II. 민족의 수난과 항일 민족 운동

① 일제의 식민정책
ㄱ. 1910년대(1910 ~ 1919) : 무단통치(헌병경찰제 – 즉결처분권 부여)
ㄴ. 1920년대(1919 ~ 1931) : 문화통치(민족 분열 정책, 산미증식계획)
ㄷ. 1930년대(1931 ~ 1945) : 민족말살통치(병참기지화 정책, 내선일체, 황국신민화, 일본식 성명 강요)

② 3·1운동(1919)
ㄱ. 배경 : 미국 윌슨 대통령의 '민족자결주의'와 2·8독립선언
ㄴ. 3·1운동은 대한민국 임시정부가 세워진 계기가 됨

③ 대한민국 임시정부(1919. 9. 상하이)
ㄱ. 한성정부의 법통 계승
ㄴ. 연통제, 교통국, 외교활동(구미위원부)

④ 국내외 항일민족운동
ㄱ. 국내 항일운동
- 신간회(1927) : 비타협적 민족주의자와 사회주의 세력 연합 → 노동·소작쟁의, 동맹 휴학 등을 지원
- 학생운동 : 6·10만세운동(1926), 광주학생 항일운동(1929)
ㄴ. 국외 항일운동 : 간도와 연해주 중심
- 대표적 전과 : 봉오동 전투, 청산리 전투(1920)
- 간도 참변(1920) : 봉오동·청산리 전투에 대한 일제의 보복
- 자유시 참변(1921) : 러시아 적군에 의한 피해
- 3부의 성립(1920년대) : 정의부, 참의부, 신민부
- 중국군과 연합하여 항일전 전개(1930년대)
- 한국광복군(1940, 충칭)
ㄷ. 사회주의 세력 : 중국 공산당과 연계 – 화북 조선 독립 동맹 결성, 조선 의용군 조직

III. 대한민국의 성립과 발전
　① 광복 직후의 국내 정세
　　㉠ 모스크바 3상 회의(1945) : 한반도 신탁통치 결정
　　㉡ 미·소 공동위원회(1946) : 남북한 공동 정부 수립 논의 – 결렬
　② 대한민국 정부의 수립(1948) : 5·10 총선거 → 제헌국회 → 대통령 선출 → 정부 수립

(2) 경제
　① 토지제도
　　㉠ 동학농민운동에서만 토지의 평균 분작 요구
　　㉡ 대한제국 : 지계발급
　　㉢ 일제의 수탈
　　　• 토지조사사업(1910~1918) : 조선의 토지약탈을 목적으로 실시
　　　• 산미증식계획(1920~1935) : 농지개량, 수리시설 확충 비용 소작농이 부담
　　　• 병참기지화 정책(1930~1945) : 중화학공업, 광업 생산에 주력(기형적 산업구조) – 군사적 목적
　② 조세제도
　　㉠ 갑신정변 : 지조법 개정
　　㉡ 동학농민운동 : 무명잡세 폐지
　　㉢ 갑오·을미개혁 : 조세 금납화
　　㉣ 독립협회 : 예산공표 요구
　③ 산업
　　㉠ 근대적 자본의 성장
　　㉡ 일제 강점기 : 물산장려운동

(3) 사회
　① 신분제(평등 사회로의 이행)
　　㉠ 갑신정변(1884) : 문벌폐지, 인민평등권
　　㉡ 동학농민운동(1894) : 노비제 폐지, 여성지위 상승
　　㉢ 갑오개혁(1894) : 신분제 폐지, 봉건폐습 타파
　　㉣ 독립협회(1896) : 민중의식 변화, 민중과 연대
　　㉤ 애국계몽운동(1905) : 민족교육운동, 실력양성
　② 사회조직
　　㉠ 개혁 세력 : 민권사상을 바탕으로 평등사회 추구
　　㉡ 위정척사파 : 양반 중심의 봉건적 신분질서 유지
　　㉢ 동학농민운동 : 반봉건, 반제국주의 개혁 요구
　　㉣ 독립협회 : 자주, 자유, 자강 개혁 요구
　　㉤ 광무개혁 : 전제 군주제를 강화하기 위한 개혁
　　㉥ 의병활동 : 반제국주의의 구국 항전
　　㉦ 애국계몽단체 : 자주독립의 기반 구축 운동

(4) 문화
① 동도서기(東道西器) : 우리의 정신문화는 지키고 서양의 과학 기술을 받아들이자는 주장(중체서용, 구본신참) → 양무운동, 대한제국
② 불교 유신론 : 미신적 요소를 배격하고 불교의 쇄신을 주장
③ 민족사학의 발전 : 신채호, 박은식, 최남선
④ 기독교계는 애국계몽운동에 힘씀

(5) 광복 전후의 국제 논의
① 카이로 회담(1943)
  ㉠ 일본에 대한 장래 군사행동 협정
  ㉡ 한국을 자유국가로 해방시킬 것을 약속
② 얄타 회담(1945)
  ㉠ 한국에 대한 신탁통치 약속
  ㉡ 한국 38도 군사경계선 확정
③ 포츠담 회담(1945)
  ㉠ 일본 군대 무장 해제
  ㉡ 한국 자유국가 해방 약속 재확인(카이로 회담의 선언)
④ 모스크바 3상 회의(1945)
  ㉠ 5년간 미국, 영국, 소련, 중국 등 4개국 정부의 한국 신탁통치 결정
  ㉡ 미국, 소련 공동 위원회(임시정부) 설치

(6) 대한민국 정부 수립
① 5 · 10 총선거(1948)
  ㉠ 남한 단독 선거
  ㉡ 남북 협상파 불참
  ㉢ 이승만, 한민당 압승
  ㉣ 제헌국회 구성 및 민주공화국 체제의 헌법 제정
② 대한민국 정부 수립(1948)
  ㉠ 대통령은 이승만, 부통령에 이시영 선출
  ㉡ 대한민국 성립 선포
③ 반민족 행위 처벌법 제정(1948)
  ㉠ 일제강점기 시대에 친일 행위를 한 자를 처벌하기 위한 법
  ㉡ 이승만의 소극적 태도로 처벌 실패
④ 6 · 25 전쟁(1950)
  ㉠ 북한의 무력 통일 정책
  ㉡ 이승만의 정치 · 경제 불안
  ㉢ 과정
    • 무력 남침 → 서울 함락, 낙동강까지 후퇴 → 유엔국 참전 및 인천상륙작전 → 서울 탈환, 압록강까지 전진 → 중공군 개입 → 후퇴 → 휴전 협정
  ㉣ 경제적 · 인적 피해 및 한미상호방위조약 체결(1953)

CHAPTER 02 한국사 적중예상문제

정답 및 해설 p.006

01 다음 중 청동기시대의 특징으로 옳은 것은?

① 상원군 검은 모루 동굴, 연천군 전곡리 등이 대표적인 유적지이다.
② 야산이나 구릉지에 장방형 움집을 만들고 거주하였다.
③ 애니미즘, 샤머니즘 등의 신앙이 처음 등장하였다.
④ 널무덤, 독무덤 등이 만들어졌다.

02 다음 중 선사시대에 대한 설명으로 옳지 않은 것은?

① 구석기시대에는 뗀석기를 사용하였는데, 처음에는 찍개, 주먹도끼 등과 같이 하나의 도구를 여러 용도로 사용했으나 점차 자르개, 밀개, 찌르개 등 쓰임새가 정해진 도구를 만들어 사용하였다.
② 신석기시대부터 도구와 불을 사용하기 시작했고, 언어를 구사하였다.
③ 신석기시대에는 사람들이 돌을 갈아 다양한 모양의 간석기를 만들고 조리나 식량 저장에 사용할 수 있는 토기를 만들었다.
④ 청동기시대에는 일부 지역에서 벼농사가 시작되는 등 농경이 더 발달했으며, 농경의 발달에 따라 토지와 생산물에 대한 사유재산 개념이 발생하면서 빈부의 차가 생기고 계급이 분화되었다.

03 다음 유물이 등장한 시기의 생활 모습에 대한 설명으로 옳은 것은?

- 악기의 한 종류인 비파와 같이 생긴 형태의 동검이다.
- 점차 무늬가 없는 토기로 변화하였다.

① 오수전, 반량전과 같은 중국의 화폐가 유입되었다.
② 무리를 지배하는 계층이 등장하였다.
③ 누구나 청동무기를 소유하고 있었다.
④ 석기의 이용은 완전히 소멸되었다.

04 다음 글에서 설명하는 국가에 대한 설명으로 옳은 것은?

> 제가들은 별도로 사출도를 주관하였다. …… 옛 풍속에 가뭄이나 장마가 계속되어 곡식이 영글지 않으면 그 허물을 왕에게 돌려 '왕을 마땅히 바꾸어야 한다.'고 하거나 '죽여야 한다.'고 하였다. …… 전쟁을 하게 되면 하늘에 제사를 지내고, 소를 잡아 발굽을 보고 길흉을 점쳤다.

① 가족 공동 무덤인 큰 목곽에 뼈를 추려 안치하였다.
② 소도라 불리는 신성한 지역이 있었다.
③ 빈민을 구제하기 위하여 진대법을 시행하였다.
④ 12월에는 영고라는 제천 행사를 지냈다.

05 다음 (가), (나) 나라에 대한 설명으로 옳은 것은?

> (가) 백성들은 노래와 춤을 좋아하여 촌락마다 밤이 되면 남녀가 무리지어 모여 서로 노래하며 즐긴다. …… 10월에 지내는 제천 행사는 국중대회(國中大會)로서 동맹이라 부른다. 그 나라의 풍속에 혼인을 할 때에는 말로 미리 정한 다음, 여자 집에서는 본채 뒤에 작은 집을 짓는데 그 집을 서옥이라 부른다.
>
> — 『삼국지』 동이전
>
> (나) 해마다 5월이면 씨뿌리기를 마치고 귀신에게 제사를 지낸다. 무리지어 모여서 노래와 춤을 즐긴다. 술을 마시고 노는데 밤낮을 가리지 않는다. 춤은 수십 명이 모두 일어나서 뒤를 따라가고, 땅을 밟고 몸을 구부렸다 펴면서 손과 발로 장단을 맞추며 춘다. …… 10월에 농사일을 마치고 나서도 이렇게 한다.
>
> — 『삼국지』 동이전

① (가), (나) : 물건을 훔친 자는 12배로 배상하게 하였다.
② (가) : 철이 많이 생산되어 낙랑과 왜에 수출하였다.
③ (나) : 신성 지역인 소도가 존재하였다.
④ (나) : 읍락 간의 경계를 중시하는 책화가 있었다.

06 다음 밑줄 친 '그 땅'에 있었던 나라에 대한 〈보기〉의 설명 중 옳은 것을 모두 고르면?

> 제10대 구해왕(仇亥王)에 이르러 신라에 항복했으므로 그 땅을 금관군으로 삼았다.
> – 『삼국사기』

보기
ㄱ. 합천·거창·함양·산청 등을 포괄하는 후기 가야연맹의 맹주로서 등장하였다.
ㄴ. 이 나라의 왕족 출신이었던 김무력(金武力)은 관산성 전투에서 큰 공을 세웠다.
ㄷ. 낙동강 하류에 위치하였고, 바다가 인접하여 수운의 편리함을 이용해 경제적·문화적 발전에 유리하였다.

① ㄱ
② ㄴ
③ ㄱ, ㄷ
④ ㄴ, ㄷ

07 다음 밑줄 친 '왕'의 업적에 대한 설명으로 옳은 것은?

- 왕 7년에 율령을 반포하고, 처음으로 백관의 공복을 제정하였다.
- 왕 19년에 금관국의 왕인 김구해가 왕비와 세 아들을 데리고 와 항복하였다.

① 대가야를 정복하였다.
② 김씨에 의한 왕위의 독점적 세습이 이루어졌다.
③ 동시전을 설치하여 수도의 상업활동을 감독하였다.
④ 병부(兵部)를 설치하여 병권을 장악하였다.

08 다음 중 발해에 대한 설명으로 옳은 것은?

① 왕족과 귀족을 대상으로 하는 교육기관인 주자감을 설치하였다.
② 일본에 사신을 보내면서 문서에 고려 국왕 또는 고구려 국왕이라 칭하였다.
③ 신라, 당나라와 무역 교류가 활발하였다.
④ 담징은 일본의 호류사에 기거하면서 금당벽화를 그렸다.

09 다음에서 설명하는 왕이 재위할 때의 사실로 옳은 것을 〈보기〉에서 모두 고르면?

- 395년, 친히 병력을 이끌고 거란을 정벌함
- 396년, 수군을 이끌고 백제를 쳐서 58성과 7백 촌을 획득하고, 백제의 수도 한성을 공격하여 아신 왕으로부터 "영원히 노객(奴客)이 되겠다."는 항복을 받아냄

보기
ㄱ. 영락(永樂)이라는 연호를 사용하였다.
ㄴ. 후연을 공격하고 동부여를 굴복시켜 영토를 대폭 확장하였다.
ㄷ. 진흥왕이 대가야를 정복하였다.
ㄹ. 백제 문주왕이 웅진으로 도읍을 천도하였다.

① ㄱ, ㄴ
② ㄱ, ㄷ
③ ㄴ, ㄹ
④ ㄷ, ㄹ

10 다음 (가) ~ (바)의 역사적 사건을 시간 순서대로 바르게 나열한 것은?

(가) 지배층의 내분으로 혼란에 빠져 있던 고구려는 나·당 연합군의 공격으로 멸망하였다.
(나) 당 함대가 신라의 측면인 기벌포로 침입하였으나, 신라 해군은 이에 맞서 싸워 승리하였다.
(다) 고구려의 남쪽 진출을 막기 위해 신라와 백제가 우호동맹을 맺었다.
(라) 나·당 연합군의 공격으로 사비성이 함락되고 의자왕이 항복하면서 백제가 멸망하였다.
(마) 신라군이 매소성 전투에서 당나라군을 상대로 승리를 이끌어냈다.
(바) 진흥왕은 한강 하류지역을 차지하고 신라의 전성기를 열었다.

① (다) – (라) – (바) – (가) – (나) – (마)
② (다) – (바) – (라) – (가) – (마) – (나)
③ (바) – (다) – (라) – (가) – (나) – (마)
④ (바) – (다) – (라) – (마) – (가) – (나)

11 다음 사료를 읽고 이 당시 있었던 일로 옳은 것은?

> 신이 삼가 보건대, 개원(開元) 연간에 사관 오긍(吳兢)이 정관정요(貞觀政要)를 지어 올려 현종(玄宗)에게 태종(太宗)의 정치를 닦도록 건의한 것은 대개 어떤 일이 일어난 본질은 서로 비슷하여 한 집안의 일에서 벗어나지 않고 그 정치를 잘 하여서 본보기가 될 만하기 때문이었습니다. 우리 태조가 건국한 때로부터 신이 아는 것은 모두 신의 마음에 기억하고 있으니, 이제 삼가 역대 5대 왕의 정치와 교화에서 본받을 만하거나 조심할 만한, 잘되고 잘못되었던 역사를 기록하여 조목별로 아뢰어 드리겠습니다. …… 우리나라에서는 봄에는 연등회를 벌이고 겨울에는 팔관회를 개최하는데 사람을 많이 동원하고 쓸데없는 노동이 많으니 원컨대 그 가감을 살펴서 백성이 힘을 낼 수 있게 해 주소서. 또 갖가지 인형을 만들어 비용이 매우 많이 드는데, 한 번 쓰고 난 후에는 바로 부수어 버리니 이 또한 매우 사리에 맞지 않습니다. 더구나 인형은 흉례(凶禮)가 아니면 쓰지 않는 것이므로 서조(西朝)의 사신이 그 전에 와서 이것을 보고 상서롭지 못하다고 하면서 얼굴을 가리고 지나쳤으니, 원컨대 지금부터는 사용을 허락하지 마소서. ……

① 사심관 제도를 시행하였다.
② 귀주 대첩을 통해 거란의 침입을 막았다.
③ 노비안검법을 시행하였다.
④ 12목에 지방관을 파견하였다.

12 다음 사료의 밑줄 친 '왕' 때의 일로 옳지 않은 것은?

> 왕이 처음에는 정치에 마음을 두어서 이제현·이색 등을 등용하였는데, 그 후에는 승려 편조에게 미혹되어 그를 사부로 삼고 국정을 모두 위임하였다. 편조가 권력을 잡은 지 한 달 만에 대대로 공을 세운 대신들을 참소하고 헐뜯어서 이공수·경천흥·유숙·최영 등을 모두 축출하더니 그 후에 이름을 바꾸어 신돈이라 하고 삼중대광 영도첨의가 되어 더욱 권력을 마음대로 하였다. …… 신돈이 다시 왕을 시해하고자 하다가 일이 발각되었고, 왕이 이에 신돈을 수원부로 유배 보냈다가 주살하고, 그의 당여를 모두 죽였으며 일찍이 쫓아냈던 경천흥 등을 다시 불러들였다.

① 정동행성 이문소를 폐지하였다.
② 쌍성총관부를 되찾았다.
③ 국자감을 성균관으로 개편하였다.
④ 정방을 폐지하였다.

13 다음 〈보기〉 중 고려시대 백정에 대한 설명으로 옳은 것을 모두 고르면?

> **보기**
> ㄱ. 일반 주·부·군·현에 거주하였다.
> ㄴ. 국가에 대한 특정한 직역을 가지고 있다.
> ㄷ. 주로 농업에 종사하였다.
> ㄹ. 신분상 천민에 속한다.

① ㄱ, ㄴ
② ㄱ, ㄷ
③ ㄱ, ㄹ
④ ㄴ, ㄷ

14 다음 밑줄 친 '승려'가 한 일로 옳은 것은?

> 황해도 출신으로 명종 때 승과제 급제하였다. 당시 불교는 교종과 선종이 대립하고 있었고, 선교합일의 이론을 정립하였다. 이후 뜻이 같은 사람들과 함께 송광사에서 결사를 주장하였던 이 승려는 조계종을 부흥시켰다.

① 정혜쌍수를 제창하였다.
② 백련결사를 일으켰다.
③ 교선일치를 시도하였다.
④ 유불일치설을 주장하였다.

15 다음 글에서 설명하고 있는 사서는?

> 고려 후기의 저서로 상권은 중국 역사를 하권은 우리나라 역사를 다루었다. 보물 제895호로 중국과 한국의 역사를 운율시 형식으로 읊었다. 왕권 강화와 국가질서 회복, 원나라의 지배 하에서 정통성 회복을 목적으로 저술하였다.

① 『제왕운기』
② 『동명왕편』
③ 『삼국유사』
④ 『사략』

16 다음 중 조선 전기 경제정책에 대한 설명으로 옳지 않은 것은?

① 조선은 유교적 민본 정치의 핵심이 되는 민생 안정을 위하여 농본주의 정책을 펼쳤다.
② 한양과 지방의 수공업자를 별도의 장적에 등록하여 관리하였다.
③ 조선 초에 저화라는 지폐를 유통시켰으며 조선 후기까지 민간에서 활발히 유통되었다.
④ 세종 때 전분6등법, 연분9등법을 실시하여 전조(田租)를 토지의 비옥도나 풍흉에 따라 차등 징수하였다.

17 다음 중 조선시대 세종의 업적으로 옳지 않은 것은?

① 『경국대전』을 편찬하였다.
② 여진족을 물리치고 4군 6진을 개척하였다.
③ 조선통보 등 화폐를 주조하였다.
④ 토지에 대한 공법을 제정하였다.

18 다음 중 조선시대 문화에 대한 설명으로 옳은 것은?

① 진경산수화는 우리 자연을 사실적으로 묘사하였다.
② 조선 후기에는 박지원의 양반전, 허생전 등의 한글 소설이 성행하였다.
③ 김홍도는 남녀 간의 애정 묘사를 한 그림으로 유명하였다.
④ 김정호의 대동여지도에는 지방의 자연환경, 인물, 풍속 등이 수록되었다.

19 다음 글의 빈칸에 들어갈 사람의 업적으로 옳은 것은?

> 중립 외교 정책은 _____ 때 실시하였던 외교 정책이다. 후금이 명의 변방을 위협하자 명은 조선의 출병을 요구하였다. 이에 _____은 강홍립에게 지시해 출병한 후 정세를 보아 후금에 투항하도록 했다. 명과 후금 사이에서 중립을 유지하도록 하여 실질적인 이익을 얻으려 한 것이다.

① 대동법
② 균역법
③ 영정법
④ 과전법

20 다음 그림이 성행할 때의 모습으로 옳지 않은 것은?

> • 인왕제색도
> • 금강전도
> • 미인도

① 신분제가 동요하여 양반층이 증가하였다.
② 『농사직설』, 『향약집성방』 등의 책이 저술되었다.
③ 관영 수공업이 쇠퇴하고 민영 수공업이 발달하였다.
④ 이앙법이 확대되어 노동력이 절감되고, 이모작이 가능해졌다.

21 다음 중 조선시대의 신분제도에 대한 설명으로 옳은 것은?

① 서얼은 양반으로 진출하는 데 제한을 받지 않았다.
② 노비의 신분은 세습되지 않았다.
③ 서리, 향리, 기술관은 직역 세습이 불가능했다.
④ 양인 이상이면 과거에 응시할 수 있었다.

22 다음 중 조선시대 4대 사화를 시대 순으로 바르게 나열한 것은?

① 무오사화 – 기묘사화 – 갑자사화 – 을사사화
② 무오사화 – 갑자사화 – 기묘사화 – 을사사화
③ 갑자사화 – 무오사화 – 을사사화 – 기묘사화
④ 갑자사화 – 기묘사화 – 무오사화 – 을사사화

23 다음 글에서 설명하고 있는 기구에 대한 옳은 설명을 〈보기〉에서 모두 고르면?

> 이 기구를 처음 설치할 때에는 국방 문제만 맡겼는데, 지금은 6조를 비롯한 모든 기관의 일들을 자기네들 멋대로 처리하고 있습니다. 본래 6조를 비롯한 관청들은 자기 소임이 있는데 어찌 이 기구에서 함부로 할 수 있겠습니까? 이는 전하의 권한을 침해하는 것과 다를 바 없습니다. 청컨대 이 기구의 권한을 본래대로 축소시키셔야 합니다. 신의 청을 윤허하소서.

보기
ㄱ. 설치 초기에 국방을 담당했던 정식 기구였다.
ㄴ. 임진왜란을 거치면서 구성원이 고위 관원으로 확대되었다.
ㄷ. 세도 정치기에 핵심적인 정치 기구의 역할을 하였다.
ㄹ. 정조 때에는 서얼 출신이 검사관에 임명되기도 했다.

① ㄱ, ㄴ   ② ㄱ, ㄷ
③ ㄴ, ㄷ   ④ ㄴ, ㄹ

24 다음 글의 빈칸에 들어갈 사건에 대한 설명으로 옳은 것은?

> 조선왕조의궤도는 _____ 사건 때, 약탈을 당했다. 조선왕조의궤는 조선의 중요한 행사를 글과 그림으로 기록한 것으로 왕실의 행사를 의궤 형식으로 남긴 것은 조선이 유일하였다. 그 가치를 인정받아 2007년 세계 기록 유산으로 등재되었으며, 우리나라 보물로 지정되어 있다.

① 프랑스 군대가 강화도를 침입하였다.
② 상선인 제너럴셔먼호가 불에 탔다.
③ 군함 운요호가 함포사격을 하였다.
④ 오페르트가 남연군묘를 도굴하려 하였다.

25 다음 글에서 설명하고 있는 단체는?

> 조선 후기의 정치·사회·단체로 개화 지식층이 한국의 자주독립, 내정개혁 위해 참여하였다. 토론회·연설회 등 민중계몽운동을 통해 젊은 사람들을 모았으며, 처음 발족할 당시에는 정부 요인들도 참가하였다. 만민공동회를 개최하여 '헌의 6조'를 고종에게 주청하기도 하였다.

① 신민회
② 일진회
③ 대한협회
④ 독립협회

26 다음 중 3·1 운동 이후의 상황으로 옳지 않은 것은?

① 일본은 우리글 사용금지, 일본식 성명 강요 등 민족 말살 통치를 하였다.
② 일본은 보통 경찰제에서 헌병 경찰제로 전환하였다.
③ 중국, 인도, 동남아시아 및 중동 지역의 민족 운동에 영향을 주었다.
④ 조직적으로 독립운동을 추진하기 위해 대한민국 임시정부를 수립하였다.

27 다음 중 대한민국 임시정부의 성립 및 성격에 대한 설명으로 옳은 것은?

① 우리나라 민간 정부 탄생의 단서를 열어 놓았다.
② 대한민국 정부 요인에 의하여 세워진 망명 정부였다.
③ 한성정부, 대한국민의회 등과 별도로 활동한 정부였다.
④ 1910년 이래의 정부 공백 상태를 벗어나 민족 수난기에 민족사적 정통성을 회복한 것이었다.

28 다음 밑줄 친 '이 섬'에 대한 설명으로 옳은 것은?

> 울릉도 군수 심흥택 씨가 내부(內部)에 보고하되, 일본 관원이 본군에 도착하여 본군 소재 이 섬을 일본 속지(屬地)라 칭하고 토지 면적과 호구(戶口) 수를 적어 갔다고 하더라. 이에 내부에서 지령하기를, 유람하는 길에 타국의 토지와 호구 정보를 적어 가는 것이 이상한 것은 아니지만, 이 섬을 이본의 속지라고 하는 것은 이치에 맞지 않으니 보고한 내용이 매우 놀랍다고 하더라.

① 양헌수 부대가 프랑스군을 격퇴하였다.
② 일본이 러·일 전쟁 중에 불법적으로 편입하였다.
③ 러시아가 저탄소 설치를 위하여 조차를 요구하였다.
④ 네덜란드 상인인 하멜 일행이 표류하여 도착하였다.

29 다음 중 1949년에 실시된 농지개혁법 제정에 대한 설명으로 옳지 않은 것은?

① 의도는 지주의 토지 자본을 산업 자본으로 전환하려는 데 있었다.
② 가구당 3정보를 소유 상한으로 국가가 유상 매입하여 농민에게 유상 분배하는 것을 원칙으로 하였다.
③ 지주들이 받은 지가 증권의 현금화가 쉬워 산업 자본 전환에 도움이 되었다.
④ 지주 중심의 토지 소유를 폐지하는 결과를 낳았다.

30 다음 사건들을 발생한 순서대로 바르게 나열한 것은?

> ㄱ. 제2차 미·소 공동 위원회가 개최되었다.
> ㄴ. 좌우합작위원회가 개최되었다.
> ㄷ. 남한 지역에서만 총선거가 실시되었다.
> ㄹ. 김구가 암살되었다.

① ㄱ-ㄴ-ㄷ-ㄹ ② ㄴ-ㄱ-ㄷ-ㄹ
③ ㄱ-ㄴ-ㄹ-ㄷ ④ ㄷ-ㄹ-ㄱ-ㄴ

CHAPTER 03 일반상식 핵심이론

1. 정치 · 외교

F4 회의
'Finance 4'의 축약어로 거시경제 · 금융현안 간담회로도 불린다. 경제부총리, 한국은행 총재, 금융위원장, 금융감독원장이 매주 한 차례 비공개로 모여 정책현안을 논의하는 회의다.

기후정의(Climate Justice)
지구온난화에 따른 기후변화의 원인과 영향이 초래하는 일들을 인식하고 그것을 줄이기 위한 움직임 또는 사회활동을 일컫는 말이다. 기후변화가 사회 · 경제적으로 열악한 사람이나 국가에 더 많은 영향을 미칠 수 있음을 인정하는 데서 출발한 개념이다. 주로 급격한 기후변화에 적응하는 데 필요한 기금을 마련하거나, 기후변화에 책임을 지닌 선진국들이 이에 대처할 재정이나 기술이 없는 기후변화 취약국(개발도상국)의 피해를 보상하고 지원하는 일을 한다.

인도 · 태평양 전략(Indo-Pacific)
중국의 '일대일로' 계획 발표가 중국의 패권 획득 전략의 일환이라는 분석이 제기되자 일본 아베 신조 총리는 처음으로 '인도 · 태평양 구상'을 발표했다. 미국과 일본이 중국을 포위해 압박하는 전략으로 이해할 수 있다. 일대일로와 같이 동남아에서 동아프리카에 이르는 국가와 각종 경제 이권에 참여하는 것을 목표로 하며, 한국은 어느 한쪽을 선택해야 할 것으로 예상된다.

대륙간탄도미사일(ICBM; Inter-Continental Ballistic Missile)
1957년 러시아는 세계 최초의 ICBM인 R-7을 발사했고, 미국은 1959년부터 배치하기 시작했다. 초기 ICBM은 추진제 문제와 발사 준비 시간 때문에 사실상 사용이 불가능했던 까닭에 이후 로켓으로 개량되어 우주개발에 사용됐다. 훗날 2세대는 추진제 문제를 해결하고, 발사 준비 시간을 단축시키는 데 초점을 맞춰 개발했다. 1990년 대부터 ICBM 개발에 나선 북한은 1998년 대포동 1호를 시작으로 꾸준히 개발을 진행 중이며 2017년 7월에는 '화성 – 14형'을 시험 발사한 후 발사 성공을 대대적으로 발표하기도 했다.

북방한계선(NLL; Northern Limit Line)
해양의 북방한계선은 서해 백령도 · 대청도 · 소청도 · 연평도 · 우도의 5개 섬 북단과 북한 측에서 관할하는 옹진반도 사이의 중간선을 말한다. 1953년 이루어진 정전협정에서 남 · 북한 간의 육상경계선만 설정하고 해양경계선은 설정하지 않았는데, 당시 주한 유엔군 사령관이었던 클라크는 정전협정 직후 북한과의 협의 없이 일방적으로 해양경계선을 설정했다. 북한은 1972년까지는 이 한계선에 이의를 제기하지 않았으나 1973년부터 북한이 서해 5개 섬 주변 수역을 북한 연해라고 주장하며 NLL을 인정하지 않고 침범하여 우리나라 함정과 대치하는 사태가 발생하기도 했다.

키 리졸브(Key Resolve)
'중요한 결의'라는 뜻으로 한반도에 전쟁이 발발했을 때 대규모 미증원군 병력·장비를 신속하고 안전하게 최전방 지역까지 파견·배치하는 절차를 숙달하는 연합전시증원훈련이다. 한미연합사령부가 주관하고 주한 미군사령부, 각 구성군 사령부 요원들이 참여하여 유사시에 미군 증원 전력을 수용·대기하고 전방으로의 이동 및 통합하는 것을 포함하여 전시 상황에 숙달하는 훈련 등을 2주일정으로 컴퓨터 시뮬레이션을 통해 실시한다. 2002년부터 야외 기동훈련인 독수리 훈련과 통합되어 실시되기 시작했고, 2009년부터는 군단급 이상의 대규모 병력과 장비가 동원되면서 실전을 방불케 하는 훈련이 이루어졌다. 2017년에는 북한의 핵·미사일 기지의 선제타격, 김정은을 비롯한 북한 최고지도부에 대한 '참수작전', 사드 체계를 활용한 북한 미사일 요격 훈련 등이 이루어졌다.

마빈스(MAVINS)
미국 경제 매체인 비즈니스 인사이더가 앞으로 10년간 주목해야 할 시장으로 제시한 6개 국가로 멕시코, 호주, 베트남, 인도네시아, 나이지리아, 남아프리카공화국이 해당된다.

스핀닥터(Spin Doctor)
정부 수반이나 고위 관리들의 최측근 대변인 구실을 하는 사람들을 말하며, 정치적 목적을 위해 사건을 조작하거나 정부 수반의 생각을 여론 정책을 통해 구체화시키고 납득시키는 정치 전문가 또는 홍보 전문가이다.

시리아민주군(SDF)
쿠르드·아랍 연합으로, 시리아 내전에서 IS 및 알누스라 전선(JaN)에 대항하여 만들어진 조직이다. 2015년 시리아민주평의회라는 이름의 정당을 설립하였다.

ISDS(Investor State Dispute Settlement)
외국에 투자한 기업이 상대방 국가의 정책 등으로 이익을 침해당했을 때 해당 국가를 상대로 직접 소송을 제기할 수 있는 분쟁 해결 제도이다.

카탈루냐
스페인 동북부에 있는 카탈루냐는 스페인의 주류라고 할 수 있는 카스티야와 문화적 정체성이 다르며, 언어도 스페인어보다는 프랑스의 프로방스어와 가깝다. 때문에 1714년에 에스파냐에 병합된 이후로 독립을 요구하는 주민들이 많았으나, 스페인 정부는 카탈루냐의 분리독립 찬반 주민투표를 불법으로 규정하고 독립파 정치인들을 탄압하고 있다.

한국형 3축 체계
한국형 3축 체계는 우리 군의 독자적인 억제·대응 능력을 확보하기 위해 추진 중인 체계로서 킬 체인(Kill Chain), 한국형 미사일방어체계(KAMD), 대량응징보복(KMPR)을 의미한다.

한・일 군사정보 보호협정(GSOMIA)
한국과 일본 양국 간 군사에 관한 비밀을 공유할 수 있도록 맺은 협정으로 2016년 10월부터 재논의되기 시작하여 국정혼란 속에 졸속 강행한다는 비판을 받았으나, 2016년 11월 23일 양국이 서명하면서 협정은 공식 발효되었다. 협정의 체결로 양국은 북한군과 북한 사회 동향, 핵과 미사일에 관한 정보 등 각종 군사정보를 공유할 수 있게 되었다.

KMPR(Korea Massive Punishment&Retaliation)
대량응징보복. 북한의 핵 공격 징후가 포착되면 북한의 전쟁 지도 본부를 포함한 지휘부를 직접 겨냥해 응징・보복하는 체계로 정밀 타격이 가능한 미사일 등의 타격 전력과 정예화된 전담 특수작전부대 등이 동원된다.

환태평양경제동반자협정(TPP; Trans-Pacific Partnership)
아시아・태평양 지역의 관세 철폐와 경제통합을 목표로 미국이 주도하는 협력체제를 말한다.

유엔해양법협약(United Nations Convention on the Law of the Sea)
1982년 12월 10일 자메이카의 몬테고베이에서 열린 제3차 유엔해양법회의에서 채택된 해양법에 관한 조약을 말한다.

핵확산금지조약(NPT; Nuclear nonProliferation Treaty)
핵보유국으로 인정받지 않은 나라가 핵을 보유하거나, 핵보유국이 비핵보유국에게 핵무기나 핵개발 관련 기술을 이전하는 것을 금지하는 조약이다. NPT에서 핵보유국으로 인정하는 나라는 미국, 영국, 러시아, 프랑스, 중국 5개국이다.

아시아・태평양 경제협력체(APEC; Asia Pacific Economic Cooperation)
아시아・태평양 경제협력체는 역대 지속적인 경제성장과 공동의 번영을 위해 1989년 호주 캔버라에서 12개국 간의 각료회의로 출범했다. 1993년부터 매년 정상회의를 개최하고 있으며, 현재 우리나라를 포함하여 미국, 일본, 중국, 러시아 등 총 21개국이 가입하였다.

바젤협약(Basel Convention)
유해폐기물의 국가 간 이동과 처리 문제의 대책에 대한 협약. 미국 전역을 12개 연방준비구로 나눠 각 지구에 하나씩 연방준비은행을 두고 이것들을 연방준비제도이사회(FRB)가 통합 관리하는 형태를 취한다.

비례성의 원칙
개인의 자유와 권리 영역에 대한 공권력의 침해로부터 개인을 보호하는 원칙, 즉 행정의 목적과 그 목적을 실현하기 위한 수단의 관계에서 그 수단은 목적을 실현하는 데에 적합해야 하며 최소 침해를 가져오는 것이어야 할 뿐만 아니라, 그 수단의 도입으로 인해 생겨나는 침해가 의도하는 이익・효과를 능가하여서는 안 된다는 원칙을 말한다.

칼렉시트(Calexit)
캘리포니아(California)와 Exit의 합성어로 미연방의 캘리포니아주에서 일어나고 있는 캘리포니아주 독립운동을 말한다.

아파르트헤이트(Apartheid)
남아프리카공화국에서 시행되었던 인종차별정책으로 국제적으로 비난 여론이 일자 동법을 전면 폐지하였으며, 1994년 넬슨 만델라 정권이 출범하면서 백인에 의한 지배는 종언을 고하게 되었다.

게티즈버그 연설(Gettysburg Address)
미국 링컨 대통령이 남북전쟁 중이던 1863년 11월 19일, 미국 펜실베이니아 주 게티즈버그에서 했던 연설로 "국민의, 국민에 의한, 국민을 위한 정치를 지상에서 소멸하지 않도록 하는 것"이야말로 우리의 목적이라고 하였다. 이 연설문은 미국 역사상 가장 많이 인용된 연설 중 하나이자 가장 위대한 연설로 손꼽힌다.

고노 담화
1993년 일본의 고노 료헤이 당시 관방장관이 발표한 담화로, 일본군 위안부 모집에 대해 일본군이 강제 연행했다는 것을 인정하는 내용이다.

네오나치즘(Neo-nazism)
제2차 세계대전 후 서독에서 일어난 우익운동 및 사상으로, 독일 민족의 우위와 반공, 반미, 반유대주의를 내용으로 한다.

네오콘(Neocons)
네오 콘서버티브(Neo-conservatives)의 줄임말로 미국 공화당의 신보수주의자들 또는 그러한 세력을 말한다. 다른 나라 일에 크게 신경을 쓰지 않고 고립을 즐기던 전통적 보수주의자들과는 달리 적극적으로 국제문제에 개입해 새로운 국제질서를 확립해야 한다고 주장한다.

네포티즘(Nepotism)
친족 중용(重用)주의 또는 족벌정치를 이르는 말로, 정치 권력자가 자신의 가족이나 친족들에게 정치적 특혜를 베푸는 것을 말한다. 권력 부패의 온상이자 정실인사의 대명사로 인식되고 있다.

독트린(Doctrine)
국제사회에서 공식적으로 표방하는 정책상의 원칙으로 강대국 외교 노선의 기본 지침으로 대내외에 천명될 경우에도 사용된다.

배타적 경제수역(EEZ; Exclusive Economic Zone)
자국 연안으로부터 200해리까지의 모든 자원에 대해 독점적 권리를 행사할 수 있는 수역으로, 영해와 달리 영유권은 인정되지 않는다.

브릭스(BRICS)

브라질(Brazil), 러시아(Russia), 인도(India), 중국(China), 남아공(South Africa) 5국의 영문 머리글자를 딴 것이다. 1990년대 말부터 빠른 성장을 보인 신흥경제국을 가리키며, 2030년 무렵이면 이들이 세계 최대의 경제권으로 도약할 것으로 보고 있다.

아그레망(Agrement)

한 나라에서 특정인물을 외교사절로 임명하기 전에 외교사절을 받아들이는 상대국의 의향을 확인하는데, 상대국이 이의가 없다고 회답하는 것을 '아그레망을 부여한다.'고 하며, 아그레망을 받은 사람을 페르소나 그라타(Persona Grata), 아그레망을 받지 못한 사람을 페르소나 논그라타(Persona non-grata)라고 한다.

양해각서(MOU; Memorandum of Understanding)

국가 간 정식계약의 체결에 앞서 이루어지는 문서로 된 합의이다. 당사국 사이의 외교교섭 결과에 따라 서로 양해된 사항을 확인·기록하거나, 본 조약·협정의 후속 조치를 목적으로 작성한다. 공식적으로는 법적 구속력을 갖지는 않지만, 조약과 같은 효력을 갖는다.

이어도(離於島) 분쟁

이어도는 제주의 마라도에서 서남쪽으로 149km, 중국 동부 장쑤성 앞바다 가장 동쪽의 퉁다오로부터 247km 떨어져 있는 수중암초로서 한국과 중국이 주장하는 배타적 경제수역(EEZ)이 중첩되는 곳이다. 양국은 1996년부터 해상경계 획정 협상을 벌이고 있지만 경계선을 정하지 못해 이어도를 둘러싼 한·중 갈등이 계속되었다. 그러다가 중국이 한국 관할 지역인 이어도를 포함한 동중국해 상공에 방공식별구역을 선포하자, 한국 정부도 15일 만에 제주도 남단의 이어도까지 확대한 새로운 한국방공식별구역(KADIZ)을 선포했다.

조어도(센카쿠, 댜오위다오) 분쟁

조어도는 일본 오키나와에서 약 300km, 대만에서 약 200km 떨어진 동중국해상 8개 무인도이다. 현재 일본이 실효 지배하고 있으나 중국과 대만도 영유권을 주장하고 있다.

치킨게임(Chicken Game)

어느 한쪽이 양보하지 않을 경우 양쪽 모두 파국으로 치닫게 되는 극단적인 상황을 가리키는 게임이론이다. 1950년대 ~ 1970년대 미국과 소련 사이의 극심한 군비경쟁을 꼬집는 용어로 사용되면서 국제정치학 용어로 정착되었다.

2. 법률 · 사회 · 노동

스폿워크(Spot Work)
자신이 원하는 시간에 맞춰 단시간 일하는 방식으로 일본 고용시장에서 급증하고 있는 근로형태다. 단기 또는 프로젝트성 계약이라는 측면에서 '긱 워크(Gig Work)'와 유사하지만, 업무위탁 방식인 긱 워크와 달리 기업과 고용계약을 맺는 형태로 이뤄진다는 점이 특징이다.

워라밸(Work and Life Balance)
'일과 삶의 균형'을 의미한다. 오늘날 워라밸은 취준생들이 직장을 선택하는 데 중요한 기준이 되는 가치이자 기업 문화이다. 기업들 역시 인재를 유치하고 일의 효율을 높이기 위해 직원들의 워라밸을 보장하려는 노력을 하고 있다. '저녁이 있는삶, 가족의 날' 등이 기업이나 공공기관에서 실시하고 있는 대표적인 워라밸 제도인데, 성실함을 최고의 미덕으로 누구보다 많이 일하는 것을 추구했던 과거와 달리 자아실현 또는 삶의 질 향상을 중요시하는 현 사회의 모습을 반영한다.

펜스 룰(Pence Rule)
남성이 성적 논란의 예방을 위해 여성과 둘이 남는 것을 피하는 개인적 규칙을 뜻한다. 미국의 부통령인 마이크 펜스가 2002년 미국 의회 전문지 『더 힐』과의 인터뷰에서 자신의 행동 규칙에 대해 발언한 데서 유래한 용어이다. 당시 그는 "아내 외의 여자와는 절대로 단둘이 식사하지 않는다."고 했는데, 이는 오해의 소지가 될 만한 행동을 아예 하지 않음으로써 각종 문제를 사전 차단한다는 의미이다. 각계각층에서 성폭력을 고발하는 미투 캠페인이 확산되면서 펜스 룰이 부각되기 시작했는데, 미투 캠페인으로 남성들의 언행과 처신들이 비난받자 남성들 중심으로 펜스 룰이 확대된 것이다. 한편 펜스 룰의 확대는 사회에서 여성 소외로 이어질 수 있다는 우려도 제기되었다.

노동3권(勞動三權)
근로자는 근로조건의 향상을 위하여 자주적인 단결권 · 단체교섭권 및 단체행동권을 가진다(헌법 제33조 제1항).

코브라효과(Cobra Effect)
과거 영국이 인도를 식민지배할 때 인도의 코브라를 없애기 위해 추진한 정책에서 유래하였다. 당시 인도에는 코브라가 사람을 해치는 일이 빈번했다고 한다. 이를 해결하기 위해 영국 정부는 코브라를 잡아오면 포상금을 지급하겠다고 발표했는데, 처음에는 코브라가 줄어드는 것 같았지만 시간이 지날수록 코브라는 오히려 증가했다. 포상금을 받기 위해 코브라를 키우는 사람이 생겨났던 것이다. 사실이 밝혀져 정책은 폐기되었지만, 코브라를 키우던 사람들이 이제는 쓸모없어진 코브라를 버리면서 코브라의 수는 더 증가하여 상황은 더 악화되었다고 한다.

칵테일파티효과(Cocktail Party Effect)
칵테일파티에서처럼 여러 사람들이 모여 한꺼번에 이야기하고 있어도 관심 있는 이야기를 골라 들을 수 있는 능력 또는 현상이다. 즉, 다수의 음원이 공간적으로 산재하고 있을 때 그 안에 특정 음원 또는 특정인의 음성에 주목하게 되면 여러 음원으로부터 분리되어 특정 음만 들리게 된다.

유니온숍(Union Shop)
사용자는 노동조합원이든 아니든 관계없이 누구나 채용할 수 있지만, 일단 채용된 사람이 일정 기간 안에 조합에 가입하지 않거나 또 조합원 자격을 상실(제명 혹은 탈퇴 등에 의하여도)하면 해고되는 협정을 말한다.

런치메이트 증후군(Lunch-mate Syndrome)
학교나 직장 등에서 함께 점심식사를 할 상대가 없어서 혼자서 식사를 하는 것에 대해 두려움과 공포를 느끼는 현상을 말한다.

외로운 늑대
자생적 테러리스트를 이르는 말로, 테러의 시점이나 방식에 대한 정보 수집이 어려워 조직에 의한 테러보다 더 큰 위협으로 부상하고 있다. 이들은 테러 단체와 직접 접촉 없이 테러를 계획하고 실행한다.

오버부킹(Overbooking)
항공권 초과 판매를 일컫는 용어이다. 우리나라는 국토교통부에 의해 항공사 약관이 바뀌어 2017년 6월부터 오버부킹으로 좌석이 부족할 때는 안전운항에 필수적이지 않은 항공사 직원부터 내려야 한다.

라운징족
혼자 편하게 휴식을 취하면서 위안을 얻는 부류로 바쁜 일상에서 벗어나 실내 공간에서 빈둥거리거나 가벼운 취미 활동을 하면서 휴식을 취하는 사람을 말한다. 개인의 행복을 가장 중요시하며, 극장이나 카페, 공원 등지에서 혼자 휴식하거나 활동하는 것을 즐긴다.

미니멀 라이프(Minimal Life)
최소한의 일이나 물건만 갖추는 생활양식이다. 최소한의 요소만을 사용하여 대상의 본질을 표현하는 예술 및 문화 사조였던 최소주의가 하나의 트렌드가 되고 일상생활에도 영향을 미치면서 생겨났다. 2010년대 초 유럽 등의 선진국에서 유행하기 시작했으며 물건, 습관, 노력, 인간관계 등 모든 것을 축소시키고자 한다.

해비타트(Habitat)
'주거환경, 거주지, 보금자리'라는 뜻으로, 주거 구호를 목적으로 하는 자선단체로서, 국제적·비영리적 비정부 기구이다.

시한부 기소중지
소재불명(국외 도피 등) 이외에 다른 기소중지 사유가 있을 때 검사가 그 사유가 해소될 때까지 수사를 중지하는 처분을 말한다.

상용근로자
상시 고용되어 있는 근로자를 의미한다. 노동통계조사에서는 3개월을 통산하여 45일 이상 고용된 자까지 사용근로자에 포함하고 있다.

다중이용업소
휴게음식점, 단란주점영업, 비디오물소극장업, 복합영상물제공업 등 불특정 다수인이 이용하는 영업장 중에서 화재 등 재난 발생 시 생명·신체·재산상의 피해가 발생할 우려가 높은 곳을 말한다.

제연설비
연기와 불길을 즉시 차단할 수 있도록 하는 자동방화문, 연기감지기, 송풍기, 방화문 안쪽으로 대피했을 때 안전하게 대피 가능한 비상구 및 유입된 연기가 즉시 빠질 수 있도록 외부공기 유입구와 연기배출구 등의 구조설비 일체를 말한다.

공모공동정범
2인 이상이 공동으로 범죄를 계획하고 그 가운데 일부에게 범죄를 저지르게 했을 경우의 공범을 뜻하며, 범죄의 실행을 담당하지 않은 공모자에게도 공동정범이 성립한다.

국가 책임
국내법상으로 국가가 국민에 대하여 일정 범위 내에서 책임을 지는 것을 뜻한다. 국가배상법에 따라 국가의 권력적 작용뿐만 아니라 비권력적 공행정 작용에 대해서도 일정한 범위 내에서 국가가 배상책임을 진다.

국민법제관
현장의 의견과 실무 지식을 입법, 법령과 제도의 개선 등 법제처 주요 업무에 반영함으로써 국민이 공감하는 법제를 구현하기 위해 2011년에 도입된 제도이다. 임기는 2년이며 2019년 4월 99명을 새로 또는 다시 위촉했다.

공직선거법
선거에 있어서 부정 및 부패의 소지를 근원적으로 제거하고, 국민의 자유롭고 민주적인 의사표현과 선거의 공정성을 보장하기 위한 각종 선거법을 통합한 법률을 말한다.

징벌적 손해배상
가해자가 불법행위로 이익을 얻은 경우 피해자의 실제 손해액보다 큰 금액을 손해 배상액이나 과징금으로 부과하는 방식을 말한다.

맞춤형 급여
맞춤형 급여는 급여 소득 기준을 '최저생계비'라는 절대적인 기준이 아니라, 상대 기준인 '중위 소득'의 일정 값으로 잡고 생계급여, 주거급여, 의료급여, 교육급여별로 수급 기준을 다르게 선정하는 제도이다.

청렴계약제
행정기관의 건설공사·기술 용역 발주, 물품 구매의 입찰, 계약 체결·이행 등의 과정에서 뇌물을 제공하거나 받으면 제재를 받을 것을 서로 약속하고 이행하는 제도이다.

영조물책임

영조물의 하자에 대한 배상책임으로, 배상책임에는 첫째로 도로 및 하천 기타 공공의 영조물일 것과 둘째로 설치 및 관리에 하자가 있을 것을 요하며, 타인에게 손해가 발생하게 하였을 것이 요구된다.

바나나(Build Absolutely Nothing Anywhere Near Anybody) 현상

환경오염 등을 유발하는 시설이 자기가 사는 지역 내에 설치되는 것을 거부하는 이기주의 현상으로 님비 현상과 유사한 개념이다.

I턴(I-turn) 현상

원래 고향이 도시인 사람들, 특히 젊은 층이 출신지와 무관한 시골에 정착하는 것으로 1980년대 도쿄 북서쪽에 있는 나가노 현에서 샐러리맨들에게 지역 이주를 권유하였는데, 도시에서 시골로 이동하는 동선이 직선 I자와 같아 이러한 이름이 붙었다.

그레이보트(Grey Vote)

노년층이 선거를 좌우하게 되는 경향으로, 전 세계적으로 노령화 추세가 지속됨에 따라 청년층에 비해 노년층의 투표참여율이 높아져 자연스럽게 노년층의 이해관계가 선거결과에 반영되는 것을 말한다.

젠트리피케이션(Gentrification)

낙후된 구도심 지역이 활성화되어 중산층 이상의 계층이 유입됨으로써 기존의 저소득층 원주민을 대체하는 현상으로 영국의 지주 및 신사계급을 뜻하는 젠트리(Gentry)에서 파생되었으며, 1964년 영국의 사회학자 루스 글래스(Ruth Glass)가 처음 사용하였다.

기본소득제도

모든 개인에게 조건 없이 지급하는 기본소득으로 가구 단위가 아니라 개인 단위로 지급되며, 노동 요구나 노동 의사와 무관하게 자산이나 다른 소득의 심사 없이 보장하는 것이다. 최근 핀란드가 기본소득제도를 실험적으로 실시하면서 뜨거운 관심사로 떠올랐으며 우리나라에서도 일부 학자들이 이에 대한 연구를 진행하고 있다.

코쿠닝 현상(Cocooning Syndrome)

가정을 중시하는 최근의 경향으로 청소년 범죄, 이혼의 급증 등 전통적 가치체계가 상실된 현대에 가족의 소중함을 되찾고 이를 결속력으로 해소하려는 현상을 가리키며 독일의 사회심리학자 팝콘(S. Popcon)이 이름 붙였다.

가면 증후군(Masked Depression)

가면을 쓰고 있는 것처럼 겉으로 별로 드러나지 않는 우울증을 말한다. 표면적으로는 우울 증상이 나타나지 않는 것으로 타인의 높은 기대 속에서 실패의 두려움을 갖고 있는 사람들이 최악의 상황이 발생할 때의 충격을 사전에 완화하려는 방어기제에서 비롯된다.

제노비스 신드롬(Genovese Syndrome)
범죄 현장을 지켜보고도 쉬쉬하며 덮어버리는 현상으로 '방관자 효과'라고도 하며, 미국 뉴욕에서 발생한 '키티 제노비스 살해사건'에서 유래되었다.

서번트 증후군(Savant Syndrome)
뇌기능 장애를 가진 사람들이 특정 분야에서 천재적인 능력을 가지는 현상으로, 정상적인 교육을 받지 않았음에도 특정한 분야에서 전문가 이상의 실력을 발휘하는 경우를 말한다. 특히 음악이나 색채감각을 포함한 예술 쪽의 능력으로 많이 나타난다.

사일로 효과(Silos Effect)
다른 부서와 교류하지 않고 자기 부서 내부의 이익만을 추구하는 조직 간 이기주의 현상으로, 어떠한 조직 내의 각 부서들이 다른 부서와 벽을 쌓고, 자신이 속한 부서의 이익만을 추구하는 부서이기주의와 같은 현상을 말한다.

메디치 효과(Medici Effect)
전혀 다른 역량의 융합으로 생겨나는 창조와 혁신의 빅뱅 현상으로, 서로 다른 이질적인 분야들이 결합할 때 각 요소가 지니는 에너지의 합보다 더 큰 에너지를 분출하여 창조적이고 혁신적 시너지를 창출하는 효과를 말한다.

링겔만 효과(Ringelmann Effect)
집단에 참여하는 개인이 늘어날수록 성과에 대한 1명의 공헌도가 오히려 떨어지는 현상을 말한다.

기본 6법
헌법·민법·형법·상법·민사소송법·형사소송법이 기본 6법이다.

헌법 개정절차
제안(「헌법」 제128조) → 공고 → 국회의결(「헌법」 제130조 제1항) → 국민투표(「헌법」 제130조 제2항) → 공포(「헌법」 제130조 제3항) → 시행(「헌법」 부칙 제1조)

헌법소원(憲法訴願)
기본권을 침해받은 국민이 직접 헌법재판소에 구제를 제기하는 기본권 구제 수단으로, 권리구제형 헌법소원과 위헌심사형 헌법소원으로 나뉜다. 헌법소원의 청구기간은 그 사건이 발생한 날로부터 1년 이내, 그리고 기본권 침해 사유를 안 날로부터 90일 이내이다.

헌법재판소의 권한
탄핵심판권·위헌법률심판권·정당해산심판권·기관쟁의심판권·헌법소원심판권 등이 있다.

신의성실의 원칙

모든 사람은 사회공동생활을 영위함에 있어서 상대방의 신뢰를 헛되이 하지 아니하도록 신의와 성실로서 행동하여야 한다는 원칙을 말한다.

고령화 사회(高齡化社會, Aging Society)

전체 인구 중에서 65세 이상의 인구가 7% 이상을 차지하는 사회이다. 우리나라는 2000년에 고령 인구가 전체 인구의 7%인 '고령화 사회'에 진입하였다.

노모포비아(Nomophobia)

'No', 'Mobile(휴대폰)', 'Phobia(공포)'를 합성한 신조어로 휴대폰이 가까이에 없으면 불안감을 느끼는 증상을 말한다. CNN은 노모포비아의 대표적인 증상이 권태, 외로움, 불안함이며 하루 세 시간 이상 휴대폰을 사용하는 사람들은 노모포비아에 걸릴 가능성이 높고, 스마트폰 때문에 인터넷 접속이 늘어나면서 노모포비아가 늘어나고 있다고 보도했다.

노블레스 오블리주(Noblesse Oblige)

사회지도층의 책임 있는 행동을 강조하는 프랑스어로, 초기 로마시대에 투철한 도덕의식을 갖추고 솔선수범하던 왕과 귀족들의 행동에서 비롯되었다. 자신들의 지위를 지키기 위한 수단으로 볼 수도 있지만, 도덕적 책임과 의무를 다하려는 사회지도층의 노력으로서 결과적으로 국민들을 결집시키는 긍정적인 효과를 기대할 수 있다.

디지털 디바이드(Digital Divide)

디지털기기를 사용하는 사람과 사용하지 못하는 사람 사이에 정보 격차와 갈등이 발생하는 것을 의미한다. 전문가들은 디지털 디바이드를 극복하지 못하면 사회 안정에 해가 될 수 있다고 지적한다.

베드타운(Bed Town)

대도시 주변에 형성된 주거 밀집지역으로, 주거 기능이 중심인 도시로 주거의 기능만을 담당하기 때문에 야간에는 인구가 많지만 주간 인구는 적은 것이 특징이다. 우리나라에서는 위례, 판교와 같은 위성도시들을 말한다.

스프롤현상(Sprawl Phenomena)

도시의 급격한 팽창에 따라 대도시의 교외가 무질서·무계획적으로 발전하는 현상으로, 우리나라에서는 1970년대부터 스프롤현상이 문제되기 시작했다.

소시오패스(Sociopath)

사회를 뜻하는 '소시오(Socio)'와 병리 상태를 의미하는 '패시(Pathy)'의 합성어로 법규 무시, 인권침해 행위 등을 반복해 저지르는 정신질환이다. 범죄를 저지르는 행태 등에서 사이코패스와 혼동되기도 하지만, 감정조절을 못하고 충동적으로 범죄를 저지르는 사이코패스와 달리, 소시오패스는 자신의 감정을 조절하고 타인의 감정을 이용한다.

파랑새증후군(Bluebird Syndrome)
자신이 처해있는 환경에 만족하지 못하고 높은 이상만 꿈꾸며 살아가는 병적인 증세로, 빠르게 변해가는 현대사회에 적응하지 못하는 현대인들에게 나타나고 있다.

헤일로 효과(Halo Effect)
특정 인물을 평가할 때 능력 자체보다 그 사람에 대한 인상이나 고정관념 등이 평가에 중요한 영향을 미치는 현상으로 후광효과라고도 한다.

갤러리(Gallery)족
골프 구경꾼처럼 주인의식 없이 회사의 상황에 따라 적절히 처신하다가, 더 나은 직장이 생기면 미련 없이 다른 직장으로 떠나는 직장인들을 가리킨다.

넷셔널리즘(Netionalism)
인터넷상에서 상대국가를 비하하거나 자국 우월주의를 드러내는 집단적 움직임으로 인터넷의 'Net'과 민족주의를 뜻하는 'Nationalism'의 합성어이다.

네카시즘(Netcarthyism)
다수의 누리꾼들이 인터넷, SNS 공간에서 특정 개인을 공격하며 사회의 공공의 적으로 삼고 매장해 버리는 현상이다. 누리꾼들의 집단행동이 사법제도의 구멍을 보완할 수 있는 요소라는 공감대에서 출발했으나, 누리꾼들의 응징 대상이 대부분 힘없는 시민이라는 점에서 문제가 되고 있으며, 인터넷 문화는 사실 확인이 어렵다는 점에서 잘못된 정보가 기반이 되어 피해를 보는 사람이 생길 수 있다.

모라토리엄 인간(Moratorium Man)
사회적 책임감을 져야 할 성인이 되는 것에 거부감을 느끼며 이를 유예하는 사람으로, 어려서부터 성인이 될 때까지 문제가 생기면 부모가 나서서 해결해 줬기 때문에 직장 선택이나 결혼은 물론 자신의 자녀를 키우는 일까지 부모에게 기대게 된다.

유리천장(Glass Ceiling)
충분한 능력이 있는 여성에게 승진의 최상한선을 두거나 승진 자체를 막는 상황을 비유적으로 표현한 용어이다.

타임오프(Time-Off)제도
노조 전임자가 실제로 회사 일을 하지 않으면서도 회사로부터 임금을 받고 노조 활동을 할 수 있는 근로시간 면제제도로, 타임오프제에 따라 전임자 수가 정해지며 타임오프 상한선을 어기면 사용주가 처벌을 받는다.

노동귀족(Labor Aristocrat)
노동자 계급 중에서 권력 또는 자본가에게 매수되어 상대적으로 높은 임금과 특권적 지위를 누리는 사람들을 말한다. 노조와 사측 간의 원활한 의사소통을 담당해야 할 노조 간부들이 각종 특권을 누리며 노동자들을 지배함을 의미한다.

퍼플칼라(Purple Collar)

근무시간과 장소가 자유로워 일과 가정을 함께 돌보면서 일할 수 있는 노동자를 말하며, 적은 시간 동안 일하면 보수가 적지만 정규직으로서의 직업안정성과 경력을 보장받는다는 점에서 파트 타임, 비정규직과는 다르다.

잡 셰어링(Job Sharing)

1인당 근무시간을 단축하여 여러 사람이 그 일을 처리하도록 함으로써 고용을 창출하는 정책이다. 잡 셰어링을 실현하는 방식은 초과근무를 축소하는 방법, 무급휴가의 확대, 주4일 근무제 등이 있으며 이를 시행한 기업에는 정부가 세제지원 혜택을 준다.

ILO(International Labour Organization)

노동조건의 개선과 노동자들의 기본적인 생활을 보장하기 위한 국제노동기구로, 국제적으로 노동자들을 보호하기 위해 설립되어 1946년 최초의 유엔전문기구로 인정받았다. 국제노동입법 제정을 통해 고용·노동조건·기술원조 등 노동자를 위한 다양한 활동을 하고 있다.

니트(NEET)족

'Not in Education, Employment or Training'의 준말로, 취업연령의 인구 중에 취업의욕이 전혀 없거나, 의욕은 있지만 일자리를 구하지 못하는 청년들을 말한다. 경제상황이 악화되고 고용환경은 더욱 나빠져 어쩔 수 없이 취업을 포기하는 청년 실업자들이 늘어나고 있는 상황으로, 이는 경제·사회적으로 심각한 문제가 될 수 있다.

로제타 플랜(Rosetta Plan)

1990년대 후반 벨기에에서 실시해 큰 성공을 거둔 청년 실업 대책 중 하나로, 종업원 50명 이상의 기업에서는 전체 인원의 3%에 한해 청년 구직자들에게 의무적으로 일자리를 마련해줘야 한다는 내용이 핵심이다. 벨기에에서는 제도 시행 첫 해에 약 5만 개의 일자리가 증가할 정도로 큰 성공을 거뒀다.

번아웃 증후군(Burnout Syndrome)

한 가지 일에 몰두하던 사람이 극도의 신체·정서적 피로로 인해 무기력증이나 자기혐오·직무거부 등에 빠지는 것으로, 생각대로 일이 실현되지 않거나 육체적·정신적 피로가 쌓였을 때 나타난다.

플렉스타임제(Flexible Working Hours System)

획일적·강제적인 근로시간에서 벗어나 직원들 각자가 원하는 근무시간에 일할 수 있도록 하는 제도이다.

3. 과학 · 컴퓨터 · IT · 환경

AI 소라

챗GPT를 개발한 미국 오픈AI가 2024년 2월 15일 공개한 영상제작 AI시스템이다. 기존의 이미지를 활용하거나 텍스트로 간단히 명령어를 입력하면 최대 1분 길이의 고화질 영상을 제작해 주고, 기존의 동영상을 확장하거나 누락된 프레임을 채울 수도 있다. '소라(Sora)'는 일본어로 '하늘'이라는 뜻으로 오픈AI는 해당 명칭이 '무한한 잠재력을 의미한다.'고 밝혔다. 다만 샘 알트만 오픈AI 최고경영자는 초반에는 엑스를 통해 '제한된 수의 창작자만 사용할 수 있도록 허용된다.'고 밝혔으며, 오픈AI는 해당 시스템을 자사 제품에 통합하기 전에 전문팀에 안전성 여부를 평가할 계획인 것으로 알려졌다.

AI 얼라이언스(AI Alliance)

인공지능(AI) 분야의 개방성 향상과 업계 간 협력 촉진을 위해 출범한 국제단체이다. 누구나 AI기술을 활용할 수 있는 개방형 AI 생태계를 구축하고 보안을 강화하여 신뢰할 수 있는 AI기술을 만드는 것을 목표로 하며, 메타, 인텔, IBM 등 기업 및 산업계와 예일대, 코넬대 등 학계 및 연구기관, 미국 항공우주국(NASA)을 비롯한 정부기관 등 100여 개의 기업·기관이 협력하고 있다.

AI 동맹

메타와 IBM을 비롯해 50개 이상 인공지능(AI) 관련 기업과 기관이 결성한 연합체이다. 2023년 12월 5일 출범하였으며, 오픈소스 AI모델에 대한 협업, AI연구를 위한 자본 기여 등을 목표로 한다. 이들은 AI의 미래가 근복적으로 개방형 과학적 아이디어 교환과 개방형 혁신을 기반으로 구축될 것이라는 점을 분명히 하고 있으며, 이는 곧 AI의 선두주자로 꼽히는 챗GPT 개발사 오픈AI와 구글에 공동 대응하기 위한 전략으로 분석되고 있다.

NFT(Non-Fungible Token)

블록체인의 토큰을 다른 토큰으로 대체하는 것이 불가능한 암호화폐이다. 블록체인 기술로 저장된 일종의 '디지털 등기권리증'으로, 블록체인 기술을 기반으로 위조·복제가 불가능한 암호를 증명서처럼 붙여 저작물을 NFT로 만드는 과정을 민팅(Minting)이라고 부른다. NFT의 특징으로는 위조, 복제가 불가능하다는 점이 있는데 각각의 NFT마다 고유한 인식 값이 부여되어 있으며 최초의 발행자와 소유권 이전 등 모든 거래내역이 투명하게 공개되고, 블록체인으로 발행되기 때문에 원천적으로 위조 또는 복제가 불가능하다. 이처럼 디지털 자산에 복제가 불가능한 정보 값을 저장해 고유한 가치를 부여한 것이 바로 NFT이다. 또한 대체·교환도 불가능하다는 특징도 있다. 비트코인 등 기존의 암호화폐는 각기 동일한 가치를 지니기 때문에 일대일 교환이 가능한 반면에, 각각의 NFT는 저마다 고유한 인식값을 부여받음으로써 서로 대체할 수 없는 가치와 특성이 있기 때문에 상호 교환할 수 없다.

케미포비아(Chemifobia)
화학(Chemical)과 혐오(Fobia)을 더해 만든 단어로, 화학 물질에 대한 공포에 빠진 소비자 또는 화학제품 공포증을 말한다. 가습기 살균제부터 살충제 달걀과 유해물질 생리대, 비스페놀 영수증 사건까지 줄줄이 터지면서 소비자들은 일상에서 자주 쓰는 생필품이나 식품의 안전성을 신뢰할 수 없게 됐다. 현재 밝혀진 것뿐만 아니라 다른 제품들에도 문제가 있을 가능성이 충분하기 때문에 케미포비아는 급속히 확산되고 있다.

망고(MANGO)
2022년 3월 뱅크오브아메리카(BoA)가 발표한 반도체 유망 기업들을 일컫는 말이다. ▲ 마벨 테크놀로지(MRVL) ▲ 브로드컴(AVGO) ▲ 어드밴스트 마이크로 디바이스(AMD) ▲ 아날로그 디바이스(ADI) ▲ 엔비디아(NVDA) ▲ 글로벌파운드리(GFS) ▲ 온 세미컨덕터(ON)의 앞 글자를 딴것이다. BoA는 최근 전 세계적인 인플레이션 현상과 공급망 병목 등으로 투자심리가 위축되고 있으나 높은 전략적 가치를 가진 반도체 기업들에 투자를 권고했으며, 특히 망고기업들은 반도체사업의 수익성 혹은 성장가능성이 높거나 타 산업의 성장과 연계돼 수요가 계속 증가할 것으로 전망된다고 평가했다.

구조적 질의 언어(SQL; Structured Query Language)
관계 데이터베이스를 위한 표준 질의어로 많이 사용되는 언어. SQL은 사용자가 처리를 원하는 데이터가 무엇인지만 제시하고 데이터를 어떻게 처리해야 하는지를 언급할 필요가 없어 비절차적 데이터 언어의 특징을 띤다고 할 수 있다. SQL은 관계형 데이터베이스 관리 시스템에서의 자료 검색과 관리, 데이터베이스 관리 시스템에서 데이터 구조와 표현 기술을 수용하는 데이터베이스 스키마 파일의 생성과 수정, 데이터베이스 객체의 접근 조정 관리를 위해 고안되었다. 대다수의 데이터베이스 관련 프로그램들이 이 언어를 표준으로 채택하고 있다.

하이퍼루프(Hyperloop)
진공에 가까운 튜브 안에서 차량을 살짝 띄운 상태로 이동시켜 공기 저항과 마찰을 줄이는 방식으로 작동되는 열차이다. 우리나라에서는 한국철도기술연구원이 진공압축 기술과 자기부상 기술을 융합하여 2016년에 한국형 하이퍼루프를 개발했고, 시속 700km 시험 작동에 성공하기도 했다. 하이퍼루프를 개발 중인 민간기업 HHT의 최고경영자 더크 알본은 CNBC에 출연해 앞으로 3~4년 뒤 아시아 국가에서 하이퍼루프가 운행될 것이라고 말했다. 또 서울-부산 노선에 채택하기를 원하는 한국과는 라이선스 협약을 맺은 상태라고 덧붙여 하이퍼루프의 현실화 가능성이 주목되고 있다.

유전자 재조합 식품(GMO; Genetically Modified Organism)
제초제와 병충해에 대한 내성과 저항력을 갖게 하거나 영양적인 가치와 보존성을 높이기 위해 해당 작물에 다른 동식물이나 미생물과 같은 외래 유전자를 주입하는 등 식물 유전자를 변형하여 생산한 농작물을 일컫는다. 1994년 무르지 않는 토마토를 시작으로 유전자 재조합이 시작되었고, 몬샌토사에 의해 본격적으로 상품화되었다. 우리나라는 현재 세계 2위의 GMO수입국인데, GMO의 안전성이 검증되지 않아 그 표시 문제가 논란이 되고 있다.

5G(5th Generation Mobile Communications)
28GHz의 초고대역 주파수를 사용하는 이동통신기술로, 현재의 이동통신 속도보다 70배가 빠르고 일반 LTE와 비교했을 때는 280배 빠른 수준이다. 2019년 4월 3일 오후 11시 우리나라에서 세계 최초로 시작되었으며, 2023년 7월 기준 가입자가 3,110만 명을 돌파하였다.

네이처 저널
영국의 순수과학 저널로서, 전 세계의 과학저널 가운데 영향력이 큰 저널 중 하나이다. 물리학·의학·생물학 등 과학 전반을 다루며 미국의 전문 과학 저널인 사이언스와 함께 과학계의 대표적인 저널로 꼽힌다.

팝콘 브레인(Popcorn Brain)
첨단 디지털기기의 즉각적 자극에만 반응하고, 현실의 생활이나 인간관계 등에는 둔감한 반응을 보이도록 변형된 뇌구조를 말한다. 컴퓨터와 스마트폰 등 전자기기를 지나치게 사용하거나 여러 기기로 멀티태스킹을 반복할 때 심해진다.

랜섬웨어(Ransomware)
악성코드(Malware)의 일종으로, 이에 감염된 컴퓨터에 시스템에 대한 접근을 제한시키고 이를 해제하기 위해서 대가로 금전을 요구하는 악성 프로그램을 말한다.

UHD(Ultra-HD)
Full-HD 화면보다 4배 높은 해상도를 통해 보다 선명한 화질로 동영상, 사진을 감상할 수 있다.

롤러블 디스플레이(Rollable Display)
두루마리처럼 둘둘 말 수 있는 디스플레이로, 2024년 정도에는 상용 모바일 제품에 적용될 것으로 전망하고 있다.

유전자가위
유전자의 특정 부위를 절단해 유전체 교정을 가능하게 하는 인공 제한 효소로 유전자가위를 이용해 질병과 관련된 유전자의 기능을 없애는 질병 치료에도 응용할 수 있다.

OTT(Over the Top)
단말기를 통해 인터넷으로 제공하는 콘텐츠를 말한다.

스마트 원자로
한국원자력연구원이 개발한 소형 일체형 원자로로 주요 기기들을 하나의 압력 용기에 구성하였다. 규모 7.0의 지진을 견딜 수 있으며, 2015년 사우디아라비아와 스마트 원자로의 공통 상용화를 위한 양해각서(MOU)를 체결하였고, 세계 최초로 중소형 원자로를 수출한 사례로 평가된다.

하이퍼 로컬(Hyper-Local)
지역 구성원 간의 직접 소통을 의미하며, 언론에서는 지역에 속한 개인이 지역의 뉴스를 직접 전파하는 시스템을 뜻한다.

인포테인먼트(Infotainment)
정보(Information)와 오락(Entertainment)의 합성어로 내비게이션(Navigation) 시스템 등이 고객을 위한 주요 명소, 맛집, 동영상, 맞춤형 광고 등 다양한 콘텐츠가 제공하는 등 고객 부가 서비스가 확충되어 있는 것을 말한다.

직접 메탄올형 연료전지(DMFC)
메탄올과 산소의 전기화학반응으로 전기를 만드는 에너지 변환 시스템이다. 액상 연료를 사용하기 때문에 에너지 밀도가 높고, 기존 수소 연료전지보다 연료 저장·취급도 쉽다.

소형 태양광 발전기
휴대용 태양광 발전기로, 빛에너지를 전기에너지로 변환할 수 있는 태양전지 셀을 조립이 간편한 독립형의 모듈로 구성하거나 이동성 물체의 외장에 부착함으로써 태양광으로 전기를 생산한다.

프러버(Frubber)
피부 고무라는 뜻의 Flesh Rubber의 줄임말로 질감이 피부와 흡사하다고 알려진 실리콘 계열의 소재이다.

불의 고리(Ring of Fire)
지진과 화산 활동이 활발한 세계 최대의 화산대 중첩지대인 환태평양 조산대로 4만km에 이른다.

메칼프의 법칙(Metcalfe's Law)
네트워크 효과를 설명하는 법칙으로, 통신망 사용자에 대한 효용성을 나타내는 망의 가치는 대체로 사용자 수의 제곱에 비례한다는 내용이다.

그리드 패리티(Grid Parity)
대체에너지(태양광, 풍력)로 전기를 만드는 데 드는 발전원가가 화석원료(석유, 석탄) 발전원가와 같아지는 시점을 말한다.

사물인터넷(IoT; Internet of Things)
인터넷을 기반으로 사물에 센서를 부착해 실시간으로 데이터를 주고받는 기술 및 서비스로, 우리가 이용하는 사물(전자제품, 모바일, 컴퓨터 등)에 센서와 통신 기능을 내장하여 인터넷에 연결하고 서로 데이터를 주고받아 자체적으로 분석·학습한 정보를 사용자에게 제공함으로써 이를 원격조정으로 사용할 수 있게 한 인공지능 기술이다.

딥러닝(Deep Learning)
데이터를 조합·분석·분류하는 데 사용하여 학습하는 과정으로, 컴퓨터가 다양한 데이터를 이용해 마치 사람처럼 스스로 학습할 수 있게 하기 위해 만든 인공신경망(ANN; Artificial Neural Network)을 기반으로 하는 기계 학습 기술이다.

크라우드 펀딩(Crowd Funding)
불특정 다수의 개인으로부터 인터넷이나 소셜미디어를 통해 자금을 모으는 것으로, 군중(Crowd)으로부터 투자(Funding)를 받는다는 의미이다. 소셜미디어를 통해 이루어지는 경우가 많아 소셜 펀딩이라고 불리기도 한다.

스피어 피싱(Spear Phishing)
조직 내의 신뢰받는 특정인을 목표로 개인정보를 훔치는 피싱 공격이다. 이때 피싱 공격자들은 특정 기업과 거래한 적이 있는 기업이나 아는 사람을 가장해 송금 등을 요청하는 탓에 범죄로 의심하기가 쉽지 않다.

도그 이어(Dog Year)
정보통신의 눈부신 기술 혁신 속도를 일컫는 말로 10년 안팎인 개의 수명을 사람과 비교할 때, 개의 1년이 사람의 7년과 비슷한 것을 비유하였으며, IT업계의 1년이 보통 사람이 생각하는 7년과 맞먹는 성장 속도로 급변하고 있다는 의미이다.

바이오시밀러(Biosimilar)
특허 기간이 끝난 오리지널 의약품을 모방하여 만든 약품으로, 본래와 다른 방식으로 비슷한 성분이나 함량 등을 유지하여 만든다. 기존의 특허 받은 의약품에 비해 약값이 저렴하다는 특징이 있다.

4차 산업혁명
현재의 생산설비에 정보통신기술을 융합시켜 경쟁력을 제고하는 차세대 산업혁명으로 '지능적 가상 물리 시스템'이 핵심 키워드라 할 수 있다. 우리나라에서는 '제조업 혁신 3.0 전략'이 같은 선상의 개념이다.

카오스 이론
무질서해 보이는 현상 배후에 질서정연한 현상이 감추어져 있음을 전제로 하는 이론으로 1920년 미국의 수리생물학자인 로버트 메이로부터 시작되었다. 예측 불가능한 현상 뒤의 알려지지 않은 법칙을 밝혀내는 것을 목적으로 한다.

플루토늄(Plutonium)
주기율표 3족에 속하는 악티늄족 원소. 원소기호는 Pu로 금속 상태에서는 은빛이지만, 산화된 상태에서는 황갈색이 된다. 또 우라늄-235보다 핵분열 특성이 우수하고, 사용 후 핵연료의 재처리를 통해 보다 대량으로 쉽고 값싸게 얻을 수 있어 원자력 발전 연료가 될 수 있다. 그러나 잘못 쓰이면 인류를 파멸로 이끄는 핵무기 원료가 될 수도 있다.

프레온가스
염화불화탄소(CFC)로 염소와 불소를 포함한 일련의 유기 화합물을 총칭한다. 가연성·부식성이 없는 무색·무미의 화합물로, 독성이 적으면서 휘발하기 쉽지만 잘 타지 않고 화학적으로 안정되어 있어 냉매, 발포제, 분사제, 세정제 등으로 산업계에서 폭넓게 사용되고 있다. 그러나 대기권에서 분해되지 않고, 오존이 존재하는 성층권에 올라가서 자외선에 의해 분해되어 오존층 파괴의 원인이 된다.

엘니뇨
페루와 칠레 연안에서 일어나는 해수 온난화 현상이다. 남미 연안은 남풍에 의해 호주 연안으로 바람이 불고 심층으로부터 차가운 해수가 솟는 지역으로, 연중 수온이 낮기 때문에 좋은 어장이 형성되어 있다. 그런데 무역풍이 알 수 없는 이유로 인해 약해지게 될 때 차가운 해수가 솟는 양이 줄어들어 엘니뇨가 발생한다. 엘니뇨 현상으로 태평양 적도 부근에서 따뜻한 해수가 밀려와 표층 수온이 평년보다 올라가고, 어획량도 줄어들며, 특히 호주 지역에 가뭄이 일어나 농업과 수산업에 피해를 입힌다.

온실 효과
대기를 빠져나가야 하는 지표에서 반사된 복사 에너지가 대기를 빠져나가지 못하고 재흡수되어 지구의 기온이 상승하는 현상으로, 대기 자체가 온실의 유리와 같은 기능을 하기 때문에 붙은 이름이다.

온난화 현상
지구의 평균 온도를 상승시키는 온실가스에는 이산화탄소, 메탄, 프레온가스가 있다. 지구의 기온이 점차 상승함으로 인해 해수면이 상승하고 해안선이 바뀌며 생태계에 변화를 가져오게 된다. 이로 인해 많은 환경문제들이 야기되고 있어 전 세계적으로 이산화탄소 저감 정책이 확산되고 있다.

그래핀(Graphene)
탄소원자 1개의 두께로 이루어진 아주 얇은 막으로 활용도가 뛰어난 신소재이다. 구리보다 100배 이상 전기가 잘 통하고 실리콘보다 100배 이상 전자를 빠르게 이동시킨다. 강도는 강철보다 200배 이상 강하고, 열전도성은 다이아몬드보다 2배 이상 높다. 또한 탄성이 뛰어나 늘리거나 구부려도 전기적 성질을 잃지 않아 활용도가 아주 높다.

힉스 입자(Higgs Boson)
우주 모든 공간에 가득차 있는 입자로, 물질을 구성하는 기본입자 중에서 유일하게 관측되지 않은 가상의 입자이며 '신의 입자'라고도 불린다.

블랙아웃(Black-out)
전기수요가 공급능력을 넘을 때 발생하는 대규모 정전사태이다. 전력망은 서로 연결이 되어 있기 때문에 만일 블랙아웃을 방치하면 한 지역에서 그치지 않고 정전 범위가 점점 더 확대된다. 냉방 수요가 급증하는 여름과 난방 수요가 많은 겨울에 발생할 가능성이 높다.

리튬폴리머 전지(Lithium Polymer Battery)
외부전원을 이용해 충전하여 반영구적으로 사용하는 고체 전해질 전지로, 안정성이 높고 에너지 효율이 높은 2차 전지이다. 전해질이 고체 또는 젤 형태이기 때문에 사고로 인해 전지가 파손 되어도 발화하거나 폭발할 위험이 없어 안정적이다. 또한 제조공정이 간단해 대량생산이 가능하며 대용량으로 만들 수 있다. 노트북, 캠코더 등에 주로 사용되며 전기자동차에도 쓰이고 있다.

탄소포인트제
온실가스 감소정도에 따라 탄소포인트를 받고 이에 대한 인센티브를 제공받는 제도로 인센티브는 포인트당 2원 이내로 지급하며, 그린카드 가입자에게는 그린카드 포인트, 미가입자에게는 현금, 상품권, 종량제 쓰레기봉투 등 지자체별로 단수 또는 복수로 선택하여 지급한다.

커넥티드 카(Connected Car)
주변 사물들과 인터넷으로 연결돼 운행에 필요한 각종 교통 정보는 물론 다른 차량의 운행 정보도 실시간으로 확인할 수 있는 스마트 자동차이다. 2016년 11월에 SK텔레콤과 BMW코리아는 5G 통신망을 이용한 커넥티드 카 'T5'를 공개하고 세계 최초로 미래 주행 기술을 선보이기도 했다.

데이터마이닝(Data Mining)
대규모의 데이터베이스로부터 유용한 상관관계를 발견하고, 미래에 실행 가능한 정보를 추출하여 중요한 의사결정에 활용하는 과정으로 기존의 축적된 다양한 데이터에서 기업의 경쟁력을 높일 수 있는 유용한 정보를 찾아내는 작업이다.

디도스(DDoS)
특정 사이트를 마비시키기 위해 수십 대에서 수백만 대의 컴퓨터가 일제히 접속하여 과부하를 일으키는 수법을 말한다.

바이오컴퓨터(Bio Computer)
인간의 뇌에서 이루어지는 학습·기억·추리·판단 등의 고차원적인 정보처리 기능을 컴퓨터에 적용한 것을 말한다. 보통의 컴퓨터는 실리콘을 이용한 반도체 소자를 주요 부품으로 해서 만들지만, 바이오컴퓨터는 단백질과 유기분자, 아미노산을 결합한 결합물을 바이오칩으로 만들어 컴퓨터 소자로 이용한다.

스풀(Spool)
데이터를 주고받는 과정에서 중앙처리장치와 주변장치의 처리 속도가 달라 발생하는 속도 차이를 극복하여 지체현상 없이 프로그램을 처리하는 기술을 말한다.

그리드컴퓨팅(Grid Computing)
모든 컴퓨터 기기를 하나의 초고속 네트워크로 연결시켜 중요한 업무에 집중적으로 사용할 수 있게 하는 기술을 말한다.

90 : 9 : 1 법칙
인터넷 이용자 중 90%는 관망하고, 9%는 재전송이나 댓글로 정보 확산에 기여하며, 극소수인 1%만이 콘텐츠를 창출한다는 법칙이다. 덴마크의 인터넷 전문가인 제이콥 닐슨(Jakob Nielsen)은 이 법칙을 통해 인터넷 사용이 일반화될수록 쌍방향 소통이 활발해질 것이라고 예상되는 한편으로 참여불균등이 심해질 수 있다고 지적했다.

스트리밍(Streaming)
스트리밍은 '흐르다', '흘러내리다' 등의 의미로 인터넷상에서 데이터가 실시간으로 전송될 수 있도록 하는 기술을 말한다. 음성, 동영상 등 용량이 큰 파일을 한 번에 다운로드하거나 전송하는 것이 쉽지 않기 때문에 파일의 일부를 조금씩 실시간으로 전송하는 것이다. 스트리밍의 발달은 인터넷 방송이 활성화될 수 있는 계기가 됐다.

광대역 통합망(BcN)
음성·데이터, 유·무선 등 통신·방송·인터넷이 융합된 광대역 멀티미디어 서비스를 언제 어디서나 안전하게 이용할 수 있는 차세대 통합 네트워크를 말한다.

반크(VANK; Voluntary Agency Network of Korea)
한국의 이미지를 바르게 알리기 위해 인터넷상에서 활동하는 비정부 민간단체로 우리나라에 대한 잘못된 정보를 바로잡는 등 폭넓게 활동하고 있으며, 동해와 독도의 국제 표기 수정 활동도 벌이고 있다.

아이핀(i-PIN; Internet Personal Identification Number)
주민번호를 대체해 인터넷상에서 개인의 신원을 확인할 수 있도록 부여하는 식별번호로, 하나의 아이핀을 발급받으면 아이핀을 사용하는 사이트에서 모두 이용 가능하며, 언제든지 변경이 가능하다는 것도 장점이다. 13자리 난수의 형태를 취한다.

DRM(Digital Rights Management)
DRM은 허가된 사용자만 디지털콘텐츠에 접근할 수 있도록 제한하여 비용을 지불한 사람만 콘텐츠를 사용할 수 있도록 하는 서비스이다. 인터넷상에서는 각종 디지털콘텐츠들이 불법복제돼 다수에게 확산될 위험성이 크다. 불법복제는 콘텐츠 생산자들의 권리와 이익을 위협하고 출판, 음악, 영화 등 문화산업 발전에 심각한 해가 될 수 있다는 점에서 DRM, 즉 디지털 저작권 관리가 점점 더 중요해지고 있다.

디지로그(Digilog)
디지털(Digital)과 아날로그(Analog)의 합성어로, 기본적으로는 아날로그 시스템이지만 디지털의 장점을 살려 구성된 새로운 제품이나 서비스를 말한다. 빠르고 편리한 디지털화도 좋지만 최근에는 아날로그적이고 따뜻한 감성, 느림과 여유의 미학을 필요로 하는 사람들이 늘고 있어서 사회, 문화, 산업 전반에서 디지털과 아날로그의 융합인 디지로그에 주목하고 있다.

디지털 컨버전스(Digital Convergence)

방송과 통신, 유선과 무선 등의 구분이 모호해지면서 등장한 새로운 형태의 융합 상품과 서비스이다. 정보통신 분야뿐만 아니라 사회, 경제 모든 분야에서 주목받고 있으며, 유비쿼터스 사회로 진입하는 데 있어서의 핵심적인 전제가 된다.

IPv6(Internet Protocol version 6)

현재 사용되고 있는 IP주소체계인 IPv4의 단점을 개선하기 위해 개발된 새로운 IP주소체계를 말한다. IPv4와 비교할 때 IP주소의 길이가 128비트로 늘어났다는 점과 헤더 확장을 통한 데이터 무결성 및 비밀 보장이 특징이다.

m-VoIP(mobile Voice over Internet Protocol)

모바일 인터넷 전화 서비스로 전송 속도가 느리다는 것이 단점이지만, 스마트폰이 대중화되면서 가입자가 빠른 속도로 늘어나고 있다.

N스크린(N-Screen)

하나의 콘텐츠를 다양한 정보통신 기기에서 이용할 수 있는 기술이다. 'N'은 수학에서 아직 결정되지 않은 미지수를 뜻하는데, 하나의 콘텐츠를 이용할 수 있는 스크린의 숫자를 한정 짓지 않는다는 의미에서 N스크린이라고 부른다.

증강현실(AR; Augmented Reality)

실제 환경에 가상의 사물이나 정보를 합성하여 원래의 환경에 존재하는 사물처럼 보이도록 하는 컴퓨터 그래픽 기법을 말한다.

LAN(Local Area Network)

한정된 공간 안에서 컴퓨터와 주변장치들 간에 정보와 프로그램을 공유할 수 있도록 하는 네트워크를 말한다.

RFID(Radio Frequency IDentification)

IC칩을 내장해 무선으로 다양한 정보를 관리할 수 있는 차세대 인식기술로 대형할인점 계산, 도서관의 도서 출납관리, 대중교통 요금 징수 시스템 등 활용 범위가 다양하며 향후 여러 분야로 확산될 것으로 예상된다.

4. 문화 · 스포츠 · 미디어

미닝아웃(Meaning Out)
소비가 상품의 질과 실용적 필요성, 경제성만을 기준으로 이뤄지던 게 전 시대의 방식이었다면, 현대사회에서 소비는 조금 다른 의미를 지닐 수도 있다. 조금 경제적이지 않더라도 자신이 사는 물건을 통해 자신의 사회적 신념을 보여줄 수 있기 때문이다. 이러한 소비 신념으로는 환경 보호, 동물복지, 친환경 등의 윤리적 신념과 위안부, 반전 등의 사회적 신념이 있다. 이러한 선택 뒤에는 SNS 활동 등이 이어진다.

미슐랭가이드(Michelin Guide)
프랑스의 타이어 회사 미쉐린이 발간하는 세계 최고 권위의 여행정보 안내서로, 타이어 구매 고객에게 서비스로 배포한 자동차 여행 안내책자에서 출발했다. 숙박시설과 식당에 관한 정보를 제공해 주는 '레드'와 박물관, 자연경관 등 관광 정보를 제공해 주는 부록 형태의 '그린'이 있다. '레드'의 평가원은 일반 고객으로 가장해 동일한 식당을 연간 5~6회 방문하여 평가를 하는데, 별점을 부여하는 방식(최고 별 3개)으로 등급을 나눈다(별 1개 : 요리가 훌륭한 식당, 별 2개 : 요리를 먹기 위해 멀리 찾아갈 만한 식당, 별 3개 : 그 요리를 위해 그곳으로 여행을 떠날 만한 식당). '그린' 역시 별점을 부여하는 방식으로 평가한 후 소개한다.

노벨상(Nobel Prize)
다이너마이트를 발명한 스웨덴의 화학자 알프레드 노벨(Alfred B. Nobel)은 인류복지에 가장 구체적으로 공헌한 사람들에게 나누어 주도록 그의 유산을 기부하였고, 스웨덴의 왕립과학아카데미는 노벨재단을 설립하여 1901년부터 노벨상을 수여하였다. 해마다 물리학 · 화학 · 생리의학 · 경제학 · 문학 · 평화의 6개 부문에서 인류 문명의 발달에 공헌한 사람이나 단체를 선정하여 수여한다. 평화상을 제외한 물리학, 화학, 생리의학, 경제학, 문학상의 시상식은 노벨의 사망일인 매년 12월 10일에 스톡홀름에서, 평화상 시상식은 같은 날 노르웨이 오슬로에서 열린다. 상은 생존자 개인에게 주는 것이 원칙이나 평화상은 단체나 조직에 줄 수 있다.

주크박스 뮤지컬(Jukebox Musical)
'팝 뮤지컬(Pop Musical)'이라고도 하는데, 이는 과거 대중에게 인기가 높았던 인기곡을 뮤지컬의 소재로 활용했기 때문에 붙여진 이름이다. 대표적인 작품으로는 아바(ABBA)의 노래들로 꾸며진 〈맘마미아!〉로 미국 브로드웨이뿐 아니라 전 세계적으로 약 6,000만 명 이상의 관객을 동원했다. 우리나라의 대표적인 주크박스 뮤지컬에는 〈그날들〉, 〈올슉업(All Shook Up)〉, 〈광화문 연가〉 등이 있다.

월드컵(FIFA World Cup)
클럽이나 소속에 상관없이 오직 선수의 국적에 따른 구분으로 하는 축구경기이다. 4년마다 개최되는 월드컵은 올림픽과 달리 단일종목대회이며, 올림픽은 한 도시를 중심으로 개최되는 반면 월드컵은 한 나라를 중심으로 열린다. 대회기간 역시 올림픽이 보통 보름 정도이지만 월드컵은 약 한 달 동안 진행된다.

카메오(Cameo)
관객의 시선을 끌 수 있는 유명 인사가 단역을 맡아 출연하는 것을 말한다. 한 장면으로 중요한 포인트가 되기도 하지만, 과할 경우 이야기의 몰입을 방해하는 부작용이 있다.

타이포그라피(Typography)
서체와 글자의 배치를 구성하는 디자인 요소를 말한다. 활자를 배치하고 간격을 조절하는 일, 활자의 모양을 구성하는 일 등이 있으며 지면의 레이아웃을 다루는 일까지 포함된다.

다중이용시설
실내공기 질 관리법에 따른 불특정 다수인이 이용하는 시설로서 지하역사, 지하도상가, 철도역사의 대합실, 여객자동차터미널의 대합실 외 광범위한 종류의 시설을 아우른다.

코드 셰이빙(Cord Shaving)
기존에 사용하던 유료방송을 보다 저렴한 서비스로 갈아타는 것으로 최근에는 기존에 비싼 가격으로 유료 IPTV・케이블TV를 보던 이용자들이 코드 셰이빙(Cord Shaving)을 선택하고 있다.

루핑효과(Looping Effect)
평소에 인지하지 못했던 것이 언론 미디어의 보도를 통해 더욱 확대되는 현상으로 언론의 책임의식과 신중한 보도 태도를 강조한 말이다.

타운홀미팅(Town Hall Meeting)
미국식 공동체 자유토론 방식으로 어떤 원칙이나 규정도 없으며, 다수의 사람들이 참가할 때에는 소그룹 식으로 나누어 토론을 하기도 하며, 자격을 갖춘 참가자라면 누구라도 자신의 의견을 제시할 수 있으나 투표로 의견을 결정하지는 않는다. 특히 인터넷을 사용하는 e-타운홀미팅의 경우 네티즌들이 문자, 동영상 등으로 정책에 관한 질문을 올리고 자신들의 의견을 표명하기도 한다.

팩 저널리즘(Pack Journalism)
취재 방식이나 취재시각 등이 획일적이어서 개성 없는 저널리즘을 말한다.

빈지뷰잉(Binge Viewing)
드라마를 첫 회부터 끝까지 한 번에 몰아보는 시청 방식으로 스마트폰과 같이 콘텐츠 소비에 최적화된 디바이스가 보편화되고, 개인 여가를 즐기는 문화가 강해지면서 이러한 시청 방식은 더욱 늘어나고 있다.

맨부커상(Man Booker Prize)
노벨 문학상, 프랑스의 공쿠르 문학상과 함께 세계 3대 문학상 중의 하나로 해마다 영국연방 국가에서 출판된 영어 소설들을 대상으로 시상한다. 2016년 인터내셔널 부문에 한국소설『채식주의자』가 선정돼 이 소설의 작가인 한강 씨와 영국인 번역가 데보라 스미스가 상을 수상했다.

스토브리그(Stove League)
야구 비시즌에 팀 전력 보강을 위해 선수 영입과 연봉 협상에 나서는 것으로 팬들이 난로(Stove) 주위에 모여 선수의 소식 등을 이야기하며 흥분하는 모습이 마치 실제의 경기를 보는 것 같다는 뜻에서 유래한 말이다.

바이애슬론(Biathlon)
크로스컨트리 스키와 소총 사격을 결합한 겨울 스포츠로, 1958년 제1회 세계선수권대회가 개최되고, 1960년 동계올림픽 정식종목으로 채택되었다.

루즈벨트 스코어(Roosevelt Score)
야구경기에서 9 : 8로 스코어가 끝나는 경기. 프로야구에서도 1점 차에 의해 승패가 결정되는 스코어인 케네디 스코어나 루즈벨트 스코어는 100회 경기에서 한두 번 나올까 말까 한 점수인데, 야구경기가 그만큼 긴장감이 넘치고 재미있다는 뜻에서 붙여졌다.

할랄 푸드(Halal Food)
이슬람 율법에 따라 식물성 음식, 해산물, 육류 등을 가공한 음식으로 무슬림이 먹을 수 있도록 허용된 식품이다. 이슬람식 알라의 이름으로 도살된 고기와 이를 원료로 한 화장품 등이 이에 해당된다. 반면 술이나 마약류처럼 정신을 흐리게 하는 식품은 물론 돼지고기·개·고양이 등의 동물, 자연사했거나 잔인하게 도살된 짐승의 고기는 금지된 품목이다.

와하비즘(Wahhabism)
엄격한 율법을 강조하는 이슬람 근본주의를 의미하는데 사우디아라비아의 건국이념이기도 하다. 여성의 종속화, 이교도들에 대한 무관용적인 살상 등이 주요 내용으로 폭력적이고 배타적이다. 이슬람국가(IS)와 알카에다, 탈레반, 보코하람, 알샤바브 등 국제적인 이슬람 테러조직들이 모두 와하비즘을 모태로 하고 있다.

애드버토리얼(Advertorial)
'Advertisement'와 'Editorial'을 합성한 말로 신문이나 잡지 등에서 기사 형식으로 표현한 광고 기법을 말한다. 이러한 기법으로 만들어진 광고는 보통 신문이나 잡지에 기사 형태로 실리지만 그 내용은 특정 브랜드나 제품을 광고하는 내용이다.

블레임룩(Blame Look)
'비난하다'의 뜻인 '블레임(Blame)'과 '외관', '스타일'을 일컫는 '룩(Look)'의 합성어로 사회적으로 문제를 일으킨 사람들의 패션, 액세서리 등이 이슈가 되거나 유행하는 현상을 말한다.

스낵컬처(Snack Culture)
'짧은 시간에 문화콘텐츠를 소비한다.'는 뜻으로 패션, 음식, 방송 등 사회 여러 분야에서 나타나는 현상이다. 즉 제품과 서비스에 소요되는 비용이 부담스럽지 않아, 항상 새로운 것을 열망하는 소비자들이 많은 것을 소비할 수 있도록 하는 하나의 문화 트렌드로 웹툰, 웹 소설과 웹 드라마가 대표적이다.

아방가르드(Avant-garde)
기존의 전통과 인습을 타파하고 새로운 경향이나 운동을 선보이는 전위 예술로 제1차 세계대전 이후 등장하였다. 군대 중에서도 맨 앞에 서서 가는 '선발대(Vanguard)'를 일컫는 프랑스어로, 문화적 맥락에서 당연한 것으로 받아들여졌던 경계를 허무는 초현실주의 예술운동과 표현의 일종이다.

카피레프트(Copyleft)
지적 창작물에 대한 권리를 모든 사람이 공유할 수 있도록 하는 것으로 1984년 리처드 스톨먼이 주장하였다. 저작권(Copyright)에 반대되는 개념이며 정보의 공유를 위한 조치이다.

세계 3대 영화제
베니스영화제·칸영화제·베를린영화제를 말한다.

미장센(Mise-en-scene)
영화에서 연출가가 모든 시각적 요소를 배치하여 단일한 쇼트로 영화의 주제를 만들어내는 작업으로, 몽타주와 상대적인 개념으로 쓰인다. 특정 장면을 찍기 시작해서 멈추기까지 한 화면 속에 담기는 모든 영화적 요소와 이미지가 주제를 드러내도록 한다.

선댄스영화제
세계 최고의 권위를 지닌 독립영화제로 미국의 감독 겸 배우 로버트 레드포드가 할리우드의 상업주의에 반발하여 독립영화 제작에 활기를 불어넣기 위해 이름 없는 영화제를 후원하고 선댄스협회를 설립한 뒤, 1985년 미국영화제를 흡수하며 만들어졌다.

스크린쿼터(Screen Quarter)
자국영화 의무상영일수제도로 영화 상영관의 경영자는 매년 1월 1일부터 12월 31일까지 연간 상영 일수의 5분의 1(73일) 이상 한국영화를 상영하여야 한다. 본래 146일이었으나 한·미 FTA 협상 전제 조건에 따라 50% 축소되었다.

르네상스 3대 거장
1480~1520년까지를 르네상스 회화의 전성기로 보는데, 이 시기에 활동한 레오나르도 다빈치, 미켈란젤로, 라파엘로를 르네상스의 3대 거장이라 부른다.

팝아트(Pop Art)
대중문화적 시각이미지를 미술의 영역 속에 수용한 구상미술의 경향이다. 1950년대 영국에서 시작된 팝아트는 추상표현주의의 주관적 엄숙성에 반대하며 TV, 광고, 매스미디어 등 주위의 소재들을 예술의 영역 안으로 받아들였다.

프레타포르테(Pret-a-porter)
오트쿠튀르(Haute Couture)와 함께 세계 양대 의상 박람회를 이루는 기성복 박람회로, '고급 기성복'이라는 의미를 지닌다. 제2차 세계대전 이후 오트쿠튀르보다는 저렴하면서도 비슷한 질의 기성복을 원하는 사람들이 늘어나면서 생겨났다.

4대 통신사
AP(미국 연합통신사), UPI(미국 통신사), AFP(프랑스 통신사), 로이터(영국 통신사)를 말한다.

디지털 디톡스(Digital Detox)
디지털 중독 치유를 위해 디지털 분야에 적용하는 디톡스 요법으로 스마트폰 등 첨단 정보기술의 보급으로 인해 디지털 기기가 우리의 일상생활에 깊이 파고듦에 따라, 디지털 홍수에 빠진 현대인들이 전자기기를 멀리하고 명상과 독서 등을 통해 심신을 치유하자는 운동이다.

매스미디어 효과 이론
매스 커뮤니케이션이 끼치는 효과의 총체적 크기에 관한 이론으로 '강효과', '중효과', '소효과' 이론으로 분류한다.

게이트키핑(Gate Keeping)
뉴스가 대중에게 전해지기 전에 기자나 편집자와 같은 뉴스 결정권자(게이트키퍼)가 대중에게 전달하고자 하는 뉴스를 취사선택하여 전달하는 것이다. 보도의 공정성과 관련한 논의에서 자주 등장한다.

발롱 데세(Ballon D'essai)
여론의 방향을 탐색하기 위해 정보나 의견을 흘려보내는 것을 말한다.

스쿠프(Scoop)
일반적으로 특종기사를 다른 신문사나 방송국에 앞서 독점 보도하는 것을 말하며 비트(Beat)라고도 한다.

엠바고(Embargo)
본래 특정 국가에 대한 무역·투자 등의 교류 금지를 뜻하지만 언론에서는 뉴스기사의 보도를 한시적으로 유보하는 것을 말한다.

IPTV(Internet Protocol Television)
인터넷망을 이용해 멀티미디어 콘텐츠를 제공하는 방송·통신 융합서비스로, TV 수상기에 셋톱박스를 설치하면 인터넷 검색은 물론 다양한 동영상 콘텐츠 및 부가서비스를 제공받을 수 있다.

미디어렙(Media Representative)
Media(매체)와 Representative(대표)의 합성어로, 방송사의 위탁을 받아 광고주에게 광고를 판매하고 판매대행 수수료를 받는 회사이다.

퍼블리시티(Publicity)
광고주가 회사·제품·서비스 등과 관련된 뉴스를 신문·잡지 등의 기사나 라디오·방송 등에 제공하여 무료로 보도하도록 하는 PR방법이다. 직접적인 유료 광고를 통해 구매 욕구를 자극하는 것이 아니라, 사실보도 형식의 기사 속에 회사나 상점에 대한 언급을 포함하는 광고 활동을 말한다.

트리플더블(Triple Double)
농구의 한 경기에서 한 선수가 득점, 어시스트, 리바운드, 스틸, 블록슛 중 2자리 수 이상의 기록을 세 부문에서 달성하는 것을 말한다. 네 부문에서 달성하면 쿼드러플더블(Quadruple Double)이라고 한다.

퍼펙트게임(Perpect Game)
한 명의 투수가 선발로 출전하여 단 한 명의 주자도 출루하는 것을 허용하지 않은 게임을 말한다.

프리에이전트(FA; Free Agent)
프로야구 등 여러 스포츠 경기 규약에 따라 어떤 팀과도 자유롭게 교섭할 권리를 얻은 선수를 말한다.

골프 4대 메이저대회
남자골프(PGA)에는 PGA챔피언십(PGA Championship, 1860~)·US오픈(US Open, 1895~)·브리티시오픈(British Open, 1916~)·마스터스(Masters, 1930~) 등이 있고, 여자골프(LPGA)에는 브리티시오픈(British Open, 1860~)·US여자오픈(US Women's Open, 1946~)·LPGA챔피언십(LPGA Championship, 1955~)·크래프트 나비스코 챔피언십(Kraft Nabisco Championship, 1972~) 등이 있다.

세계 4대 메이저 테니스 대회
윔블던(Wimbledon)·전미오픈(US Open)·프랑스오픈(French Open)·호주오픈(Australian Open)을 말한다.

세계 4대 모터쇼
프랑크푸르트, 디트로이트, 파리, 도쿄 모터쇼가 메이저급을 대표하는 모터쇼를 말한다.

유니버시아드(Universiade)
국제대학 스포츠 연맹이 주관하는 대학생 종합 운동경기 대회를 말한다.

패럴림픽(Paralympic)
신체·감각 장애가 있는 운동선수가 참가하는 국제 스포츠 대회로 1988년 서울 올림픽 대회 이후부터 매 4년마다 올림픽이 끝나고 난 후 올림픽을 개최한 도시에서 국제패럴림픽위원회(IPC)의 주관하에 개최된다. 원래 패럴림픽은 척추 상해자들끼리의 경기에서 비롯되었기 때문에 Paraplegic(하반신 마비)과 Olympic(올림픽)의 합성어였지만 다른 장애인들도 경기에 포함되면서, 현재는 그리스어의 전치사 Para(나란히)를 사용하여 올림픽과 나란히 개최됨을 의미한다.

CHAPTER 03 일반상식 적중예상문제

01 다음 중 국민복지 증진을 위해 없애야 할 다섯 가지로 빈곤, 나태, 질병, 무지, 불결을 뽑은 영국의 문서는?

① 베버리지 보고서 ② 골디락스
③ 슈퍼사이클 ④ 워크아웃

02 다음 중 디파이(De-Fi)에 대한 설명으로 옳지 않은 것은?

① 디파이 서비스상 보안사고 발생 시에 그 책임자는 디파이 투자자가 된다.
② 디파이는 블록체인 기술을 통해 보안성을 제고하고 비용을 절감할 수 있다.
③ 디파이는 안정적인 서비스 제공을 위해 법정화폐에 연동되거나 스테이블코인을 거래 수단으로 이용한다.
④ 디파이 서비스는 기존의 금융 서비스보다 진입 장벽이 낮으며, 중개자가 없어 중개 관련 비용이 절약된다.

03 ESG(환경·사회·지배구조) 경영에 대한 다음 기사의 빈칸에 들어갈 용어로 옳은 것은?

> 국민연금공단이 탈(脫)석탄 투자 전략 수립을 연거푸 미루고 있다. 올해 열린 국민연금기금운용위원회(이하 기금위)에서 논의될 것으로 예상되었던 탈석탄 투자 전략 도입이 안건에서 제외된 것이다. 이러한 국민연금공단의 더딘 탈석탄 행보에 대한 비판이 거세지고 있다. 국민연금공단은 지난해 기금위에서 석탄 채굴 및 발전산업에 대한 투자를 제한하는 _____을 도입하고 신규 석탄발전소 건설 프로젝트에 대한 투자를 중단하기로 의결했었다. _____은 투자 포트폴리오에 ESG를 반영하는 기법 중 하나로, 부정적인 ESG 영향을 끼치는 산업에 속한 기업들의 채권을 포트폴리오에서 제외하는 것이다. 하지만 이후 1년 4개월이 지나도록 _____ 도입 논의는 감감무소식이다. 엄격한 투자 제한 기준을 도입하면 석탄 발전과 제조업 비율이 높은 국내 경제에 악영향을 끼칠 수 있다는 경영계의 우려 때문에 고민하고 있는 것으로 보인다. 그러나 해외 주요 연기금이 석탄 투자를 지양하는 추세인 만큼, 국민연금공단도 더 이상 _____ 도입을 미뤄서는 안 된다는 지적도 제기된다.

① ESG 그리니엄 ② 네거티브 스크리닝
③ 포지티브 스크리닝 ④ 규칙 기반 스크리닝

04 다음 밑줄 친 '이 시기'에 탄생한 작품을 〈보기〉에서 모두 고르면?

> <u>이 시기</u> 예술가들은 고전 미술과 있는 그대로의 자연에서 예술적 영감을 얻었다. 해부를 통해 얻은 정확한 지식을 바탕으로 인간 육체의 아름다움을 표현하되, 인간의 내면적인 정신까지 파고들어 감정의 미묘한 움직임조차 놓치지 않으려 했다. 또한 사물이 광선에 따라 색채와 형태가 달라짐을 관찰하기도 했다. 그들이 다루는 주제는 여전히 종교적이었지만 그 정신은 인간적이고 현실적이었으며 그리스 신화나 주변의 일상에 대해서도 다루었다.

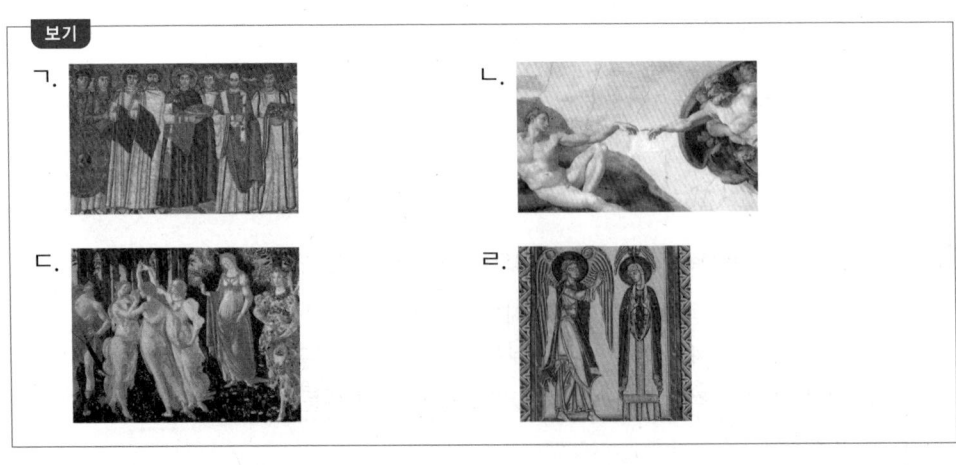

① ㄱ, ㄴ ② ㄱ, ㄷ
③ ㄴ, ㄷ ④ ㄴ, ㄹ

05 다음 중 인공지능(AI)에 대한 설명으로 옳지 않은 것은?

① AI가 발달해 인간의 지능을 뛰어넘는 기점을 '세렌디피티(Serendipity)'라고 한다.
② AI는 인공신경망(ANN), 자연어 처리(NLP), 컴퓨터 비전(CV), 로봇공학(Robotics), 패턴 인식(PR) 등의 분야에 응용된다.
③ 2000년대 들어 컴퓨팅 파워의 성장, 우수 알고리즘의 등장, 스마트폰 보급 및 네트워크 발전에 따른 데이터 축적으로 AI가 급격히 진보했다.
④ AI 기술의 활용과 AI 기반의 제품·서비스 확산에 따라 사이버 침해, 보안 위협의 증가뿐만 아니라 딥페이크와 같은 새로운 형태의 역기능도 초래되고 있다.

06 다음 중 남·북한의 공통된 공휴일은?

① 3월 1일
② 5월 5일
③ 8월 15일
④ 10월 3일

07 다음 중 SWOT 분석에서 WT 전략으로 옳지 않은 것은?

〈SWOT 분석〉

구분	강점(Strengths)	약점(Weaknesses)
기회 (Opportunities)	SO 내부 강점과 외부 기회 요인을 극대화	WO 외부 기회를 이용해 내부 약점을 강점으로 전환
위협 (Threats)	ST 외부 위협을 최소화하기 위해 내부 강점을 극대화	WT 내부 약점과 외부 위협을 최소화

① 벤치마킹
② 전략적 제휴
③ 집중적 다각화
④ 핵심 역량 개발

08 다음 중 매스커뮤니케이션의 효과 이론에서 지배적인 여론과 일치되면 의사를 적극 표출하지만 그렇지 않으면 침묵하는 경향을 설명하는 것은?

① 탄환이론
② 미디어 의존이론
③ 모델링이론
④ 침묵의 나선이론

09 다음 (가) ~ (나)와 관련이 적은 작품은?

(가) (나)

① 피터팬
② 인어공주
③ 헨젤과 그레텔
④ 백설공주

10 다음 중 VR(가상현실)과 같은 인공현실 구현 기술인 AR, MR, XR, SR의 정의로 옳지 않은 것은?

① AR : 현실의 이미지나 배경에 3차원 가상 이미지를 겹쳐서 하나의 영상으로 보이는 환경이나 혹은 그러한 기술
② MR : 현실의 인간(이용자)과 화면 안의 가상공간이 상호작용할 수 있는 환경이나 혹은 그러한 기술
③ XR : 사진처럼 현실과 완전히 동일한 두 가지 이상의 이미지를 합성해 뇌에 직접 주입함으로써 가상의 공간을 실존하는 현실처럼 착각하도록 구현된 환경이나 혹은 그러한 기술
④ SR : 과거와 현재의 영상을 혼합해 실존하지 않는 인물·사건 등을 새롭게 구현할 수 있고 이용자가 가상공간을 실제의 세계로 착각할 수 있는 환경이나 혹은 그러한 기술

11 다음 글에서 설명하는 권리는?

> 타인의 물건 또는 유가증권을 점유한 자가 그 물건이나 유가증권에 관하여 생긴 채권(債權)을 가지는 경우에, 그 채권의 변제를 받을 때까지 그 물건 또는 유가증권을 유치할 수 있는 권리이다. 예를 들어, 시계수리상은 수리대금을 지급받을 때까지는 수리한 시계를 유치하여 그 반환을 거절할 수 있다.

① 점유권   ② 저당권
③ 질권   ④ 유치권

12 다음 중 크레디트 라인(Credit Line)에 대한 설명으로 옳지 않은 것은?

① 크레디트 라인을 통해 약정한 조건에 따라 필요할 때마다 수시로 자금을 대출받고 갚을 수 있다.
② 자금을 공급하는 측은 자금 요구에 대한 거부권이 없으므로 비상시에 외화 확보를 보장하는 수단으로 유용하다.
③ 한도 수준은 공여 대상이 되는 상대방의 환거래 실적, 신용 상태, 보상예금, 기존 신용한도 등에 따라 결정된다.
④ 운영기간이 보통 1년 이내의 단기이므로 무역신용거래에서는 일시적인 대외자금의 부족, 국제수지의 역조를 보완하는 데 이용된다.

13 다음 글의 빈칸에 들어갈 용어로 옳은 것은?

> _____은/는 원래 보험시장에서 사용하던 용어로, 추후에 리스크 관리 분야에서도 사용하게 되었다. 정부가 뒤를 받쳐줄 것이라는 믿음 혹은, 절대 망하지 않을 것이라는 믿음 하에 정당한 리스크를 감수하지 않는 것을 뜻한다. 이는 윤리적으로나 법적으로 자신이 해야 할 최선의 의무를 다하지 않은 행위를 나타내는데, 점차 법 또는 제도적 허점을 이용하거나 자기 책임을 소홀히 하는 행동을 포괄하는 용어로 확대됐다.

① 포이즌 필   ② 역선택
③ 내부자 거래 ④ 도덕적 해이

14 다음 중 미국에서 12세 미만의 아동에게 저지른 성범죄를 25년형 이상으로 강력 처벌하는 내용의 법률은?

① 링컨법　　　　　　　　　　② 셔먼법
③ 제시카법　　　　　　　　　④ 펜들턴법

15 다음 중 사용자들이 정해진 PC 없이도 웹상에 자료를 저장하여 어디에서나 프로그램을 실행할 수 있는 분산형 IT 인프라서비스를 뜻하는 용어는?

① 클라우드 컴퓨팅(Cloud Computing)　　② 유틸리티(Utility)
③ 블로트웨어(Bloatware)　　　　　　　　④ 블루투스(Bluetooth)

16 다음 빈칸에 들어갈 용어로 옳은 것은?

- _____은/는 1970년대 미국 청년들 사이에서 유행한 자동차 게임이론에서 유래되었다.
- _____의 예로는 한 국가 안의 정치나 노사협상, 국제외교 등에서 상대의 양보를 기다리다가 어느 쪽도 이득을 보지 못하고 파국으로 끝나는 것 등이 있다.

① 필리버스터(Filibuster)　　　　② 캐스팅보트(Casting Vote)
③ 로그롤링(Log Rolling)　　　　④ 치킨게임(Chicken Game)

17 다음 중 전세를 끼고 주택을 구매하여 수익을 올리는 투자 방법은?

① 갭투자　　　　　　　　　② 대체투자
③ 그린필드투자　　　　　　④ 바이아웃투자

18 다음 빈칸에 들어갈 용어로 옳은 것은?

> 탄소중립의 시대에 도로 교통 중심에서 궤도 교통 중심으로 옮겨가야 한다는 전 세계적 추세인 _____는 자동차를 보다 친환경적인 다른 교통 수단으로 전환해 환경적 부담을 줄이고 긍정적 효과들을 높이자는 것이다. 운송 부문의 온실가스 감축을 위해서도 철도 수송분담률을 늘리는 것은 전기자동차 보급률을 늘리는 것보다 중요하다. 자동차는 탄소배출의 주범으로 꼽히며, 그나마 환경친화적이라는 전기자동차에 필요한 에너지를 충당하기 위해 재생 에너지 발전소를 짓더라도 산림이나 농지에 대한 대규모 손실을 피하기 어렵기 때문이다. 결국 자동차 이용을 획기적으로 줄여야 하며, 특히 원거리 이동에서 도로나 항공 대신 저탄소 이동수단인 철도를 중심에 두는 _____가 필요하다는 결론에 도달한다.

① 그린 시프트(Green Shift)
② 모달 시프트(Modal Shift)
③ 다운 시프트(Down Shift)
④ 패러다임 시프트(Paradigm Shift)

19 다음 중 베토벤이 나폴레옹을 헌정하기 위해 곡을 만들었지만, 나폴레옹의 황제 즉위 소식을 듣고 배신감에 악보를 던져 버린 작품은?

① 피아노 협주곡 제5번 「황제」
② 피아노 소나타 제8번 「비창」
③ 교향곡 제5번 「운명」
④ 교향곡 제3번 「영웅」

20 다음 중 입헌군주제가 아닌 국가는?

① 네덜란드
② 덴마크
③ 태국
④ 네팔

21 다음 중 4자 안보 대화(Quad)에 참여하고 있는 나라로 옳지 않은 것은?

① 미국
② 인도
③ 일본
④ 러시아

22 다음 중 기업이 탐욕으로 상품 및 서비스 가격을 과도하게 올려 물가상승을 초래하는 현상을 가리키는 용어는?

① E플레이션
② 바이플레이션
③ 팬플레이션
④ 그리드플레이션

23 다음 글에서 설명하는 현상을 뜻하는 용어는?

> 집단에 참여하는 구성원이 많을수록 개인이 발휘하는 힘과 역량의 크기는 예상과 반대로 감소하는 경우가 많다. 예컨대 줄다리기 경기에 참여하는 인원이 증가할수록 개인이 최대로 발휘하는 힘은 오히려 크게 감소하는 경향이 있다. 이는 일종의 사회적 태만 심리에 기안한 것으로 분석된다. 자신이 노력하지 않더라도 다른 사람이 노력할 것이라고 생각해 '무임승차'하려는 것이다.

① 마태 효과
② 링겔만 효과
③ 앵커링 효과
④ 기니피그 효과

24 다음 중 코로나19와 관련된 거짓 소문으로 인해 등장한 용어로, 잘못된 정보나 괴담 등이 빠르게 확산하는 현상을 뜻하는 것은?

① 시노포비아(Sinophobia)
② 팬데믹(Pandemic)
③ 인포데믹(Infordemic)
④ 네카시즘(Netcarthism)

25 다음 〈보기〉 중 메타버스에 대한 설명으로 옳은 것을 모두 고르면?

> **보기**
> ㄱ. 가상세계(Meta)와 현실세계(Universe)의 합성어이다.
> ㄴ. 가상세계가 현실세계에 들어온 것을 말한다.
> ㄷ. 메타버스로부터 발전한 개념이 가상현실(VR)이다.
> ㄹ. 메타버스로 대표적인 플랫폼 서비스로 세컨드 라이프, 제페토가 있다.
> ㅁ. 메타버스 내에서의 세계는 현실보다 더 발전한 형태이다.

① ㄱ, ㄹ
② ㄱ, ㄴ, ㄹ
③ ㄴ, ㄷ, ㄹ
④ ㄴ, ㄷ, ㅁ

26 다음 중 '좋아하지 않는 인물'이라는 뜻의 라틴어로, 국가가 외교사절로 받아들이기를 기피하는 사람을 뜻하는 것은?

① 앵글로스피어
② 아그레망
③ 페르소나 그라타
④ 페르소나 논 그라타

27 다음 중 경제 분야에서 심각한 세계경제 위기를 비유적으로 일컫는 말은?

① 회색코뿔소
② 퍼펙트스톰
③ 어닝쇼크
④ 블랙스완

28 다음 글에서 설명하는 개념과 가장 연관이 깊은 작품은?

> 가상과 거짓 그림 등의 의미를 지닌 라틴어에서 유래된 이 개념은 시늉, 흉내, 모의 등의 뜻을 지닌다. 즉, 실제로는 존재하지 않는 대상을 존재하는 것처럼 만들어놓은 인공물을 지칭하며 때로는 존재하는 것보다 더 실재처럼 인식되는 대체물을 말하기도 한다. 과거 예술작품이 화가가 그리는 대상을 얼마나 그대로 화폭에 재현하였는지에 대한 일차적 개념에 그쳤으나, 이후에는 기존 미술의 재현개념이 파기되는 등 많은 미술사에 혁명을 가져왔다.

①

②

③

④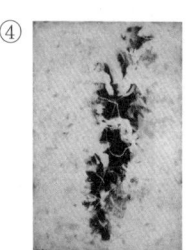

29 다음 〈보기〉 중 컨셔스 패션에 대한 설명으로 옳지 않은 것을 모두 고르면?

> **보기**
> ㄱ. 친환경적이고 윤리적인 과정에서 생산된 의류 및 이를 소비하고자 하는 트렌드를 말한다.
> ㄴ. '의식 있는'이라는 뜻의 컨셔스(Conscious)와 패션(Fashion)의 합성어이다.
> ㄷ. 대표적으로 버려진 의류나 폐기물을 재활용한 의류나 물을 사용하지 않는 염색법으로 염색한 의류, 합성 섬유로 만든 의류 등을 활용한다.
> ㄹ. 컨셔스 패션은 패스트 패션이 유행하는 데 큰 역할을 했다.

① ㄱ, ㄴ ② ㄱ, ㄷ
③ ㄴ, ㄹ ④ ㄷ, ㄹ

30 다음 중 블록체인(Block Chain)에 대한 설명으로 옳은 것은?

① 온라인 거래 정보를 체인에 저장하여 데이터를 관리하는 방식이다.
② 분산원장기술을 적용하여 데이터를 분산하여 보관하고 중앙에서 관리한다.
③ 블록체인에 참여하는 모든 사용자는 똑같은 데이터의 사본을 나눠서 보관한다.
④ 가장 마지막에 생성된 블록을 제네시스 블록이라고 한다.

PART 2
최종점검 모의고사

제1회	최종점검 모의고사
제2회	최종점검 모의고사
제3회	최종점검 모의고사
제4회	최종점검 모의고사
제5회	최종점검 모의고사
제6회	최종점검 모의고사

제1회 최종점검 모의고사

문항 수 : 50문항 응시시간 : 70분

정답 및 해설 p.016

01 국어

01 다음 중 밑줄 친 부분의 맞춤법이 옳지 않은 것은?

① 그 일꾼은 땅딸보지만 능력만큼은 <u>일당백이었다</u>.
② 비가 쏟아지는 <u>그날밤에</u> 사건이 일어났다.
③ 교통사고를 낸 상대방이 <u>되레</u> 큰소리를 냈다.
④ 지속적인 <u>시청률</u> 하락으로 그 드라마는 조기종영을 하였다.

02 다음 중 밑줄 친 부분의 띄어쓰기가 옳은 것은?

① 어찌나 금방 품절되던지 나도 <u>열 번만에</u> 겨우 주문했어.
② 둘째 아들이 벌써 <u>아빠 만큼</u> 자랐구나.
③ 이번 일은 직접 나서는 <u>수밖에</u> 없다.
④ <u>너 뿐만</u> 아니라 우리 모두 노력해야 한다.

03 다음 ㉠ ~ ㉣ 중 단어 표기가 어법상 옳지 않은 것은?

> 매년 3월 22일은 세계 물의 날로, 인구와 경제 활동의 증가로 수질이 오염되고 먹는 물이 부족해지자 UN이 경각심을 ㉠ <u>일깨우기</u> 위해 지정한 날이다. 우리나라의 상수도 보급 현황은 매우 우수한 편으로 매년 상승하고 있으나, 해가 갈수록 1인당 물 ㉡ <u>사용량도</u> 늘어나고 있다. 우리나라 수자원량은 '물 스트레스' 국가로 주기적인 물 압박 경험이 있는 수준에 해당된다. 물은 아낄 필요가 있으며, 생활 속에서도 물을 절약하기 위한 여러 방법이 있고 다음과 같은 캠페인도 진행하고 있다.
> • 사용 후 ㉢ <u>수도꼭지는</u> 꼭 ㉣ <u>잠궈</u> 주세요.
> • 절수용 샤워기를 사용해 주세요.
> • 레버를 잠그고 양치질을 해 주세요.
> • 설거지 할 때는 설거지통을 사용해 주세요.

① ㉠
② ㉡
③ ㉢
④ ㉣

04 다음 중 외래어 표기법에 따라 바르게 표기된 것끼리 연결된 것은?

① 서비스 – 소시지 – 소파 – 싱크대 – 팜플렛
② 리더쉽 – 소세지 – 싱크대 – 서비스 – 스카우트
③ 쇼파 – 씽크대 – 바디로션 – 수퍼마켓 – 스카웃
④ 소파 – 소시지 – 슈퍼마켓 – 보디로션 – 팸플릿

05 다음 글에서 경계하고자 하는 태도와 유사한 한자성어는?

> 비판적 사고는 지엽적이고 시시콜콜한 문제를 트집 잡아 물고 늘어지는 것이 아니라 문제의 핵심을 중요한 대상으로 삼는다. 비판적 사고는 제기된 주장에 어떤 오류나 잘못이 있는가를 찾아내기 위해 지엽적인 사항을 확대하여 문제로 삼는 태도나 사고방식과는 거리가 멀다.

① 격물치지(格物致知)   ② 본말전도(本末顚倒)
③ 유명무실(有名無實)   ④ 돈오점수(頓悟漸修)

06 다음 중 한자성어의 쓰임이 옳지 않은 것은?

① 그는 구곡간장(九曲肝腸)이 끊어지는 듯한 슬픔에 빠졌다.
② 학문의 정도를 걷지 않고 곡학아세(曲學阿世)하는 이가 있다.
③ 이유 없이 친절한 사람은 구밀복검(口蜜腹劍)일 수 있으니 조심해야 한다.
④ 신중한 태도로 문제의 본질에 접근하는 당랑거철(螳螂拒轍)의 자세가 필요하다.

07 다음 제시된 한자의 우리말 독음으로 옳은 것은?

執權

① 집착   ② 집권
③ 참관   ④ 집중

08 다음 밑줄 친 단어의 뜻풀이로 옳지 않은 것은?

① 나이도 먹을 만큼 먹었는데 어쩌면 저렇게 <u>숫저울까</u>?
  - 숫접다 : 순박하고 진실하다.
② 그녀는 그가 떠날까 <u>저어하였다</u>.
  - 저어하다 : 염려하거나 두려워하다.
③ 나는 <u>곰살궂게</u> 이모의 팔다리를 주물렀다.
  - 곰살궂다 : 일이나 행동이 적당하다.
④ 아이들이 놀이방에서 <u>새살거렸다</u>.
  - 새살거리다 : 샐샐 웃으면서 재미있게 자꾸 지껄이다.

09 다음 글의 ㉠~㉣에 대한 설명으로 옳지 않은 것은?

> 삼동(三冬)에 ㉠ <u>베옷</u> 입고 암혈(巖穴)에 ㉡ <u>눈비</u> 맞아
> 구름 낀 볕뉘도 쬔 적이 없건마는
> ㉢ <u>서산</u>에 해 지다 하니 ㉣ <u>눈물겨워</u> 하노라.

① ㉠ : 화자의 처지나 생활을 추측할 수 있게 한다.
② ㉡ : 화자와 중심 대상 사이를 연결하는 매개체이다.
③ ㉢ : 화자가 머물고 있는 공간과 구별되는 공간이다.
④ ㉣ : 상황에 대한 화자의 감정이 직접 표출되고 있다.

10 다음 글의 주장에 대한 반박으로 가장 적절한 것은?

> 고대 중국인들은 인간이 행하지 못하는 불가능한 일은 그들이 신성하다고 생각한 하늘에 의해서 해결 가능하다고 보았다. 그리하여 하늘은 인간에게 자신의 의지를 심어 두려움을 갖고 복종하게 하는 의미뿐만 아니라 인간의 모든 일을 책임지고 맡아서 처리하는 의미로까지 인식되었다. 그 당시에 하늘은 인간에게 행운과 불운을 가져다줄 수 있는 힘이고, 인간의 개별적 또는 공통적 운명을 지배하는 신비하고 절대적인 존재라는 믿음이 형성되었다. 이러한 하늘에 대한 인식은 결과적으로 하늘을 권선징악의 주재자로 보고, 모든 새로운 왕조의 탄생과 정치적 변천까지도 그것에 의해 결정된다는 믿음의 근거로 작용하였다.

① 하늘은 인류의 근원이며, 인류는 하늘의 덕성이 발현된 것이다.
② 사람이 받게 되는 재앙과 복의 원인은 모두 자신에게 있다.
③ 뱃사공들은 하늘에 제사를 지냄으로써 자신들의 항해가 무사하길 기원한다.
④ 인간의 길흉화복은 우주적 질서의 일부이다.

11 다음 문단을 논리적 순서대로 바르게 나열한 것은?

> (가) 닭 한 마리가 없어져서 뒷집 식구들이 모두 나서서 찾았다. 그런데 앞집 부엌에서 고기 삶는 냄새가 났다. 왜 우리 닭을 잡아먹었느냐고 따지자 주인은 아니라고 잡아뗐다. 부엌에서 나는 고기 냄새는 무어냐고 물었더니, 냄새가 날 리 없다고, 아마도 네가 오랫동안 고기 맛을 보지 못해서 환장했을 거라고 면박을 준다. 너희 집 두엄 더미에 버려진 닭 털은 어찌된 거냐고 들이대자 오리 발을 들고 나와 그것은 네 집 닭 털이 아니라 우리 집 오리털이라고 변명한다. 네 집 닭을 훔쳐 먹은 것이 아니라 우리 집 오리를 내가 잡은 것인데, 그게 무슨 죄가 되냐고 오히려 큰소리친다.
> (나) 남의 닭을 훔쳐다 잡아먹고서 부인할 수는 있다. 그러나 뭐 뀐 놈이 성내는 것도 분수가 있지, 피해자를 가해자로 몰아 처벌하게 하는 데야 말문이 막힐 수밖에 없는 일이 아닌가. 적반하장도 유분수지, 도둑이 주인을 도둑으로 처벌해 달라고 고소하는 일은 별로 흔하지 않을 것이다.
> (다) 뒷집 사람은 원님에게 불려 가게 되었다. 뒷집이 우리 닭을 훔쳐다 잡아먹었으니 처벌해 달라고 앞집 사람이 고소했던 것이다. 이번에는 증거물이 있었다. 바로 앞집 사람이 잡아먹고 남은 닭 발이었는데, 그것을 뒷집 두엄 더미에 넣어 두었던 것이다. 뒷집 사람은 앞집에서는 증조부 때 이후로 닭을 기른 적이 없다고 항변했지만 그것을 입증해 줄 만한 사람은 없었다. 뒷집 사람은 어쩔 수 없이 앞집에 닭 한 마리 값을 물어주었다.
> (라) '닭 잡아먹고 오리 발 내민다.'는 속담이 있다. 제가 저지른 나쁜 일이 드러나게 되니 어떤 수단을 써서 남을 속이려 한다는 뜻이다. 남을 속임으로써 난감한 처지에서 벗어나고자 하는 약삭빠른 사람의 행위를 우리는 이렇게 비유해서 말하는 것이다.

① (라) – (가) – (나) – (다)
② (라) – (가) – (다) – (나)
③ (라) – (나) – (가) – (다)
④ (라) – (다) – (나) – (가)

12 다음 문장을 논리적 순서대로 바르게 나열한 것은?

> (가) 그 덕분에 인류의 문명은 발달될 수 있었다.
> (나) 그 대신 사람들은 잠을 빼앗겼고 생물들은 생체리듬을 잃었다.
> (다) 인간은 오랜 세월 태양의 움직임에 따라 신체 조건을 맞추어 왔다.
> (라) 그러나 밤에도 빛을 이용해 보겠다는 욕구가 관솔불, 등잔불, 전등을 만들어 냈고, 이에 따라 밤에 이루어지는 인간의 활동이 점점 많아졌다.

① (다) – (가) – (나) – (라)
② (다) – (나) – (라) – (가)
③ (다) – (라) – (가) – (나)
④ (다) – (라) – (나) – (가)

13 다음 글을 읽고 추론한 내용으로 적절하지 않은 것은?

> 리플리 증후군이란 허구의 세계를 진실이라 믿고 거짓말과 거짓된 행동을 상습적으로 반복하는 반사회적 인격장애를 뜻한다. 리플리 증후군은 극단적인 감정의 기복을 보이는 등 불안정한 정신상태를 갖고 있는 사람에게서 잘 나타나는 것으로 알려져 있다. 자신의 욕구를 충족시킬 수 없어 열등감과 피해의식에 시달리다가 상습적이고 반복적인 거짓말을 일삼으면서 이를 진실로 믿고 행동하게 된다. 거짓말을 반복하다가 본인이 한 거짓말을 스스로 믿어버리는 증후군으로서 현재 자신의 상황에 만족하지 못하는 경우에 발생한다. 이는 '만족'이라는 상대적인 개념을 개인이 어떻게 받아들이고 느끼느냐에 따라 달라진다고 할 수 있다.

① 상대적으로 자신에게 만족감을 갖지 못한 사람에게 리플리 증후군이 나타난다.
② 리플리 증후군 환자는 거짓말을 통해 만족감을 얻고자 한다.
③ 자신의 상황에 불만족하는 사람은 불안정한 정신 상태를 갖게 된다.
④ 리플리 증후군 환자는 자신의 거짓말을 거짓말로 인식하지 못한다.

14 다음은 호국보훈의 달을 맞아 개제된 현충일 관련 글이다. 이에 대한 내용으로 적절하지 않은 것은?

> 현충일은 6·25전쟁과 깊은 관련이 있는 날이다. 1956년 4월 19일, 6·25참전용사를 비롯해 국가를 위해 희생해 주신 모든 분을 추모하는 날인 6월 6일 현충일은 대통령령 제1145호로 제정되었고, 1975년 1월 27일 대통령령으로 '관공서의 공휴일에 관한 규정'이 개정되어 현충일로 공식 개칭되었으며 1982년 5월 15일 '각종 기념일 등에 관한 규정'을 개정하여 정부 기념일로 제정되었다.
> 6월 6일이 현충일로 지정된 것은 망종(亡種)과 관련이 있기 때문이다. 농경 사회에서는 보리를 수확하고 모내기를 시작하는 망종을 가장 좋은 날이라고 여겼으며, 국가를 지킨 영웅들에 대한 예를 갖추는 일도 망종에 진행되어 왔다. 옛 기록을 보면, 고려 현종 때는 조정에서 장병들의 뼈를 그들의 집으로 가져가서 제사 지내도록 했고, 조선시대에는 6월 6일에 병사들의 유해를 매장했다고 한다. 현충일이 6월인 또 하나의 이유는 6월 25일에 발발한 6·25전쟁에서 가장 많은 장병이 희생되었기 때문이기도 하다. 따라서 정부에서는 이를 고려해 매년 6월 6일을 현충기념일로 지정하게 된 것이다.
> 현충일은 단순히 쉬는 날이 아니다. 현충일은 지금의 대한민국을 만들어내기 위해 희생하신 순국선열 및 호국영령을 기리는 매우 중요한 날이다. 이런 의미 있는 날, 모든 관공서와 일반 가정에서 태극기를 게양한다. 그리고 오전 10시 정각 우리 나라를 위해 희생하신 분들을 추모하기 위해 전국에 사이렌이 울리고, 1분간의 묵념이 이어진다.
> 또한 매년 6월 6일 국립서울현충원에서는 현충일 추념식이 거행된다. 추념식에는 참전국 대사, 각계대표, 시민 등이 함께 참석하며 국가와 국민을 위한 희생을 영원히 기억하고 우리 조국이 하나가 되는 시간을 갖고 있다.

① 현충일이 처음 제정된 해는 1956년이다.
② 현충일 당일 추모의 의미로 사이렌이 울리는 시각은 오전 10시이다.
③ 조선시대에는 병사들의 유해를 6월 6일에 매장하던 풍습이 있다.
④ 현충일이 정부 기념일로 제정된 해에 현충일로 공식 개칭되었다.

15 다음 글의 제목으로 가장 적절한 것은?

> 중소기업은 기발한 아이디어와 차별화된 핵심기술이 없으면 치열한 경쟁에서 뒤처질 수밖에 없다. 그러나 중소기업의 핵심기술은 항상 탈취·유출 위험에 노출되어 있다고 해도 과언이 아니다. 목숨과도 같은 기술을 뺏기면 중소기업은 문을 닫아야 할 위기에 봉착하고 만다. 그러니 철저한 기술 보호는 중소기업의 생명과 직결된다고 볼 수 있다.
> 기업들의 기술 탈취 근절 공감대는 폭넓게 확산되고 있지만 여전히 갈 길이 멀다. 그렇다 보니 당사자인 중소기업에는 기술 보호를 위한 선제적 노력이 요구된다. 중소기업 기술 보호의 첫걸음은 특허 등록이다. 특허등록 시에는 두 가지를 꼭 고려해야 한다. 먼저 '똑똑한 특허'를 출원해야 한다. 비용과 시간이 들더라도 청구 범위가 넓은 특허가 필요하다. 기술 개발과 제품 론칭에만 신경 쓰다 보면 출원을 소홀히 해 '부실 특허'를 낳을 수 있다. 출원 비용이 만만찮다 보니 특허출원 수나 기간을 간과하는 경우도 흔한 일이다.
> 다음은 기술 유출 방지에 최선을 다해야 한다. 기술 유출 방지는 기술개발 못지않게 중요하다. 많은 중소기업은 기술개발이 끝난 뒤 특허등록을 추진하고 있다. 그렇지만 특허출원 이전에 내부 기술이 유출된다면 그동안의 노력은 물거품이 되고 만다. 기술개발 단계부터 특허등록을 염두에 두고 기술 유출 방지에 최선을 다해야 하는 이유다.
> 특허등록과 더불어 필요한 것은 기술 보호 역량이다. 대부분의 중소기업은 기술력이 있어도 기술 보호 역량이 취약하다. 기술 보호에 대한 경각심도 높지 않은 편이다. 이러한 문제는 기술 및 지식재산권 분야 법률서비스를 제공하고, 관련 제도 정책을 교육하는 '중소기업 기술 보호 법무지원단'과 경쟁사의 기술 도용 등을 막는 강력한 제도인 '기술임치제' 등의 제도를 활용하면 기술 탈취, 불공정 거래 행위 예방과 기술을 보호받을 수 있다.

① 중소기업 기술 보호의 방안
② 기술분쟁 사례와 선제적 대응 방안
③ 비교분석을 통한 기술 보호 전략
④ 핵심기술 특허등록의 중요성

16 다음 글의 서술 방식에 대한 설명으로 적절하지 않은 것은?

> 나는 집이 가난하여 말이 없어서 간혹 남의 말을 빌려탄다. 노둔하고 여윈 말을 얻게 되면 일이 비록 급하더라도 감히 채찍을 대지 못하고 조심조심 금방 넘어질 듯 여겨서 개울이나 구렁을 지날 때는 말에서 내려걸어가므로 후회할 일이 적었다. 발굽이 높고 귀가 쫑긋하여 날래고 빠른 말을 얻게 되면 의기양양 마음대로 채찍질하고 고삐를 늦추어 달리니 언덕과 골짜기가 평지처럼 보여 매우 장쾌하지만 말에서 위험하게 떨어지는 근심을 면치 못할 때가 있었다. 아! 사람의 마음이 옮겨지고 바뀌는 것이 이와 같을까? 남의 물건을 빌려서 하루아침의 소용에 쓰는 것도 이와 같은데, 하물며 참으로 자기가 가지고 있는 것이야 어떻겠는가?
>
> — 이곡, 『차마설(借馬說)』

① 경험을 통한 통찰력이 돋보인다.
② 우의적 기법을 적절히 활용하고 있다.
③ 대상들 사이의 유사점을 통해 대상의 특성을 설명하고 있다.
④ 일상사와 관련지어 글쓴이의 주장을 설득력 있게 드러내고 있다.

17 다음 중 고대 그리스의 문학이 아닌 것은?

① 『일리아스』　　　② 『오디세이아』
③ 『데카메론』　　　④ 『메데이아』

18 김동인의 『배따라기』 소설의 배경이 되는 섬은?

① 전남 완도군 완도　　　② 경남 남해군 남해도
③ 충남 태안군 안면도　　　④ 인천광역시 강화군 강화도

19 다음 시에 대한 이해로 적절하지 않은 것은?

> 봄은
> 남해에서도 북녘에서도
> 오지 않는다.
> 너그럽고
> 빛나는
> 봄의 그 눈짓은,
> 제주에서 두만까지
> 우리가 디딘
> 아름다운 논밭에서 움튼다.
> 겨울은,
> 바다와 대륙 밖에서
> 그 매운 눈보라 몰고 왔지만
> 이제 올
> 너그러운 봄은, 삼천리 마을마다
> 우리들 가슴속에서
> 움트리라.
> 움터서,
> 강산을 덮은 그 미움의 쇠붙이들
> 눈 녹이듯 흐물흐물
> 녹여버리겠지.
>
> － 신동엽, 『봄은』

① 현실을 초월한 순수 자연의 세계를 노래하고 있다.
② 희망과 신념을 드러내는 단정적 어조로 표현하고 있다.
③ 시어들의 상징적인 의미를 통해 주제를 형성하고 있다.
④ '봄'과 '겨울'의 이원적 대립으로 시상을 전개하고 있다.

20 다음 글의 (가)와 (나)의 논점을 파악한 내용으로 적절하지 않은 것은?

> (가) 좌절과 상실을 당하여 상대방에 대해 외향적 공격성을 보이는 원(怨)과 무력한 자아를 되돌아보고 자책하고 한탄하는 내향적 공격성인 탄(嘆)이 한국의 고유한 정서인 한(恨)의 기점이 되고 있다. 이러한 것들은 체념의 정서를 유발할 수 있다. 이른바 한국적 한에서 흔히 볼 수 있는 소극적·퇴영적인 자폐성과 허무주의, 패배주의 등은 이러한 체념적 정서의 부정적 측면이다. 그러나 체념에 부정적인 것만 있는 것은 아니다. 오히려 체념에 철저함으로써 달관의 경지에 나아갈 수 있다. 세상의 근원을 바라볼 수 있는 관조의 눈이 열리게 되는 것이다. 여기서 더욱 중요하게 보아야 하는 것이 한국적 한의 또 다른 내포다. 그것은 바로 '밝음'에 있다. 한이 세상과 자신에 대한 공격성을 갖는 것이 아니라 오히려 세계와 대상에 대하여 연민을 갖고, 공감할 수 있는 풍부한 감수성을 갖는 경우가 있다. 이를 '정(情)으로서의 한'이라고 할 수 있다. 또한 한이 간절한 소망과 연결되기도 한다. 결핍의 상황으로 인한 한이 그에 대한 강한 욕구 불만에 대한 반사적 정서로서의 간절한 소원을 드러내는 것이다. 이것이 '원(願)으로서의 한'이다.
>
> (나) 한국 민요가 슬픈 노래라고 하는 것은 민요를 면밀하게 관찰하고 분석하여 내린 결론은 아니다. 겉으로 보아서는 슬프지만 슬픔과 함께 해학을 가지고 있어서 민요에서의 해학은 향유자들이 슬픔에 빠져 들어가지 않도록 차단하는 구실을 하고 있다. 예컨대 "나를 버리고 가시는 님은 십 리도 못 가서 발병 났네."라고 하는 아리랑 사설 같은 것은 이별의 슬픔을 말하면서도 "십 리도 못 가서 발병 났네."라는 해학적 표현을 삽입하여 이별의 슬픔을 차단하며 단순한 슬픔에 머무르지 않는 보다 복잡한 의미 구조를 창조한다. 아무리 비장한 민요라고 하더라도 해학의 계속적인 개입이 거의 예외 없이 이루어진다. 한국 민요의 특징이나 한국적 미의식의 특징을 한마디 말로 규정하겠다는 의도를 버리지 않는다면, 차라리 해학을 드는 편이 무리가 적지 않을까 한다. 오히려 비애 또는 한이라고 하는 것을 대량으로 지니고 있는 것은 일부의 현대시와 일제하의 유행가이다. 김소월의 시도 그 예가 될 수 있고, '황성 옛터', '타향살이' 등의 유행가를 생각한다면 사태는 분명하다. 이런 것들에는 해학을 동반하지 않은 슬픔이 확대되어 있다.

① 한국 문화의 중요한 지표로 (가)는 한을, (나)는 해학을 들고 있다.
② (가)는 한의 긍정적 측면을 강조하였다면, (나)는 한의 부정적 측면을 전제하고 있다.
③ (가)는 한을 한국 문화의 원류적인 것으로, (나)는 시대에 따른 현상으로 보고 있다.
④ (가)는 한의 부정적 측면을 지양할 것을, (나)는 해학의 전통을 재평가할 것을 강조한다.

02 한국사

01 다음 유물이 처음 사용된 시대의 생활 모습으로 옳은 것은?

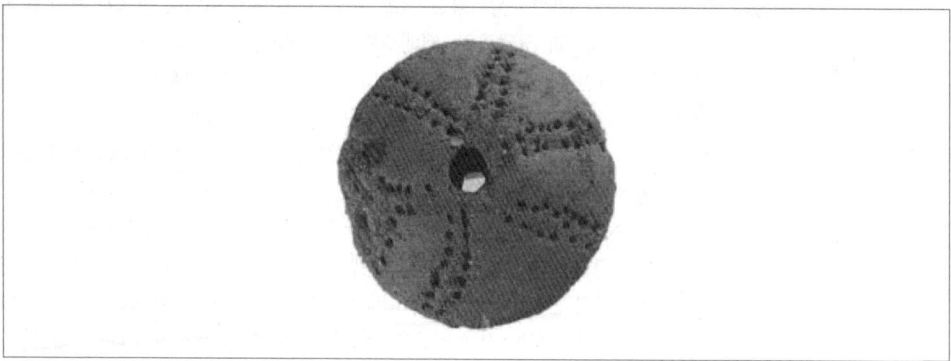

① 거친무늬 거울을 사용하였다.
② 주로 동굴이나 막집에서 살았다.
③ 빗살무늬 토기에 식량을 저장하였다.
④ 철제 농기구를 이용하여 농사를 지었다.

02 다음 법이 시행된 나라에 대한 탐구 활동으로 옳은 것은?

> • 사람을 죽인 자는 곧바로 죽인다.
> • 남에게 상해를 입힌 자는 곡식으로 갚게 한다.
> • 도둑질을 하면 남자는 몰입(沒入)*하여 그 집의 노(奴)로, 여자는 비(婢)로 삼는데, 용서받고자 할 때에는 50만 전을 내야 한다.
>
> — 『한서』 지리지
>
> * 몰입(沒入) : 죄인의 재산을 몰수하고 그 가족을 노비로 삼는 것

① 임신서기석의 내용을 분석한다.
② 국내성 천도의 배경을 살펴본다.
③ 칠지도에 새겨진 명문을 해석한다.
④ 한의 왕검성 침략 원인을 조사한다.

03 다음 문화유산에 대한 탐구 활동으로 옳은 것은?

〈호우명 그릇〉

① 신라와 고구려의 관계에 대해 분석한다.
② 신라에 전래된 서역 문화에 대해 살펴본다.
③ 백제 건국 세력과 고구려의 관계를 파악한다.
④ 백제가 일본에 전파한 불교 문화에 대해 조사한다.

04 다음 밑줄 친 '이 나라'에 대한 설명으로 옳지 않은 것은?

> 이 나라에서 만들어진 두 분의 부처가 나란히 앉아 있는 이불병좌상은 고구려 양식을 계승한 것으로 현재 일본에 있으며, 수도인 상경에는 당의 장안의 도로망을 본뜬 주작대로가 있다.

① 말(馬)이 주요한 수출품이었다.
② 거란의 침략을 받아 멸망하였다.
③ 9세기에 들어서 비로소 신라와 상설교통로를 개설하였다.
④ 동해를 통해 일본과 무역을 활발하게 전개하였다.

05 다음 중 통일신라의 지방 행정 조직에 대한 설명으로 옳지 않은 것은?

① 신문왕 대에 9주 5소경 체제로 정비하였다.
② 주(州)에는 지방 감찰관으로 보이는 외사정이 배치되었다.
③ 5소경을 전략적 요충지에 두고, 도독이 행정을 관할토록 하였다.
④ 촌주가 관할하는 촌 이외에, 향·부곡이라는 행정 구역도 있었다.

06 다음 중 고려 대몽항쟁에서 가장 나중에 일어난 사건은?
① 처인성전투 ② 팔만대장경 조판
③ 강화도 천도 ④ 삼별초 항쟁

07 다음 건의를 받아들인 왕이 실시한 정책으로 옳은 것은?

> 임금이 백성을 다스릴 때 집집마다 가서 날마다 그들을 살펴보는 것이 아닙니다. 그래서 수령을 나누어 파견하여, (현지에) 가서 백성의 이해(利害)를 살피게 하는 것입니다. 우리 태조께서도 통일한 뒤에 외관(外官)을 두고자 하셨으나, 대개 (건국) 초창기였기 때문에 일이 번잡하여 미처 그럴 겨를이 없었습니다. 이제 제가 살펴보건대, 지방 토호들이 늘 공무를 빙자하여 백성들을 침해하며 포악하게 굴어, 백성들이 명령을 견뎌내지 못합니다. 외관을 두시기 바랍니다.

① 서경 천도를 추진하였다.
② 5도 양계의 지방 제도를 확립하였다.
③ 지방 교육을 위해 경학박사를 파견하였다.
④ 유교 이념과는 별도로 연등회, 팔관회 행사를 장려하였다.

08 다음 중 고려 농민을 위한 정책으로 옳지 않은 것은?
① 농민 자제의 과거를 위한 기금으로 광학보를 설치하였다.
② 개간지는 일정 기간 면세하여 줌으로써 농민의 부담을 경감해주었다.
③ 재해를 당했을 때에는 세금을 감면해 농민 생활의 안정을 꾀하였다.
④ 농번기에는 잡역 동원을 금지하여 농사에 지장을 주지 않으려 하였다.

09 다음 중 조선 전기(15～16세기) 사림의 향촌을 주도하기 위한 동향으로 옳지 않은 것은?

① 도덕과 의례의 기본 서적인 『소학』을 보급하였다.
② 향사례(鄕射禮), 향음주례(鄕飮酒禮)의 실시를 주장하였다.
③ 향회를 통해서 자신들의 결속을 다지고, 향촌을 교화하였다.
④ 촌락 단위의 동약을 실시하고, 문중 중심으로 서원과 사우를 많이 세웠다.

10 다음 중 과전법과 그 변화에 대한 설명으로 옳지 않은 것은?

① 수신전, 휼양전을 죽은 관료의 가족에게 지급하였다.
② 공음전을 5품 이상의 관료에게 주어 세습을 허용하였다.
③ 세조 대에 직전법으로 바꾸어 현직 관리에게만 수조권을 지급하였다.
④ 성종 대에는 관수관급제를 실시하여 전주의 직접 수조를 지양하였다.

11 다음 중 조선 전기(15～16세기) 중앙 정치에 대한 설명으로 옳지 않은 것은?

① 붕당은 정치적 이념과 학문적 경향에 따라 결집되었다.
② 삼사는 권력의 독점과 부정을 방지하는데 기여하였다.
③ 사화로 갈등이 격화되면서, 정국이 급격하게 전환되는 환국 정치가 시작되었다.
④ 합리적인 인사 행정 제도가 갖추어져 이전 시기보다 관료제적 성격이 강해졌다.

12 다음 중 우리나라 농서에 대한 설명으로 옳은 것은?

① 『농가집성』은 고려 말 이암이 원에서 들여 온 것이다.
② 『농사직설』은 정초 등이 왕명을 받아 편찬한 것이다.
③ 『산림경제』는 박세당이 과수, 축산 등을 소개한 것이다.
④ 『과농소초』는 홍만선이 화초재배법에 대해 저술한 것이다.

13 다음 (가) ~ (라) 국왕 대에 있었던 사실로 옳지 않은 것은?

> 조선시대 국가를 운영하는 핵심 법전인 『경국대전』은 세조 대에 그 편찬이 시작되어 ___(가)___ 대에 완성되었다. 이후 여러 차례의 전쟁으로 혼란에 빠진 국가체제를 수습하고 새로운 정치·사회적 변화에 대응하기 위해 법전 정비가 필요하게 되었다. 이에 따라 ___(나)___ 대에 『속대전』을 편찬하였으며, ___(다)___ 대에 『대전통편』을 그리고 ___(라)___ 대에는 『대전회통』을 편찬하였다.

① (가) : 홍문관을 두어 집현전을 계승하였다.
② (나) : 서원을 붕당의 근거지로 인식하여 대폭 정리하였다.
③ (다) : 사도세자의 무덤을 옮기고 화성을 축조하였다.
④ (라) : 삼정의 문란을 바로잡기 위해 삼정이정청을 설치했다.

14 다음 빈칸에 들어갈 내용으로 옳은 것은?

> • 사헌부 대사헌 허응 등이 시무 7조를 올렸다. "…… 주·부·군·현에 각각 수령이 있는데, 향원(鄕愿) 가운데 일 삼기를 좋아하는 무리들이 _____을/를 설치하고, 아무 때나 무리지어 모여서 수령을 헐뜯고 사람을 올리고 내치고, 백성들을 핍박하는 것이 교활한 향리보다 심합니다. 원하건대, 모두 혁거(革去)하여 오랜 폐단을 없애소서."
> — 『태종실록』
>
> • 헌납 김대가 아뢰기를, "백성을 괴롭힘은 향리보다 더한 자가 없는데, 수령도 반드시 다 어질 수는 없습니다. 그래서 백성이 편안하게 살 수 없는데, 비록 경재소가 있더라도 귀와 눈이 미치지 못하는 곳은 규명해 낼 수가 없습니다. …… _____의 법은 매우 훌륭했습니다만 중간에 폐지하여 이러한 큰 폐단이 생겼으니, 다시 세우는 것이 어떻겠습니까?"라고 하였다.
> — 『성종실록』

① 좌수와 별감을 선발하여 운영되었다.
② 대성전을 세워 선현에 제사를 지냈다.
③ 옥당이라고 불리며 경연을 담당하였다.
④ 농민들로 구성된 공동 노동의 작업 공동체였다.

15 다음 중 '대한국 국제'의 내용에 해당하는 것은?

① 내시부를 없애고 그중에 우수한 인재를 등용한다.
② 조세의 부과와 징수, 경비의 지출은 모두 탁지아문이 관할한다.
③ 칙임관은 황제가 정부에 자문하여 그 과반수의 의견에 따라 임명한다.
④ 대한국 대황제는 각 조약 체결 국가에 사신을 파견하고, 선전강화(宣戰講和) 및 제반 조약을 체결한다.

16 다음 두 사건이 일어난 이후의 사실로 옳은 것만을 〈보기〉 중 모두 고르면?

- 고종 황제의 강제 퇴위
- 일제에 의한 군대 해산

보기
ㄱ. 안중근이 만주 하얼빈에서 이토 히로부미를 사살하였다.
ㄴ. 민영환이 일제에 대한 저항을 강력하게 표현한 유서를 남기고 자결하였다.
ㄷ. 장지연이 민족의식을 고취하는 '시일야방성대곡'을 황성신문에 발표하였다.
ㄹ. 이인영을 총대장으로 하는 13도 연합의병부대(창의군)가 서울진공작전을 시도하였다.

① ㄱ, ㄴ
② ㄱ, ㄹ
③ ㄴ, ㄷ
④ ㄷ, ㄹ

17 다음 중 1920년대 산미증식계획에 대한 설명으로 옳은 것은?

① 춘궁 퇴치·자력갱생 등을 내세웠다.
② 쌀·잡곡에 대한 배급제도와 공출제도가 실시되었다.
③ 소작농을 보호한다는 명목으로 소작조정령을 발표하였다.
④ 공업화로 인한 일본의 식량 부족 문제를 해결하고자 실시하였다.

18 다음 법이 공포된 이후 나타난 일제의 지배 정책에 대한 설명으로 옳지 않은 것은?

> 제4조 정부는 전시에 국가총동원상 필요할 때에는 칙령이 정하는 바에 따라 제국 신민을 징용하여 총동원 업무에 종사하게 할 수 있다.

① 마을에 애국반을 편성하여 일상생활을 통제하였다.
② 일본식 성과 이름으로 고치는 창씨개명을 시행하였다.
③ 여성에게 작업복인 '몸뻬'라는 바지의 착용을 강요하였다.
④ 토지 현황 파악을 위해 전국적으로 토지소유권을 조사하였다.

19 다음 사건들을 일어난 순서대로 바르게 나열한 것은?

| (가) 유신 헌법 선포 | (나) 7·4 남북공동선언 |
| (다) 브라운 각서 | (라) 새마을운동 |

① (다) – (나) – (라) – (가)
② (다) – (라) – (가) – (나)
③ (다) – (라) – (나) – (가)
④ (라) – (다) – (나) – (가)

20 다음 중 8·15 광복 직후 일어난 역사적 사실로 옳은 것은?

① 여운형은 조선건국동맹을 조직하였다.
② 대한민국 임시정부는 건국강령을 발표하였다.
③ 조선어학회는 우리말 큰사전 편찬을 시작하였다.
④ 모스크바 3상회의에서 한반도 문제가 논의되었다.

03 일반상식

01 다음 중 북한의 특수작전부대로 2024년 10월 우크라이나 – 러시아 전쟁에 파병된 것으로 알려진 부대는?

① 호랑이군단
② 폭풍군단
③ 백두산군단
④ 태풍군단

02 다음 중 덴마크의 제약사 노보 노디스크가 출시한 성인용 비만치료제의 이름은?

① 위고비
② 삭센다
③ 제니칼
④ 콘트라브

03 다음 중 국회의원 출신의 지자체장이 아닌 사람은?

① 오세훈 서울특별시장
② 김영록 전라남도지사
③ 이장우 대전광역시장
④ 김동연 경기도지사

04 다음 중 IPEF(인도·태평양 경제 프레임워크)에 대한 설명으로 옳은 것은?

① IPEF는 중국을 중심으로 미국의 경제 패권에 대항하려는 성격의 다자간 경제협력체이다.
② IPEF는 국가간의 조약으로서 법적인 구속력이 있으므로 국회의 비준이 반드시 필요하다.
③ IPEF는 공급망, 청정 경제, 공정 경제 등 모두 3개의 필라(Pillar)와 하위의 모듈로 구성되어 있다.
④ IPEF 참여국은 각각의 필라 모두에 참여할 의무는 없어 참여할 필라를 선택할 수 있으나, 선택한 필라 내에서는 모든 모듈에 합의해야 한다.

05 다음 중 웹 사이트의 방문 기록을 남겨 사용자와 웹 사이트를 연결해 주는 인터넷 서비스는?

① 풀(Pull)
② 푸시(Push)
③ 쿠키(Cookie)
④ 캐싱(Caching)

06 다음의 내용과 관계가 깊은 것은?

> 환율이 1달러당 1,250원일 때 ○○날드 ○○버거가 미국에서는 2.5달러에 판매되고, 한국에서는 2,500원에 판매된다.

① 원화의 평가절하로 우리나라의 햄버거 구매력 지수가 미국에 비해 상대적으로 낮다.
② 원화의 평가절상으로 우리나라의 햄버거 구매력 지수가 미국에 비해 상대적으로 높다.
③ 미국의 2.5달러를 기준으로 한국에서 판매할 경우 최소한 3천 원에 팔아야 한다.
④ 위 조건이라면 한국보다 미국은 대일(對日) 수입이 유리하다.

07 다음 중 기업이 은행에 예금이 없으면서 양도성 예금증서를 발행하는 것을 가리키는 용어는?

① RP
② 무보증 CP
③ 무보증 CD
④ CR REITs

08 다음 〈보기〉 중 탄소중립에 대한 설명으로 옳지 않은 것을 모두 고르면?

> **보기**
> ㄱ. 한국은 2030년까지 국가 온실가스 배출량을 2015년 대비 30% 감축하는 목표를 정했다.
> ㄴ. 탄소중립을 실행하는 방안으로는 숲을 조성하기, 재생에너지 개발하기, 탄소배출권 구매하기 등이 있다.
> ㄷ. 탄소중립의 감축 목표 대상이 되는 온실가스는 이산화탄소(CO_2)와 메테인(CH_4) 등의 2가지 기체뿐이다.
> ㄹ. 직접 공기 포집(DAC)과 탄소 포집 및 저장(CCS) 기술은 탄소중립을 실현하는 가스 포집 기술이다.
> ㅁ. 한국은 탄소중립 사회로의 이행을 효과적으로 추진하기 위해 환경부장관 소속으로 2050 탄소중립녹색성장위원회를 설치했으며, 이에 필요한 재원 마련을 위해 설치된 기후대응기금 또한 환경부장관이 관리한다.

① ㄱ, ㄴ, ㄷ
② ㄱ, ㄷ, ㅁ
③ ㄴ, ㄷ, ㄹ
④ ㄷ, ㄹ, ㅁ

09 소비자가 선호하는 것에 깊이 파고드는 행동이 관련 제품의 소비로 이어지는 현상을 지칭하는 말은?

① 디깅소비
② 소비경기
③ 소비혁명
④ 기호소비

10 다음 중 우리나라의 공공부조에 대한 설명으로 옳지 않은 것은?

① 국가 및 지방자치단체의 책임하에 생활유지 능력이 없거나 생활이 어려운 국민의 최저생활을 보장하고 자립을 지원하는 제도이다.
② 대표적으로 국민기초생활보장제도가 있다.
③ 사회보장제도의 주요 수단으로서 근로자나 그 가족을 상해・질병・노령・실업・사망 등의 위협으로부터 보호하기 위해 실시한다.
④ 필요한 재원은 일반 조세수입으로 충당한다.

제2회 최종점검 모의고사

문항 수 : 50문항   응시시간 : 70분

정답 및 해설 p.023

01 국어

01 다음 중 밑줄 친 부분의 맞춤법이 옳은 것은?

> 조직에 문제가 발생하면 우리는 먼저 원인을 <u>일일히</u> 분석합니다. 이후 구성원 모두가 해결 방안을 찾기 위해 머리를 <u>맏대고</u> 함께 고민합니다. 이때 우리는 '<u>어떻게든</u> 되겠지.'라는 안일한 생각을 버리고, '<u>흐터지면</u> 죽는다.'는 마음으로 뭉쳐야 합니다. 조직의 위기를 함께 극복할 때 우리는 더 나은 모습으로 성장할 수 있습니다.

① 일일이
② 맏대고
③ 어떻게든
④ 흐터지면

02 다음 중 밑줄 친 부분의 띄어쓰기가 옳은 것은?

① 토마토는 <u>손 쉽게 가꿀 수 있는</u> 채소이다.
② 정부가 <u>발 빠르게 지원에 나서서</u> 주목받고 있다.
③ <u>겨울한파에 언마음이</u> 따뜻하게 녹았으면 좋겠다.
④ <u>도농간 소통하는 시간을</u> 통해 도시와 농촌이 하나가 되길 기대한다.

03 다음 중 조음 기관이 좁혀진 사이로 공기가 마찰하여 나는 소리가 들어 있지 않은 것은?

① 개나리
② 하얗다
③ 고사리
④ 싸우다

04 다음 중 훈민정음 제자해에서 '象舌附上齶之形'에 해당하는 자모는?

① ㄱ ② ㄴ
③ ㅅ ④ ㅇ

05 다음 중 밑줄 친 어휘의 표기로 옳은 것은?

① 이렇게 큰 상을 받게 되니 감사하면서도 <u>겸연적다</u>.
② 차가운 바닥에 <u>거적대기를</u> 깔고 앉아 있는 모습이 안쓰러웠다.
③ 주인공의 <u>맛갈나는</u> 연기가 시청자들의 눈길을 사로잡았다.
④ 그 사람의 체면을 봐주다가 욕을 <u>곱빼기로</u> 얻어먹었다.

06 다음 밑줄 친 부분 중 보조사인 것은?

① 이 물건은 시장<u>에서</u> 사 왔다.
② 개는 늑대<u>와</u> 비슷하게 생겼다.
③ 그것은 교사<u>로서</u> 할 일이 아니다.
④ 나<u>는</u> 거칠 것 없는 바다의 사나이다.

07 다음은 '기미 독립 선언서'의 공약 3장 중 첫 장이다. ㉠~㉣ 중 한자 표기가 옳지 않은 것은?

> 今日(금일) 吾人(오인)의 此擧(차거)는 正義(정의), ㉠ <u>人道</u>(인도), 生存(생존), ㉡ <u>尊榮</u>(존영)을 爲(위)하는 民族的(민족적) 要求(요구) ㅣ니, 오즉 自由的(자유적) 精神(정신)을 ㉢ <u>發揮</u>(발휘)할 것이오, 決(결)코 排他的(배타적) 感情(감정)으로 ㉣ <u>一走</u>(일주)하지 말라.

① ㉠ ② ㉡
③ ㉢ ④ ㉣

08 다음 밑줄 친 부분과 어울리는 한자성어는?

> 초승달이나 보름달은 보는 이가 많지마는, 그믐달은 보는 이가 적어 그만큼 외로운 달이다. 객창한 등(客窓寒燈)에 <u>정든 임 그리워 잠 못 들어 하는 분</u>이나, 못 견디게 쓰린 가슴을 움켜잡은 무슨 한 있는 사람이 아니면, 그 달을 보아 주는 이가 별로 없는 것이다.
>
> — 나도향, 『그믐달』

① 동병상련(同病相憐)　② 불립문자(不立文字)
③ 각골난망(刻骨難忘)　④ 오매불망(寤寐不忘)

09 다음 한자성어의 빈칸에 들어갈 한자로 옳은 것은?

> 靑出於( )

① 監　② 盡
③ 藍　④ 血

10 다음 문장을 논리적 순서대로 바르게 나열한 것은?

> (가) 과학은 현재 있는 그대로의 실재에만 관심을 두고 그 실재가 앞으로 어떠해야 한다는 당위에는 관심을 가지지 않는다.
> (나) 그러나 각자 관심을 두지 않는 부분에 대해 상대방으로부터 도움을 받을 수 있기 때문에 상호 보완적이라고 보는 것이 더 합당하다.
> (다) 과학과 종교는 상호 배타적인 것이 아니며 상호보완적이다.
> (라) 반면 종교는 현재 있는 그대로의 실재보다는 당위에 관심을 가진다.
> (마) 이처럼 과학과 종교는 서로 관심의 영역이 다르기 때문에 배타적이라고 볼 수 있다.

① (가) – (라) – (나) – (다) – (마)
② (가) – (라) – (마) – (다) – (나)
③ (다) – (가) – (라) – (마) – (나)
④ (다) – (나) – (가) – (라) – (마)

11 다음 글의 내용상 빈칸에 들어갈 내용으로 가장 적절한 것은?

> 자연계는 무기적인 환경과 생물적인 환경이 상호 연관되어 있으며, 그것은 생태계로 불리는 한 시스템을 이루고 있음이 밝혀진 이래, 이 이론은 자연을 이해하기 위한 가장 기본이 되는 것으로 받아들여지고 있다. 그동안 인류는 보다 윤택한 삶을 누리기 위하여 산업을 일으키고 도시를 건설하며 문명을 이룩해왔다. 이로써 우리의 삶은 매우 윤택해졌으나 우리의 생활환경은 오히려 훼손되고 있으며, 환경오염으로 인한 공해가 누적되고 있고, 우리 생활에서 없어서는 안 될 각종 자원도 바닥이 날 위기에 놓이게 되었다. _____
> 따라서 우리는 낭비되는 자원, 그리고 날로 황폐해져가는 자연에 대하여 우리가 해야 할 시급한 임무가 무엇인지를 깨닫고, 이를 실천하기 위해 우리 모두의 지혜와 노력을 모아야만 한다.

① 만약 우리가 이 위기를 슬기롭게 극복해 내지 못한다면 인류는 머지않아 파멸에 이르게 될 것이다.
② 이러한 위기를 초래하게 된 인류의 무분별한 자연 이용과 자연 정복의 태도는 크게 비판받아 마땅하다.
③ 그리고 과학 기술을 제 아무리 고도로 발전시킨다 해도 이러한 위기가 근본적으로 해소되기를 기대할 수는 없는 노릇이다.
④ 이처럼 인류가 환경 및 자원의 위기에 놓이게 된 것은 각국이 자국의 이익만을 앞세워 발전을 꾀했기 때문이다.

12 다음 글의 주장에 대한 반박으로 가장 적절한 것은?

> 최근 불안감을 느끼는 현대인들이 점점 많아져 사회 문제가 되고 있다. 경쟁이 심화된 성과 중심의 사회에서 사람들은 직장 내 다른 사람과 자신을 비교하면서 혹시 자신이 뒤처지고 있는 것은 아닌지 불안해한다. 심지어 사람들은 일어나지도 않을 일에 대해 불안감을 느끼기도 한다. 청소년도 예외는 아니다. 성장기에 있는 청소년들은 다양한 고민을 하게 되는데, 이것이 심해져 불안감을 느끼는 원인이 되곤 한다. 특히 학업에 대한 지나친 고민으로 생긴 과도한 불안은 학업에 집중하는 것을 방해하여 학업 수행에 부정적으로 작용한다.

① 상대적 평가 방식은 청소년이 불안감을 느끼는 원인이 된다.
② 친구나 부모와의 상담을 통해 고민을 해결해야 한다.
③ 청소년기의 지나친 고민은 건강을 해칠 수 있다.
④ 시험 기간에 느끼는 약간의 불안감은 성적이 향상되는 결과를 내는 경우도 있다.

13 다음 글의 서술상 특징으로 가장 적절한 것은?

> 조직문화란 조직 구성원들이 공유하는 가치체계·신념체계·사고방식의 복합체를 말한다. 그리하여 조직문화는 조직 구성원들에게 정체성(Organizational Identity)과 집단적 몰입(Collective Commitment)을 가져오며, 조직체계의 안정성과 조직 구성원들의 행동을 형성하는 기능을 수행한다.
> 따라서 어느 조직사회에서나 조직 구성원들에게 소속감을 부여하고 화합을 도모하여, 이를 통한 조직생활의 활성화를 위해 여러 가지 행사를 마련하게 되는데, 예컨대 본 업무 외에 회식·야유회(MT)·체육대회·문화행사 등의 진행이 그것이다.
> 개인이 규범·가치·습관·태도 등에서 공통점을 느껴 동지의식을 가지고 애착·충성의 태도로 임하는 집단을 내집단(Ingroup)이라고 한다. 가족·친구·국가·민족 등이 이에 해당한다.
> 반면에 타인·타국 등 다른 문화를 가진 집단을 외집단(Outgroup)이라고 부른다. 조직 구성원 간의 단합을 도모함으로써 조직의 정체성과 집단적 몰입을 꾀하는 조직문화는 곧 조직의 내집단 의식 고취를 목적으로 한다고 할 수 있다.
> 얼마 전에 20여 일에 걸쳐 진행된 우리 학교의 '학술문화체육대회'는 우리 학생들에 대한 정체성 부여와 단합, 한 가족과 같은 내집단 의식을 고양하기 위해 마련된 조직문화 행사 중의 하나이다. 이 행사는 1학년생들부터 졸업을 앞둔 학생들에 이르기까지 재학생 모두가 하나라는 공동체 의식과 학교에 대한 자부심 그리고 구성원 간의 화합과 학교생활의 활성화를 기하기 위해 연례적으로 진행되어 왔다.
> 그러나 전교생들을 위해 마련된 이 행사가 그동안 과연 얼마나 실효성 있는 성과를 거두고 있었는지에 대해서는 곰곰이 생각해볼 문제이다. 많은 학생이 많은 시간을 할애해 가며 참여해 왔지만 진정으로 자신의 정체성·소속감·내집단 의식을 고취시키는 행사였는지 되짚어봐야 할 것이다.

① 사례의 비교를 통해 문제 해결 방안을 제시하고 있다.
② 독자들에게 어떤 사실을 정의하여 알려주고 정보를 제공하며 사물이나 상황을 분석해 보여준다.
③ 알릴 만한 가치가 있는 사실을 객관적으로 쓴 글로서 육하원칙에 따라 사실을 보고 들은 그대로 적는다.
④ 한 가지 사실에 대해 다른 의견을 가진 사람에게 자신의 생각이나 주장이 옳음을 전달하기 위해 구체적인 증거를 바탕으로 쓴다.

14 다음 글을 통해 알 수 있는 내용으로 적절하지 않은 것은?

> 우리나라를 찾는 외국인들이 가장 즐겨 찾는 곳은 이태원이다. 여기서 '원(院)'이란 이곳이 과거에 여행자들을 위한 휴게소였다는 것을 말해준다. 사리원, 조치원 등의 '원'도 마찬가지이다. 조선 전기에는 여행자가 먹고 자고 쉴 수 있는 휴게소를 '원'이라고 불렀다. 1530년에 발간된 「신증동국여지승람」에 따르면 원은 당시 전국에 무려 1,210개나 있었다고 한다.
> 조선 전기에도 여행자를 위한 편의 시설은 잘 갖추어져 있었다. 주요 도로에는 이정표와 역(驛), 원(院)이 일정한 원칙에 따라 세워졌다. 10리마다 지명과 거리를 새긴 작은 장승을 세우고, 30리마다 큰 장승을 세워 길을 표시했다. 그리고 큰 장승이 있는 곳에는 역과 원을 설치했다. 주요 도로마다 30리에 하나씩 원이 설치되다 보니, 전국적으로 1,210개나 될 정도로 많아진 것이다.
> 역이 국가의 명령이나 공문서, 중요한 군사 정보의 전달, 사신 왕래에 따른 영송(迎送)과 접대 등을 위해 마련된 교통 통신 기관이었다면, 원은 그런 일과 관련된 사람들을 위해 마련된 일종의 공공여관이었다.
> 원은 주로 공공 업무를 위한 여관이었지만 민간인들에게 숙식을 제공하기도 했다. 원은 정부에서 운영했기 때문에 재원도 정부에서 마련했는데, 주요 도로인 대로와 중로, 소로 등에 설치된 원에는 각각 원위전(院位田)이라는 땅을 주어 운영 경비를 마련하도록 했다. 그렇다면 누가 원을 운영했을까? 역에는 종육품 관리인 찰방(察訪)이 파견되어 여러 개의 역을 관리하며 역리와 역노비를 감독했지만, 원에는 정부가 일일이 관리를 파견할 수 없었다. 그래서 대로변에 위치한 원에는 다섯 가구, 중로에는 세 가구, 소로에는 두 가구를 원주(院主)로 임명했다. 원주는 승려, 향리, 지방 관리 등이었는데 원을 운영하는 대신 각종 잡역에서 제외시켜 주었다.
> 조선 전기에는 원 이외에 여행자를 위한 휴게 시설이 따로 없었으므로 원을 이용하지 못하는 민간인 여행자들은 여염집 대문 앞에서 "지나가는 나그네인데, 하룻밤 묵어 갈 수 있겠습니까?"라고 물어 숙식을 해결할 수밖에 없었다. 그러나 임진왜란과 병자호란을 거치면서 점사(店舍)라는 민간 주막이나 여관이 생기고, 관리들도 지방 관리의 대접을 받아 원의 이용이 줄어들게 되면서 원의 역할은 점차 사라지고 지명에 그 흔적만 남게 되었다.

① 여행자는 작은 장승 두 개를 지나 10리만 더 가면 '역(驛)'이 나온다는 것을 알았을 것이다.
② '원(院)'을 운영하는 승려는 나라에서 요구하는 각종 잡역에서 빠졌을 것이다.
③ 외국에서 사신이 오면 관리들은 '역(驛)'에서 그들을 맞이하거나 보냈을 것이다.
④ 민간인 여행자들도 자유롭게 '원(院)'에서 숙식을 해결했을 것이다.

15 다음 발표에서 사용한 전략으로 적절하지 않은 것은?

> 여러분은 지금부터 제 질문에 "받아들일 만하다!"와 "불공정하다!"의 두 가지 대답 중 하나만을 선택할 수 있습니다. 첫 번째 질문은 다음과 같습니다. 어떤 자동차가 매우 잘 팔려서 물량이 부족한 상황입니다. 이에 한 자동차 대리점은 지금까지와는 달리 상품 안내서에 표시된 가격에 20만 원을 덧붙여서 팔기로 했습니다. 자동차 대리점의 결정은 받아들일 만한 것일까요, 아니면 불공정한 것일까요?
> 두 번째 질문은 다음과 같습니다. 어떤 자동차가 매우 잘 팔려서 물량이 부족한 상황입니다. 20만 원 할인된 가격으로 차를 팔아 왔던 한 자동차 대리점이 할인을 중단하고 원래 가격대로 팔기로 했습니다. 이러한 결정은 받아들일 만한 것일까요, 아니면 불공정한 것일까요?
> 실제로 캐나다에서 130명을 상대로 이러한 질문을 했습니다. 그 결과에 따르면, 첫 번째 질문에 불공정하다고 답한 응답자는 71%인 반면, 두 번째 질문에 불공정하다고 답한 응답자는 42%에 불과합니다. 두 경우 모두 가격을 20만 원 올렸는데 이러한 차이가 발생한 이유는 무엇일까요? 이에 대해 노벨 경제학상을 받은 대니얼 카너먼은 가격을 올리는 방식에 대해 정반대의 생각을 하기 때문이라고 했습니다. 기존의 가격에서 인상하는 것은 손해로, 할인을 없애는 것은 이득을 볼 기회를 잃어버리는 것으로 여긴다는 것입니다.

① 전문가의 견해를 인용하고 있다.
② 물음을 통해 청중의 주의를 환기하고 있다.
③ 구체적인 사례와 조사 결과를 제시하고 있다.
④ 매체의 특성을 고려해 발표 내용을 조절하고 있다.

16 다음 글을 읽고 추론한 내용으로 가장 적절한 것은?

> 최근 비즈니스 세계에서 라이코노믹스(Likeonomics, 호감경제학)라는 용어가 부쩍 회자되고 있다. 여기서 '호감 경제학'으로 번역된 '라이코노믹스'(Likeonomics)란 'Like'(호감)와 'Economics'(경제학)를 합성해 만든 신조어이다. 이는 우리가 내리는 거의 모든 결정에 영향을 미치는 것은 논리가 아니라 관계이며, 이것의 기반은 대상을 향한 높은 호감도라는 개념을 내포한다. 세계적인 마케팅 권위자 로히트 바르가바 교수는 그의 책 『호감이 전략을 이긴다』에서 라이코노믹스의 중요성을 강조한다. 그는 경쟁사회에서 신뢰를 얻고 경쟁력 우위를 점할 수 있는 방법은 "호감을 얻어 인간적이고 친밀한 유대 관계를 맺는 것뿐"이라고 말하며 그 수단으로 5가지 원칙을 꼽았다. 바로 진실성(Truth), 관련성(Relevance), 이타성(Unselfishness), 단순성(Simplicity) 그리고 타이밍(Timing)이다.

① 라이코노믹스는 기존의 경제학보다 복잡하다.
② 라이코노믹스는 소비자의 호감을 얻기 위해 논리성을 강조한다.
③ 라이코노믹스는 전략적으로 호감을 얻어야 한다고 주장한다.
④ 라이코노믹스는 논리보다 관계가 더 중요하다는 것을 보여준다.

17 다음 글의 주제로 가장 적절한 것은?

> 아이슬란드에 각종 파이프와 열교환기, 화학물질 저장탱크, 압축기로 이루어져 있는 '조지 올라 재생가능 메탄올 공장'이 등장했다. 이곳은 이산화탄소로 메탄올을 만드는 첨단 시설로, 과거 2011년 아이슬란드 기업 '카본리사이클링인터내셔널(CRI)'이 탄소 포집·활용(CCU) 기술의 실험을 위해서 지은 곳이다.
> 이곳에서는 인근 지열발전소에서 발생하는 적은 양의 이산화탄소(CO_2)를 포집한 뒤 물을 분해해 조달한 수소(H_2)와 결합시켜 재생 메탄올(CH_3OH)을 제조하였으며, 이때 필요한 열과 냉각수 역시 지열발전소의 부산물을 이용했다. 이렇게 만들어진 메탄올은 자동차, 선박, 항공 연료는 물론 플라스틱 제조 원료로 활용되는 등 여러 곳에서 활용되었다.
> 하지만 이렇게 메탄올을 만드는 것이 미래 원료 문제의 근본적인 해결책이 될 수는 없었다. 왜냐하면 메탄올이 만드는 에너지보다 메탄올을 만드는 데 들어가는 에너지가 더 필요하다는 문제점에 더하여 액화천연가스(LNG)를 메탄올로 변환할 경우 이전보다 오히려 탄소배출량이 증가하고, 탄소배출량을 감소시키기 위해서는 태양광과 에너지 저장장치를 활용해 메탄올 제조에 필요한 에너지를 모두 조달해야만 하기 때문이다.
> 또한 탄소를 포집해 지하에 영구 저장하는 탄소포집 저장방식과 달리, 탄소를 포집해 만든 연료나 제품은 사용 중에 탄소를 다시 배출할 가능성이 있어 이에 대한 논의가 분분한 상황이다.

① 탄소 재활용의 득과 실
② 재생 에너지 메탄올의 다양한 활용
③ 지열발전소에서 탄생한 재활용 원료
④ 탄소 재활용을 통한 미래 원료의 개발

18 다음 중 문학작품과 그 작품을 지은 작가의 이름이 잘못 연결된 것은?

① 장강명 – 댓글부대
② 김영하 – 오직 두 사람
③ 김지영 – 그녀 이름은
④ 구병모 – 네 이웃의 식탁

19. 다음 작품이 지닌 특징으로 적절하지 않은 것은?

> 나는 나룻배,
> 당신은 행인.
>
> 당신은 나를 흙발로 짓밟습니다.
> 나는 당신을 안고 물을 건너갑니다.
> 나는 당신을 안으면 깊으나 얕으나 급한 여울이나 건너갑니다.
>
> 만일 당신이 아니 오시면 나는 바람을 쐬고 눈비를
> 맞으며 밤에서 낮까지 당신을 기다리고 있습니다.
> 당신은 물만 건너면 나를 돌아보지도 않고 가십니다 그려.
>
> 그러나 당신이 언제든지 오실 줄만은 알아요.
> 나는 당신을 기다리면서 날마다 날마다 낡아갑니다.
>
> 나는 나룻배,
> 당신은 행인.
>
> — 한용운, 『나룻배와 행인』

① 높임법을 활용하여 주제 의식을 강화하고 있다.
② 공감각적 비유로 정서적 분위기를 조성하고 있다.
③ 수미상관의 방식으로 구조적 완결성을 높이고 있다.
④ 두 제재의 속성과 관계를 통해 주제를 형상화하고 있다.

20 다음 중 작품을 내재적 관점에서 바라보고 있는 사람은?

> 눈은 살아 있다.
> 떨어진 눈은 살아 있다.
> 마당 위에 떨어진 눈은 살아 있다.
>
> 기침을 하자.
> 젊은 시인(詩人)이여, 기침을 하자.
> 눈 위에 대고 기침을 하자.
> 눈더러 보라고 마음 놓고, 마음 놓고
> 기침을 하자.
>
> 눈은 살아 있다.
> 죽음을 잊어버린 영혼(靈魂)과 육체(肉體)를 위하여
> 눈은 새벽이 지나도록 살아 있다.
>
> 기침을 하자.
> 젊은 시인이여, 기침을 하자.
> 눈을 바라보며
> 밤새도록 고인 가슴의 가래라도
> 마음껏 뱉자.
>
> – 김수영, 『눈』

① 주희 : 시인의 의지적 삶이 곳곳에서 느껴져.
② 성윤 : '눈'과 '기침하는 행위'의 상징성이 뚜렷이 부각되고 있어.
③ 정화 : 시인은 죽음조차도 별로 두려워하지 않았던 사람인 것 같아.
④ 승혜 : 4·19 혁명 이후, 강렬한 현실 인식에서 나온 작품인 것 같아.

02 한국사

01 다음에서 설명하는 유물로 옳은 것은?

- 주로 구석기시대 전기에 사용
- 짐승 사냥, 나무뿌리를 캐는 용도 등에 사용되는 만능 석기

① 주먹도끼 ② 슴베찌르개
③ 가락바퀴 ④ 농경굴지구

02 다음 사료가 나타내고 있는 국가에 대한 설명으로 옳은 것은?

국읍마다 한 사람을 뽑아 천신에게 제사 지내는 일을 맡아보게 하며 그를 천군이라 이름하였다. 또 이들 여러 고을에는 각각 특정한 별읍이 있었으며 그곳을 소도라고 이름하였다. 거기에는 큰 나무를 세우고 방울과 북을 매달아 놓고 귀신을 섬겼다. 도망하여 그 안으로 들어 온 사람은 누구든 돌려보내지 아니하였다.

― 『삼국지』 동이전

① 책화라는 벌칙이 있어 읍락의 경계를 벗어난 지역에서 경제활동을 할 수 없었다.
② 제천 행사로 5월에 수릿날, 10월에 계절제를 하였다.
③ 장례 풍속으로 골장제가 있었다.
④ 왕 아래 대가들이 제가회의를 구성하였다.

※ 다음 (가)와 (나) 사이의 시기에 있었던 사실로 옳은 것을 고르시오. [3~4]

03
(가) 관리의 녹읍을 혁파하고 매년 조(租)를 내리되 차등이 있게 하였다.
(나) 여러 관리의 월봉을 없애고, 다시 녹읍을 나누어주었다.

① 처음으로 병부를 설치하였다.
② 화백회의에서 국왕을 폐위시킨 일이 있었다.
③ 호족이 지방의 행정권과 군사권을 장악하였다.
④ 6두품이 학문적 식견을 바탕으로 국왕의 조언자로 활동하였다.

04
(가) 동성왕은 신라에 사신을 보내 혼인을 청하였는데, 신라의 왕이 이벌찬 비지의 딸을 시집보냈다.
(나) 왕은 신라를 습격하기 위하여 친히 보병과 기병 50명을 거느리고 밤에 구천(狗川)에 이르렀는데, 신라의 복병이 나타나 그들과 싸우다가 살해되었다.

① 도읍을 금강 유역의 웅진으로 옮겼다.
② 장수왕의 공격을 받아 한성이 함락되었다.
③ 국호를 남부여로 고치고 중흥을 꾀하였다.
④ 동진으로부터 불교를 수용하여 공인하였다.

05 다음 밑줄 친 '왕'이 재위한 시기의 사실로 옳은 것은?

왕이 신하들을 불러 "흑수말갈이 처음에는 우리에게 길을 빌려서 당나라와 통하였다. …… 그런데 지금 당나라에 관직을 요청하면서 우리나라에 알리지 않았으니, 이는 분명히 당나라와 공모하여 우리나라를 앞뒤에서 치려는 것이다."라고 하였다. 이리하여 동생 대문예와 외숙 임아상으로 하여금 군사를 동원하여 흑수말갈을 치려고 하였다.

① 5경 15부 62주의 행정제도가 완비되었다.
② 길림성 돈화 부근 동모산 기슭에서 나라를 세웠다.
③ 북만주 일대를 차지하고 산동의 등주를 공격하였다.
④ 수도를 중경에서 상경, 동경으로 옮겨 중흥을 꾀하였다.

06 다음 사료를 통해 알 수 있는 내용으로 옳은 것은?

- 삼사에서 말하기를 "지난해 밀성 관내의 뇌산부곡 등 세 곳은 홍수로 논, 밭, 작물이 피해를 보았으므로 청컨대 1년 치 조세를 면제하십시오."라고 하니, 이를 따랐다.
- 향, 부곡, 악공, 잡류의 자손은 과거에 응시하는 것을 허락하지 않는다.
- 익안폐현은 충주의 다인철소인데, 주민들이 몽고의 침입을 막는 데 공이 있어 현으로 삼아 충주의 속현이 되었다.

– 『고려사』

① 소의 주민은 주로 농사를 지었다.
② 부곡민은 조세를 부담하지 않았다.
③ 부곡민은 과거에 응시하여 관리가 될 수 있었다.
④ 소의 주민이 공을 세우면 소가 현으로 승격될 수 있었다.

07 다음 중 공민왕의 정책으로 옳은 것은?
① 만권당을 설립하여 문물교류를 진흥하였다.
② 성균관을 부흥시켜 유학교육을 강화하였다.
③ 명의 철령위 설치 요구로 인해 요동정벌을 단행하였다.
④ 정치도감을 설치하여 국가 재정수입의 기반을 확대하였다.

08 다음 중 고구려의 도읍지가 아닌 것은?
① 졸본성
② 위례성
③ 국내성
④ 평양성

09 다음 중 조선시대 향촌 사회의 모습으로 옳지 않은 것은?
① 유향소는 수령을 보좌하고 향리를 감찰하기 위한 기구였다.
② 향안은 임진왜란 전후시기에 각 군현마다 보편적으로 작성되었다.
③ 경제적으로 성장한 일부 부농층은 향회를 장악하며 상당한 지위를 확보하기도 하였다.
④ 세도정치기에 향회는 수령과 향리들을 견제하고 지방통치를 대리하는 기구로 성장하였다.

10 다음 중 조선 전기의 토지 제도 (가) ~ (다)에 대한 설명으로 옳지 않은 것은?

> (가) 지방관청에서 그 해의 생산량을 조사하고 조(租)를 거두어 관리에게 나누어 주었다.
> (나) 국가재정과 관직에 진출한 신진사대부의 경제적 기반을 확보하기 위해 만들었다.
> (다) 과전의 세습 등으로 관료에게 지급할 토지가 부족해지자 현직관리에게만 토지를 지급하였다.

① (가)가 실시되어 국가의 토지 지배권이 한층 강화되었다.
② (나)에서 사전은 처음에 경기지방에 한정하여 지급하였다.
③ (다)가 폐지됨에 따라 지주전호제 관행이 줄어들었다.
④ 시기 순으로 (나)→(다)→(가)의 순서로 실시되었다.

11 다음 밑줄 친 '갈등'에 대한 설명으로 옳지 않은 것은?

> 이성계는 즉위 직후 명에 사신을 보내어 조선의 건국을 알리고, 자신의 즉위를 승인해 줄 것과 국호의 제정을 명에 요청하였다. 명으로부터 승인을 받아 국내의 정치상황을 안정시키기 위함이었다. 그러나 이후 조선은 명과 외교적 갈등을 빚었다.

① 조선으로 넘어온 여진인의 송환을 명이 요구함으로써 생긴 갈등
② 조선이 명에 보낸 외교문서에 무례한 표현이 있다는 명의 주장에 따른 갈등
③ 이성계가 이인임의 아들이었다는 중국측 기록을 둘러싼 갈등
④ 조선의 조공에 대해 명 황제가 내린 회사품의 양과 가치가 지나치게 적은 데 따른 갈등

12 다음 글을 남긴 국왕의 재위 기간에 일어난 사실로 옳은 것은?

> 보잘 것 없는 나, 소자가 어린 나이로 어렵고 큰 유업을 계승하여 지금 12년이나 되었다. 그러나 나는 덕이 부족하여 위로는 천명(天命)을 두려워하지 못하고 아래로는 민심에 답하지 못하였으므로, 밤낮으로 잊지 못하고 근심하며 두렵게 여기면서 혹시라도 선대왕께서 물려주신 소중한 유업이 잘못되지 않을까 걱정하였다. 그런데 지난번 가산(嘉山)의 토적(土賊)이 변란을 일으켜 청천강 이북의 수많은 생령이 도탄에 빠지고 어육(魚肉)이 되었으니 나의 죄이다.
> — 『비변사등록』

① 최제우가 동학을 창도하였다.
② 공노비 6만 6천여 명을 양인으로 해방시켰다.
③ 미국 상선 제너럴셔먼호가 격침되었다.
④ 삼정 문제를 해결하기 위해 삼정이정청을 설치하였다.

13 다음 중 조선 후기 천주교에 대한 설명으로 옳지 않은 것은?

① 기해사옥 때 흑산도로 유배를 간 정약전은 그 지역의 어류를 조사한 『자산어보』를 저술하였다.
② 안정복은 성리학의 입장에서 천주교를 비판하는 『천학문답』을 저술하였다.
③ 1791년 윤지충은 어머니 상(喪)에 유교 의식을 거부하여 신주를 없애고 제사를 지내 권상연과 함께 처형을 당하였다.
④ 신유사옥 때 황사영은 군대를 동원하여 조선에서 신앙의 자유를 보장받게 해달라는 서신을 북경에 있는 주교에게 보내려다 발각되었다.

14 다음 중 조선시대의 사상에 대한 설명으로 옳은 것은?

① 정도전은 성리학에만 국한하지 않고 다양한 사상을 포용하였으며, 특히 『춘추』를 국가의 통치이념으로 중요하게 여겼다.
② 이황은 16세기 조선 사회의 모순을 극복하는 방안으로 통치체제의 정비와 수취제도의 개혁 등을 주장하였다.
③ 18세기에는 인간과 사물의 본성이 다르다고 주장하는 호론과 이를 같다고 주장하는 낙론 사이에서 논쟁이 벌어졌다.
④ 유형원과 이익의 사상을 계승한 김정희는 토지제도 개혁론을 비롯하여 많은 저술을 남겼다.

15 다음 중 조선시대 의궤에 대한 설명으로 옳지 않은 것은?

① 왕실의 행사에 사용된 도구, 복식 등을 그림으로 남겨 놓았다.
② 이두와 차자(借字) 및 우리의 고유한 한자어(漢字語) 연구에도 귀중한 자료이다.
③ 왕실 혼례와 장례, 궁중의 잔치, 국왕의 행차 등 국가의 중요한 행사를 기록하였다.
④ 프랑스 국립도서관에는 신미양요 때 프랑스군이 약탈해 간 어람용 의궤가 소장되어 있다.

16 다음 (가), (나)는 조선이 외국과 맺은 조약이다. 이에 대한 설명으로 옳은 것은?

> (가) • 조선국은 자주국으로 일본국과 평등한 권리를 보유한다.
> • 경기, 충청, 전라, 경상, 함경 5도 연해 중에서 통상하기 편리한 항구 두 곳을 택하여 지정한다.
> (나) 이 수륙무역장정은 중국이 속방(屬邦)을 우대하는 뜻에서 상정한 것이고, 각 대등 국가 간의 일체 동등한 혜택을 받는 예와는 다르다.

① (가)는 '운요호 사건' 이후 체결된 것이다.
② (가)에는 일본 상인의 내지 통상권에 대한 허가가 규정되어 있다.
③ (나)는 갑신정변 이후 체결된 것이다.
④ (나)에는 천주교의 포교권 인정이 규정되어 있다.

17 다음 사료의 내용과 관련 있는 인물의 활동으로 옳은 것은?

> 무릇 동양의 수천 년 교화계(教化界)에서 바르고 순수하며 광대 정미하여 많은 성인이 뒤를 이어 전하고 많은 현인이 강명(講明)하는 유교가 끝내 인도의 불교와 서양의 기독교와 같이 세계에 대발전을 하지 못함은 어째서이며, 근세에 이르러 침체 부진이 극도에 달하여 거의 회복할 가망이 없는 것은 무슨 까닭이뇨. …… 그 원인을 탐구하여 말류(末流)를 추측하니 유교계에 3대 문제가 있는지라. 그 3대 문제에 대하여 개량(改良) 구신(求新)을 하지 않으면 우리 유교는 흥왕할 수가 없을 것이며 …… 여기에 감히 외람됨을 무릅쓰고 3대 문제를 들어서 개량 구신의 의견을 바치노라.
> – 『서북학회 월보 제1권』

① 양명학을 토대로 대동사상을 주창하였다.
② 만세보를 발간하여 민족의식을 고취하였다.
③ 위정척사운동의 계승과 실천을 강조하였다.
④ 『독사신론』을 통해 역사학의 방향을 제시하였다.

18 다음은 일제강점기 국외 독립운동에 대한 사실들이다. 이를 시기 순으로 바르게 나열한 것은?

> (가) 대한민국 임시정부가 지청천을 총사령으로 하는 한국광복군을 창설하였다.
> (나) 블라디보스토크에서 이상설, 이동휘 등이 중심이 된 대한광복군정부가 수립되었다.
> (다) 홍범도가 이끄는 대한독립군을 비롯한 연합 부대는 봉오동전투에서 대승을 거두었다.
> (라) 양세봉이 이끄는 조선혁명군은 중국의용군과 연합하여 영릉가전투에서 일본군을 무찔렀다.

① (가) – (라) – (나) – (다)　　② (나) – (다) – (라) – (가)
③ (다) – (나) – (라) – (가)　　④ (라) – (다) – (가) – (나)

19 다음 합의문에 대한 설명으로 옳은 것은?

> • 통일은 외세에 의존하거나 외세의 간섭을 받음이 없이 자주적으로 해결하여야 한다.
> • 통일은 서로 상대방을 반대하는 무력행사에 의거하지 않고 평화적 방법으로 실현하여야 한다.
> • 사상과 이념·제도의 차이를 초월하여 우선 하나의 민족으로서 민족적 대단결을 도모하여야 한다.

① 합의문 발표 이후 남북조절위원회가 설치되었다.
② 합의 내용은 6·15 남북공동선언으로 정리되었다.
③ 합의문 중에는 한반도 비핵화 문제가 포함되었다.
④ 합의 결과로 경의선 및 동해선 철도가 연결되었다.

20 다음 중 1960년대의 경제 상황으로 옳지 않은 것은?

① 제1차 경제개발 5개년 계획이 추진되었다.
② 베트남 파병을 계기로 베트남 특수를 누리게 되었다.
③ 미국의 무상 원조가 경제개발의 주요 재원으로 활용되었다.
④ 경제건설에 필요한 재원 조달을 위해 한·일협정이 체결되었다.

03 일반상식

01 다음 중 일론 머스크가 '스페이스X'에서 개발 중인 달착륙선의 이름은?
① 리질리언스 ② 블루오리진
③ 버진갤럭틱 ④ 스타십

02 가톨릭에서 위령미사를 바칠 때 사용된 음악을 뜻하는 것은?
① 광상곡 ② 레퀴엠
③ 그레고리오성가 ④ 오르가눔

03 다음 중 완전경쟁과 독점의 경제적 효과에 대한 설명으로 옳지 않은 것은?
① 완전경쟁은 자원의 최적배분을 가능하게 한다.
② 독점의 경우에는 생산비가 그 재화에 대한 사회적 한계비용의 중요성보다 높다.
③ 독점은 사회의 희소한 자원을 비효율적으로 사용하게 한다.
④ 독점은 장기에도 초과이윤을 얻으므로 불공평한 소득분배를 초래하기 쉽다.

04 다음 중 선거에서 누구에게 투표할지 결정하지 못한 유권자를 가리키는 말은?
① 로그롤링 ② 매니페스토
③ 캐스팅보터 ④ 스윙보터

05 다음 중 인터넷상에서 보안을 위협하는 유형에 대한 설명으로 옳지 않은 것은?

① 스파이웨어(Spyware) : 사용자 동의 없이 사용자 정보를 수집하는 프로그램이다.
② 분산 서비스 거부 공격(DDoS) : 데이터 패킷을 범람시켜 시스템의 성능을 저하시킨다.
③ 스푸핑(Spoofing) : 신뢰성 있는 사람이 데이터를 보낸 것처럼 데이터를 위변조하여 접속을 시도한다.
④ 스니핑(Sniffing) : 악성 코드인 것처럼 가장하여 행동하는 프로그램이다.

06 다음 중 핵가족화로 인해 노인들이 고독과 소외로 우울증에 빠지는 증후군을 가리키는 용어는?

① LID 증후군　　　　　　② 쿠바드 증후군
③ 펫로스 증후군　　　　　④ 빈둥지 증후군

07 다음 중 바이러스에 감염된 동물 세포가 생성하는 당단백질로, 바이러스의 감염과 증식을 저지하는 작용을 하기 때문에 간염이나 암 치료약으로 활용되는 성분은?

① 알부민　　　　　　　　② 인터페론
③ 프로타민　　　　　　　④ 인터류킨

08 다음 글에서 설명하는 것은?

> 가상화폐로 거래할 때 발생할 수 있는 해킹을 막는 기술로써, 공공 거래 장부라고도 불린다. 이 기술은 온라인 가상 화폐 비트코인에 적용되어 있으며, 모든 비트코인 사용자는 P2P 네트워크에 접속해 똑같은 거래장부 사본을 나누어 보대한다. 즉, 기존의 금융 회사가 거래 기록을 중앙 집중형 서버에 보관하는 것과 달리 모든 사용자가 거래장부를 함께 관리하는 것이다. 비트코인은 장부를 누구나 열람할 수 있게 하고, 여러 컴퓨터가 이 기록을 10분에 한 번씩 검증하게 하여 해킹을 방지하고 있다.

① 캄테크(Calm-tech) ② 블록체인(Block Chain)
③ 제로 레이팅(Zero-rating) ④ 그로스 해킹(Growh Hacking)

09 다음 중 우리나라의 국제 외교 관계 단계 중에서 최상위 단계로 옳은 것은?

① 동맹 관계 ② 동반자 관계
③ 선린우호 관계 ④ 전통적 우호협력 관계

10 다음 중 개방형 인사관리제도의 장점으로 옳지 않은 것은?

① 행정조직의 관료화를 억제하는 기능을 수행한다.
② 내부승진 기회 확대로 재직자의 사기 제고에 기여한다.
③ 행정조직에 대한 민주적 통제를 강화한다.
④ 임용의 융통성을 증대한다.

제3회 최종점검 모의고사

모바일 OMR

문항 수 : 50문항   응시시간 : 70분

정답 및 해설 p.029

01 국어

01 다음 제시된 단어의 동의어 또는 유의어는?

> 무릇

① 가령(假令)   ② 대개(大蓋)
③ 대저(大抵)   ④ 도통(都統)

02 다음 중 맞춤법이 옳지 않은 것은?

① 오늘은 웬일인지 주희가 나에게 웃으며 인사해 주었다.
② 그녀의 집은 살림이 넉넉지 않다.
③ 분위기에 걸맞은 옷차림이다.
④ 영희한테 들었는데 이 집 자장면이 그렇게 맛있데.

03 다음 밑줄 친 부분의 띄어쓰기가 옳지 않은 것은?

① 그는 문제를 <u>해결하기는커녕</u> 일을 더욱 크게 만들었다.
② 그 음식은 <u>기다리면서까지</u> 먹을 정도의 맛은 아니었어.
③ 오늘따라 날씨가 정말 <u>맑군 그래</u>.
④ 몸매를 만들기 <u>위해서 보다는</u> 건강을 지키기 위해 운동을 해야 한다.

04 다음 어느 부처 공문의 일부이다. 밑줄 친 부분을 잘못 고친 것은?

> 제목 : 위탁 교육 운영 계약 체결 의뢰
> 우리부 직원들의 정보화 및 사무자동화 능력 향상을 통해 업무 효율화에 기여하고져 '2009년 하반기 부내정보화 교육'을 추진할 계획인 바, 이 교육의 위탁 운영을 위한 계약 체결을 아래 밝힌바와 같이 의뢰하오니 조치하여 주시기 바랍니다.

① 우리부 → 우리 부
② 기여하고져 → 기여하고저
③ 계획인 바 → 계획인바
④ 밝힌바와 → 밝힌 바와

05 다음 제시된 한자들의 공통적인 의미로 옳은 것은?

餘 殘 剩

① 갚다 ② 타다
③ 잔인하다 ④ 남다

06 다음 제시된 한자어와 의미상 관계가 있는 한자는?

決裁

① 現金 ② 病院
③ 去來 ④ 上官

07 다음 빈칸에 들어갈 한자성어로 옳은 것은?

> 좀 과장하자면, 그 집의 겉과 속은 _____라는 말이 떠오를 정도로 달랐다.

① 阿鼻叫喚 ② 雲泥之差
③ 怒氣登天 ④ 百難之中

08 다음 글의 내용으로 가장 적절한 것은?

> 사람의 목숨을 좌우할 수 있는 형벌 문제는 군현(郡縣)에서 항상 일어나는 것이고 지방 관리가 되면 늘 처리해야 하는 일인데도, 사건을 조사하는 것이 항상 엉성하고 죄를 결정하는 것이 항상 잘못된다.
> 옛날에 자산이라는 사람이 형벌 규정을 정한 형전(刑典)을 새기자 어진 사람들이 그것을 나무랐고, 이회가 법률 서적을 만들자 후대의 사람이 그를 가벼이 보았다. 그 뒤 수(隋)나라와 당(唐)나라 때에 와서는 이를 절도(竊盜)·투송(鬪訟)과 혼합하고 나누지 않아서, 세상에서 아는 것은 오직 한패공(漢沛公 : 한 고조 유방)이 선언한 '사람을 죽인 자는 죽인다.'는 규정뿐이었다.
> 그런데 선비들은 어려서부터 머리가 희어질 때까지 오직 글쓰기나 서예 등만 익혔을 뿐이므로 갑자기 지방관리가 되면 당황하여 어찌할 바를 모른다. 그래서 간사한 아전에게 맡겨버리고는 스스로 알아서 처리하지 못하니, 저 재화(財貨)만을 숭상하고 의리를 천히 여기는 간사한 아전이 어찌 이치에 맞게 형벌을 처리할 수 있겠는가?
> — 정약용, 『흠흠신서(欽欽新書)』 서문

① 고대 중국에서는 형벌 문제를 중시하였다.
② 아전을 형벌 전문가로서 높이 평가하고 있다.
③ 조선시대의 사대부들은 형벌에 대해 잘 알지 못한다.
④ 지방관들은 인명을 다루는 사건을 현명하게 처리하고 있다.

09 다음 글의 주제로 가장 적절한 것은?

> 오늘날 사회계층 간 의료수혜의 불평등이 심화되어 의료이용도의 소득계층별, 지역별, 성별, 직업별, 연령별 차이가 사회적 불만의 한 원인으로 대두되고, 보건의료서비스가 의·식·주에 이어 제4의 기본적 수요로 인식됨에 따라 의료보장제도의 필요성이 나날이 높아지고 있다.
> 의료보장제도란 국민의 건강권을 보호하기 위하여 요구되는 필요한 보건의료서비스를 국가나 사회가 제도적으로 제공하는 것을 말하며, 건강보험, 의료급여, 산재보험을 포괄한다. 이를 통해 상대적으로 과다한 재정의 부담을 경감시킬 수 있으며, 국민의 주인의식과 참여 의식을 조장할 수 있다.
> 의료보장제도는 의료수혜의 불평등을 해소하기 위한 사회적·국가적 노력이며, 예측할 수 없는 질병의 발생 등에 대한 개인의 부담능력의 한계를 극복하기 위한 제도이다. 또한 개인의 위험을 사회적·국가적 위험으로 인식하여 위험의 분산 및 상호부조 인식을 제고하기 위한 제도이기도 하다.
> 의료보장제도의 의료보험(National Health Insurance) 방식은 일명 비스마르크(Bismarck)형 의료제도라고 하는데, 개인의 기여를 기반으로 한 보험료를 주재원으로 하는 제도이다. 사회보험의 낭비를 줄이기 위하여 진찰 시에 본인 일부 부담금을 부과하는 것이 특징이라 할 수 있다. 반면, 국가보건서비스(National Health Service) 방식은 일명 조세 방식, 비버리지(Beveridge)형 의료제도라고 하며, 국민의 의료문제는 국가가 책임져야 한다는 관점에서 조세를 재원으로 모든 국민에게 국가가 직접 의료를 제공하는 의료보장방식이다.

① 의료보장제도의 장단점
② 의료보장제도의 개념과 유형
③ 의료보장제도의 종류
④ 의료급여제도의 필요성

10 다음 글의 내용으로 적절하지 않은 것은?

> 저작권이란 저작물을 보호하기 위해 저작자에게 부여된 독점적 권리를 말한다. 저작권은 소유한 물건을 자기 마음대로 이용하거나 처분할 수 있는 권리인 소유권과는 구별된다. 소설책을 구매한 사람은 책에 대한 소유권은 획득했지만 그렇다고 소설에 대한 저작권을 획득한 것은 아니다. 따라서 구매자는 다른 사람에게 책을 빌려줄 수는 있으나, 저작자의 허락 없이 그 소설을 상업적 목적으로 변형하거나 가공하여 유통할 수는 없다. 이는 책에 대해서는 물건에 대한 소유권인 물권법이, 소설에 대해서는 저작권법이 각각 적용되기 때문이다.
> 저작권법에서 보호하는 저작물은 남의 것을 베낀 것이 아니라 저작자 자신의 것이어야 한다. 그리고 저작물의 수준이 높아야 할 필요는 없지만, 저작권법에 의한 보호를 받을 가치가 있는 정도로 최소한의 창작성을 지니고 있어야 한다.
> 저작자란 사실상의 저작 행위를 하여 저작물을 생산해 낸 사람을 가리킨다. 직업적인 문인뿐만 아니라 저작 행위를 하면 누구든지 저작자가 될 수 있다. 자연인으로서의 개인뿐만 아니라 법인도 저작자가 될 수 있다. 그리고 저작물에는 1차적 저작물뿐만 아니라 2차적 저작물도 포함되므로 2차적 저작물의 작성자도 저작자가 될 수 있다. 그러나 저작을 하는 동안 옆에서 도와주었거나 자료를 제공한 사람 등은 저작자가 될 수 없다.
> 저작자에게 저작권이라는 권리를 부여하여 보호하는 이유는 저작물이 곧 문화 발전의 원동력이 되기 때문이다. 저작물이 많이 나와야 그 사회가 문화적으로 풍요로워질 수 있다. 또 다른 이유는 저작자의 창작 노력에 대해 적절한 보상을 해 줌으로써 창작 행위를 계속할 수 있는 동기를 제공하는 데 있다.

① 남의 것을 베끼더라도 최소한의 창작성을 지닌 저작물이라면 저작권법에 의해 보호받을 수 있다.
② 소설책을 구매한 사람이 다른 사람에게 책을 빌려줄 수 있는 이유는 책에 대해 물권법이 적용되기 때문이다.
③ 저작권은 저작자에게 부여된 독점적 권리로 소유권과 구별된다.
④ 2차적 저작물의 작성자도 저작자가 될 수 있지만, 저작의 과정에서 자료를 제공한 사람은 저작자가 될 수 없다.

11 다음 글의 서술상 특징으로 가장 적절한 것은?

> 제2차 세계대전이 끝나고 나서 미국과 소련 및 그 동맹국들 사이에서 공공연하게 전개된 제한적 대결 상태를 냉전이라고 한다. 냉전의 기원에 관한 논의는 냉전이 시작된 직후부터 최근까지 계속 진행되었다. 이는 단순히 냉전의 발발 시기와 이유에 대한 논의만이 아니라, 그 책임 소재를 묻는 것이기도 하다. 그 연구의 결과를 편의상 세 가지로 나누어볼 수 있다.
>
> 가장 먼저 나타난 전통주의는 냉전을 유발한 근본적 책임이 소련의 팽창주의에 있다고 보았다. 소련은 세계를 공산화하기 위한 계획을 수립했고, 이 계획을 실행하기 위해 특히 동유럽 지역을 시작으로 적극적인 팽창 정책을 수행하였다. 그리고 미국이 자유 민주주의 세계를 지켜야 한다는 도덕적 책임감에 기초하여 그에 대한 봉쇄 정책을 추구하는 와중에 냉전이 발생했다고 본다. 그리고 미국의 봉쇄 정책이 성공적으로 수행된 결과 냉전이 종식되었다는 것이 이들의 입장이다.
>
> 여기에 비판을 가한 수정주의는 기본적으로 냉전의 책임이 미국 쪽에 있고, 미국의 정책은 경제적 동기에서 비롯되었다고 주장했다. 즉, 미국은 전후 세계를 자신들이 주도해 나가야 한다고 생각했고, 전쟁 중에 급증한 생산력을 유지할 수 있는 시장을 얻기 위해 세계를 개방 경제 체제로 만들고자 했다. 그러므로 미국 정책 수립의 기저에 깔린 것은 이념이 아니라는 것이다. 무엇보다 소련은 미국에 비해 국력이 미약했으므로 적극적 팽창 정책을 수행할 능력이 없었다는 것이 수정주의의 기본적 입장이었다. 오히려 미국이 유럽에서 공격적인 정책을 수행했고, 소련은 이에 대응했다는 것이다.
>
> 냉전의 기원에 대한 또 다른 주장인 탈수정주의는 위의 두 가지 주장에 대한 절충적 시도로서 냉전의 책임을 일방적으로 어느 한 쪽에 부과해서는 안 된다고 보았다. 즉, 냉전은 양국이 추진한 정책의 '상호작용'에 의해 발생했다는 것이다. 또 경제를 중심으로만 냉전을 보아서는 안 되며 안보 문제 등도 같이 고려하여 파악해야 한다고 보았다. 소련의 목적은 주로 안보 면에서 제한적으로 추구되었는데, 미국은 소련의 행동에 과잉 반응했고, 이것이 상황을 악화시켰다는 것이다. 이로 인해 냉전 책임론은 크게 후퇴하고 구체적인 정책 형성에 대한 연구가 부각되었다.

① 하나의 현상에 대한 다양한 견해를 제시하고 있다.
② 여러 가지 의견을 비교하면서 그 우월성을 논하고 있다.
③ 기존의 견해를 비판하면서 새로운 견해를 제시하고 있다.
④ 현상의 원인을 분석하여 다양한 해결책을 제시하고 있다.

12 다음 글의 주장에 대해 반박하는 내용으로 적절하지 않은 것은?

> 프랑크푸르트학파는 대중문화의 정치적 기능을 중요하게 본다. 20세기 들어 서구 자본주의 사회에서 혁명이 불가능하게 된 이유 가운데 하나는 바로 대중문화가 대중들을 사회의 권위에 순응하게 함으로써 사회를 유지하는 기능을 하고 있기 때문이라는 것이다. 이 순응의 기능은 두 방향으로 진행된다. 한편으로 대중문화는 대중들에게 자극적인 오락거리를 제공함으로써 정신적인 도피를 유도하여 정치에 무관심하도록 만든다는 것이다. 유명한 3S(Sex, Screen, Sports)는 바로 현실도피와 마취를 일으키는 대표적인 도구들이다. 다른 한편으로 대중문화는 자본주의적 가치관과 이데올로기를 은연 중에 대중들이 받아들이게 하는 적극적인 세뇌 작용을 한다. 영화나 드라마, 광고나 대중음악의 내용이 규격화되어 현재의 지배적인 가치관을 지속해서 주입함으로써, 대중은 현재의 문제를 인식하고 더 나은 상태로 생각할 수 있는 부정의 능력을 상실한 일차원적 인간으로 살아가게 된다는 것이다. 프랑크푸르트학파의 대표자 가운데 한 사람인 아도르노(Adorno)는 특별히 「대중음악에 대하여」라는 글에서 대중음악이 어떻게 이러한 기능을 수행하는지 분석했다. 그의 분석에 따르면, 대중음악은 우선 규격화되어 누구나 쉽고 익숙하게 들을 수 있는 특징을 가진다. 그리고 이런 익숙함은 어려움 없는 수동적인 청취를 조장하여, 자본주의 안에서의 지루한 노동의 피난처 구실을 한다. 그리고 나아가 대중 음악의 소비자들이 기존 질서에 심리적으로 적응하게 함으로써 사회적 접착제의 역할을 한다.

① 대중문화의 영역은 지배계급이 헤게모니를 얻고자 하는 시도와 이에 대한 반대 움직임이 서로 얽혀 있는 곳으로 보아야 한다.
② 대중문화를 소비하는 대중이 문화 산물을 생산한 사람이 의도하는 그대로 문화 산물을 소비하는 존재에 불과하다는 생각은 현실과 맞지 않는다.
③ 발표되는 음악의 80%가 인기를 얻는 데 실패하고, 80% 이상의 영화가 엄청난 광고에도 불구하고 흥행에 실패한다는 사실은 대중이 단순히 수동적인 존재가 아니라는 것을 단적으로 드러내 보여 주는 예이다.
④ 대중의 평균적 취향에 맞추어 높은 질을 유지하는 것이 어렵다 하더라도 19세기까지의 대중이 즐겼던 문화에 비하면 현대의 대중문화는 훨씬 수준 높고 진보된 것으로 평가할 수 있다.

13 다음 글의 주장으로 가장 적절한 것은?

> 우리는 우리가 생각한 것을 말로 나타낸다. 또 다른 사람의 말을 듣고, 그 사람이 무슨 생각을 가지고 있는지를 짐작한다. 그러므로 생각과 말은 서로 떨어질 수 없는 깊은 관계를 가지고 있다.
> 그러면 말과 생각은 얼마만큼 깊은 관계를 가지고 있을까? 이 문제를 놓고 사람들은 오랫동안 여러 가지 생각을 하였다. 그 가운데 가장 두드러진 것이 두 가지 있다. 그 하나는 말과 생각이 서로 꼭 달라붙은 쌍둥이인데 한 놈은 생각이 되어 속에 감추어져 있고 다른 한 놈은 말이 되어 사람 귀에 들리는 것이라는 생각이다. 다른 하나는 생각이 큰 그릇이고 말은 생각 속에 들어가는 작은 그릇이어서 생각에는 말 이외에도 다른 것이 더 있다는 생각이다.
> 이 두 가지 생각 가운데서 앞의 것은 조금만 깊이 생각해 보면 틀렸다는 것을 즉시 깨달을 수 있다. 우리가 생각한 것은 거의 대부분 말로 나타낼 수 있지만, 누구든지 가슴 속에 응어리진 어떤 생각이 분명히 있기는 한데 그것을 어떻게 말로 표현해야 할지 애태운 경험을 가지고 있을 것이다. 이것 한 가지만 보더라도 말과 생각이 서로 안팎을 이루는 쌍둥이가 아님은 쉽게 판명된다.
> 인간의 생각이라는 것은 매우 넓고 큰 것이며 말이란 결국 생각의 일부분을 주워 담는 작은 그릇에 지나지 않는다. 그러나 아무리 인간의 생각이 말보다 범위가 넓고 큰 것이라고 하여도 그것을 가능한 한 말로 바꾸어 놓지 않으면 그 생각의 위대함이나 오묘함이 다른 사람에게 전달되지 않기 때문에 말의 신세를 지지 않을 수가 없게 되어 있다. 그러니까 말을 통하지 않고는 생각을 전달할 수가 없는 것이다.

① 말은 생각의 폭을 확장시킨다.
② 말은 생각을 전달하기 위한 수단이다.
③ 생각은 말이 내면화된 쌍둥이와 같은 존재이다.
④ 말은 생각의 하위요소이다.

14 프랑스의 작가로 소설 『페스트』를 집필했으며 1957년 노벨문학상을 수상한 인물은?
① 장 그르니에 ② 앙드레 말로
③ 장 폴 사르트르 ④ 알베르 카뮈

15 다음 작품에 대한 설명으로 가장 적절한 것은?

> 그 녀석은 박 씨 앞에 삿대질을 하듯이 또 거친 소리를 질렀다. 검초록색 잠바에 통이 좁은 깜장색 바지 차림의 서른 남짓 되어 보이는 사내였다. 짧게 깎은 앞머리가 가지런히 일어서 있고 손에는 올이 굵은 깜장모자를 들었다. 칼칼하게 야윈 몸매지만 서슬이 선눈매를 지녔고, 하관이 빠르고 얼굴색도 까무잡잡하다. 앞니에 금니 두 개를 해 박았다. 구두가 인상적으로 써늘하게 생겼다. 구둣방에 진열되어 있는 구두는 구두에 불과하지만 일단 사람의 발에 신기면 구두도 그 주인의 위인과 더불어 주인을 닮아 가게 마련이다. 끝이 뾰족하고 반들반들 윤기를 내고 있다. 헤프고, 사근사근하고, 무르고, 게다가 병역 기피자인 박 씨는 대번에 꺼칠한 얼굴이 되었다. 처음부터 나오는 것이 예사 손님같지는 않다.
> "글쎄, 앉으십쇼. 빨리 해 드릴 테니."
> "얼마나 빨리 되어? 몇 분에 될 수 있소?"
> "허어, 이 양반이 참 급하기도."
> "뭐? 이 양반? 얻다 대구 반말이야? 말조심 해."
> 앉았던 손님 두엇이 거울 속에서 힐끗 쳐다 보았다.
> 그리고 거울 속에서 눈길이 부딪힐 듯하자 급하게 외면을 하였다. 세발대의 두 소년도 우르르 머리들을 이 편으로 내밀고 구경을 하고 손이 빈 민 씨와 김 씨도 구석쪽 빈 이발 의자에 앉아 묵은 신문을 보다가 말고 몸체만을 엉거주춤히 돌렸다.
>
> — 이호철,『1965년, 어느 이발소에서』

① 개인과 사회의 갈등을 중심으로 사건이 전개되고 있다.
② 외모와 말투를 통해서 등장인물의 성격이 드러나고 있다.
③ 초점이 되는 인물의 내면 심리를 중심으로 서술되고 있다.
④ 등장인물 중의 하나인 서술자가 자신의 관점에서 상황을 서술하고 있다.

16 다음 작품이 지닌 특징으로 적절하지 않은 것은?

> 새끼오리도 헌신짝도 소똥도 갓신창도 개니빠디도 너울쪽도 짚검불도 가랑잎도 머리카락도 헝겊조각도 막대꼬치도 기왓장도 닭의 깃도 개 터럭도 타는 모닥불
>
> 재당도 초시도 문장 늙은이도 더부살이 아 이도 새 사위도 갓사돈도 나그네도 주인도 할아버지도 손자도 붓장수도 땜장이도 큰 개도 강아지도 모두 모닥불을 쪼인다
>
> 모닥불은 어려서 우리 할아버지가 어미 아비 없는 서러운 아이로 불쌍하니도 몽동발이가 된 슬픈 역사가 있다
>
> — 백석, 『모닥불』

① 구체적 대상을 열거하여 시상을 전개하고 있다.
② 특정한 조사를 반복하여 운율을 형성하고 있다.
③ 사물을 의인화하여 대상의 속성을 강조하고 있다.
④ 토속적 시어를 활용하여 향토색을 드러내고 있다.

17 다음 문장을 미괄식 문단으로 구성하고자 할 때 문맥상 전개 순서를 바르게 나열한 것은?

> ㄱ. 숨 쉬고 마시는 공기와 물은 이미 심각한 수준으로 오염된 경우가 많고, 자원의 고갈, 생태계의 파괴는 더 이상 방치할 수 없는 지경에 이르고 있다.
> ㄴ. 현대인들은 과학 기술이 제공하는 물질적 풍요와 생활의 편리함의 혜택 속에서 인류의 미래를 낙관적으로 전망하기도 한다.
> ㄷ. 자연 환경의 파괴뿐만 아니라 다양한 갈등으로 인한 전쟁의 발발 가능성은 도처에서 높아지고 있어서, 핵전쟁이라도 터진다면 인류의 생존은 불가능해질 수도 있다.
> ㄹ. 이런 위기들이 현대 과학 기술과 밀접한 관계가 있다는 사실을 알게 되는 순간, 과학 기술에 대한 지나친 낙관적 전망이 얼마나 위험한 것인가를 깨닫게 된다.
> ㅁ. 오늘날 주변을 돌아보면 낙관적인 미래 전망이 얼마나 가벼운 것인지를 깨닫게 해 주는 심각한 현상들을 쉽게 찾아볼 수 있다.

① ㄱ - ㄷ - ㅁ - ㄹ - ㄴ
② ㄴ - ㄹ - ㅁ - ㄱ - ㄷ
③ ㄴ - ㅁ - ㄱ - ㄷ - ㄹ
④ ㅁ - ㄹ - ㄱ - ㄷ - ㄴ

18 다음 글의 논리적 구조로 가장 적절한 것은?

> 자유란 인간의 특성 중의 하나로서 한 개인이 스스로 판단하고 행동하며 그 결과에 대해 책임질 수 있는 능력을 의미한다. 그러한 능력을 극대화하기 위해서는 개인이 사회적인 여러 제약들, 가령 정치적, 경제적 및 문화적 제도나 권위, 혹은 억압으로부터 어느 정도의 거리를 유지하지 않으면 안 된다. 그러나 그 거리가 확보되면 될수록 개인은 사회로부터 고립되고 소외당하며 동시에 안정성과 소속감을 위협받을 뿐만 아니라 새로운 도전에 적나라하게 노출될 수 밖에 없다. 이와 같이 새롭게 나타난 고독감이나 소외감, 무력감이나 불안감으로부터 벗어나기 위해 '자유로부터의 도피'를 감행하게 된다.

① 원인 – 결과　　② 보편 – 특수
③ 일반 – 사례　　④ 주장 – 근거

19 다음 글의 설명 방식과 가장 가까운 것은?

> 여름방학을 맞이하는 학생들이 잊지 말아야 할 유의 사항이 있다. 상한 음식이나 비위생적인 음식 먹지 않기, 물놀이를 할 때 먼저 준비 운동을 하고 깊은 곳에 들어가지 않기, 외출할 때에는 부모님께 행선지와 동행인 말씀드리기, 외출한 후에는 손발을 씻고 몸을 청결하게 하기 등이다.

① 이등변 삼각형이란 두 변의 길이가 같은 삼각형이다.
② 그 친구는 평소에는 순한 양인데 한번 고집을 피우면 황소 같아.
③ 나는 산·강·바다·호수·들판 등 우리 국토의 모든 것을 사랑한다.
④ 잣나무는 소나무처럼 상록수이며 추운 지방에서 자라는 침엽수이다.

20 다음은 '청소년의 디지털 중독의 폐해와 해결 방안'이라는 주제로 글을 쓰기 위한 개요이다. 이를 수정·보완하기 위한 방안으로 적절하지 않은 것은?

> Ⅰ. 서론 : 청소년 디지털 중독의 심각성
> Ⅱ. 본론 :
>   1. 청소년 디지털 중독의 폐해 ·································· ㉠
>   가. 타인과의 관계를 원활하게 하지 못하는 사회 부적응 야기
>   나. 다양한 기능과 탁월한 이동성을 가진 디지털 기기의 등장 ············· ㉡
>   2. 청소년 디지털 중독에 영향을 미치는 요인
>   가. 디지털 중독의 심각성에 대한 개인적·사회적 인식 부족
>   나. 뇌의 기억 능력을 심각하게 퇴화시키는 디지털 치매의 심화 ············ ㉢
>   다. 신체 활동을 동반한 건전한 놀이를 위한 시간 및 프로그램의 부족
>   라. 자극적이고 중독적인 디지털 콘텐츠의 무분별한 유통
>   3. 청소년 디지털 중독을 해결하기 위한 방안
>   가. 디지털 중독의 심각성에 대한 교육과 홍보를 위한 전문 기관 확대
>   나. 학교, 지역 사회 차원에서 신체 활동을 위한 시간 및 프로그램의 확대
>   다. _____ ············ ㉣
> Ⅲ. 결론 : 청소년 디지털 중독을 줄이기 위한 개인적·사회적 노력의 촉구

① ㉠의 하위 항목으로 '우울증이나 정서 불안 등의 심리적 질환 초래'를 추가한다.
② ㉡은 'Ⅱ-1'과 관련된 내용이 아니므로 삭제한다.
③ ㉢은 'Ⅱ-2'의 내용과 어울리지 않으므로, 'Ⅱ-1'의 하위 항목으로 옮긴다.
④ ㉣에는 'Ⅱ-2'와의 관련성을 고려하여 '청소년을 대상으로 디지털 기기의 사용 시간 제한'이라는 내용을 넣는다.

02 한국사

01 다음 (가)와 (나)의 나라에 대한 설명으로 옳은 것은?

> (가) 고구려 개마대산 동쪽에 있는데 개마대산은 큰 바닷가에 맞닿아 있다. …… 그 나라 풍속에 여자 나이 10살이 되기 전에 혼인을 약속한다. 신랑집에서는 여자를 맞이하여 다 클 때까지 길러 아내를 삼는다.
> (나) 남쪽으로는 진한과 북쪽으로는 고구려·옥저와 맞닿아 있고 동쪽으로는 큰 바다에 닿았다. …… 해마다 10월이면 하늘에 제사를 지내는데 밤낮으로 술 마시며 노래 부르고 춤추니, 이를 무천이라고 한다.

① (가) : 서옥제라는 혼인 풍속이 있었다.
② (가) : 중대한 범죄자가 있으면 제가회의를 통하여 사형에 처하였다.
③ (나) : 족장들은 저마다 따로 행정 구획인 사출도를 다스렸다.
④ (나) : 다른 부족의 영역을 침범하면 책화라고 하여 노비, 소, 말로 변상하였다.

02 다음 유물이 등장한 시기의 생활 모습에 대한 설명으로 옳은 것은?

> • 괭이처럼 밑이 뾰족하거나 둥근 표면에 빗살처럼 생긴 무늬가 새겨져 있다.
> • 곡식을 담는 데 많이 이용되었다.

① 철제 농기구로 농사를 지었다.
② 비파형동검을 의식에 사용하였다.
③ 취사와 난방이 가능한 움집에 살았다.
④ 죽은 자를 위한 고인돌 무덤을 만들었다.

03 다음 중 통일신라시대 민정문서(장적)에 대한 설명으로 옳지 않은 것은?

① 인구, 가호, 노비 및 소와 말의 증감까지 매년 작성하였다.
② 토지에는 연수유전답, 촌주위답, 내시령답이 포함되어 있다.
③ 사람은 남녀로 나누고, 연령을 기준으로 하여 6등급으로 구분하였다.
④ 호(戶)는 상상호(上上戶)에서 하하호(下下戶)까지 9등급으로 구분하였다.

04 다음 삼국시대의 무덤이 만들어진 국가와 위치가 바르게 연결되지 않은 것은?

① 천마총 – 경주, 신라
② 장군총 – 평양, 고구려
③ 무용총 – 중국 지린성, 고구려
④ 황남대총 – 경주, 신라

05 다음 (가)에 들어갈 왕에 대한 설명으로 옳은 것은?

> 당 현종 개원 7년에 대조영이 죽으니, 그 나라에서 사사로이 시호를 올려 고왕(高王)이라 하였다. 아들 ___(가)___ 이/가 뒤이어 왕위에 올라 영토를 크게 개척하니, 동북의 모든 오랑캐가 겁을 먹고 그를 섬겼으며, 또 연호를 인안(仁安)으로 고쳤다.
> – 『신당서』

① 수도를 상경성으로 옮겼다.
② '해동성국'이라고 불릴 만큼 전성기를 이루었다.
③ 장문휴를 시켜 당의 등주(산둥성)를 공격하였다.
④ 고구려 유민과 말갈족을 이끌고 동모산에 도읍을 정하였다.

06 다음 (가) ~ (다)는 고려시대 대외관계에 대한 자료이다. 이를 시기 순으로 바르게 나열한 것은?

> (가) 윤관이 "신이 여진에게 패한 이유는 여진군은 기병인데 우리는 보병이라 대적할 수 없기 때문입니다."라고 아뢰었다.
> (나) 서희가 소손녕에게 "우리나라는 고구려의 옛 땅이오. 그러므로 국호를 고려라 하고 평양에 도읍하였으니, 만일 영토의 경계로 따진다면, 그대 나라의 동경이 모두 우리 경내에 있거늘 어찌 침식이라 하리오."라고 주장하였다.
> (다) 유승단이 "성곽을 버리며 종사를 버리고, 바다 가운데 있는 섬에 숨어 엎드려 구차히 세월을 보내면서, 변두리의 백성으로 하여금 장정은 칼날과 화살 끝에 다 없어지게 하고, 노약자들은 노예가 되게 함은 국가를 위한 좋은 계책이 아닙니다."라고 반대하였다.

① (가) – (나) – (다)   ② (나) – (가) – (다)
③ (나) – (다) – (가)   ④ (다) – (나) – (가)

07 다음과 같은 역사 인식에 따라서 편찬된 역사서에 대한 설명으로 옳은 것은?

> 대저 옛 성인은 예악으로 나라를 일으키고 인의로 가르쳤으며 괴력난신(怪力亂神)은 말하지 않았다. 그러나 제왕이 장차 일어날 때는 부명(符命)과 도록(圖錄)을 받게 되므로 반드시 남보다 다른 일이 있었다. 그래야만 능히 큰 변화를 타고 대업을 이룰 수 있는 것이다. …… 그러니 삼국의 시조가 모두 신비하고 기이한 일을 연유하여 태어났다는 것을 어찌 괴이하다 할 수 있겠는가. 이것이 신이(神異)로써 이 책의 앞 머리를 삼은 까닭이다.

① 정통 의식과 대의명분을 강조하였다.
② 유교적 합리주의 사관에 기초하여 기전체로 서술하였다.
③ 고구려 계승 의식을 반영하고 고구려의 전통을 노래하였다.
④ 우리의 고유문화와 전통을 중시하였으며 단군신화를 수록하였다.

08 다음과 같은 정책이 시행되었던 시대의 경제 상황에 대한 설명으로 옳은 것은?

> • 해동통보를 비롯한 돈 15,000관을 주조하여 관리들에게 나누어 주었다.
> • 은 한 근으로 우리나라 지형을 본뜬 은병을 만들어 통용시켰는데, 민간에서는 이를 활구(闊口)라 불렀다.

① 공인이 상업활동을 주도하였다.
② 시전 상인의 금난전권을 제한하였다.
③ 대도시에 주점, 다점 등의 관영 상점을 두었다.
④ 시장을 감독하는 관청으로 동시전을 설치하였다.

09 다음 밑줄 친 '왕'이 재위한 시기의 사실로 옳지 않은 것은?

> 왕은 원나라의 수시력을 참고하여 역법을 만들게 하였다. 그 책의 말미에 동지·하지 후의 일출·일몰 시각과 밤낮의 길이를 나타낸 표가 실려 있는데, 우리나라 역사상 최초로 한양을 기준으로 하여 계산한 것이다.

① 집현전을 설치하여 제도, 문물, 역사에 대한 연구와 편찬 사업을 전개하였다.
② 공법 제정 시 조정의 신하와 지방의 촌민에 이르기까지 18만 명의 의견을 물었다.
③ 불교 종파를 선교 양종으로 병합하고 사원이 가지고 있던 토지와 노비를 정비하였다.
④ 육전상정소를 설치하고 조선 왕조의 체계적인 법전인 『경국대전』을 편찬하기 시작하였다.

10 다음 중 (가)와 (나)의 인물에 대한 설명으로 옳은 것은?

> (가) 주자의 이론에 조선의 현실을 반영하여 나름대로의 체계를 세우고자 하였다. 그의 사상은 도덕적 행위의 근거로서 인간 심성을 중시하고, 근본적이며 이상주의적인 성격이 강하였다. 대표적인 저서로 『성학십도』가 있다.
> (나) 현실적이며 개혁적인 성격을 가지고 있었다. 그는 『성학집요』 등을 저술하여 16세기 조선 사회의 모순을 극복하는 방안으로 통치 체제의 정비와 수취제도의 개혁 등 다양한 개혁방안을 제시하였다.

① (가)의 사상은 일본 성리학 발전에 영향을 끼쳤다.
② (가)는 도학의 입문서인 『격몽요결』을 저술하였다.
③ (나)는 왕에게 주청하여 소수서원이라는 편액을 하사받았다.
④ (나)는 향촌사회의 도덕적 질서를 안정시키기 위해 예안향약을 만들었다.

11 다음 중 제시된 토지 제도에 대한 설명으로 옳은 것은?

> 경기는 사방의 근본이니 마땅히 과전을 설치하여 사대부를 우대한다. 무릇 경성에 거주하여 왕실을 시위(侍衛)하는 자는 직위의 고하에 따라 과전을 받는다. 토지를 받은 자가 죽은 후, 그의 아내가 자식이 있고 수신하는 자는 남편의 과전을 모두 물려받고, 자식이 없이 수신하는 자의 경우는 반을 물려받는다. 부모가 모두 사망하고 그 자손이 유약한 자는 휼양전으로 아버지의 과전을 전부 물려받고, 20세가 되면 본인의 과에 따라 받는다.
>
> — 『고려사』

① 과전을 지급함으로써 조선개국 세력의 경제적 기반이 되었다.
② 관리가 되었으면서도 관직을 받지 못한 사람들에게 한인전을 지급하였다.
③ 관직이나 직역을 담당하는 사람들에게 농지와 땔감을 채취하는 시지를 주었다.
④ 공로가 많은 사람들에게 인품을 기준으로 역분전을 차등 지급하였다.

12 다음 중 조선 후기 실학자의 저술에 대한 설명으로 옳은 것은?

① 유형원은 백과사전적 성격을 지닌 『반계수록』을 저술하였다.
② 이익은 『곽우록』을 저술하여 국가 제도 전반에 대한 의견을 제시하였다.
③ 박지원은 청에 갔던 기행문인 『연기』를 저술하였다.
④ 안정복은 각종 서적을 참고하여 조선 시대 역사를 기술한 『동사강목』을 편찬하였다.

13 다음과 같은 내용을 주장한 실학자에 대한 설명으로 옳은 것은?

> 중국은 서양과 180도 정도 차이가 난다. 중국인은 중국을 중심으로 삼고 서양을 변두리로 삼으며, 서양인은 서양을 중심으로 삼고 중국을 변두리로 삼는다. 그러나 실제는 하늘을 이고 땅을 밟는 사람은 땅에 따라서 모두 그러한 것이니 중심도 변두리도 없이 모두가 중심이다.

① 『동국지리지』를 저술하여 역사지리 연구의 단서를 열어 놓았다.
② 『임하경륜』을 통해서 성인 남자들에게 2결의 토지를 나누어줄 것을 주장하였다.
③ 『동사』에서 조선의 자연환경과 풍속, 인성의 독자성을 강조하였다.
④ 『동국지도』를 만들어 지도 제작의 과학화에 기여하였다.

14 다음 밑줄 친 '국왕'이 실시한 정책으로 옳은 것은?

> <u>국왕</u>은 행차 때면 길에 나온 백성들을 불러 직접 의견을 들었다. 또한 척신 세력을 제거하여 정치의 기강을 바로잡았고, 당색을 가리지 않고 어진 이들을 모아 학문을 장려하였다. 침전에는 '탕탕평평실(蕩蕩平平室)'이라는 편액을 달았으며, "하나의 달빛이 땅 위의 모든 강물에 비치니 강물은 세상 사람들이요, 달은 태극이며 그 태극은 바로 나다."라고 하였다.

① 병권 장악을 위해 금위영을 설치하였다.
② 명에 대한 의리를 지켜 청에 복수하자는 북벌을 추진하였다.
③ 육의전을 제외한 시전상인의 특권을 폐지하였다.
④ 백성의 여론을 정치에 반영하기 위해 신문고제도를 부활하였다.

15 다음 밑줄 친 '그들'이 추진했던 정책에 대한 〈보기〉의 설명 중 옳은 것을 모두 고르면?

> 그들의 실패는 우리에게 무척 애석한 일이다. 내 친구 중에 이 사건을 잘 아는 이가 있는데, 그는 어쩌다 조선의 최고 수재들이 일본인에게 이용당해서 그처럼 큰 잘못을 저질렀는지 참으로 애석하다고 했다. 진실로 일본인이 조선의 운명과 그들의 성공을 위해 노력을 다했겠는가? 우리가 만약 국가적 발전의 기미를 보였다면 일본인들은 백방으로 방해할 것이 자명한데 어찌 그들을 원조했겠는가?
>
> — 『한국통사』

보기
ㄱ. 토지의 평균 분작을 실현한다.
ㄴ. 러시아와 비밀 협약을 추진한다.
ㄷ. 보부상 단체인 혜상공국을 혁파한다.
ㄹ. 의정부, 6조 외의 불필요한 관청은 없앤다.

① ㄱ, ㄴ
② ㄱ, ㄷ
③ ㄴ, ㄹ
④ ㄷ, ㄹ

16 다음 제시된 사건을 발생 시기 순서로 나열할 때, 빈칸에 들어갈 사건으로 옳은 것은?

| 을미사변 – 아관파천 – ( ) – 대한제국 수립 |

① 단발령 공포
② 독립협회 결성
③ 홍범 14조 반포
④ 춘생문 사건 발발

17 다음은 박은식이 저술한 『한국독립운동지혈사』의 일부분이다. 글에서 언급된 사건에 대한 설명으로 옳지 않은 것은?

> 만세시위가 확산되자, 일제는 헌병 경찰은 물론이고 군인까지 긴급 출동시켜 시위군중을 무차별 살상하였다. 정주, 사천, 맹산, 수안, 남원, 합천 등지에서는 일본 군경의 총격으로 수십 명의 사상자를 냈으며, 화성 제암리에서는 전 주민을 교회에 집합, 감금하고 불을 질러 학살하였다.

① 일제는 무단통치를 이른바 '문화통치'로 바꾸었다.
② 독립운동의 중요한 분기점이 된 대규모의 만세 운동이었다.
③ 세계약소민족의 독립운동에도 커다란 자극을 주었다.
④ 파리강화회의에 신규식을 대표로 파견하여 이 사건의 진상을 널리 알렸다.

18 다음 글에서 설명하는 활동을 전개한 단체는?

> 평양 대성학교와 정주 오산학교를 설립하였고 민족 자본을 일으키기 위해 평양에 자기회사를 세웠다. 또한 민중 계몽을 위해 태극서관을 운영하여 출판물을 간행하였다. 그리고 장기적인 독립운동의 기반을 마련하여 독립전쟁을 수행할 목적으로 국외에 독립 운동기지 건설을 추진하였다.

① 보안회
② 신민회
③ 대한자강회
④ 대한광복회

19 다음 밑줄 친 '나'에 대한 설명으로 옳은 것은?

> 우리가 기다리던 해방은 우리 국토를 양분하였으며, 앞으로는 그것을 영원히 양국의 영토로 만들 위험성을 내포하고 있다. …… 나는 통일된 조국을 건설하려다가 38도선을 베고 쓰러질지언정 일신의 구차한 안일을 취하여 단독정부를 세우는 데에는 협력하지 아니하겠다.

① 통일 정부 수립을 위한 남북협상을 추진하였다.
② 한국민주당을 결성하여 미군정에 적극적으로 참여하였다.
③ 미국에서 귀국한 후 독립촉성중앙협의회를 구성하였다.
④ 조선건국준비위원회를 조직하고 위원장으로 활동하였다.

20 다음은 같은 해에 벌어졌던 사건들이다. 이러한 사건들로 말미암아 나타난 사실로 옳은 것은?

- 박종철 사건
- 4·13 호헌 조치
- 6·10 국민 대회 개최
- 민주헌법쟁취 국민운동본부 결성

① 국가보위비상대책위원회가 구성되었다.
② 5년 단임의 대통령 직선제 개헌이 이루어졌다.
③ 전국에 계엄령을 선포하고, 모든 정치활동을 정지시켰다.
④ 대통령의 중임 제한을 없애고 간선제를 골자로 하는 헌법을 제정하였다.

03 일반상식

01 다음 중 '스타벅스'의 전 CEO로 스타벅스를 글로벌 브랜드로 성장시킨 주역은?

① 고든 보커 ② 제리 볼드윈
③ 하워드 슐츠 ④ 지브 시글

02 다음 중 국제 안보협의체인 오커스와 쿼드에 모두 참여하고 있는 국가는?

① 일본 ② 영국
③ 호주 ④ 인도

03 다음 중 인가된 사용자 혹은 외부의 침입자에 의해 컴퓨터 시스템의 허가되지 않은 사용이나 오용 또는 악용과 같은 침입을 알아내기 위한 시스템을 가리키는 용어는?

① 침입 탐지 시스템(Intrusion Detection System)
② 전자 인증 시스템(Electronic Authentication System)
③ 암호화 시스템(Encryption System)
④ 방화벽 시스템(Firewall System)

04 다음 중 유럽연합이 2023년 3월 미국의 IRA에 대항해 내놓은 법안의 명칭은?

① 탄소중립산업법 ② 유럽산업진흥법
③ 유럽탄소감축법 ④ 탄소기본감축법

05 다음은 새로운 소비 문화에 대한 기사이다. 빈칸에 들어갈 용어로 옳은 것은?

> 팬덤이 소비자 구매 행태에 끼치는 영향력이 급증함에 따라 관련 산업도 확장 일로에 있는 것으로 보인다. Z세대를 중심으로 한 _____이/가 사회의 각별한 주목을 끌고 있는 것이다. 대표적으로 거대한 규모의 팬덤을 갖춘 K-Pop 가수들을 보유한 대형 연예기획사를 중심으로 디지털 기술을 기반으로 한 새로운 형태의 팬덤 플랫폼을 확장해 가고 있다. _____은/는 브로마이드 등의 각종 굿즈, 공연, 팬과 연예인을 이어주는 팬덤 플랫폼 등으로 영역을 넓히고 있는 것이다. 업계 관계자는 올해 기준으로 _____ 규모가 대략 8조 원에 육박할 것이라고 추산했다. 팬덤 플랫폼 이용자 비중은 10 ~ 20대 여성이 가장 많으며, 국내보다는 국외 이용자가 더 많다.

① 파노플리 ② 패닉 세일
③ 팬더스트리 ④ 팬플레이션

06 다음 중 일정 시간까지 뉴스의 보도를 미루는 것을 뜻하는 미디어 용어는?
① 게이트키핑 ② 발롱데세
③ 엠바고 ④ 스쿠프

07 다음 중 스위스의 휴양도시에서 매년 열리는 세계경제포럼은?
① 보아오포럼 ② 다보스포럼
③ 제네바포럼 ④ 취리히포럼

08 다음 중 도심의 낙후된 지역이 활성화되자 중산층이 이주해 오면서 땅값 및 임대료의 상승으로 기존의 살던 저소득층이 다른 지역으로 쫓겨나는 현상은?

① 리제너레이션 ② 공동화 현상
③ 스프롤 현상 ④ 젠트리피케이션

09 다음 중 국회의원의 헌법상 의무가 아닌 것은?

① 청렴의 의무 ② 국익 우선의 의무
③ 품위유지의 의무 ④ 겸직금지의 의무

10 다음 밑줄 친 '이것'으로 옳은 것은?

> 2020년부터 본격적으로 시작된 코로나-19의 상황은 인류의 자연 파괴와 이로 인해 발생한 기후변화 등과 밀접한 관련이 있는 것으로 전문가들은 보고 있다. 실제로 21세기 이후 잦아지고 있는 신종 바이러스의 출현은 인간의 무차별적인 환경 파괴로 인한 동물 서식지의 감소로 바이러스를 보유한 동물들이 인간과 자주 접촉함에 따라 발생했다는 주장이 제기되고 있다. 이에 환경과 사람이 중심이 되는 지속 가능한 발전에 대한 관심이 높아져 정부는 현재 화석 에너지 중심의 에너지 정책을 신재생에너지로 전환하는 등 저탄소경제구조로 전환하면서 고용과 투자를 늘릴 수 있는 <u>이것</u>을 발표하였다.

① 그린뉴딜(Green New Deal)
② 그린 리모델링(Green Remodeling)
③ 그린 스마트 스쿨(Green Smart School)
④ 탄소배출권(Certificated Emissions Reduction)

제4회 최종점검 모의고사

문항 수 : 50문항   응시시간 : 70분

정답 및 해설 p.036

01 국어

01 다음 중 띄어쓰기가 옳지 않은 것은?

① 애들은 놔두면 알아서 잘 큰다.
② 엄마 새끼손가락은 유난히 작다.
③ 먹지 못하고, 달리지 못한다.
④ 너도 할만큼 했다.

02 다음 밑줄 친 부분의 품사로 옳지 않은 것은?

① 그는 하루에 책 <u>다섯</u> 권을 읽었다. - [수사]
② 나도 좋은 시를 많이 읽고 <u>싶다</u>. - [형용사]
③ 학교에서 재미있는 노래를 배웠어<u>요</u>. - [조사]
④ 정치, 경제 <u>및</u> 문화 - [부사]

03 다음 국어사전의 정보를 참고할 때, 접두사 '군-'의 의미가 다른 것은?

> 군- : 접사 (일부 명사 앞에 붙어)
> ① '쓸데없는'의 뜻을 더하는 접두사
> ② '가외로 더한', '덧붙은'의 뜻을 더하는 접두사

① 그녀는 신혼살림에 군식구가 끼는 것을 원치 않았다.
② 이번에 지면 깨끗이 군말하지 않기로 합시다.
③ 건강을 유지하려면 운동을 해서 군살을 빼야 한다.
④ 그는 꺼림칙한지 군기침을 두어 번 해댔다.

04 다음 대화에서 A가 범한 어법 사용의 오류와 가장 유사한 것은?

> A : 여보세요.
> B : 여보세요. 김 선생님 계신가요?
> A : 지금 안 계시는데요.
> B : 어디 멀리 가셨나요
> A : 예, 지금 수업 중이십니다.
> B : 수업은 언제 끝나요?
> A : 글쎄요, 수업 끝나고 학생들과 면담이 계시다고 하셨어요.
> B : 아유, 그럼 통화하기가 어렵겠군요.

① 내일 서울역전 앞에서 만나자.
② 손님, 주문하신 햄버거 나오셨습니다.
③ 국장님, 과장님이 외부에 나갔습니다.
④ 선생님은 학교에 볼일이 있으셔서 일찍 학교에 가셨습니다.

05 다음 규정에 근거할 때 옳지 않은 것은?

> **한글 맞춤법 제30항**
> 사이시옷은 다음과 같은 경우에 받치어 적는다.
> (가) 순우리말로 된 합성어로서 앞말이 모음으로 끝나면서 뒷말의 첫소리가 된소리로 나는 것
> (나) 순우리말과 한자어로 된 합성어로서 앞말이 모음으로 끝나면서 뒷말의 첫소리가 된소리로 나는 것

① (가)에 따라 '아래+집'은 '아랫집'으로 적는다.
② (가)에 따라 '쇠+조각'은 '쇳조각'으로 적는다.
③ (나)에 따라 '전세+방'은 '전셋방'으로 적는다.
④ (나)에 따라 '자리+세'는 '자릿세'로 적는다.

06 다음 속담과 같은 의미의 한자성어로 옳은 것은?

> 소 잃고 외양간 고친다.

① 十伐之木　　　　② 亡牛補牢
③ 見蚊拔劍　　　　④ 鳥足之血

07 다음 밑줄 친 단어의 한자 표기로 옳은 것은?

> 인간 존엄성은 민주주의의 궁극적인 가치이다.

① 價値　　　　② 家計
③ 事實　　　　④ 實在

08 다음 밑줄 친 한자어의 음으로 옳은 것은?

> 어진 이는 남을 사랑하고, 예가 있는 이는 남을 恭敬한다.

① 공손　　　　② 존경
③ 동경　　　　④ 공경

09 다음 중 밑줄 친 한자성어의 쓰임이 옳지 않은 것은?

① 황제는 논공행상(論功行賞)을 통해 그의 신하를 벌하였다.
② 그들은 산야를 떠돌며 초근목피(草根木皮)로 목숨을 이어 나갔다.
③ 부모를 반포지효(反哺之孝)로 모시는 것은 자식의 마땅한 도리이다.
④ 오늘의 영광은 각고면려(刻苦勉勵)의 결과이다.

10 다음 글의 빈칸에 들어갈 내용으로 가장 적절한 것은?

> 제주 한라산 천연보호구역에 있는 한 조립식 건물에서 불이 나 3명의 사상자가 발생했다. 이 건물은 무속 신을 모시는 신당으로 수십 년 동안 운영된 곳이나, 실상은 허가 없이 지은 불법 건축물에 해당되었다. 특히 해당 건물은 조립식 샌드위치 패널로 지어져 있어 이번 화재는 자칫 대형 산불로 이어져 한라산까지 타버릴 아찔한 사고였지만, 행정당국은 불이 난 뒤에야 이 건축물의 존재를 파악했다.
> 해당 건물에서의 화재는 30여 분 만에 빠르게 진화되었지만, 이 불로 건물 안에 있던 40대 남성이 숨지고, 60대 여성 2명이 화상을 입어 병원으로 이송되었다. 이는 해당 건물이 _____ 불이 삽시간에 번져 나갔기 때문이었다.
> 행정당국은 서귀포시는 산림이 울창하고, 인적이 드문 곳이어서 관련 신고가 접수되지 않는 등 단속에 한계가 있다고 밝히며 행정의 손이 미치지 않는 취약한 지역, 산지나 으슥한 지역은 관련 부서와 협의를 거쳐 점검할 필요가 있다고 말했다.

① 화재에 취약한 구조로 지어져 있어
② 산지에 위치해 기후가 건조했기 때문에
③ 안정성을 검증받지 못한 가건물에 해당되어
④ 소방시설과 거리가 있는 곳에 위치하고 있어

11 다음 글의 논지를 뒷받침할 수 있는 사례로 적절하지 않은 것은?

> 아마도 영화가 처음 등장하여 그것에 관한 이론화가 시작되었을 때, 대부분의 이론가들에게 눈에 띄는 영화의 특징으로 자주 다루어지던 것이 있었다면 그것은 바로 '시점의 해방'이라고 불린 것이었다. 같은 시각 이미지의 영역에 속하는 것이라 할지라도 회화와 연극 등과는 전혀 다른 특징을 영화는 가지고 있다. 영화는 여러 개의 쇼트(Shot)들로 이루어져 있다. 이 각각의 쇼트에서 인물이나 사건을 향하는 카메라의 각도와 거리 그리고 방향은 언제나 변화한다. 영화에 대한 초기의 사유는 이러한 시점의 끊임없는 변화에서 의식을 변화시킬 수 있는 잠재력을 보았던 것이다.

① 홍콩 영화 「영웅본색」에서의 격투씬은 그 장면을 보는 사람, 싸우고 있는 사람의 시점에 따라 다르게 촬영된다.
② 공포 영화 「스크림」에서 쫓기고 있는 주인공의 시점은 곧 뒤따르는 살인마의 시점으로 전환된다.
③ 영화 「마운틴」은 에베레스트를 항공 촬영하여 전체를 담은 장면이 압권이라는 평가를 받았다.
④ 4명의 가족을 주인공으로 하는 영화 「패밀리」는 각자의 시점을 분할해 구성한 마지막 장면이 깊은 여운을 남겼다.

12 다음 글을 읽고 이해한 내용으로 가장 적절한 것은?

> 만우절의 탄생과 관련하여 많은 이야기가 있지만, 가장 많이 알려진 것은 16세기 프랑스 기원설이다. 16세기 이전부터 프랑스 사람들은 3월 25일부터 일주일 동안 축제를 벌였고, 축제의 마지막 날인 4월 1일에는 모두 함께 모여 축제를 즐겼다. 그러나 16세기 말 프랑스가 그레고리력을 받아들이면서 달력을 새롭게 개정했고, 이에 따라 이전의 3월 25일을 새해 첫날(New Year's Day)인 1월 1일로 맞추어야 했다. 결국 기존의 축제는 달력이 개정됨에 따라 사라지게 되었다. 그러나 몇몇 사람들은 이 사실을 잘 알지 못하거나 기억하지 못했다. 사람들은 그들을 가짜 파티에 초대하거나, 그들에게 조롱 섞인 선물을 하면서 놀리기 시작했다. 프랑스에서는 이렇게 놀림감이 된 사람들을 '4월의 물고기'라는 의미의 '푸아송 다브릴(Poisson d'Avril)'이라 불렀다. 갓 태어난 물고기처럼 쉽게 낚였기 때문이다. 18세기에 이르러 프랑스의 관습이 영국으로 전해지면서 영국에서는 이날을 '오래된 바보의 날(All* Fool's Day)'이라고 불렀다.
>
> *'All'은 'Old'를 뜻하는 'Auld'의 변형 형태(스코틀랜드)이다.

① 만우절은 프랑스에서 기원했다.
② 프랑스는 16세기 이전부터 그레고리력을 사용하였다.
③ 16세기 말 이전 프랑스에서는 3월 25일부터 4월 1일까지 축제가 열렸다.
④ 프랑스에서는 만우절을 '4월의 물고기'라고 불렀다.

13 다음 글의 주장을 반박하는 내용으로 적절하지 않은 것은?

> 윤리와 관련하여 가장 광범위하게 받아들여진 사실 가운데 하나는 옳은 것과 그른 것에 대한 광범위한 불일치가 과거부터 현재까지 항상 있었고, 앞으로도 계속 있을 것이라는 점이다. 가령 육식이 올바른지를 두고 한 문화에 속해 있는 사람들의 판단은 다른 문화에 속해 있는 사람들의 판단과 굉장히 다르다. 그뿐만 아니라 한 문화에 속한 사람들의 판단은 시대마다 아주 다르기도 하다. 심지어 우리는 동일한 문화와 시대 안에서도 하나의 행위에 대해 서로 다른 윤리적 판단을 하는 경우를 볼 수 있다.
> 이러한 사실이 의미하는 바는 사람들의 윤리적 기준이 시간과 장소 그리고 그들이 사는 상황에 따라 달라진다는 것이다. 그러므로 올바른 윤리적 기준은 그것을 적용하는 사람에 따라 상대적이다. 이것이 바로 윤리적 상대주의의 핵심 논지이다. 따라서 우리는 윤리적 상대주의가 참이라는 결론을 내려야 한다.

① 사람들의 윤리적 판단은 그들이 사는 지역에 따라 크게 다르지 않다.
② 윤리적 상대주의가 옳다고 해서 사람들의 윤리적 판단이 항상 서로 다른 것은 아니다.
③ 윤리적 판단이 다르다고 해서 윤리적 기준도 반드시 달라지는 것은 아니다.
④ 인류학자들에 따르면 문화에 따른 판단의 차이에도 불구하고 일부 윤리적 기준은 보편적으로 신봉되고 있다.

14 다음 글의 주제로 가장 적절한 것은?

인지부조화는 한 개인이 가지는 둘 이상의 사고, 태도, 신념, 의견 등이 서로 일치하지 않거나 상반될 때 생겨나는 심리적인 긴장상태를 의미한다. 인지부조화는 불편함을 유발하기 때문에 사람들은 이것을 감소시키려고 한다. 인지부조화를 감소시키는 방법은 서로 모순관계에 있어서 양립할 수 없는 인지들 가운데 하나 이상의 인지가 갖는 내용을 바꾸어 양립할 수 있게 만들거나, 서로 모순되는 인지들 간의 차이를 좁힐 수 있는 새로운 인지를 추가하여 부조화된 인지상태를 조화된 상태로 전환하는 것이다.

그런데 실제로 부조화를 감소시키는 행동은 비합리적인 면이 있다. 그러한 행동들은 사람이 중요한 사실을 배우지 못하게 하고 자신들의 문제에 대하여 실제적인 해결책을 찾지 못하도록 할 수 있기 때문이다. 부조화를 감소시키려는 행동은 자기방어적인 행동이고, 부조화를 감소시킴으로써 우리는 자신의 긍정적인 이미지 즉, 자신이 선하고 현명하며 상당히 가치 있는 인물이라는 긍정적인 측면의 이미지를 유지하게 된다. 비록 자기방어적인 행동이 유용한 것으로 생각될 수 있지만, 이러한 행동은 부정적 결과를 초래할 수 있다.

① 인지부조화를 극복하기 위해 합리적인 사고가 필요하다.
② 인지부조화는 합리적인 사고에 도움을 준다는 점에서 긍정적이다.
③ 인지부조화는 자기 방어적 행동을 유발하여 정신건강을 해친다.
④ 인지부조화를 감소시키는 방법의 비합리성으로 인해 부정적 결과가 초래될 수 있다.

15 다음 글에 대한 설명으로 적절하지 않은 것은?

"심청은 시각이 급하니 어서 바삐 물에 들라."
심청이 거동 보소. 두 손을 합장하고 일어나서 하느님 전에 비는 말이,
"비나이다, 비나이다. 하느님 전에 비나이다. 심청이 죽는 일은 추호도 섧지 아니하되, 병든 아비 깊은 한을 생전에 풀려 하고 이 죽음을 당하오니 명천(明天)은 감동하사 어두운 아비 눈을 밝게 띄워 주옵소서."
눈물지며 하는 말이,
"여러 선인네 평안히 가옵시고, 억십만금 이문 남겨 이 물가를 지나거든 나의 혼백 불러내어 물밥이나 주시오."
하며 안색을 변치 않고 뱃전에 나서 보니 티 없이 푸른 물은 워러렁 콸넝 뒤둥구리 굽이쳐서 물거품 북적찌데한데, 심청이 기가 막혀 뒤로 벌떡 주저앉아 뱃전을 다시 잡고 기절하여 엎딘 양은 차마 보지 못할 지경이었다.

– 『심청가』

① 사건에 대한 서술자의 주관적 서술이 나타나 있다.
② 등장인물들의 발화를 통해 사건의 상황을 보여준다.
③ 죽음을 초월한 심청의 면모와 효심이 드러나 있다.
④ 대상을 나열하여 장면을 다양하게 제시하고 있다.

16 다음 글의 내용과 시적 상황이 가장 유사한 것은?

> 이때는 추구월망간(秋九月望間)이라. 월색이 명랑하여 남창에 비치고, 공중에 외기러기 응응한 긴 소리로 짝을 찾아 날아가고, 동산의 송림 사이에 두견이 슬피울어 불여 귀를 화답하니, 무심한 사람도 마음이 상하거든 독수공방에 눈물로 세월을 보내는 송이야 오죽할까. 송이가 모든 심사를 저버리고 책상 머리에 의지하여 잠깐 졸다가 기러기 소리에 놀라 눈을 뜨고 보니, 남창에 밝은 달 허리에 가득하고 쓸쓸한 낙엽송은 심회를 돕는지라. 잊었던 심사가 다시 가슴에 가득해지며 눈물이 무심히 떨어진다. 송이가 남창을 가만히 열고 달빛을 내다보며 위연 탄식하는데,
> "달아, 너는 내 심사를 알리라. 작년 이때 뒷동산 명월 아래 우리 임을 만났더니, 달은 다시 보건마는 임을 어찌 보지 못하는고. 심양강의 탄금녀는 만고 문장 백낙천을 달 아래 만날 적에, 설진심중무한사(說盡心中無限事)를 세세히 하였건마는, 니는 어찌 박명하여 명랑한 저 달 아래서 부득설진심중사(不得說盡心中事)하니 가련하지 아니 할까. 사람은 없어 말 하지 못하나, 차라리 심중사를 종이 위에나 그리리라."
> 하고, 연상을 내어 먹을 흠씬 갈고 청황모 무심필을 듬뿍 풀어 백능화주지를 책상에 펼쳐 놓고, 섬섬옥수로 붓대를 곱게 쥐고 탄식하면서 맥맥이 앉았다가, 고개를 돌려 벽공의 높은 달을 두세 번 우러러 보더니, 서두에 '추풍감별곡(秋風感別曲)' 다섯 자를 쓰고, 상사가 생각 되고, 생각이 노래되고, 노래가 글이 되어 붓끝을 따라오니, 붓대가 쉴 새 없이 쓴다.
>
> － 『채봉감별곡』

① 임이여
　물을 건너지 마오
　임은 기어이 물을 건너갔네
　물에 빠져 돌아가시니
　이제 임이여 어이할꼬.

② 가위로 싹둑싹둑 옷 마르노라
　추운 밤 열 손가락 모두 굳었네
　남 위해 시집갈 옷 항상 짓건만
　해마다 이내 몸은 홀로 잔다네.

③ 펄펄 나는 저 꾀꼬리
　암수 서로 정다운데
　외로울사 이내 몸은
　누구와 함께 돌아갈꼬.

④ 비 개인 긴 언덕에 풀빛이 짙은데
　님 보내는 남포에는 서러운 노래 퍼지네
　대동강 물은 언제나 마를까
　이별의 눈물 해마다 푸른 물결 더하니.

17 다음 글의 서술상 특징으로 가장 적절한 것은?

> 노동 시장은 생산물 시장과 본질적으로 유사하지만, 생산물 시장이나 타 생산요소 시장과 다른 특징을 지니고 있다. 그중 가장 중요한 특징은 인간이 상품의 일부라는 점이다. 생산물 시장에서 일반 재화는 구매자와 판매자 간에 완전한 이전이 가능하고, 수요자와 공급자는 상대방이 누구인가에 대해 전혀 신경 쓸 필요 없이 오로지 재화 그 자체의 가격과 품질을 고려하여 수요·공급 의사를 결정한다. 그러나 노동 시장에서 노동이라는 상품은 공급자 자신과 분리될 수 없기 때문에 노동의 수요자와 공급자는 단순히 물건을 사고파는 것 이상의 인간적 관계를 맺게 되고, 수요·공급에 있어서 봉급, 부가 급여, 직업의 사회적 명예, 근무 환경, 직장의 평판 등 가격 이외의 비경제적 요소가 많은 영향을 미친다. 따라서 노동 시장은 가격의 변화에 따라 수요·공급이 유연하게 변하지 않는 동시에 수요·공급의 불균형이 발생해도 가격의 조절 기능이 즉각적으로 작동하지 않는다.

① 여러 이론을 토대로 노동 시장에 대한 다양한 관점을 소개하고 있다.
② 여러 사례를 근거로 삼아 노동 시장에 대한 통념을 비판하고 있다.
③ 대조의 방식을 사용하여 노동 시장이 가지는 특징을 설명하고 있다.
④ 노동시장에 관한 기존의 논의를 분석하여 새로운 주장을 제시하고 있다.

18 다음 글의 내용과 가장 가까운 것은?

> 정보의 가장 기본적인 원천은 인간이 체험하는 감각이다. 돌이 단단하고 물이 부드럽다는 것은 감각을 통해서 알 수 있다. 그런 감각이 체계적인 지식으로 발전하는 데는 문제가 있다. 그것은 바로 감각이 주관적이어서 사람과 시기에 따라 동일하지 않기 때문이다. 그래서 예로부터 철학자들은 감각을 중시하지 않았지만, 존 로크와 같은 경험론자들은 감각의 기능을 포기하지 않았다. 왜냐하면 감각을 통하지 않고서는 어떤 구체적인 것도 얻을 수 없다고 생각했기 때문이다.

① 나는 생각한다. 그러므로 나는 존재한다.
② 마음을 다하면 인간의 본성을 알게 되고, 인간의 본성을 알게 되면 천명을 알게 될 것이다.
③ 종 치는 것을 보지 못했다면 종을 치면 소리가 난다는 것을 모를 것이다.
④ 세계의 역사는 다름이 아니라 바로 자유 의식의 진보이다.

19 다음 문단을 논리적 순서대로 바르게 나열한 것은?

> (가) 21세기 인류의 운명은 과학 기술 체계에 부여된 힘이 어떻게 사용되는가에 따라서 좌우될 것이다. 기술 공학에 의해 새로운 유토피아가 도래할 것이라는 소박하고 성급한 희망과, 기술이 인간을 대신해서 역사의 주체로 등극하리라는 허무주의적인 전망이 서로 엇갈리는 기로에 우리는 서 있다. 기술 공학적 질서의 본질과 영향력을 고려하지 않은 모든 문화론은 공허할 수밖에 없다.
> (나) 그러나 모든 생산 체제가 중앙 집중적인 기업 문화를 포기할 수는 없으며, 기업 문화의 전환은 어디까지나 조직의 자기 보존, 생산의 효율성, 이윤의 극대화 등을 달성하기 위한 것이다. 또 무엇보다 기업 내부의 문화적 전환을 떠나서 환경이나 자원, 에너지 등의 범사회적인 문제들이 심각해질수록 사람들은 기술 공학의 마술적 힘에 매달리고, 그러한 위기들을 중앙 집중적 권력에 의해 효과적으로 통제·관리하는 기술사회에 대한 유혹을 강하게 느낄 것이다.
> (다) 기술적 질서는 자연은 물론 인간들의 삶의 방식에도 심층적인 변화를 초래했다. 관리 사회로의 이행이나 노동 과정의 자동화 등은 사회 공학적 기술이 정치 부문과 생산에 적용된 대표적인 사례들이다. 물론 기술 사회가 반드시 획일화된 관리 사회나 중앙 집권적 기업 문화로만 대표되지는 않는다. 소프트웨어 중심의 컴퓨터 산업이나 초전도체 산업 등 고도 기술 사회의 일부 산업 분야는 중앙 집권적 기업 문화를 지양하고 자율성과 개방성을 특징으로 지니는 유연한 체제를 채택할 것이라는 견해가 상당히 유력하다.
> (라) 생활 세계의 질서를 좌우하고 경제적 행위의 목적으로 자리 잡은 기술은 더 이상 상품의 부가가치를 높여 주는 생산 수단만으로 이해되지 않는다. 기술의 체계는 이제 여러 연관된 기술들과 기술적 지식들에 의해서 구성된 유기적인 앙상블로 기능하는 것이다. 기술은 그 자체의 질서와 역동성을 지니는 체계이며 유사 주체로서의 양상을 보이기 때문이다.

① (가) – (나) – (다) – (라)
② (가) – (나) – (라) – (다)
③ (가) – (다) – (나) – (라)
④ (가) – (라) – (다) – (나)

20 다음과 같은 서술 방식이 쓰인 문장으로 가장 적절한 것은?

> 포장한 지 너무 오래되어 길에는 흙먼지가 일고 돌이 여기저기 굴러 있었다. 길 양쪽에 다 쓰러져 가는 집들, 날품팔이 일꾼들이 찾아가는 장국밥집, 녹슨 함석지붕이 찌그러져 있었고, 흙먼지가 쌓인 책방, 조선기와를 올린 비틀어진 이층집, 복덕방 포장이 찢기어 너풀거린다.

① 탈피 후 조금 쉬었다가 두 번째 먹이를 먹고 자리를 떠났다.
② 잎은 어긋나게 붙고 위로 올라갈수록 작아지면서 윗줄기를 감싼다.
③ 사람을 접대하는 것은 글을 잘 짓는 것과 같다.
④ 성장이 둔화되어 일자리가 늘지 않았기 때문이다.

02 한국사

01 다음 중 고조선의 세력 범위를 추정할 수 있는 유물들로 바르게 연결된 것은?

① 빗살무늬토기 – 민무늬토기
② 세형동검 – 검은간토기
③ 비파형동검 – 고인돌
④ 비파형동검 – 덧무늬토기

02 다음 (가), (나)의 나라에 대한 〈보기〉의 설명 중 옳은 것을 모두 고르면?

> (가) 살인자는 사형에 처하고 그 가족은 노비로 삼았다. 도둑질을 하면 12배로 변상케 했다. 남녀 간에 음란한 짓을 하거나 부인이 투기하면 모두 죽였다. 투기하는 것을 더욱 미워하여, 죽이고 나서 시체를 산 위에 버려서 썩게 했다. 친정에서 시체를 가져가려면 소와 말을 바쳐야 했다.
> (나) 귀신을 믿기 때문에 국읍에 각각 한 사람씩 세워 천신에 대한 제사를 주관하게 했다. 이를 천군이라 했다. 여러 국(國)에는 각각 소도라고 하는 별읍이 있었다. 큰 나무를 세우고 방울과 북을 매달아 놓고 귀신을 섬겼다. 다른 지역에서 거기로 도망쳐 온 사람은 누구든 돌려보내지 않았다.
> – 『삼국지』

보기

ㄱ. (가) : 왕 아래에는 상가, 고추가 등의 대가가 있었다.
ㄴ. (가) : 농사가 흉년이 들면 국왕을 바꾸거나 죽이기도 하였다.
ㄷ. (나) : 제천행사는 5월과 10월의 계절제로 구성되어 있었다.
ㄹ. (나) : 동이(東夷) 지역에서 가장 넓고 평탄한 곳이라 기록되어 있었다.

① ㄱ, ㄴ
② ㄱ, ㄹ
③ ㄴ, ㄷ
④ ㄷ, ㄹ

03 다음 중 고구려와 신라의 관계를 다음과 같이 알려주고 있는 삼국시대의 금석문은?

> • 고구려의 군대가 신라 영토에 주둔했던 것으로 이해할 수 있는 기록이 보인다.
> • 고구려가 신라의 왕을 호칭할 때 '동이매금(東夷寐錦)'이라고 부르고 있다.
> • 고구려가 신라의 왕과 신하들에게 의복을 하사하는 의식을 거행한 것으로 보인다.

① 광개토왕비
② 집안 고구려비
③ 중원 고구려비
④ 영일 냉수리비

04 신라 하대 불교계의 새로운 경향을 알려주는 다음의 사상에 대한 설명으로 옳은 것은?

> 불립문자(不立文字)라 하여 문자를 세워 말하지 않는다고 주장하고, 복잡한 교리를 떠나서 심성(心性)을 도야하는 데 치중하였다. 그러므로 이 사상에서 주장하는 바는 인간의 타고난 본성이 곧 불성(佛性)임을 알면 그것이 불교의 도리를 깨닫는 것이라는 견성오도(見性悟道)에 있었다.

① 전제왕권을 강화해주는 이념적 도구로 크게 작용하였다.
② 지방에서 새로이 대두한 호족들의 사상으로 받아들여졌다.
③ 왕실은 이 사상을 포섭하려는 노력에 관심을 기울이지 않았다.
④ 인도에까지 가서 공부해 온 승려들에 의해 전파되었다.

05 다음 중 역사적 사건들을 발생한 순서대로 바르게 나열한 것은?

> ㄱ. 청해진 설치   ㄴ. 노비안검법 실시
> ㄷ. 정동행성 설치   ㄹ. 후백제 건국

① ㄱ - ㄹ - ㄷ - ㄴ
② ㄱ - ㄹ - ㄴ - ㄷ
③ ㄹ - ㄱ - ㄷ - ㄴ
④ ㄹ - ㄱ - ㄴ - ㄷ

06 다음 빈칸에 들어갈 국왕에 대한 내용으로 옳은 것은?

> _____이 원나라의 제도를 따라 변발(辮髮)을 하고 호복(胡服)을 입고 전상(殿上)에 앉아 있었다. 이 연종이 간하려고 문밖에서 기다리고 있었더니, 왕이 사람을 시켜 물었다. …… 답하기를 "변발과 호복은 선왕의 제도가 아니오니, 원컨대 전하께서는 본받지 마소서."라고 하니, 왕이 기뻐하면서 즉시 변발을 풀어 버리고 그에게 옷과 요를 하사하였다.
> – 『고려사』

① 노비와 관련된 문제를 처리하는 장례원을 설치하였다.
② 정동행성 이문소를 폐지하고 요동 지방을 공략하였다.
③ 『동국병감』과 같은 병서를 간행하여 원나라의 침략에 대비하였다.
④ 권문세족의 경제기반을 무너뜨리기 위해서 과전법을 시행하였다.

07 다음 밑줄 친 '이번 문서'를 보낸 조직에 대한 설명으로 옳은 것은?

> • 이전 문서에서는 몽고의 연호를 사용했는데, 이번 문서에서는 연호를 사용하지 않았다.
> • 이전 문서에서는 몽고의 덕에 귀의하여 군신 관계를 맺었다고 하였는데, 이번 문서에서는 강화로 도읍을 옮긴 지 40년에 가깝지만, 오랑캐의 풍습을 미워하여 진도로 도읍을 옮겼다고 한다.
> — 『고려첩장(高麗牒狀)』

① 최우가 도적을 막기 위해 만든 조직에서 비롯되었다.
② 최충헌이 신변 보호와 집권체제 강화를 위해 조직하였다.
③ 거란의 침입에 대비하기 위한 조직으로 편성되었다.
④ 쌍성총관부 탈환에 주도적인 역할을 한 조직이었다.

08 다음 밑줄 친 '나'에 대한 설명으로 옳지 않은 것은?

> 나는 도(道)를 구하는 데 뜻을 두어 덕이 높은 스승을 두루 찾아다녔다. 그러다가 진수대법사 문하에서 교관(敎觀)을 대강 배웠다. 법사께서는 강의하다가 쉬는 시간에도 늘 "관(觀)도 배우지 않을 수 없고, 경(經)도 배우지 않을 수 없다."라고 제자들에게 훈시하였다.
> 내가 교관에 마음을 다 쏟는 까닭은 이 말에 깊이 감복하였기 때문이다.

① 해동 천태종을 창시하였다.
② 이론과 실천의 양면을 강조하였다.
③ 교종의 입장에서 선종을 통합하였다.
④ 정혜쌍수로 대표되는 결사운동을 일으켰다.

09 다음 중 조선 전기 사림(士林)에 대한 설명으로 옳지 않은 것은?

① 재야에서 공론을 주도하는 지도자로서 산림(山林)이 존중되었다.
② 향촌 자치를 내세우며, 도덕과 의리를 바탕으로 한 왕도정치를 강조하였다.
③ 3사의 언관직을 차지하고, 자신들의 의견을 공론으로 표방하였다.
④ 중소지주적인 배경을 가지고, 지방사족이 영남과 기호 지방을 중심으로 성장하였다.

10 다음 글의 정치관과 관련이 깊은 정책으로 옳은 것은?

> 임금의 직책은 한 사람의 재상을 논정하는 데 있다 하였으니, 바로 총재(冢宰)를 두고 한 말이다. 총재는 위로는 임금을 받들고 밑으로는 백관을 통솔하여 만민을 다스리는 것이니 직책이 매우 크다. 또 임금의 자질에는 어리석음과 현명함이 있고 강함과 유약함의 차이가 있으니, 옳은 일은 아뢰고 옳지 않은 일은 막아서, 임금으로 하여금 대중(大中)의 경지에 들게 해야 한다. 그러므로 상(相)이라 하니, 곧 보상(輔相)한다는 뜻이다.

① 육조 직계제의 시행
② 사간원의 독립
③ 의정부 서사제의 시행
④ 집현전의 설치

11 다음 글의 조직에 대한 설명으로 옳은 것은?

> 가입하기를 원하는 자에게는 반드시 먼저 규약문을 보여주고, 몇 달 동안 실행할 수 있는가를 스스로 헤아려 본 뒤에 가입하기를 청하게 한다. 가입을 청하는 자는 반드시 단자에 참가하기를 원하는 뜻을 자세히 적어 모임이 있을 때에 진술하고, 사람을 시켜 약정(約正)에게 바치면 약정은 여러 사람에게 물어서 좋다고 한 다음에야 글로 답하고, 다음 모임에 참여하게 한다.
> — 『율곡전서』

① 향촌 사회의 질서를 유지하고 치안을 담당하는 향촌의 자치 기능을 맡았다.
② 전통적 미풍양속을 계승하면서 삼강오륜을 중심으로 한 유교 윤리를 가미하였다.
③ 어려운 일이 생겼을 때에 서로 돕는 역할을 하였고, 상두꾼도 이 조직에서 유래하였다.
④ 지방 유력자가 주민을 위협, 수탈하는 배경을 제공하는 부작용도 있었다.

12 다음은 조선 후기 집필된 역사서의 일부이다. 이에 대한 설명으로 옳은 것은?

> 삼국사에서 신라를 으뜸으로 한 것은 신라가 가장 먼저 건국했고, 뒤에 고구려와 백제를 통합하였으며, 또 고려는 신라를 계승하였으므로 편찬한 것이 모두 신라의 남은 문적(文籍)을 근거로 했기 때문이다. …… 고구려의 강대하고 현저함은 백제에 비할 바가 아니며, 신라가 차지한 땅은 남쪽의 일부에 불과할 뿐이다. 그러므로 김씨는 신라사에 쓰여진 고구려 땅을 근거로 했을 뿐이다.

① 우리 역사의 독자적 정통론을 세워 이를 체계화하였다.
② 단군 – 부여 – 고구려의 흐름에 중점을 두어 만주 수복을 희구하였다.
③ 중국 및 일본의 자료를 망라한 기전체사서로 민족사 인식의 폭을 넓혔다.
④ 여러 영역을 항목별로 나눈 백과사전적 서술로 문화 인식의 폭을 확대하였다.

13 다음 중 우리나라 유네스코 세계유산에 대한 설명으로 옳지 않은 것은?

① 미륵사지에는 목탑 양식의 석탑이 있다.
② 정림사지에는 백제의 5층 석탑이 남아 있다.
③ 능산리 고분군에는 계단식 돌무지무덤이 있다.
④ 무령왕릉에는 무덤 주인공을 알려주는 지석이 있었다.

14 다음 사건에 대한 설명으로 옳은 것은?

> 김효원이 과거에 장원으로 급제하여 이조전랑의 물망에 올랐으나, 그가 윤원형의 문객이었다 하여 심의겸이 반대하였다. 그 후에 심충겸(심의겸의 동생)이 장원 급제를 하여 이조전랑에 천거되었으나, 외척이라 하여 김효원이 반대하였다.
> – 『연려실기술』

① 외척들의 반발로 이 사건에 관련된 훈구세력과 사림 세력이 제거되었다.
② 심의겸 쪽에는 정치의 도덕성을 강조한 서경덕, 이황, 조식의 문인들이 가세하였다.
③ 이이, 성혼의 문인들은 주기론(主氣論)에 입각하여 양쪽을 모두 비판하며 타협안을 제시하였다.
④ 이 사건 이후 사림을 중심으로 정치적, 학문적 견해 차이에 따른 붕당정치가 나타났다.

15 다음 중 동학농민운동에 대한 설명으로 옳지 않은 것은?

① 전주화약 이후 조선 정부는 청・일 군대의 철수를 요청하였다.
② 조선 정부는 농민들의 요구에 대응하여 삼정이정청을 설치하였다.
③ 청・일 전쟁 발발 직후에도 전라도 지역을 중심으로 집강소가 운영되었다.
④ 일본군이 경복궁을 점령한 후 전라도와 충청도 지역의 농민군이 연합하였다.

16 다음 밑줄 친 ㉠과 직접 관련된 천주교 박해에 대한 설명으로 옳은 것은?

> 프란치스코 교황은 16일 오전 순교자 124위 시복미사에 앞서 한국 최대 순교 성지이자 이번에 시복될 124위 복자 중 가장 많은 27위가 순교한 서소문 성지를 참배했다. 이곳은 본래 서문 밖 순교지로 불리는 천주교 성지였다. 한국에 천주교가 들어온 후 박해를 당할 때마다 이곳에서 많은 사람들이 처형당했으니 …… 「황사영백서」로 알려진 ㉠ <u>황사영</u>도 이곳에서 처형되었다.
> —「한국일보」, 2014년 8월 16일

① 모친상을 당해 신주를 불태운 것이 알려지면서 박해가 일어났다.
② 함께 붙잡혀 박해를 받은 정하상은 『상재상서』를 통해 포교의 정당함을 주장하였다.
③ 순조 즉위 후 정권을 장악한 노론 벽파가 반대파를 정계에서 제거하려고 박해를 일으켰다.
④ 대원군 집권기에 발생한 대규모 박해로, 프랑스 선교사를 비롯한 수천 명의 희생자를 낳았다.

17 다음 ㉠의 인물에 대한 설명으로 옳은 것은?

> ㉠은 조선시대에 민중을 위해서 노력한 정치가들과 혁명가들을 드러내고, 세종과 실학자들의 민족지향, 민중지향, 실용지향을 높이 평가하는 사론을 발표하여 일반 국민의 역사의식을 계발하는 데 기여하였다. 또한 국제 관계에서 실리적 감각이 필요함을 절감하고, 이러한 시각에서 『대미관계 50년사』라는 저서를 내기도 하였다.

① 1930년대에 조선학운동을 주도하였다.
② 진단학회를 창립하여 한국사의 실증적 연구에 힘썼다.
③ 한국사가 세계사의 보편적 법칙에 입각하여 발전하였음을 강조하였다.
④ 우리의 민족정신을 '혼'으로 파악하고, '혼'이 담겨 있는 민족사의 중요성을 강조하였다.

18 다음 연보를 참고하여 알 수 있는 인물에 대한 설명으로 옳은 것은?

〈연보〉	
1868년	출생
1907년	산포대를 조직하여 의병 활동 전개
1920년	김좌진과 함께 청산리 전투에서 일본군 격파
1921년	러시아 자유시의 고려 혁명 군관 학교에서 독립군 양성
1937년	스탈린에 의해 중앙아시아로 강제 이주
1943년	카자흐스탄에서 별세

① 황포 군관 학교에 입학하여 군사 훈련을 받았다.
② 중국 국민당과 협력하여 조선 의용대를 결성하였다.
③ 의열단의 활동 강령인 조선 혁명 선언을 작성하였다.
④ 대한 독립군을 지휘하여 봉오동 전투를 승리로 이끌었다.

19 다음 중 제헌국회에서 추진한 친일파 청산에 대한 설명으로 옳지 않은 것은?

① 반민족 행위 특별 조사 위원회를 설치하였다.
② 반민족 행위에 대한 처벌은 법을 제정할 때부터 반대에 부딪혔다.
③ 이승만 정부의 적극적인 협조로 진행되었다.
④ 헌법에서 반민족 행위자를 처벌하는 특별법을 제정·명시하였다

20 다음 (가) ~ (라) 헌법의 내용으로 옳은 것은?

구분	주요 특징
(가) 제헌 헌법(1948)	대통령 간선제
(나) 1차 개헌(1952)	대통령 직선제
(다) 3차 개헌(1960)	의원 내각제
(라) 6차 개헌(1969)	대통령 3선 연임 허용

① (가) : 대통령을 통일 주체 국민회의에서 선출하였다.
② (나) : 대통령의 임기를 7년 단임제로 하였다.
③ (다) : 민의원과 참의원의 양원제 국회를 운영하였다.
④ (라) : 대통령 선출 방식으로 간선제를 채택하였다.

03　일반상식

01 다음 중 손주를 위해 아낌없이 고가의 선물을 사주는 소비력 높은 연령층을 가리키는 용어는?

① 노노족　　　　　　　　② 코쿤족
③ 슬로비족　　　　　　　④ 피딩족

02 다음 중 중대선거구제에 대한 설명으로 옳지 않은 것은?

① 사표가 많이 발생하게 된다.
② 지역구마다 2~5명의 의원을 선출한다.
③ 유권자의 민의가 충분히 반영되지 않는다.
④ 많은 군소정당의 후보들이 선거에 뛰어들게 된다.

03 다음 중 '눈에는 눈, 이에는 이'라는 표현처럼 피해자가 입은 피해와 같은 손해를 가해자에게 돌려준다는 법칙은?

① 탈리오 법칙　　　　　② 함무라비 법칙
③ 솔로몬의 법칙　　　　④ 사마리아인의 법칙

04 다음 중 지나치게 인터넷에 몰두하고 인터넷에 접속하지 않으면 극심한 불안감을 느끼는 중독증을 나타내는 증상은?

① INS증후군　　　　　　② 웨바홀리즘
③ 유비쿼터스　　　　　　④ VDT증후군

05 다음 중 물건에 대한 정보를 인터넷 등 온라인에서 취합한 후, 구매는 직접 오프라인 매장에서 하는 것을 가리키는 용어는?

① 옴니채널 쇼핑 ② 모루밍
③ 역쇼루밍 ④ 쇼루밍

06 다음 중 BCG 매트릭스에서 성공사업으로 수익성과 성장성이 커서 계속적 투자가 필요한 사업은?

① 도그(Dog) 사업
② 스타(Star) 사업
③ 캐시카우(Cash Cow) 사업
④ 퀘스천 마크(Question Mark) 사업

07 다음 중 클라우드 컴퓨팅의 특징에 대한 설명으로 옳지 않은 것은?

① PC·스마트폰 같은 정보통신 기기 등의 클라이언트가 언제 어디서든 정보를 이용할 수 있다는 개념이다.
② 모든 컴퓨팅 기기를 네트워크로 연결하여 컴퓨터의 계산능력을 극대화한 분산 컴퓨팅을 의미한다.
③ 클라우드 컴퓨팅 서비스 제공자는 수많은 서버를 한곳에 모아 데이터를 운영함으로써 규모의 경제를 통한 자원의 공유를 극대화한다.
④ 정보를 인터넷상의 서버에 저장하므로 정보를 손실 없이 안전하게 보관할 수 있고, 저장 공간의 제약도 거의 없으며, 언제 어디서나 열람·수정할 수 있다.

08 다음 중 자율주행 자동차를 구현하기 위해 필수적인 기술로 옳지 않은 것은?
① BSD
② HDA
③ LDWS
④ 스마트 그리드

09 다음 중 도덕적 해이, 역선택 등에 대한 설명으로 옳지 않은 것은?
① 보험회사에서는 실손보험계약에 공제조항을 적용해 손실의 일부를 계약자에게 부담시킴으로써 도덕적 해이를 예방할 수 있다.
② 역선택은 시장에서 거래를 할 때 주체 간 정보 비대칭으로 인해 부족한 정보를 가지고 있는 쪽이 불리한 선택을 하게 되어 경제적 비효율이 발생하는 상황을 말한다.
③ 건강한 사람은 생명보험에 가입하지 않고 건강하지 않은 사람들만 생명보험에 가입하는 현상은 역선택의 사례로 이해할 수 있다.
④ 도덕적 해이는 선택 또는 거래와 동시에 발생하지만, 역선택은 거래 이후에 발생한다는 점에서 차이가 있다.

10 다음 중 채용당시에는 비조합원이라도 일단 채용이 허락된 이후 정규직원이 되면 반드시 조합에 가입해야 하는 조합원 가입제도의 형태는?
① 클로즈드숍
② 오픈숍
③ 유니언숍
④ 에이젼시숍

제5회 최종점검 모의고사

문항 수 : 50문항   응시시간 : 70분

정답 및 해설 p.043

01 국어

01 다음 빈칸에 들어갈 단어로 바르게 짝지어진 것은?

> ㉠ 매년 10만여 명의 (뇌졸중 / 뇌졸증) 환자가 발생하고 있다.
> ㉡ 그의 변명이 조금 (꺼림직 / 꺼림칙 / 꺼림칫)했으나, 한번 믿어보기로 했다.

	㉠	㉡
①	뇌졸증	꺼림칙
②	뇌졸증	꺼림직
③	뇌졸중	꺼림칫
④	뇌졸중	꺼림직

02 다음 (가) ~ (라)를 고쳐 쓴 것으로 옳지 않은 것은?

> (가) 오빠는 생김새가 나하고는 많이 틀려.
> (나) 좋은 결실이 맺어졌으면 하는 바람입니다.
> (다) 내가 오직 바라는 것은 네가 잘됐으면 좋겠어.
> (라) 신은 인간을 사랑하기도 하지만 시련을 주기도 한다.

① (가) : 오빠는 생김새가 나하고는 많이 달라.
② (나) : 좋은 결실을 맺었으면 하는 바램입니다.
③ (다) : 내가 오직 바라는 것은 네가 잘됐으면 좋겠다는 거야.
④ (라) : 신은 인간을 사랑하기도 하지만 인간에게 시련을 주기도 한다.

03 다음 중 올바른 우리말 표현은?

① (초청장 문안에서) 귀하를 이번 행사에 꼭 모시고자 하오니 많이 참석해 주시기 바랍니다.
② (전화 통화에서) 과장님은 지금 자리에 안 계십니다. 뭐라고 전해 드릴까요?
③ (직원이 고객에게) 주문하신 상품은 현재 품절이십니다.
④ (방송에 출연해서) 저희나라가 이번에 우승한 것은 국민 여러분의 뜨거운 성원 덕택입니다.

04 다음 중 국어의 로마자 표기가 옳지 않은 것은?

① 왕십리 – Wangsimri
② 울릉 – Ulleung
③ 백마 – Baengma
④ 학여울 – Hangnyeoul

05 다음에서 설명하는 훈민정음 제자 원리에 해당하는 것은?

'ㄱ, ㄷ, ㅂ, ㅅ, ㅈ, ㆆ' 등을 가로로 나란히 써서 'ㄲ, ㄸ, ㅃ, ㅆ, ㅉ, ㆅ'을 만드는 것인데, 필요한 경우에는 'ㅺ, ㅼ, ㅽ, ㅳ, ㅄ, ㅶ, ㅴ, ㅵ' 등도 만들어 썼다.

① 象形
② 加劃
③ 竝書
④ 連書

06 다음 한자성어 중 의미가 나머지 셋과 가장 다른 것은?

① 道聽塗說
② 心心相印
③ 拈華微笑
④ 以心傳心

07 다음 글과 같은 뜻의 속담은?

> 임시변통은 될지 모르나 그 효력이 오래가지 못할 뿐만 아니라 결국에는 사태가 더 나빠진다는 것을 말한다.

① 빈대 잡으려다 초가삼간 태운다.
② 언 발에 오줌 누기
③ 여름 불도 쬐다 나면 서운하다.
④ 밑 빠진 독에 물 붓기

08 다음 중 한자 표기가 옳지 않은 것은?

① 오늘 협상에서 만족(滿足)할 만한 성과를 거두었다.
② 김위원의 주장을 듣고 그 의견에 동의하여 재청(再請)했다.
③ 우리 지자체의 해묵은 문제를 해결(解結)할 방안이 생각났다.
④ 다수가 그 의견에 동의하지 않았기에 재론(再論)이 필요하다.

09 다음 중 홍길동이 처한 상황을 가장 잘 표현한 한자성어는?

> 홍길동은 내일 열릴 동창회에 참석할 마음이 없었지만 친구들의 성화로 어쩔 수 없이 나간다고 약속을 했다. 그런데 당일 아침 갑작스레 배탈이 나서 도저히 동창회에 참석할 수 없는 상황이 되었다. 그는 동창회 총무에게 전화해서 사정을 설명했지만 상대방은 곧이곧대로 듣지 않고 동창회에 나오기 싫은 핑계라고 생각했다.

① 錦上添花　　　　　　② 烏飛梨落
③ 苦盡甘來　　　　　　④ 一擧兩得

10 다음 글의 주제로 가장 적절한 것은?

> 허파는 들이마신 공기를 허파모세혈관 속의 정맥혈액(Venous Blood)에 전달하여 혈액을 산소화시키는 기능을 한다. 허파 주위에 있는 가슴막공간은 밀폐되어 있지만, 허파 속은 외부 대기와 자유롭게 통하고 있어서 허파의 압력이 유지된다.
> 가슴막공간이 가로막, 갈비사이근육 및 다른 근육들의 수축에 의해서 확장되면 허파 내압이 떨어지게 되어 허파가 확장되고, 따라서 외부공기가 안으로 빨려 들어오는 흡기작용(Inspiration)을 한다. 반대로 호흡근육들이 이완될 때는 가슴막공간이 작아지게 되고, 허파의 탄력조직이 오므라들면 공기가 밖으로 나가는 호기작용(Expiration)을 한다.
> 사람이 편안한 상태에서 교환되는 공기의 양인 호흡용적(Tidal Volume)은 약 500ml이며, 폐활량(Viral Lung Volume)은 심호흡 시 교환되는 양으로 3,700ml 이상이 된다. 최대호기작용 후에도 잔류용적(Residual Capacity) 약 1,200ml의 공기가 허파에 남아있다. 성인의 경우 편안한 상태에서의 정상 호흡횟수는 1분에 12~20회이며, 어린이는 1분에 20~25회이다.

① 허파의 기능
② 허파의 구조
③ 허파의 위치
④ 허파의 정의

11 다음 글의 빈칸에 들어갈 내용으로 가장 적절한 것은?

> 자율주행차란 운전자가 핸들과 가속페달, 브레이크 등을 조작하지 않아도 정밀한 지도, 위성항법시스템(GPS) 등 차량의 각종 센서로 상황을 파악해 스스로 목적지까지 찾아가는 자동차를 말한다. 국토교통부는 자율주행차의 상용화를 위해 '부분자율주행차(레벨 3)' 안전기준을 세계 최초로 도입했다고 밝혔다. 이에 따라 2020년 7월부터 자동으로 차로를 유지하는 기능이 탑재된 레벨 3 자율주행차의 출시와 판매가 가능해졌다. 국토부가 마련한 안전기준에 따르면 레벨 3 부분자율주행차는 운전자 탑승이 확인된 후에만 작동할 수 있다. 자동 차로 유지기능은 운전자가 직접 운전하지 않아도 자율주행시스템이 차선을 유지하면서 주행하고 긴급 상황 등에 대응하는 기능이다. 기존 '레벨 2'는 차로 유지기능을 작동했을 때 차량이 차선을 이탈하면 경고 알람이 울리는 정도여서 운전자가 직접 운전을 해야 했지만, 레벨 3 안전기준이 도입되면 지정된 작동영역 안에서는 자율주행차의 책임 아래 _____.

① 운전자가 탑승하지 않더라도 자율주행이 가능해진다.
② 운전자가 직접 조작하지 않더라도 자동으로 속도 조절이 가능해진다.
③ 운전자가 운전대에서 손을 떼고도 차로를 유지하며 자율주행이 가능해진다.
④ 운전자가 직접 조작하지 않더라도 차량 간 일정한 거리 유지가 가능해진다.

12 다음 문장을 논리적 순서대로 바르게 나열한 것은?

> (가) 밥상에 오르는 곡물이나 채소가 국내산이라고 하면 보통 그 종자도 우리나라의 것이라고 생각하기 쉽다.
> (나) 심지어 청양고추 종자는 우리나라에서 개발했음에도 현재는 외국 기업이 그 소유권을 가지고 있으며, 국내 채소 종자 시장의 경우 종자 매출액의 50%가량을 외국 기업이 차지하고 있다는 조사 결과도 있다.
> (다) 하지만 실상은 많은 작물의 종자를 수입하고 있으며, 양파, 토마토, 배 등의 종자 자급률은 약 16%, 포도는 약 1%에 불과할 정도로 자급률이 매우 낮다.
> (라) 이런 상황이 지속될 경우, 우리의 종자를 심고 키우기 어려워질 것이고, 종자를 수입하거나 로열티를 지급하는 데 지금보다 훨씬 많은 비용이 들어가는 상황이 발생할 수도 있다.

① (가) – (나) – (다) – (라)
② (가) – (나) – (라) – (다)
③ (가) – (다) – (나) – (라)
④ (가) – (라) – (나) – (다)

13 다음 글이 비판의 대상으로 삼는 주장으로 가장 적절한 것은?

> 경제 문제는 대개 해결이 가능하다. 대부분의 경제 문제에는 몇 개의 해결책이 있다. 그러나 모든 해결책은 누군가가 상당한 손실을 반드시 감수해야 한다는 특징을 갖고 있다. 하지만 누구도 이 손실을 자발적으로 감수하고자 하지 않으며 우리의 정치제도는 누구에게도 이 짐을 짊어지라고 강요할 수 없다. 우리의 정치적·경제적 구조로는 실질적으로 제로섬(Zero-sum)적인 요소를 지니는 경제 문제에 전혀 대처할 수 없기 때문이다.
> 대개의 경제적 해결책은 대규모의 제로섬적인 요소를 갖기 때문에 큰 손실을 수반한다. 모든 제로섬 게임에는 승자가 있다면 반드시 패자가 있으며, 패자가 존재해야만 승자가 존재할 수 있다. 경제적 이득이 경제적 손실을 초과할 수도 있지만, 손실의 주체에게 손실의 의미란 상당한 크기의 경제적 이득을 부정할 수 있을 만큼 매우 중요하다. 어떤 해결책으로 인해 평균적으로 사회는 더 잘살게 될 수도 있지만, 이 평균이 훨씬 더 잘살게 된 수많은 사람과 훨씬 더 못살게 된 수많은 사람을 감춘다. 만약 당신이 더 못살게 된 사람 중 하나라면 내 수입이 줄어든 것보다 다른 누군가의 수입이 더 많이 늘었다고 해서 위안을 얻지는 않을 것이다. 결국 우리는 우리 자신의 수입을 보호하기 위해 경제적 변화가 일어나는 것을 막거나 혹은 사회가 우리에게 손해를 입히는 공공정책이 강제로 시행되는 것을 막기 위해 싸울 것이다.

① 빈부격차를 해소하는 것만큼 중요한 정책은 없다.
② 사회의 총생산량이 많아지게 하는 정책이 좋은 정책이다.
③ 경제문제에서 모두가 만족하는 해결책은 존재하지 않는다.
④ 경제적 변화에 대응하는 정치제도의 기능에는 한계가 존재한다.

14 다음 글의 밑줄 친 '작가'는 누구인가?

> 허생전은 실학이 주목받았던 조선 후기를 배경으로 한다. 이때 선비 '허생'을 통해 그 당시의 경제와 정치 그리고 무능력한 양반을 비판한 소설이다. 소설 속 허생은 <u>작가</u>의 실학사상을 바탕으로 창조된 인물이다.

① 홍대용 ② 박지원
③ 김시습 ④ 허균

15 다음 글에 대한 설명으로 적절하지 않은 것은?

> 소장은 혼자서 빙긋 웃었다. 감독조를 짐짓 3공사장으로 보내길 잘했다고 그는 생각했다. 사실은 그들이 없으면 인부들을 통솔하기가 매우 어려운 실정이었다. 원하는 대로 모두 수걱수걱 들어주고 나면 길 잘못 들인 강아지 새끼처럼 또 무엇을 달라고 보챌지 몰라 불안할수록, 더욱 감독조는 필요했다. 그래서 잠잠해질 때까지 당분간 보냈다가 인부들과는 낯선 다른 패들로 교대시킬 뿐이었다. 현재 노임도 올렸고 시간노동제도 실시하고 있는 척할 수밖에 없지만, 우선 내일의 행사를 위해 숨 좀 돌려보자는 게 그의 속셈이었다. 그 다음엔 주동자들을 먼저 아무도 모르게 경찰에 데려다가 책임을 물어 따끔하게 본때를 보인 후, 여비나 두둑이 주어 구슬리며 딴 지방으로 쫓아 보낼 작정이었다. 그의 손에는 쟁의에 참가했던 인부들의 명단이 저절로 들어와 있는 셈이었다. 그들 불평분자의 절반쯤은 3공사장 인부들과 교대시키고, 나머지는 남겨두되 각 함바에 뿔뿔이 흩어지게 배당할 거였다. 점차로 시간을 보내면서 하나둘씩 해고해 나갈 것이었다. 차츰차츰 작업량을 늘리고 작업장을 줄여 가면 남는 인부가 많게 될테니 열흘도 못 가서 감원할 구실이 생길 거였다. 따라서 인상되었던 노임을 차츰 낮추며 도급을 계속시키면서 인부들이 모르는 사이에 전과 같이 나가면 어항에 물 갈아 넣는 것처럼 인부들은 모두 새 사람으로 바뀔 것이었다. 소장은 이 모든 일들을 열흘 안으로 해치우고 원상 복구를 해 놓을 자신이 있었다.
>
> — 황석영, 『객지』

① 소장은 내일의 행사를 원만하게 치르려고 한다.
② 소장은 쟁의를 해결할 수 있다는 강한 자신감을 갖고 있다.
③ 소장은 쟁의의 주동자들을 해고할 생각을 갖고 있다.
④ 소장은 감독조를 해체하여 상황을 원상 복구할 계획이다.

16 다음 (가) ~ (라)의 ㉠ ~ ㉣에 대한 설명으로 적절하지 않은 것은?

> (가) 간밤의 부던 브람에 눈서리 치단 말가
>   ㉠ 낙락장송(落落長松)이 다 기우러 가노미라
>   호믈며 못다 핀 곳이야 닐러 무슴 호리오.
>
> (나) 철령 노픈 봉에 쉬여 넘는져 구룸아
>   고신원루(孤臣寃淚)를 비 사마 띄여다가
>   ㉡ 님 계신 구중심처(九重深處)에 쓔려 본들 엇드리.
>
> (다) 이화우(梨花雨) 훗쑤릴 제 울며 잡고 이별훈님
>   추풍낙엽(秋風落葉)에 ㉢ 저도 날 싱각는가
>   천리(千里)에 외로온 꿈만 오락가락 호노매.
>
> (라) 삼동(三冬)의 뵈옷 닙고 암혈(巖穴)의 눈비 마자
>   구롬 낀볏뉘도 쐰적이 업건마는
>   서산의 ㉣ 히 디다 호니 그롤셜워 호노라.

① ㉠은 억울하게 해를 입은 충신을 가리킨다.
② ㉡은 궁궐에 계신 임금을 가리킨다.
③ ㉢은 헤어진 연인을 가리킨다.
④ ㉣은 오랜 세월을 함께한 벗을 가리킨다.

17 다음 글과 같은 방식으로 논리를 전개한 것은?

> 진리가 사상의 체계에 있어 제일의 덕이듯이 정의는 사회적 제도에 있어 제일의 덕이다. 하나의 이론은 그것이 아무리 멋지고 간명한 것이라 하더라도 만약 참되지 않다면 거부되거나 수정되어야 한다. 이와 마찬가지로 법과 제도는 그것이 아무리 효율적으로 잘 정비되어 있다고 하더라도 만약 정의롭지 않다면 개혁되거나 폐기되어야 한다.

① 의지의 자유가 없는 사람에게는 책임을 물을 수 없다. 그런데 인간에게는 책임을 물을 수 있다. 그러므로 인간의 의지는 자유롭다고 보아야 한다.
② 여자는 생각하는 것이 남자와 다른 데가 있다. 남자는 미래를 생각하지만 여자는 현재의 상태를 더 소중하게 여긴다. 남자가 모험, 사업, 성 문제를 중심으로 생각한다면 여자는 가정, 사랑, 안정성에 비중을 두어 생각한다.
③ 우리 강아지는 배를 문질러 주면 등을 바닥에 대고 누워버려. 그리고 정말 기분 좋은 듯한 표정을 짓지. 그런데 내 친구 강아지도 그렇더라고. 아마 모든 강아지가 그런 속성을 가지고 있는 것 같아.
④ 인생은 여행과 같다. 간혹 험난한 길을 만나기도 하고, 예상치 않은 일을 당하기도 한다. 우연히 누군가를 만나고 그들과 관계를 맺기도 한다. 여행을 끝내고 집으로 돌아왔을 때 편안함을 느끼는 것처럼 생을 끝내고 죽음을 맞이할 때 우리는 더없이 편안해질 것이다.

18 다음 글을 읽은 독자의 반응으로 가장 적절한 것은?

> 인문학은 세상에 대한 종합적이고 비판적인 해석과 시각을 제공한다. 인문학이 해석하는 세상은 지금 우리가 살고 있는 세상이다. 현대 사회는 사회의 복잡성이 비교할 수 없을 정도로 증가함에 따라 위험과 불확실성이 커졌으며, 다양한 정보 통신 기술이 정보와 지식의 생산, 유통, 소비를 혁신적으로 바꾸면서 사람들 사이의 새로운 상호의존 관계를 만들어낸다는 점에서 과거와는 다른 차별성을 지니고 있다. 이것은 현대사회가 불확실하고 복잡하며 매일 매일 바쁘게 돌아가는 세상이 되었다는 것, 나아가 지구 구석구석에 존재하는 타인과의 상호 관계가 내 삶에 예기치 못한 영향을 미치는 세상이 되었다는 것을 의미한다. 이러한 세상을 살아가는 데에 인문학은 실질적인 지침을 제공해야 한다.

① 현대 사회에서 인문학이 담당해야 할 역할에 대해 말하고 있어.
② 현대 사회의 문제점을 부각시키면서 바람직한 해결 방안을 제시하고 있어.
③ 과거와 현대 사회의 모습을 구체적으로 대조하면서 현대 사회의 특징을 드러내고 있어.
④ 사회의 복잡성으로 인해 타인과의 소통에 장애가 생긴다는 점을 현대 사회의 주요한 특징으로 말하고 있어.

19 다음 ㉠~㉣의 사례로 적절하지 않은 것은?

> 단어의 의미가 변화하는 양상은 다양하다. 첫째, "아침 먹고 또 공부하자."에서 '아침'은 본래의 의미인 '하루 중의 이른 시간'을 가리키지 않고 '아침에 먹는 밥'이라는 의미로 쓰인다. '밥'의 의미가 '아침'에 포함되어서 '아침'만으로도 '아침밥'의 의미를 표현하게 된 것으로, ㉠ 두 개의 단어가 긴밀한 관계여서 한쪽이 다른 한쪽의 의미까지 포함하는 의미로 변화하게 된 경우이다. 둘째, '바가지'는 원래 박의 껍데기를 반으로 갈라 썼던 물건을 가리켰는데, 오늘날에는 흔히 플라스틱 바가지를 가리킨다. 이것은 ㉡ 언어 표현은 그대로인데 시대의 변화에 따라 지시 대상 자체가 바뀌어서 의미 변화가 발생한 경우이다. 셋째, '묘수'는 본래 바둑에서 만들어진 용어이지만 일상적인 언어생활에서도 '쉽게 생각해 내기 어려운 좋은 방안'이라는 의미로 사용된다. 이는 ㉢ 특수한 영역에서 사용되던 말이 일반화되면서 단어의 의미가 변화한 경우에 해당한다. 마지막으로 호랑이를 두려워하던 시절에 사람들은 '호랑이'라는 이름을 직접 부르기 꺼려서 '산신령'이라고 부르기도 했는데, 이는 ㉣ 심리적인 이유로 특정 표현을 피하려다 보니 그것을 대신하는 단어의 의미에 변화가 생긴 경우이다.

① ㉠ : '아이들의 코 묻은 돈'에서 '코'는 '콧물'의 의미로 쓰인다.
② ㉡ : '수세미'는 원래 식물의 이름이었지만 오늘날에는 '그릇을 씻는 데 쓰는 물건'이라는 의미로 쓰인다.
③ ㉢ : '배꼽'은 일반적으로 '탯줄이 떨어지면서 배의 한가운데에 생긴 자리'를 가리키지만 바둑에서는 '바둑판의 한가운데'라는 의미로 쓰인다.
④ ㉣ : 무서운 전염병인 '천연두'를 꺼려서 '손님'이라고 불렀다.

20 다음 글에 대한 설명으로 적절하지 않은 것은?

몽타주는 두 개 이상의 상관성이 없는 장면을 배치함으로써 새로운 의미를 도출하는 것이다. 에이젠슈타인은 몽타주의 개념을 설명하기 위해 상형문자가 합해져서 회의문자가 만들어지는 과정에서 아이디어를 빌려 왔다. 그는 두 개의 묘사 가능한 것을 병치하여 시각적으로 묘사 불가능한 것을 재현하려 했다. 가령 사람의 '눈'과 '물'의 이미지를 충돌시켜 '슬픔'의 의미를 드러내며 '문' 그림 옆에 '귀' 그림을 놓아 '도청'의 이미지를 나타내는 식이다. 의미에 있어서 단일하고, 내용에 있어서 중립적이고 묘사적인 장면을 연결시켜 지적인 의미를 만들어내는 것이 그가 구현하려 했던 몽타주의 개념이다.

① 몽타주는 상형문자의 형성 원리를 바탕으로 만들어진 기법이다.
② 몽타주는 묘사 가능한 대상을 병치하여 묘사 불가능한 것을 재현한다.
③ '눈'과 '물'의 이미지가 한 장면에 배치되어 '슬픔'이 표현된다.
④ '문'과 '귀'의 이미지가 결합하여 '도청'이라는 의미를 나타낸다.

02 한국사

01 다음 중 1960년대 전반 남북한에서 각기 조사 발굴되어 한국사에서 구석기시대의 존재를 확인시켜 준 유적들을 바르게 짝지은 것은?

	남한	북한
①	제주 빌레못 유적	상원 검은모루 유적
②	공주 석장리 유적	웅기 굴포리 유적
③	단양 상시리 유적	덕천 승리산 유적
④	연천 전곡리 유적	평양 만달리 유적

02 다음 중 (가) 나라의 사회 모습으로 옳은 것은?

> • (가)은/는 장성(長城)의 북쪽에 있는데, 현토에서 천 리쯤 떨어져 있다. 남쪽은 고구려와, 동쪽은 읍루와, 서쪽은 선비와 접해 있고, 북쪽에는 약수(弱水)가 있다. 사방 2천 리가 되며, 호수(戶數)는 8만이다.
> － 『삼국지』 동이전
>
> • 온조는 하남 위례성에 도읍을 정하였다. …… 나라 이름을 백제로 고쳤다. 그 세계(世系)가 고구려와 함께 (가)에서 나온 것이므로 이 때문에 (가)을/를 성씨로 삼았다.
> － 『삼국사기』

① 신지, 읍차 등의 지배자가 있었다.
② 12월에 영고라는 제천 행사를 열었다.
③ 사회 질서를 유지하기 위한 범금 8조가 있었다.
④ 제사장인 천군과 신성 지역인 소도가 존재하였다.

03 다음 중 고구려에서 일어난 사건을 시기 순으로 바르게 나열한 것은?

> ㄱ. 불교를 수용하고, 율령을 반포하였다.
> ㄴ. 고국원왕이 평양성전투에서 전사하였다.
> ㄷ. 을파소를 등용하여 진대법을 실시하였다.
> ㄹ. 한성을 공격하여 함락시키고 개로왕을 죽였다.

① ㄴ – ㄷ – ㄱ – ㄹ
② ㄴ – ㄷ – ㄹ – ㄱ
③ ㄷ – ㄴ – ㄱ – ㄹ
④ ㄷ – ㄴ – ㄹ – ㄱ

04 다음 중 삼국시대에 각 나라의 전성기를 이끌었던 왕과 그 순서를 바르게 연결한 것은?

① 광개토대왕 – 근초고왕 – 진흥왕
② 근초고왕 – 광개토대왕 – 진흥왕
③ 근초고왕 – 진흥왕 – 광개토대왕
④ 광개토대왕 – 진흥왕 – 근초고왕

05 다음에서 설명하는 인물의 업적으로 옳은 것은?

> 성은 김씨이다. 29세에 황복사에서 머리를 깎고 승려가 되었다. 얼마 후 중국으로 가서 부처의 교화를 보고자 하여 원효(元曉)와 함께 구도의 길을 떠났다. …… 처음 양주에 머무를 때 주장(州將) 유지인이 초청하여 그를 관아에 머물게 하고 성대하게 대접하였다. 얼마 후 종남산 지상사에 가서 지엄(智儼)을 뵈었다.
> – 『삼국유사』

① 『화엄일승법계도』를 저술하여 화엄사상을 정리하였다.
② 중국에서 풍수지리설을 들여와 지세의 중요성을 일깨웠다.
③ 『십문화쟁론』을 지어 종파 간의 대립을 해소하고자 하였다.
④ 인도와 중앙아시아 지역을 여행하고 돌아와 『왕오천축국전』을 저술하였다.

06 다음 자료에 보이는 시기의 경제 동향에 대한 설명으로 옳지 않은 것은?

> 배에 물건을 싣고 오가면서 장사하는 장사꾼은 반드시 강과 바다가 이어지는 곳에서 이득을 얻는다. 전라도 나주의 영산포, 영광의 법성포, 흥덕의 사진포, 전주의 사탄은 비록 작은 강이나 모두 바닷물이 통하므로 장삿배가 모인다. …… 그리하여 큰 배와 작은 배가 밤낮으로 포구에 줄을 서고 있다.
> ― 『비변사등록』

① 강경, 원산 등이 상업 중심지로 성장하였다.
② 선상은 선박을 이용해서 각 지방의 물품을 거래하였다.
③ 객주나 여각은 상품의 매매를 중개하고, 숙박, 금융 등의 영업도 하였다.
④ 상업 활동이 활발해지면서 삼한통보 등의 동전을 만들어 유통하였다.

07 다음 자료가 기록된 사서에 대한 설명으로 옳은 것은?

> 왕이 대궐로 돌아와서 그 대나무로 피리를 만들어 월성 천존고(天尊庫)에 보관하였다. 피리를 불면 적군이 물러나고 병이 나았으며, 가물면 비가 오고 장마가 지면 날이 개었으며, 바람이 잠잠해지고 파도가 잔잔해졌다. 그래서 만파식적(萬波息笛)이라고 부르고 국보로 삼았다.

① 14수의 향가(鄕歌)가 기록되어 있어 고대문학 연구의 귀중한 자료이다.
② 김부식을 비롯한 유학자들이 편찬한 역사서이다.
③ 삼국에서 고려까지 고승들의 전기를 정리하여 편찬한 책이다.
④ 이규보가 저술한 고구려 건국 시조에 대한 장편의 한문서사시이다.

08 다음 빈칸에 들어갈 지역으로 옳은 것은?

> _____은/는 예성강 하류에 있던 고려시대의 국제 무역항으로 수도인 개경과 가깝고, 수심이 깊어 배가 지나다니기 쉬우며, 뱃길이 빨라 무역항으로 크게 발전하였다. 아라비아 상인들까지도 무역을 위해 고려에 오고갔으며 이에 따라 국제 무역 항구로 크게 번성하였다. 우리나라가 '코리아'라는 이름으로 서양에 알려진 것도 이때부터였다.

① 청해진
② 벽란도
③ 왜관
④ 제물포

09 다음 제도의 시행에 대한 설명으로 옳은 것은?

> 6조에서 올라오는 모든 일을 영의정, 좌의정, 우의정이 중심이 되는 의정부에서 논의하여 합의된 사항을 국왕에게 올려 결재받게 하였다.

① 이 제도의 시행으로 국왕이 재상들을 직접 통솔할 수 있게 되어 왕권 강화에 기여하였다.
② 무력으로 집권한 태종과 세조는 이 제도를 이용하여 초기의 불안한 왕권을 안정시켰다.
③ 민본정치를 추구한 정도전은 이 제도를 폐지하고 6조의 업무를 국왕에게 직접 보고하게 하였다.
④ 세종은 안정된 왕권과 경제력을 바탕으로 이 제도를 시행하여 왕권과 신권의 조화를 추구하였다.

10 다음 밑줄 친 '이 농서'가 처음 편찬된 시기의 문화에 대한 설명으로 옳은 것은?

> 『농상집요』는 중국 화북 지방의 농사 경험을 정리한 것으로서 기후와 토질이 다른 조선에는 도움이 될 수 없었다. 이에 농사 경험이 풍부한 각 도의 농민들에게 물어서 조선의 실정에 맞는 농법을 소개한 이 농서가 편찬되었다.

① 현실 세계와 이상 세계를 표현한 몽유도원도가 그려졌다.
② 선종의 입장에서 교종을 통합한 조계종이 성립되었다.
③ 윤휴는 주자의 사상과 다른 모습을 보여 사문난적으로 몰렸다.
④ 진경산수화와 풍속화가 유행하였다.

11 다음 글을 쓴 인물에 대한 설명으로 옳은 것은?

> 이제 이 도(圖)와 해설을 만들어 겨우 열 폭밖에 되지 않는 종이에 풀어놓았습니다만, 이것을 생각하고 익혀서 평소에 조용히 혼자 계실 때에 공부하소서. 도(道)가 이룩되고 성인이 되는 요체와 근본을 바로잡아 나라를 다스리는 근원이 모두 여기에 갖추어져 있사오니, 오직 전하께서는 이에 유의하시어 여러 번 반복하여 공부하소서.

① 일본의 성리학 발전에 크게 영향을 끼쳤다.
② 방납의 폐단을 개선하기 위해 수미법을 주장하였다.
③ 노장 사상을 포용하고 학문의 실천성을 강조하였다.
④ 성리학을 중심에 두면서도 양명학의 심성론을 인정하였다.

12 다음과 같은 현상이 일어나게 된 배경으로 옳지 않은 것은?

> 향회라는 것이 한 마을 사민(士民)의 공론에 따른 것이 아니고, 수령의 손 아래 놀아나는 좌수·별감들이 통문을 돌려 불러 모은 것에 불과합니다. 그 향회에서는 관의 비용이 부족하다는 핑계로 제멋대로 돈을 거두고 법을 만드니, 일의 원통함이 이보다 심한 것이 없습니다.

① 사족의 향촌 지배력이 약화되었다.
② 수령과 향리의 영향력이 약해졌다.
③ 향회는 수령의 부세 자문기구로 전락하였다.
④ 양반 사족과 부농층이 향촌의 주도권 다툼을 벌였다.

13 다음 (가)를 배경으로 세력을 확대했던 정치세력에 대한 설명으로 옳지 않은 것은?

> 주세붕이 (가)를 창건할 적에 세상에서 의심하였으나, 주세붕의 뜻은 더욱 독실해져 무리의 비웃음을 무릅쓰고 비방을 극복하여 전례에 없던 장한 일을 단행하였으니 …… 앞으로 정몽주, 길재, 김종직 같은 이가 살던 곳에 모두 이것을 건립하게 될 것이며 …….
> — 『퇴계전서』

① 사장보다는 경학을 중시하는 학풍을 지녔다.
② 중앙집권 체제보다는 향촌 자치를 추구하였다.
③ 현량과를 통하여 중앙관료로 대거 등용되었다.
④ 조선 건국에 참여하였으며, 부국강병을 위해 노력하였다.

14 다음 글에서 설명하는 밑줄 친 '청(廳)'에 해당하는 것은?

> 영의정 이원익이 의논하기를 "각고을에서 진상하는 공물이 각 사의 방납인들에 의해 중간에서 막혀 물건 하나의 가격이 몇 배 또는 몇십 배, 몇백 배가 되어 그 폐단이 이미 고질화 되었는데, 기전(畿甸)의 경우는 더욱 심합니다. 그러니 지금 마땅히 별도로 하나의 청(廳)을 설치하여 매년 봄·가을에 백성들에게서 쌀을 거두되, 1결당 매번 8말씩 거두어 본청(廳)에 보내면 본청에서는 당시의 물가를 보아 가격을 넉넉하게 헤아려 정해 거두어들인 쌀로 방납인에게 주어 필요할 때에 사들이도록 함으로써 간사한 꾀를 써 물가가 오르게 하는 길을 끊으셔야 합니다. ……"

① 어영청 ② 상평청
③ 선혜청 ④ 균역청

15 다음을 발표한 단체의 활동에 대한 설명으로 옳은 것은?

> 무릇 나라의 독립은 오직 자강(自强)의 여하에 달려있는 것이다. …… 그러나 자강의 방도를 강구하려 할 것 같으면 다른 곳에 있지 않고 교육을 진작하고 산업을 일으키는 데 있으니 무릇 교육이 일어나지 않으면 민지(民智)가 열리지 않고 산업이 일어나지 않으면 국부가 증가하지 못하는 것이다. 교육과 산업의 발달이 곧 자강의 방도임을 알 수 있는 것이다.

① 만민공동회를 개최하여 러시아의 침략 정책을 강력하게 규탄하였다.
② 고종의 강제 퇴위 반대 운동을 전개하다가 일본의 탄압으로 해산되었다.
③ 방직, 고무, 메리야스 공장을 육성하여 경제 자립을 이루자는 운동을 전개하였다.
④ 일본의 황무지 개간에 대한 대중적인 반대 운동을 일으켜 이를 철회시키는 데 성공하였다.

16 다음 글과 관련된 사건으로 옳은 것은?

> 1975년 서지학자 박병선 박사는 이곳 도서관에서 조선시대 도서가 보관되어 있음을 발견하고 목록을 정리하여 그 존재를 알렸다. 그 후 1990년대 초 한국 정부가 반환을 공식 요청하기에 이르렀다. 그 결과 2011년에 '5년마다 갱신이 가능한 대여 방식'으로 반환되었다.

① 어재연이 광성보에서 결사 항전하였다.
② 제너럴셔먼호 사건을 빌미로 일어났다.
③ 프랑스가 강화도 외규장각 도서를 약탈하였다.
④ 조선이 처음으로 서양 국가와 외교 관계를 맺었다.

17 다음 사건들을 발생 순서대로 바르게 나열한 것은?

> ㄱ. 일본은 러시아로부터 한국에 대한 지도·보호 및 감독의 권리를 인정받았다.
> ㄴ. 미국은 한국에서 일본의 보호권 확립을, 일본은 미국의 필리핀 지배를 인정하였다.
> ㄷ. 일본은 한국의 외교권을 박탈하고 통감부를 설치하였다.
> ㄹ. 영국은 한국에서 일본의 특수 이익을, 일본은 영국의 인도 지배를 서로 승인하였다.

① ㄱ-ㄴ-ㄷ-ㄹ
② ㄴ-ㄹ-ㄱ-ㄷ
③ ㄷ-ㄱ-ㄴ-ㄹ
④ ㄹ-ㄴ-ㄱ-ㄷ

18 다음 밑줄 친 '이 단체'에 대한 설명으로 옳지 않은 것은?

> 대한민국 임시정부에서는 만주 지역의 독립군과 각처에 산재해 있던 무장투쟁 세력을 모아 충칭에서 이 단체를 창설하였다.

① 김원봉이 이끄는 조선의용대의 일부를 통합하여 군사력을 증강하였다.
② 초기에는 중국군사위원회의 지휘와 간섭을 받았다.
③ 중국의 화북 전선에서 일본군에 대항하여 팔로군과 연합 작전을 전개하였다.
④ 중국 주둔 미국전략정보국(OSS)과 합작하여 국내진공작전을 계획하였으나 실현되지 못했다.

19 다음 원칙을 발표한 기구가 내세운 주장으로 옳은 것은?

> 조선의 좌우 합작은 민주 독립의 단계요, 남북 통일의 관건인 점에서 3천만 민족의 지상 명령이며 국제 민주화의 필연적 요청이었음에도 불구하고 저간의 복잡다단한 내외 정세로 오랫동안 파란곡절을 거듭해 오던바, 드디어 …… 다음과 같은 7원칙을 결정하였다.

① 외국 군대의 철수
② 미소공동위원회의 속개
③ 토지의 무상 몰수, 무상 분배
④ 유엔(UN) 감시하의 남북한 총선거 실시

20 다음 자료에 해당하는 선거에 대한 설명으로 옳지 않은 것은?

> - 총 유권자의 40%에 해당하는 표를 자유당 후보에게 기표하여 투표 당일 투표함에 미리 넣어 놓는다.
> - 나머지 60%의 유권자는 3인, 5인, 9인조로 묶어 매수 혹은 위협을 통해 자유당 후보에게 투표하도록 한다.
> - 투표소 부근에 여당 완장을 착용한 완장 부대를 배치하여 야당 성향의 유권자를 위협한다.
> - 야당 참관인은 적당한 구실을 만들어 투표소 밖으로 내쫓는다.
>
> —「동아일보」, 1960년 3월 4일

① 4·19 혁명 발발의 중요한 계기가 되었다.
② 장면 정부는 이 선거 결과를 무효로 하고 재선거를 실시하였다.
③ 이승만의 대통령 당선 가능성이 높은 상황에서 실시되었다.
④ 정부는 이 선거를 규탄하는 시위의 배후에 공산주의 세력이 개입되었다고 발표하였다.

03 일반상식

01 다음 중 2028년 하계 올림픽을 주최하는 도시는?

① 토론토 ② 로스앤젤레스
③ 함부르크 ④ 암스테르담

02 다음 중 제13대 유럽연합 집행위원장은?

① 우르줄라 폰 데어 라이엔 ② 마린 르 펜
③ 조르자 멜로니 ④ 엘리자베트 보른

03 다음은 빈칸에 들어갈 용어로 옳은 것은?

> 비대면(Untact) 문화가 보편화하면서 _____ 시대가 우리 앞으로 성큼 다가왔다. 유튜브 등 온라인에서 개인들이 자신의 능력을 콘텐츠화해 수익을 창출하는 시대가 도래한 것이다. 여기에 필요에 따라 일을 맡기거나 일감을 구하는 형태의 긱 이코노미(Gig Economy) 트렌드가 더해짐에 따라 최근에는 유튜브, SNS의 온라인 공간에서 활동하는 프리랜서가 급증했고, 이들이 마음껏 활약할 수 있는 O2O(Online to Online) 플랫폼도 인기를 끌고 있다. 인스타그램 또한 _____이/가 활발히 이루어지는 플랫폼이다. 어느 정도의 팔로어를 보유한 인플루언서들은 제품 협찬이나 제품 공동 구매 제의를 자주 받는다. 이는 인플루언서 마케팅을 주력으로 하는 신생기업이 증가하면서 생긴 새로운 형태의 경제활동이다.
> 그러나 콘텐츠의 수익화를 위해 가짜뉴스, 폭력적·선정적 콘텐츠 등 구독자 확보를 위한 과열 경쟁을 우려하는 이들 또한 많아지고 있다. 이들은 "자극적인 제목으로 관심을 끌어놓고 막상 클릭해 보면 생각했던 것과 아주 다른 영상이 많다"며 "뒷광고 같은 것들도 _____(으)로 생겨난 부정적인 현상일 것"이라고 지적한다.

① 셀프홀릭 ② 셀피노믹스
③ 폴리시 믹스 ④ 에르고노믹스

04 다음 중 국정조사에 대한 설명으로 옳지 않은 것은?
① 비공개 진행이 원칙이며, 국정조사위원회의 활동결과는 국정보고서 형태로 본회의에 제출된다.
② 재적의원 4분의 1 이상의 요구가 있을 때에는 국정조사를 시행하게 된다.
③ 국정조사위원회는 관련기관에 자료를 요청하거나 그 기관의 보고를 들을 수 있다.
④ 국정전반에 대한 일반 조사는 인정되지 않는다.

05 다음 중 금융투자업의 종류로 옳지 않은 것은?
① 투자매매업
② 신용협동기구
③ 투자일임업
④ 신탁업

06 다음 중 아시아 개발도상국들이 도로, 학교와 같은 사회간접자본을 건설할 수 있도록 자금 등을 지원하는 국제기구로, 중국이 주도한다는 점이 특징인 조직은?
① IMF
② AIIB
③ ASEAN
④ WB

07 다음 중 국내 시장에서 외국 기업들이 활개를 치고 다니는 반면, 자국 기업들은 부진을 면하지 못하는 현상을 가리키는 용어는?
① 윔블던효과
② 롱테일 법칙
③ 서킷브레이커
④ 스핀오프

08 다음 중 신흥 강대국과 기존 강대국의 필연적인 갈등을 뜻하는 용어는?

① 루카스 함정 ② 멜서스의 함정
③ 중진국의 함정 ④ 투키디데스의 함정

09 다음 중 2024년 기준 유네스코 세계유산에 등재되지 않은 것은?

① 조선왕조 의궤 ② 가야고분군
③ 국채보상운동 기념물 ④ 반구천의 암각화

10 다음 빈칸에 들어갈 새로운 유형의 소비 행태를 뜻하는 용어로 옳은 것은?

> 2020년 봉준호 감독의 영화 「기생충」에서 '짜파구리'가 등장하면서 외국인들 사이에서 '짜파구리'를 비롯한 한국 음식 문화에 대한 관심이 크게 높아졌고, 그 영향으로 '짜파구리'는 한류의 새로운 아이콘으로 떠올라 실제 제품으로 정식 출시되기도 했다. 이처럼 최근 식품·주류업계에서 확산되고 있는 _____ 마케팅을 두고 전문가들은 1인 가구 및 편의점 증가에 힘입어 _____ 마케팅이 더욱 확산될 것으로 예상한다. 이는 1인 가족이 늘어나면서 '혼밥, 혼술' 현상이 늘어나 보편화 추세에 있고, 편의점 접근성 또한 크게 높아지면서 자신의 입맛에 맞춰 조합하는 사례가 늘었기 때문인 것으로 분석된다. 이에 대해 업계 관계자들은 "기업 입장에서도 _____ 조리법을 활용하면 제품 개발비를 절약할 수 있고, 소비자들의 관심도 끌 수 있어 _____ 마케팅은 이어질 것"으로 전망했다.

① 앰비슈머 ② 트윈슈머
③ 모디슈머 ④ 큐레이슈머

제6회 최종점검 모의고사

문항 수 : 50문항   응시시간 : 70분

정답 및 해설 p.051

01 국어

01 다음 중 밑줄 친 부분의 맞춤법이 옳지 않은 것은?

① 선수들은 관객들의 <u>우레</u>와 같은 박수와 함성을 받으며 등장했다.
② 아버지는 무작정 서울로 올라와 <u>사글세</u>로 단칸방을 얻어 살림을 꾸렸다고 하셨다.
③ 정부는 제도 개혁을 여러 차례 시도했지만, 야당의 반대로 <u>번번이</u> 실패했다.
④ 소방관은 생명의 위험을 <u>무릅쓰고</u> 위험에 처한 시민을 적극적으로 구조하였다.

02 다음 밑줄 친 단어와 바꾸어 사용할 수 있는 것은?

> 연어잡이에 <u>나서다</u>.

① 어른들 앞에 <u>나서다</u>.
② 어린 나이에도 불구하고 장사를 하러 <u>나서다</u>.
③ 남에 일에 주제넘게 <u>나서다</u>.
④ 아침 일찍 여행길에 <u>나서다</u>.

03 다음 중 띄어쓰기가 옳지 않은 것은?

① 나는 책을 읽어도 보고 했으나 머릿속에 들어오지 않았다.
② "어디, 나한테 덤벼들어 봐라!"
③ 신발이 그만 물에 떠내려가 버렸다.
④ 하늘을 보니 비가 올듯도 하다.

04 다음 밑줄 친 말 중 표준어가 아닌 것은?

① 그가 <u>이리로</u> 걸어오고 있었다.
② <u>얼씨구</u>, 경사 났네, 경사 났어.
③ 양반이라는 것이 <u>제우</u> 이 뿐이오!
④ 그, <u>머시</u>, 지난번에 갔던 곳 거기 있잖아.

05 다음 중 로마자 표기법으로 옳은 것은?

① 신라 → Silla
② 팔당 → Palttang
③ 홍빛나 → Hong Binna
④ 설악산 → Seorak-San

06 다음 밑줄 친 부분의 문맥상 의미와 거리가 먼 한자는?

> 진흥왕이 우륵을 만난 낭성은 지금의 청주 지방인데, 왕은 그를 지금의 충주인 국원에 살도록 하였다. 그리고 신라의 관리 세 사람을 선발하여 그에게서 음악을 배우도록 하였는데, 우륵은 제자들의 재능을 <u>헤아려</u> 계고에게는 가야금, 법지에게는 노래, 만덕에게는 춤을 가르쳤다.

① 參酌하여 ② 計算하여
③ 判斷하여 ④ 勘案하여

07 다음 상황에 가장 적절한 한자성어는?

> A씨는 업무를 정리하다가 올해 초 진행한 프로젝트에 자신의 실수가 있었음을 알게 되었다. 하지만 자신의 실수를 드러내고 싶지 않았고, 그리 큰 문제라고 생각하지 않은 A씨는 이를 무시하였다. 이후 다른 프로젝트를 진행하면서 지난번 실수와 동일한 실수를 다시 저지르게 되었고, 프로젝트에 큰 피해를 입혔다.

① 유비무환(有備無患) ② 유유상종(類類相從)
③ 회자정리(會者定離) ④ 개과불린(改過不吝)

08 다음 한자성어의 뜻을 가진 속담으로 옳은 것은?

> 凍足放尿

① 밑 빠진 독에 물 붓기
② 언 발에 오줌 누기
③ 가재는 게 편이다
④ 백지장도 맞들면 낫다

09 다음 뜻을 지닌 한자성어로 옳은 것은?

> 고생 끝에 낙이 온다.

① 脣亡齒寒
② 堂狗風月
③ 苦盡甘來
④ 朝三暮四

10 다음 글의 빈칸에 들어갈 내용으로 가장 적절한 것은?

> 세율에는 세액을 과세 표준으로 나눈 값인 평균 세율, 세액을 과세 이전 총소득으로 나눈 값인 실효 세율 등이 있다. 다음 예를 통해 세율에 대해 이해해 보자. 소득세의 세율이 과세 표준 금액 1,000만 원 이하는 10%, 1,000만 원 초과 4,000만 원 이하는 20%라 하자. 이처럼 과세 표준을 몇 개의 구간으로 나누는 까닭은 소득에 대응하는 세율을 일일이 획정하는 것이 현실적으로 어렵기 때문이다. 과세 표준 금액이 3,000만 원인 사람의 세액은 '1,000만 원×10%+2,000만 원×20%=500만 원'으로 계산된다. _____ 과세 표준에 세율을 어떻게 적용할 것인지에 따라 세율 구조가 결정된다. 과세 표준이 클수록 높은 세율로 과세하는 것을 누진 세율 구조라고 한다. 그런데 누진 세율 구조가 아니더라도 고소득일수록 세액이 증가할 수 있으므로 세율 구조는 평균 세율의 증가 여부로 판단하는 것이 적절하다. 즉 과세 표준이 증가할 때 평균 세율이 유지되면 비례 세율 구조, 평균 세율이 오히려 감소하면 역진 세율 구조, 함께 증가하면 누진 세율 구조이다.

① 이 경우 평균 세율은 약 16.7%(500÷3,000×100)가 된다.
② 이 경우 평균 세율은 약 33.3%(1,000÷3,000×100)가 된다.
③ 이 경우 평균 세율은 약 50%(1,500÷3,000×100)가 된다.
④ 이 경우 평균 세율은 약 66.7%(2,000÷3,000×100)가 된다.

11 다음 글의 전개 방식으로 가장 적절한 것은?

> '새로운 진실을 밝힌다는 것'은 세계 전체의 범위를 두고 하는 말이다. 학문은 온 세계 누구도 모르고 있던 진실을 밝혀 새로운 지식을 만들어내는 제조업이다. 일단 제조한 지식을 전달하고 보급하는 유통업은 학문이 아니다. 그러나 제조업은 유통업의 도움이 필요하며, 유통업의 기여를 무시할 수 없다. 그러나 기여하는 바가 크다 하더라도 유통업을 제조업으로 간주할 수는 없다. 또한, 외국 학문의 최신 동향을 신속하고 정확하게 소개하는 것을 자랑으로 삼는 사람을 학자라고 할 수는 없다. 지식의 제조업과 유통업은 서로 다른 활동이다. 학문을 위한 경쟁에는 국내 경기가 없고 국제 경기밖에 없다.
>
> 외국에서는 관심을 가지기 어려운 우리 국학의 연구 업적이라도 보편적인 원리 발견에 얼마나 기여했는가에 따라 평가해야 마땅하다. 남들의 학설을 소개하는 데 그치고 자기 관점에서 창의적인 논의를 전개하지는 않거나, 새로운 자료를 발견했다고 자랑하면서 자료의 의의를 논증하는 연구를 하지 않는 것은 둘 다 학문의 영역에서 벗어나 있는 장외 경기에 지나지 않는다.

① 참인 전제를 활용하여 간접추리 방식으로 결론을 도출했다.
② 각종 예시를 통해 드러난 사실을 하나로 통합했다.
③ 비유와 상징으로 자신의 주장을 우회적으로 드러냈다.
④ 예상되는 반론을 하나씩 물리침으로써 자기주장을 강화했다.

12 다음 글에 나타난 입장과 가장 부합하는 견해는?

> 아침에는 부석거리며 일어나서 흙삼태기를 메고 동네에 들어가서 뒷간을 쳐 나르고, 6월이 되어 비・서리가 내리고, 10월이 되어 엷은 얼음이 얼면 뒷간의 남은 찌꺼기와 말똥・쇠똥 또는 횃대 밑의 닭・개・거위 따위의 똥이나, 또는 입회령・좌반룡・완월사・백정향 따위를 취하기를 마치 주옥(珠玉)처럼 소중히 여겼으나 이는 그 사람의 청렴한 인격에는 아무런 손상을 가져오지 않았을 뿐더러, 혼자 그 이익을 차지하였으나 아무런 정의(情義)에도 해로울 것이 없으며, 아무리 탐하여 많이 얻기 힘쓴다 하더라도 남들은 그에게 '사양할 줄 모른다.'고 책하지 않는다.
>
> — 박지원, 『예덕 선생전』

① 마치 오케스트라가 교향곡을 연주하듯, 사회를 구성하는 구성원은 각자의 맡은 곳에서 그 역할을 다해야 하며, 이를 통해 인간 사회는 발전한다.
② 인간에게는 평등을 지향하는 심성이 있게 마련이며, 이는 결과적으로 성취동기를 고취함으로써 개인의 도약은 물론 사회의 발전을 견인하게 된다.
③ 노동의 가치는 신성한 것이며, 고단한 매일의 노동 속에서 느끼는 현세의 고달픔을 극복하고 절제와 청렴을 실천하는 삶이야말로 내세의 복락을 가능케 할 것이다.
④ 사람을 평가하고 판단함에 있어 그 사람이 하는 일을 준거로 삼는 것은 옳지 못하며, 그의 언행과 성품・태도를 먼저 고려해야 한다.

13 다음 문학 작품의 제목으로 가장 적절한 것은?

> 살어리 살어리랏다
> 멀위랑 드래랑 먹고 청산애 살어리랏다
> 얄리얄리얄랑셩 얄라리 얄라

① 관동별곡 ② 청산별곡
③ 속미인곡 ④ 서경별곡

14 다음 글에서 제시하고 있는 '융합'의 사례로 보기 어려운 것은?

> 1980년 이후에 등장한 과학기술 분야의 가장 강력한 트렌드는 컨버전스, 융합, 잡종의 트렌드이다. 기존의 분야들이 합쳐져서 새로운 분야가 만들어지고, 이렇게 만들어진 몇 가지 새로운 분야가 또 합쳐져서 시너지 효과를 낳는다. 이러한 트렌드를 볼 때 미래에는 과학과 기술, 순수과학과 응용과학의 경계가 섞이면서 새롭게 만들어진 분야들이 연구를 주도한다는 것이다. 나노 과학기술, 생명공학, 물질공학, 뇌과학, 인지과학 등이 이러한 융합의 예이다. 연구대학과 국립연구소의 흥망성쇠는 이러한 융합의 경향에 기존의 학문 분과 제도를 어떻게 접목시키느냐에 달려 있다. 이러한 융합은 과학기술 분야 사이에서만이 아니라 과학기술과 다른 문화적 영역에서도 일어난다. 과학기술과 예술, 과학기술과 철학, 과학기술과 법 등 20세기에는 서로 다른 영역 사이의 혼성이 강조될 것이다. 이는 급격히 바뀌는 세상에 대한 새로운 철학과 도덕, 법률의 필요성에서 기인한다. 인간의 유전자를 가진 동물이 만들어지고, 동물의 장기가 인간의 몸에 이식도 되고 있다. 생각만으로 기계를 작동시키는 인간 – 기계의 인터페이스도 실험의 수준을 지나 곧 현실화되는 단계에 와 있다. 인간 – 동물 – 기계의 경계가 무너지는 세상에서 철학, 법, 과학기술의 경계도 무너지는 것이다. 20년 후 과학기술의 세부 내용을 지금 예측하기는 쉽지 않다. 하지만 융합 학문과 학제 간 연구의 지배적 패러다임화, 과학과 타 문화의 혼성화, 사회를 위한 과학기술의 역할 증대, 국제화와 합동 연구의 증가라는 트렌드는 미래 과학기술을 특징짓는 뚜렷한 트렌드가 될 것이다.
> — 홍성욱, 『20년 후의 미래 과학기술 트렌드』

① 유전공학, 화학 독성물, 태아의 권리 등의 법적논쟁에 대한 날카로운 분석을 담은 책
② 과학자들이 이룬 연구 성과들이 어떻게 재판의 사실 인정 기준에 영향을 주는가를 탐색하고 있는 책
③ 과학기술과 법이 만나고 충돌하는 지점들을 탐구하고, 미래의 지속 가능한 사회를 위한 둘 사이의 새로운 관계를 제시한 책
④ 과학은 신이 부여한 자연법칙을 발견하는 것이며, 사법 체계도 보편적인 자연법의 토대 위에 세워진 것이라는 주장을 펴는 책

15 다음 글의 주제로 가장 적절한 것은?

> 사대부가 퇴장하고, 시민이 지배세력으로 등장하면서 근대문학이 시작되었다. 염상섭, 현진건, 나도향 등은 모두 서울 중인의 후예인 시민이었기 때문에 근대 소설을 이룩하는 데 앞장설 수 있었다. 이광수, 김동인, 김소월 등 평안도 출신 시민계층도 근대문학 형성에 큰 몫을 담당했다. 근대문학의 주역인 시민은 본인의 계급 이익을 배타적으로 옹호하지 않았다. 그들은 사대부 문학의 유산을 계승하는 한편, 민중문학과 제휴해 중세 보편주의와는 다른 근대 민족주의 문학을 발전시키는 의무를 감당해야 했다.

① 근대문학 형성의 주역들
② 근대문학의 지역문제
③ 민족주의 문학의 탄생과 발전
④ 근대문학의 특성과 의의

16 다음 〈보기〉의 글쓴이에게 이 글의 글쓴이가 해줄 수 있는 말로 가장 적절한 것은?

> 행랑채가 퇴락하여 지탱할 수 없게끔 된 것이 세 칸이었다. …… 그중의 두 칸은 앞서 장마에 비가 샌지 오래되었으나, 나는 그것을 알면서도 이럴까 저럴까 망설이다가 손을 대지 못했던 것이고, 나머지 한 칸은 비를 한 번 맞고 샜던 것이라 서둘러 기와를 갈았던 것이다. 이번에 수리하려고 본즉 비가 샌 지 오래된 것은 그 서까래, 추녀, 기둥, 들보가 모두 썩어서 못 쓰게 되었던 까닭으로 수리비가 엄청나게 들었고, 한 번밖에 비를 맞지 않았던 한 칸의 재목들은 완전하여 다 쓸 수 있었던 까닭으로 그 비용이 많지 않았다.
> 나는 이에 느낀 것이 있었다. 사람의 몸에 있어서도 마찬가지라는 사실을. 잘못을 알고서도 바로 고치지 않으면 곧 그 자신이 나쁘게 되는 것이 마치 나무가 썩어서 못쓰게 되는 것과 같으며, 잘못을 알고 고치기를 꺼리지 않으면 해(害)를 받지 않고 다시 착한 사람이 될 수 있으니, 저 집의 재목처럼 말끔하게 다시 쓸 수 있는 것이다. 뿐만 아니라 나라의 정치도 이와 같다. 백성을 좀먹는 무리들을 내버려 두었다가는 백성들이 도탄에 빠지고 나라가 위태롭게 된다. 그런 연후에 급히 바로잡으려 하면 이미 썩어버린 재목처럼 때는 늦은 것이다. 어찌 삼가지 않겠는가.
> — 이규보, 『이옥설(理屋說)』

〈보기〉
임금은 하늘의 뜻을 받드는 존재다. 그가 정치를 잘펴서 백성들을 평안하게 하는 것은 하늘의 뜻을 바르게 펴는 증거요, 임금이 정치를 바르게 하지 않는 것 역시 하늘의 뜻이다. 하늘의 뜻은 쉽게 판단할 수는 없기 때문이다. 임금이 백성들을 괴롭게 하더라도 그것에 대한 평가는 그가 죽은 뒤에 할 일이다.

① 태평천하(太平天下)인 상황에서도 한가롭게 하늘의 뜻을 생각할 겁니까?
② 가렴주구(苛斂誅求)의 결과 나라가 무너지고 나면 그때는 어떻게 할 겁니까?
③ 과유불급(過猶不及)이라고 하지 않습니까? 무엇이든 적당히 해야 좋은 법입니다.
④ 대기만성(大器晚成)이라고 했습니다. 결과는 나중에 확인하는 것이 바람직합니다.

17 다음 글을 읽고 이해한 내용으로 가장 적절한 것은?

> 세계 식품 시장의 20%를 차지하는 할랄식품(Halal Food)은 '신이 허용한 음식'이라는 뜻으로 이슬람 율법에 따라 생산, 처리, 가공되어 무슬림들이 먹거나 사용할 수 있는 식품을 말한다. 이런 기준이 적용된 할랄식품은 엄격하게 생산되고 유통과정이 투명하기 때문에 일반 소비자들에게도 좋은 평을 얻고 있다. 할랄식품 시장은 최근 들어 급격히 성장하고 있는데 이의 가장 큰 원인은 무슬림 인구의 증가이다. 무슬림은 최근 20년 동안 5억 명 이상의 인구 증가를 보이고 있어서 많은 유통업계들이 할랄식품을 위한 생산라인을 설치하는 등의 노력을 하고 있다.
> 그러나 할랄식품을 수출하는 것은 쉬운 일이 아니다. 신이 '부정한 것'이라고 하는 모든 것으로부터 분리돼야 하기 때문이다. 또한 국제적으로 표준화된 기준이 없다는 것도 할랄식품 시장의 성장을 방해하는 요인이다. 세계 할랄 인증 기준만 200종에 달하고 수출업체는 각 무슬림 국가마다 별도의 인증을 받아야 한다. 전문가들은 이대로라면 할랄 인증이 무슬림 국가들의 수입 장벽이 될 수 있다고 지적한다.

① 할랄식품은 무슬림만 먹어야 하는 식품이다.
② 할랄식품의 이미지 때문에 소비자들에게 인기가 좋다.
③ 할랄식품 시장의 급격한 성장으로 유통업계에서 할랄식품을 위한 생산라인을 설치 중이다.
④ 표준화된 할랄 인증 기준을 통과하면 무슬림 국가에 수출이 가능하다.

18 다음 글의 제목으로 가장 적절한 것은?

> 동물성 지방은 혈중 콜레스테롤을 높일 수 있으므로 특히 주의하는 것이 좋습니다. 콜레스테롤은 두 종류가 있는데, LDL 콜레스테롤은 나쁜 콜레스테롤이라고 부르며, HDL 콜레스테롤은 혈관 건강에 도움이 되는 착한 콜레스테롤로 알려져 있습니다. 소고기, 돼지고기 등 육류와 튀김을 먹으면 LDL 콜레스테롤이 몸에 흡수되어 혈중 콜레스테롤 농도를 높입니다. 하지만 몸속 콜레스테롤 농도에 가장 많은 영향을 미치는 것은 음식보다 간에서 합성되는 LDL 콜레스테롤입니다. 이때 간의 LDL 콜레스테롤 합성을 촉진하는 것이 포화지방입니다. LDL 콜레스테롤이 들어간 음식을 적게 먹어도, 포화지방을 많이 먹으면 혈중 LDL 콜레스테롤 수치가 높아지게 됩니다. 불포화지방은 포화지방과 달리 간세포의 기능을 높여 LDL 콜레스테롤의 분해를 도와 혈중 수치를 낮추는 데 도움이 됩니다. 특히 생선기름에 들어있는 불포화지방인 EPA, DHA는 콜레스테롤을 감소시키는 효과가 있습니다. 트랜스지방은 불포화지방에 수소를 첨가하여 구조를 변형시켜 만든 것입니다. 식물성 기름을 고형화시키면 액상 기름보다 운송과 저장이 손쉽고 빨리 상하지 않기 때문에 트랜스지방이 생기게 되는 거죠. 트랜스지방은 혈중 LDL 콜레스테롤을 상승하게 하고, HDL 콜레스테롤을 감소하게 만들어 심혈관질환의 발생 위험을 높입니다.

① 혈중콜레스테롤의 비밀
② 비만의 원인, 지방을 줄여라
③ 몸에 좋은 지방과 좋지 않은 지방
④ 심혈관질환의 적, 콜레스테롤

19 다음 문단을 논리적 순서대로 바르게 나열한 것은?

> (가) 1980년대 말 미국 제약협회는 특허권을 통해 25년 동안 의약품의 독점 가격을 법으로 보장하도록 칠레 정부를 강하게 압박했다. 1990년 칠레정부는 특허법 개정안을 제시했지만, 미국 제약협회는 수용을 거부했다.
> (나) 그러나 칠레의 사례는 이보다 훨씬 더 큰 사건을 예고하는 것이었다. 바로 세계무역기구에서 관리하는 1994년의 무역 관련 지적재산권 협정이다. 이 협정의 채택은 개별 국가의 정책에 영향을 미치는 강제력이 있는 전 지구적 지적재산권 체제의 시대가 왔음을 의미한다. 12명의 미국인으로 구성된 지적재산권위원회가 그 모든 결정권자였다.
> (다) 결국 칠레는 특허법 개정안을 원점에서 재검토하여 의약품에 대한 15년 동안의 특허 보호를 인정하는 개정안을 마련하였다. 이를 특허법에 반영하였고, 미국 제약협회는 이에 만족한다고 발표하였다.
> (라) 1990년 미국의 제약협회가 외국의 주권 국가가 제정한 법률을 거부하고 고치도록 영향력을 행사하는 사건이 일어났다. 1990년 전까지 칠레는 의약품에 대한 특허권을 인정하지 않았다. 특허권과 같은 재산권보다 공중 건강을 더 중시해 필요한 의약품의 가격을 적정 수준으로 유지하려는 노력의 일환이었다.

① (가) - (나) - (다) - (라)
② (가) - (라) - (다) - (나)
③ (라) - (가) - (나) - (다)
④ (라) - (가) - (다) - (나)

20 다음 글에 이어질 내용으로 가장 적절한 것은?

> 제1차 세계대전의 원인은 산업혁명 이후, 제국주의 국가들의 패권주의 성향 속에서 발생하였다. 구체적으로 말하면 영국과 독일의 대립(영국의 3C 정책과 독일의 3B 정책), 프랑스와 독일의 전통적 적대관계, 범슬라브주의와 범게르만주의의 대립, 발칸 문제를 둘러싼 세르비아와 오스트리아의 대립 등을 들 수 있을 것이다. 이러한 국가와 종족 간의 대립 속에서, 1914년 6월 28일 보스니아에서 행해지던 육군 대연습에 임석차 사라예보를 방문한 오스트리아 황태자 페르디난드 대공 부처가 세르비아의 반(反)오스트리아 비밀 결사 소속의 한 청년에 의해서 암살되는 사건이 발생했다. 제1차 세계대전은 제국주의 국가들의 이해관계 속에서 일어날 수밖에 없었다 하더라도, 세르비아 청년에 의해 오스트리아 황태자 부처가 암살되는 돌발적 사건이 발생하지 않았더라면, 아마도 제1차 세계대전의 발생은 또 다른 측면에서 다른 양상으로 전개되었을 가능성을 배제하기 어려울 것이다.

① 전쟁과 민족의 관계
② 역사의 필연성과 우연성
③ 제국주의와 식민지
④ 발칸 반도의 민족 구성

02 한국사

01 다음과 같은 토기를 사용하던 시대의 설명으로 옳지 않은 것은?

① 사냥과 채집을 하지 않고 농경과 목축을 하여 식량을 얻기 시작했다.
② 씨족집단을 형성하여 강이나 바다 근처에 정착 생활을 했다.
③ 밭농사와 함께 벼농사를 지었다.
④ 간석기, 갈돌, 갈판, 가락바퀴와 뼈바늘 같은 도구를 사용했다.

02 다음은 어느 나라에 대한 기록이다. 이 나라에 대한 설명으로 옳은 것은?

> 동이 지역 중에서 가장 평탄하고 넓은 곳으로 토질은 오곡이 자라기에 알맞다. …… 12월에 지내는 제천 행사에는 연일 크게 모여서 마시고 노래하고 춤추는데, …… 이때에는 형옥을 중단하고 죄수를 풀어준다. 전쟁을 하게 되면 그때에도 하늘에 제사를 지내고, 소를 잡아서 그 발굽으로 길흉을 점친다.
> — 『후한서』

① 왕 아래 마가, 우가, 저가, 구가 등의 독자적인 세력이 있었다.
② 제천 행사로 무천이 있었다.
③ 제사장이 관리하는 소도가 있는 제정분리 국가였다.
④ 결혼 풍습으로 민며느리제가 있었다.

03 다음과 같은 업적을 남긴 신라의 왕은?

- 관료전 지급, 녹읍 폐지
- 진골 귀족 세력의 반란 진압
- 9주 5소경 체제의 지방 행정 조직 완비

① 무열왕　　　　　　　　② 문무왕
③ 신문왕　　　　　　　　④ 법흥왕

04 다음 중 (가) 인물의 활동으로 옳은 것은?

　(가)　은/는 신라 사람으로 성은 김 씨이고, 아버지는 제47대 헌안왕 의정이며 어머니는 헌안왕의 후궁이었는데, 그 성과 이름은 전하지 않는다. …… 일관(日官)이 아뢰기를, "이 아이는 중오일(重午日)에 출생하였고 나면서 이빨이 나고, 또한 이상한 빛이 있었으니 장차 국가에 이롭지 못할 것으로 마땅히 이 아이를 키우지 마십시오."라고 하였다. 왕이 궁중의 사람을 시켜 그 집에 가서 죽이게 하였다. 그 사람이 포대기에서 아이를 꺼내 누각 아래로 던졌는데 유모가 몰래 받다가 실수하여 손가락으로 눈을 찔러 한 쪽 눈이 멀었다. …… 머리를 깎고 중이 되어 스스로 선종(善宗)이라 불렀다.
　　　　　　　　　　　　　　　　　　　　　　　　　　　　　　－『삼국사기』

① 웅천주를 기반으로 반란을 일으켰다.
② 훈요10조에서 불교 숭상을 강조하였다.
③ 완산주를 도읍으로 후백제를 건국하였다.
④ 국호를 마진으로 바꾸고 철원으로 도읍을 옮겼다.

05 다음 사료를 통해 알 수 있는 시기의 경제 상황으로 옳지 않은 것은?

도성 안팎과 번화한 큰 도시의 파밭, 마늘밭, 배추밭, 오이밭은 10무(畝)의 땅에서 얻은 수확이 돈 수만을 헤아리게 된다. 서도 지방의 담배밭, 북도 지방의 삼밭, 한산의 모시밭, 전주의 생강밭, 강진의 고구마밭, 황주의 지황밭은 모두 상상등(上上等)의 논보다 그 이익이 10배에 달한다.
　　　　　　　　　　　　　　　　　　　　　　　　　　－ 정약용, 『경세유표』

① 삼한통보와 해동통보가 발행되었다.
② 덕대가 광산을 전문적으로 경영하였다.
③ 모내기법의 확대로 이모작이 성행하였다.
④ 여러 장시가 하나의 유통망으로 연계되었다.

06 다음 중 (가) 부대에 대한 설명으로 옳은 것은?

> 민영(閔賆)은 사람됨이 호방하며 의협심이 있었다. 어려서부터 매와 개를 데리고 사냥하고 말을 달려 격구(擊毬)하는 것을 좋아하였으며, 벼슬을 구하지 않았다. 그의 부친 민효후가 동계 병마판관이 되어 적에 맞서 싸우다 사망하였다. 그는 이를 한스럽게 여겨 복수를 하여 부친의 치욕을 갚으려 하였다. 때마침 예종이 동쪽 오랑캐를 정벌하려 하자. 민영은 자청하여 __(가)__ 의 신기군에 편성되었다. …… 매번 군대의 선봉이 되어서 말을 타고 돌격하여 적군을 사로잡고 물리친 것이 한두 번이 아니었다.
>
> ― 민영 묘지명

① 경대승에 의해 설치된 숙위 기관이다.
② 여진을 정벌하여 동북 9성 일대를 확보하였다.
③ 진도에서 제주도로 근거지를 옮겨 활동하였다.
④ 최씨 무신 정권의 권력 기반 강화를 위해 조직되었다.

07 다음 (가) ~ (라) 사건을 일어난 순서대로 바르게 나열한 것은?

> (가) 살례탑(살리타이)이 처인성을 공격하였다. 병란을 피해 성안에 있던 한 승려가 활을 쏘아 살례탑을 죽였다.
> (나) 윤관이 아뢰기를, "신이 여진에게 패배한 까닭은 그들은 기병이고 우리는 보병이어서 상대가 되지 않았기 때문입니다."라고 하였다. 이에 건의하여 비로소 별무반을 만들었다.
> (다) 거란주(契丹主)가 직접 보병과 기병 40만 명을 거느리고 압록강을 건너 흥화진을 포위하자, 양규·이수화 등이 굳게 지키며 항복하지 않았다.
> (라) 왜구가 연산의 개태사를 도륙하고 원수 박인계가 패하여 죽으니, 최영이 이를 듣고 자신이 출격할 것을 요청하였다.

① (가) – (나) – (다) – (라)
② (가) – (나) – (라) – (다)
③ (나) – (가) – (다) – (라)
④ (다) – (나) – (가) – (라)

08 다음은 고려시대의 정치기구이다. 이에 대한 설명으로 옳지 않은 것은?

〈고려시대 정치기구〉

관부	장관	특징
ㄱ	문하시중(종1)	정치의 최고관부로서 재부라고 불림
ㄴ	판원사(종2)	왕명출납, 숙위, 군기(軍機)
ㄷ	판사(재신 겸)	국방, 군사문제의 회의 기관
ㄹ	판사(재신 겸)	법제, 격식문제의 회의 기관

① ㄱ의 재신은 국가의 정무를 의논하고 결정하였으며, 낭사는 간쟁·봉박 등을 담당하였다.
② ㄱ의 재신과 ㄴ의 승선이 모여 국가의 중대사를 협의·결정하는 기구가 ㄷ과 ㄹ이었다.
③ ㄷ은 고려 후기에 이르러 국가의 모든 정무를 관장하는 최고 기구로 발전하였다.
④ ㄷ과 ㄹ은 당·송의 관제에서 기원한 것이 아닌 고려의 독자적 정치기구이다.

09 다음 중 고려시대에 설치된 의료시설은?

① 혜민국 ② 전의감
③ 제생원 ④ 위생국

10 다음 밑줄 친 '이 정책'에 대한 설명으로 옳은 것은?

> 2필 양역(良役)의 폐단이 나라를 망치는 근저가 된 지 오래되었습니다. 조종조(祖宗朝) 이래로 누차 변통시키는 계책을 강구하였지만, 지금에 이르도록 시일만 지체하면서 폐단은 날로 더욱 심해지니 ……. 급기야 임금께서 재차 궁궐 문에 임하시어 민정을 널리 물으셨지만, 호전(戸錢)·결포(結布)의 주장을 모두 행할 수 없게 되자 마침내 개연히 눈물을 흘리시며, "2필의 양역을 비록 다 혁파할 수는 없지만 1필로 줄이는 <u>이 정책</u>은 행하지 않을 수가 없다."라고 하교하시기에 이르렀습니다.

① 풍흉과 토지의 비옥도에 따라 차등 부과하였다.
② 선혜법이라는 이름으로 경기도에서 처음 시행되었다.
③ 육의전을 제외한 시전 상인의 금난전권 폐지를 가져왔다.
④ 재정 부족 문제를 해결하기 위하여 지주에게 결작을 부과하였다.

11 다음 주장을 펼친 인물의 사상에 대한 설명으로 옳은 것은?

> 비유하건대, 재물은 대체로 샘과 같다. 퍼내면 차고 버려두면 말라 버린다. 그러므로 비단 옷을 입지 않아서 나라에 비단 짜는 사람이 없게 되면 여공(女工)이 쇠퇴하게 되고, 쭈그러진 그릇을 싫어하지 않고 기교를 숭상하지 않아서 수공업자가 기술을 익히는 일이 없게 되면 기예가 망하게 되며, 농사가 황폐해져서 그 법을 잃게 되므로 사농공상의 사민이 모두 곤궁하여 서로 구제할 수 없게 된다.

① 『존언』, 만물일체설로 지행합일 이론을 체계화하였다.
② 화이론적 명분론을 강화하고 성리학을 절대화하였다.
③ 인간과 사물의 본성이 같다는 인물성동론의 입장을 보였다.
④ 농촌사회의 모순을 중점적으로 해결하려는 경세치용론이었다.

12 다음 글에서 설명하는 조선 세종 때 있었던 경제 제도는?

> 1444년(세종 26) 6월에 기존의 경묘법이 폐지하고 이를 대체할 새로운 세제안이 마련되었다. 같은 수확량을 낼 수 있는 면적을 과세단위로 하는 결부제로 환원하되, 이제까지처럼 사람의 손마디 길이를 한 자로 측량하는 것이 아니라, 보다 정확한 주척(周尺)을 사용하도록 하였다. 토지가 비옥한 정도에 따라 6개의 등급으로 나누고, 다시 그 해의 농사의 풍흉에 따라 9개의 등급으로 나누어 세율을 조정하여 1결당 20두에서 4두까지 차등 있게 내도록 하였다.

① 답험손실법　　② 공법
③ 대동법　　　　④ 영정법

13 다음 임진왜란 때 사건을 순서대로 바르게 나열한 것은?(단, 정유재란도 포함한다)

> (가) 진주성 대첩(1차 혈전)
> (나) 한산도 대첩
> (다) 명량 대첩
> (라) 행주 대첩

① (가) - (나) - (다) - (라)　　② (가) - (라) - (다) - (나)
③ (나) - (가) - (라) - (다)　　④ (나) - (다) - (라) - (가)

14 다음 중 유네스코에 등록된 조선시대의 유물은?

① 『불조직지심체요절』 ② 『경국대전』
③ 『조선왕조의궤』 ④ 『국조오례의』

15 다음 역사적 사건들의 발생 순서를 바르게 나열한 것은?

(가) 병인박해	(나) 신미양요
(다) 병인양요	(라) 강화도조약
(마) 제너럴셔먼호 사건	

① (가) – (나) – (다) – (라) – (마) ② (가) – (다) – (마) – (나) – (라)
③ (가) – (마) – (나) – (다) – (라) ④ (가) – (마) – (다) – (나) – (라)

16 다음 신문의 밑줄 친 내용과 관련이 깊은 것은?

○○ 신문

조선 지배를 선점하려던 일본은 청·일 전쟁 승리 후 러시아가 주도한 삼국 간섭으로 일시 저지되었다. 이를 만회하기 위해 명성황후 민씨를 시해하는 을미사변을 일으키고 단발령을 내리지만 고종이 아관파천을 단행함으로써 친러 정권이 수립된다. 그 결과 러시아의 남하정책과 일본의 조선에 대한 이권 확보가 충돌하면서 <u>1904년 2월 8일 전쟁이 시작되었다.</u>

① 일본에 문호를 개방하는 최초의 불평등 조약이 체결되는 결과가 발생하였다.
② 요동반도의 반환을 요구한 러시아에 대항한 일본의 전쟁이었다.
③ 전쟁에 참여한 13도 창의군은 서울을 향해 진격하였다.
④ 울진의 고포 앞바다에서 러시아 군함과 일본 군함이 전투를 치렀다.

17 다음 내용과 관련 있는 단체로 옳은 것은?

• 독립신문 발간	• 광복군 조직
• 1919년 4월 13일	• 상해

① 대한광복군정부　　　　　② 대한국민의회
③ 대한민국 임시정부　　　　④ 대한인국민회

18 다음 밑줄 친 '이 부대'에 대한 설명으로 옳은 것은?

> 이 부대는 김원봉을 중심으로 한 조선 민족 혁명당이 중국정부의 협조를 얻어 편성하였다. 중국 국민당의 정부군과 합세하여 양쯔 강 중류 일대에서 일본군의 진격을 막았으며 중국 각 지역에서 항일 투쟁을 전개하였다.

① 군정·민정 기관을 갖추고 있었다.
② 일부가 한국광복군에 합류하였다.
③ 미군의 지원을 받아 국내 진공 작전을 준비하였다.
④ 대한민국 임시정부가 주도하여 창설하였다.

19 다음 〈보기〉 중 헌법 개정과 유사한 의도에서 이루어진 사건을 모두 고르면?

> 대통령은 계엄령을 선포하고, 국회 해산을 요구하였으며, 다음 날 50여 명의 국회의원이 탄 통근버스가 헌병대에 강제 연행되었고, 국제 공산당에 관련되었다는 혐의로 10여 명의 국회의원이 붙잡혔다. 군경들이 국회의사당을 포위하여 강압적인 분위기 속에서 7월 4일 밤, 국회의원들은 기립하는 방식으로 투표하여 찬성 163표, 기권 3표로 발췌 개헌안을 통과 시켰다.

보기
ㄱ. 반민족 처벌법 제정 ㄴ. 10월 유신
ㄷ. 노근리 사건 ㄹ. 사사오입 개헌

① ㄱ, ㄴ
② ㄱ, ㄷ
③ ㄴ, ㄷ
④ ㄴ, ㄹ

20 다음 제시된 사건을 역사적 순서대로 바르게 나열한 것은?

(가) 부마항쟁 (나) 5·18 민주화 운동
(다) 4·19 혁명 (라) 6월 민주 항쟁

① (가) – (다) – (나) – (라)
② (가) – (다) – (라) – (나)
③ (다) – (가) – (나) – (라)
④ (다) – (가) – (라) – (나)

03 일반상식

01 다음 중 자신이 속한 세대의 생활 방식에 얽매이지 않고 다양한 문화를 향유하는 세대는?
① 페레니얼 세대　　② 알파 세대
③ 밀레니얼 세대　　④ Z세대

02 다음 중 서로 다른 분야의 요소들이 결합해 더 큰 에너지를 분출하는 효과는?
① 플라시보 효과　　② 헤일로 효과
③ 메디치 효과　　　④ 메기 효과

03 다음 중 2024년 부커상 인터내셔널 최종후보에 오른 국내 장편소설은?
① 『고래』　　　　② 『철도원 삼대』
③ 『채식주의자』　④ 『이카로스』

04 다음 중 한국은행의 기능이 아닌 것은?
① 화폐를 시중에 발행하고 다시 환수한다.
② 통화량 조절을 위해 기준금리를 결정한다.
③ 외화보유액을 적정한 수준으로 유지한다.
④ 금융기관에 대한 감독업무를 수행한다.

05 다음 표는 20××년 1월 각국의 빅맥 가격과 환율에 대한 자료이다. 20××년 1월 미국의 빅맥 가격이 5.66달러라고 할 때, 빅맥 지수에 근거하여 화폐가치가 적정 수준보다 과소평가된 국가를 모두 고르면?

⟨20××년 1월 각국의 빅맥 가격과 환율⟩

국가	빅맥 가격	환율
한국	4,500원	1,097원/달러
일본	390엔	104.30엔/달러
노르웨이	52노르웨이 크로네	8.54노르웨이 크로네/달러
스위스	6.5스위스프랑	0.89스위스프랑/달러

① 한국
② 한국, 일본
③ 한국, 노르웨이
④ 일본, 스위스

06 다음 기사에서 설명하는 개념으로 옳은 것은?

긍정적 기대의 효과는 로버트 로젠탈(Robert Rosenthal) 교수의 실제 실험으로도 증명된 바 있다. 하버드대 사회심리학 교수인 로젠탈은 캘리포니아의 한 초등학교 교장인 레노어 제이콥슨과 함께 해당 초등학교에서 전교생을 대상으로 지능검사를 실시했다.
이후 반마다 무작위로 20% 정도의 학생을 뽑아 그 명단을 교사에게 전달했다. 명단에는 '지적 능력이나 학업 성취의 향상 가능성이 높은 학생'이라는 첨언이 달려 있었다. 8개월 후 두 사람은 다시 전교생을 대상으로 동일한 지능검사를 실시했다. 그런데 놀랍게도 교사들에게 나눠준 20% 명단에 속했던 학생들의 평균점수가 다른 학생들보다 두드러지게 향상되었다. '지적 능력이나 학업 성취의 향상 가능성이 높은 학생들'이라는 첨언을 본 교사들이 상위 20%에 해당한다고 믿은 그 학생들에게 높은 기대를 갖고 격려를 아끼지 않았고 그 결과, 학생들의 지능검사 점수가 크게 향상된 것이다. 이처럼 상대방에 대한 기대와 인식이 개인에게 미치는 영향력은 매우 크다.

① 자성적 예언
② 후광효과
③ 관대화 경향
④ 바넘효과

07 다음 ㉠에 들어갈 내용으로 옳은 것은?

> 2019년 7월 일본 정부가 한국에 대한 반도체·디스플레이의 핵심 소재 수출을 규제하기 시작했고, 1개월 뒤 한국 정부는 _____㉠_____ 경제를 펠리컨 경제로 바꾸겠다고 공언했다. _____㉠_____ 경제는 한국 기업이 부품과 소재를 일본에서 수입해 제품을 생산해 수출하는 구조상 한국 수출이 많을수록 일본이 차지하는 이익이 늘어나는 구조를 가리킨다. 그러나 지금은 일본의 대한(對韓) 수출 규제는 한국이 국내에서 생산하거나 수입선을 다변화하는 등 대일(對日) 의존도를 낮추고 소재·부품·장비(소부장) 경쟁력을 강화하는 전화위복의 계기가 되었다는 평가가 지배적이다.

① 무중량 ② 긱(Gig)
③ 가마우지 ④ 마냐나(Manana)

08 다음 중 2025년 최저시급으로 옳은 것은?

① 9,860원 ② 9,950원
③ 9,980원 ④ 10,030원

09 다음 중 유럽연합(EU)에서 2021년 7월 기후변화 대응을 위해 발표한 탄소국경세가 핵심인 계획은?

① RE100 ② 바젤협약
③ 핏 포 55 ④ 그린 택소노미

10 다음 글에서 설명하는 기술로 옳은 것은?

> 이 장치는 병렬성(Parallelism)이 뛰어나다는 점에서 인간의 뇌 구조와 유사하여, 인공지능이 인간의 뇌와 같이 사고할 수 있도록 하는 일종의 비지도 기계학습인 딥러닝(Deep-learning)에 많이 활용되고 있다.

① CPU ② DHCP
③ HDD ④ GPU

PART 3
면접

CHAPTER 01 면접 유형 및 실전 대책
CHAPTER 02 국가정보원 일반직 9급 예상 질문

면접 유형 및 실전 대책

1. 면접의 유형

(1) 인성면접

국가정보원 일반직 9급 면접 중 하나인 인성면접은 1 : 多 면접으로 진행된다. 인성면접에서는 입사지원자의 인성이나 인생관, 사회성 등을 평가하게 되는데 이를 위해 자기소개, 좌우명, 스스로의 장점과 단점 등을 질문할 것으로 예상된다. 또한 국가정보원에 지원한 이유나 목적, 입사 후 포부 등 전반적으로 일반 사기업 면접에서도 자주 등장하는 질문들이 예상되고 있다.

이와 더불어 인성면접에서는 급변하는 업무환경 및 직장생활의 현장에서 부딪히는 문제들을 어떻게 대처하는지를 평가하는데, 쉽게 말하면 조직생활이나 실생활에서 당면하는 문제나 갈등 상황에서 문제를 해결하기 위한 면접자의 판단이나 방법을 듣는 것을 말한다.

인성면접의 질문들은 사회성 등 개인의 가치관을 묻다 보니 명확한 정답이 없다. 따라서 준비를 할 때 어떤 것이 올바른 답변인지 판단하기가 어려운데, 무엇보다 중요한 것은 조직 내에서 문제를 해결할 수 있는 면접자 자신의 답을 찾아야 한다는 것과 답변의 일관성을 보여야 한다. 이와 같은 질문에 답변하는 것은 평소에 미리 생각해 두지 않을 경우 면접장에서 논리적으로 답변하기 어려운 부분이므로 이를 위해서 평소에 갈등 상황에 대한 이미지 연습과 유사한 유형의 주제를 접해보고 이에 대한 해결 방법을 생각해 두는 것이 무엇보다 중요하다.

(2) 직무면접

직무면접은 인성면접과 동일한 방식인 1 : 多 면접으로 진행된다. 직무면접은 면접자가 지원한 분야의 직무에 적합한지 평가하는 면접시험이다.

직무면접에서는 국가정보원의 역사와 원훈, 임무, 국가정보원을 둘러싼 현안 등 국가정보원이라는 조직의 특성에 대해 질문하여 이에 대한 답변을 통해 국가정보원이라는 조직의 기본적인 직무에 면접자가 적합한지를 평가하며, 국가정보원 직원이 갖춰야 할 덕목을 갖추고 있는지를 파악하기 위한 질문을 한다.

또한 국가정보원의 역사와 관련하여 개혁 과정에 대한 질문이 나올 수도 있는데, 해당 내용을 자세하게 모두 알 필요는 없지만, 국내에서의 정보 수집 활동 중단 이슈나 대공수사를 경찰에 이첩한 이슈, 국가정보원의 해외 및 기술 관련 정보 수집 주력 등 최근 중요하게 떠올랐던 국가정보원 관련 이슈들은 정리해두고 있어야 한다.

이외에도 지원한 직무에 대한 전문성을 보유하고 있는지도 질문하는데, 이 과정에서 필요한 경우 분야별 실기평가를 실시할 수 있다.

(3) PT면접

PT면접은 앞서 살펴본 인성면접과 직무면접과 같이 1 : 多 면접으로 진행된다. PT면접은 특정 주제를 면접자에게 제시하고, 해당 주제에 대한 자신의 견해를 발표함으로써 제시된 주제에 대해 면접자가 배경지식을 가지고 있는지와 더불어 그 주제에 대해 면접자는 어떻게 생각하고 있는지 그리고 자신의 생각을 어떻게 논리적으로 발표하여 청중으로 하여금 공감을 이끌어내는지 등을 판단하기 위한 면접시험이다.

2. 국가정보원 핵심 자료

(1) 역사

1961.06.10. '중앙정보부'(국가정보원의 전신, 초대 부장 김종필) 창설
1963.12. 「중앙정보부법」 개정(대통령 직속기관 개편)
1965.08. '113' 간첩신고전화 운영
1972.07. 이후락 부장, '7・4남북공동성명' 발표
1981.01.01. '국가안전기획부'(안기부)로 개칭
1982.12. 모국방문 가장 재일동포 간첩단 검거
1983.10. 북한의 미얀마 아웅산 묘소 폭파사건 조사 규명
1987.11. KAL 858기 폭파범 김현희 검거
1990.10. 남한사회주의노동자동맹 관련자 검거
1991.01. 걸프전 관련 대테러 비상대책반 운영
1992.10. 남한조선노동당 간첩사건 수사결과 발표
1999.01.21. '국가정보원'(국정원)으로 재출범
1999.09. 민족민주혁명당 간첩사건 수사결과 발표
2000.06. 1차 남북정상회담 지원
2004.02. '국가사이버안전센터'(現 국가사이버안보센터) 개소
2005.04. '테러정보통합센터' 발족
2006.10. 북한 공작조직 연계 '일심회' 간첩사건 관련자 검거
2007.07. 아프간 우리 봉사단 피랍국민 전원구출
2007.10. 2차 남북정상회담 지원
2010.04. 황장엽 암살기도 간첩 검거
2011.07. 지하당 왕재산 간첩사건 수사
2013.08. 내란기도 RO 사건 관련자 검거
2018.04. ~ 09. 2018년 3차례 남북정상회담 지원
2018.08. 사상 최대 규모 필로폰 112kg 밀반입 적발
2020.12. 「국가정보원법」 전부 개정(2021.1.1. 시행, 단, 수사권 이관 관련 조항은 2024.1.1. 시행)
2021.06. 앰블럼 변경 – '국가와 국민을 위한 한없는 충성과 헌신'을 시각화
2022.06. '원훈' 변경 – "우리는 陰地에서 일하고 陽地를 指向한다"

(2) 원훈

> 우리는 陰地에서 일하고 陽地를 指向한다
>
> 드러냄 없이 묵묵히 국가를 위해 헌신하겠습니다.
> 우리는 보이지 않는 애국의 최전선에서
> 소리 없이, 두려움 없이, 흔들림 없이 안보를 지키겠습니다.
>
> 우리는 개인의 명예를 내세우지 않고 국가와 국민의 안위를 먼저 생각하며,
> 소임을 다하기 위해 도전과 위험, 역경과 희생을 기꺼이 감수하겠습니다.
> 대한민국의 영광과 발전을 최고의 명예로 삼겠습니다.
> 자유민주주의 대한민국의 빛나는 영광과 발전이
> 우리가 일하는 의미이자 지켜야 할 명예입니다.
>
> 최고의 정보역량으로 세계 속에서 대한민국의 위상을 드높이고
> 국민에게 신뢰받는 정보기관이 되겠습니다.

(3) 직무

① 다음에 해당하는 정보의 수집·작성·배포
   ㉠ 국외 및 북한에 관한 정보
   ㉡ 방첩, 대테러, 국제범죄조직에 관한 정보
      ※ 방첩 : 산업경제정보 유출, 해외 연계 경제질서 교란 및 방위 산업침해에 대한 방첩 포함
   ㉢ 「형법」 중 내란의 죄, 외환의 죄, 「군형법」 중 반란의 죄, 암호 부정사용의 죄, 「군사기밀 보호법」에 규정된 죄에 관한 정보
   ㉣ 「국가보안법」에 규정된 죄와 관련되고 반국가 단체와 연계되거나 연계가 의심되는 안보침해 행위에 관한 정보
   ㉤ 국제 및 국가배후 해킹조직 등 사이버안보 및 위성자산 등 안보 관련 우주 정보
② 국가 기밀에 속하는 문서·자재·시설·지역 및 국가안전보장에 한정된 국가기밀을 취급하는 인원에 대한 보안 업무
③ ①과 ②의 직무수행에 관련된 조치로, 국가안보와 국익에 반하는 북한, 외국 및 외국인·외국단체·초국가행위자 또는 이와 연계된 내국인의 활동을 확인·견제·차단하고, 국민의 안전을 보호하기 위하여 취하는 대응조치
④ 국가·공공기관 대상 사이버공격 및 위협에 대한 예방 및 대응
⑤ 정보 및 보안 업무의 기획·조정
⑥ 그 밖에 다른 법률에 따라 국정원의 직무로 규정된 사항
   ※ 「테러방지법」, 「북한이탈주민법」, 「방산기술보호법」, 「산업기술보호법」, 「출입국관리법」 등

(4) 직원 헌장

우리는 자랑스러운 대한민국 국가정보원 직원으로서, 국가안보와 국민 보호를 위해 소리 없이 헌신하고, 자유민주주의 체제 수호와 조국통일의 초석이 될 것을 엄숙히 다짐하면서 다음과 같이 행동한다.

하나. 국가와 국민의 안위를 생각하며, 먼저 알고 앞서 대비한다.
하나. 투철한 애국심과 사명감으로 맡은 바 임무를 완수한다.
하나. 국가정보기관 요원으로서의 신의와 명예를 지킨다.
하나. 보안을 목숨같이 여기고 직무상 비밀은 끝까지 엄수한다.

(5) 공무원 헌장

① 우리시대가 요구하는 공무원의 공직가치

- 왜 공직가치인가?

  최근 급변하는 시대 흐름에 대응하고 국민들의 기대에 부응하기 위해 공직가치 재정립을 통한 바람직한 공무원상 구현이 우리 사회의 화두가 되고 있다. 공직가치(Public Service Value, 公職價値)란 공공의 이익에 봉사하기 위해 공적 영역에서 추구해야 하는 바람직한 신념체계와 태도를 의미하며, 이러한 가치가 내재화된 공무원상이 구현될 때 신뢰받는 유능한 정부와 국민이 행복한 대한민국을 만들어 갈 수 있다. 공직가치를 통한 공무원상(公務員像)의 구현은 다양한 차원에서 이루어져야 한다. 공무원은 국가와 사회를 위해 지향해야 할 가치를 갖고 있어야 하며, 직무 수행 과정에서 지켜야 할 가치도 갖고 있어야 한다. 또한 윤리적 덕목으로써 갖춰야 할 가치도 매우 중요한 부분이다. 이러한 공직가치가 내재화되면 공무원은 각자의 자리에서 공복으로서 소명의식을 갖고 맡은 바 책임을 다할 수 있다. 공직가치의 구체적인 역할은 다음과 같이 정리해 볼 수 있다.

- 공직가치의역할(서울행정학회, 2007)
  - 공직가치는 공무원에게 의사결정의 기준을 제공하여 정확한 판단을 유도함으로써 정책의도의 실현, 업무관행의 합리화에 영향을 미침
  - 국민들의 행정에 대한 기대감을 높여 정책수용성 향상에 영향을 미침
  - 위 결과들은 행정거래비용을 줄여 정부경쟁력 제고에 기여
  - 공직가치는 공무원의 업무태도와 마음가짐에 영향을 미치고 공무수행의 동기를 부여하며, 공적인 목표를 향한 구성원의 협동적 노력을 유도하는 등 행태변화에 영향을 미침
  - 윤리적 가치는 공무원의 부패를 줄여 신뢰받는 정부를 구현하고 국가경쟁력 제고에 기여하며, 공직자가 보여주어야 하는 도덕성과 솔선수범은 사회전체의 조화와 발전을 불러옴

- 핵심공직가치

구분	의미	핵심 공직가치
국가관	국가와 사회에 대한 가치기준	애국심, 민주성, 다양성
공직관	올바른 직무수행 자세	책임감, 투명성, 공정성
윤리관	공직자가 갖춰야 할 개인윤리	청렴성, 도덕성, 공익성

② 공무원의 헌장

우리는 자랑스러운 대한민국의 공무원이다.
우리는 헌법이 지향하는 가치를 실현하며 국가에 헌신하고 국민에게 봉사한다.
우리는 국민의 안녕과 행복을 추구하고 조국의 평화 통일과 지속 가능한 발전에 기여한다.
이에 굳은 각오와 다짐으로 다음을 실천한다.

하나. 공익을 우선시하며 투명하고 공정하게 맡은 바 책임을 다한다.
하나. 창의성과 전문성을 바탕으로 업무를 적극적으로 수행한다.
하나. 우리 사회의 다양성을 존중하고 국민과 함께 하는 민주 행정을 구현한다.
하나. 청렴을 생활화하고 규범과 건전한 상식에 따라 행동한다.

③ 공무원 헌장 실천 강령

하나. 공익을 우선시하며 투명하고 공정하게 맡은 바 책임을 다한다.
- 부당한 압력을 거부하고 사사로운 이익에 얽매이지 않는다.
- 정보를 개방하고 공유하여 업무를 투명하게 처리한다.
- 절차를 성실하게 준수하고 공명정대하게 업무에 임한다.

하나. 창의성과 전문성을 바탕으로 업무를 적극적으로 수행한다.
- 창의적 사고와 도전 정신으로 변화와 혁신을 선도한다.
- 주인의식을 가지고 능동적인 자세로 업무에 전념한다.
- 끊임없는 자기 계발을 통해 능력과 자질을 높인다.

하나. 우리 사회의 다양성을 존중하고 국민과 함께 하는 민주 행정을 구현한다.
- 서로 다른 입장과 의견이 있음을 인정하고 배려한다.
- 특혜와 차별을 철폐하고 균등한 기회를 보장한다.
- 자유로운 참여를 통해 국민과 소통하고 협력한다.

하나. 청렴을 생활화하고 규범과 건전한 상식에 따라 행동한다.
- 직무의 내외를 불문하고 금품이나 향응을 받지 않는다.
- 나눔과 봉사를 실천하고 타인의 모범이 되도록 한다.
- 공무원으로서의 명예와 품위를 소중히 여기고 지킨다.

④ 공무원 헌장 전문해석

우리는 자랑스런 대한민국의 공무원이다.
우리는 반만년의 유구한 역사를 간직해 온 대한민국의 공무원이다. 우리나라는 근대화 이후 짧은 기간 동안 괄목할 만한 경제적, 문화적 성장을 이루었다. 오늘날 우리가 이루어낸 성장의 근간에는 맡은 바 소임을 다하기 위해 묵묵히 일한 공무원들이 있다. 이제 우리는 새로운 도전과 위기에 직면해 있다. 대한민국이 처한 어려운 상황을 극복하고 선진국으로서의 국제적 위상을 다져가기 위해서는 공무원의 역할이 더욱 중요해졌다. 공무원 스스로 국가의 안정과 발전, 국민의 행복을 위해 공무원 헌장이 지향하는 가치를 실현하는 데 힘써야 한다.

우리는 헌법이 지향하는 가치를 실현하며
헌법(憲法)은 국민적 합의에 의해 제정된 최고의 법규범으로서, 국가가 나아가야 할 기본원리와 국민의 기본권을 보장하는 근본 규범이다. 또한 대한민국 헌법에는 헌법가치의 수호자로서 공무원의 역할을 명시하고 있다. 따라서 공무원은 헌법에서 보장하고 있는 국민주권의 원리, 자유민주주의, 법치주의 등 국가 운영의 기본원리를 지켜나가고, 인간으로서의 존엄과 가치에 대한 국민의 기본권을 보장하기 위해 노력해야 한다.

국가에 헌신하고 국민에게 봉사한다.
공무원의 국가에 대한 헌신은 청렴한 생활을 바탕으로 역량을 키워 맡은 바 책임을 다하고 궁극적으로는 공익을 증대하는 것이다. 그리고 공무원의 국민에 대한 봉사는 섬기는 자세로 국민의 다양한 의견과 요구를 청취하면서, 이를 실현하기 위해 노력하는 것이다. 이 두 가지 개념은 시대상황이나 환경에 따라 그 배경이 달라져 왔다. 예를 들어, 과거 산업화 시대에는 경제발전, 국토개발 등에 초점이 맞춰져 있었다. 급변하는 현대를 살고 다가오는 미래를 대비해야 하는 오늘날 공무원의 헌신과 봉사는 또 다른 모습이어야 한다. 미래지향적이고 생산적인 가치를 창출하여 세계와 경쟁하는 공무원, 공직의 무거움을 알고 국민을 진정으로 섬기는 공무원이 대표적인 예라고 할 수 있다.

우리는 국민의 안녕과 행복을 추구하고
안녕(安寧)은 아무 탈 없이 편안함을 의미하며, 행복(幸福)은 생활에서 충분한 만족과 기쁨을 느끼는 상태를 의미한다. 국민에 대한 보호의무와 국민의 행복추구권은 대한민국 헌법에서도 보장된 사항으로, 공무원은 강한 국방력과 치안 확보, 선제적 재난대응, 인권의 보장, 포괄적 사회복지 실현 등을 실천하면서 국민의 안녕과 행복을 위해 노력해야 한다.

조국의 평화 통일과 지속 가능한 발전에 기여한다.
대한민국 헌법 전문에는 평화적 통일의 방향성이 명시되어 있으며, 본문에는 평화 통일을 위한 대통령의 의무에 대해 규정하고 있다. 대한민국이 추구해야 하는 통일은 단순히 분단 이전의 상태로 복귀하는 것이 아니라 자유·복지·인간존엄성이 구현되는 선진민주국가를 향한 미래지향적이고 창조적인 과정이다. 공무원은 올바른 통일의식을 가지고 각자의 자리에서 통일을 준비하는 실천의지와 역량을 키울 수 있도록 끊임없이 노력해야 한다.

지속 가능한 발전(Sustainable Development)은 미래 세대의 필요를 충족시킬 수 있는 범위 내에서 현재 세대의 필요를 충족시키는 개발을 의미한다. 개발을 할 때 생태계의 수용 능력을 초과하지 않고, 생활수준만이 아닌 삶의 질에도 관심을 기울여 환경과 경제를 통합적 차원에서 다루어야 한다는 개념이다. 최근 국제사회는 지속 가능한 발전의 목표를 환경, 경제뿐만 아니라 전체 사회의 균형 있는 성장으로 설정하였다. 따라서 오늘날의 지속 가능한 발전을 위해서는 환경적·경제적·사회적 차원의 노력이 다각적으로 이루어져야 한다(매일경제 용어사전·에듀넷·선샤인 지식노트, 2016).

⑤ 공무원 헌장 본문 해석
공익을 우선시하며
공익(公益)은 사회 전체의 이익을 의미하며, 공무원은 공익을 가장 중요한 가치로 고려해야 하는 점을 공무원 헌장 첫 문장에 명시하고 있는 것이다. 공직자로서 갖추어야 할 공익 추구란 특정 개인이나 집단의 이익이 아닌 공공(公共)의 이익을 위한 의사결정과 행위를 의미한다. 우리나라 헌법에서는 공무원으로서 추구해야 할 공익의 방향성을 다음과 같이 제시하고 있다.

> 「헌법」 제7조 ① 공무원은 국민 전체에 대한 봉사자이며, 국민에 대하여 책임을 진다.
> → 모든 공무원들은 국민 전체에 대한 봉사자로서 국민 전체의 이익 실현을 위해 직무에 충실해야 한다. 또한 헌법은 국민 전체의 이익을 실현하기 위해 공무원에게 권한과 책임을 부여한다.

투명하고 공정하게
공무원이 제고해야 할 투명성은 국민의 알 권리를 존중하고, 국민의 관점에서 정부의 정책결정과 집행 과정을 공개하는 한편, 국민들이 제공된 정보를 쉽게 이해하고 예측할 수 있도록 노력하는 것이다. 공정(公正)은 공평하고 올바름을 의미하며, 공무원으로서 공정하게 업무를 처리한다는 것은 균형감각을 가지고 모든 국민을 법과 규정에 따라 동일하게 대하는 것을 의미한다. 또한 공무원은 결과는 물론 그 절차의 공정성을 확보하기 위해서도 노력해야 한다.
투명성과 공정성이 서로 밀접한 관련이 있는 이유는 공무원으로서 공정하게 처리한 모든 일들이 투명하게 공개될 때 비로소 국민들이 생각하는 공정한 행정과 투명한 정부가 완성되기 때문이다.

맡은 바 책임을 다한다.
책임(責任)은 맡아서 해야 할 임무나 의무를 의미한다. 공무원 헌장에 언급된 책임을 다하는 자세는 법률과 규정을 충실히 준수하는 객관적 의미뿐만 아니라 공무원으로서 스스로의 역할을 깨닫고 그 소임을 다하는 것까지 포함된다. 공무원의 업무에 대한 책임감은 국가와 국민에 대한 기본적인 책임이라고 할 수 있다. 그러므로 일선 현장에서 공무원 스스로 책임의 범위를 한정하여 '이것만이 나의 책임'이라는 생각으로 직무를 회피하는 것은 옳지 않다.

공익성, 투명성, 공정성, 책임감의 실천
공무원 헌장 실천 강령에서는 공익성, 투명성, 공정성, 책임감을 실제 공직생활에서 실천하기 위한 구체적인 행동지침을 아래와 같이 세 가지로 나누어 제시하고 있다.

- 부당한 압력을 거부하고 사사로운 이익에 얽매이지 않는다.
- 정보를 개방하고 공유하여 업무를 투명하게 처리한다.
- 절차를 성실하게 준수하고 공명정대하게 업무에 임한다.

창의성과 전문성을 바탕으로 업무를 적극적으로 수행한다.
창의성(創意性)은 새로운 것을 생각해 내는 특성을 의미하며, 독창성, 가치, 실현성을 포함하는 개념이다. 공무원의 창의성이란 어떤 문제에 대해 기존과 다른 아이디어를 생각하고, 이를 실행하기 위해 정책화하는 과정을 의미한다(김동현, 2014).
전문성(專門性)은 지식과 경험을 바탕으로 자신이 맡은 분야의 일을 잘 수행해 나가는 것을 의미한다. 공무원의 사회적인 책임을 고려했을 때, 공무원에게 요구되는 전문성은 보다 넓은 의미로 해석될 필요가 있다. 즉, 공무원은 직무수행을 위해 필요한 지식과 기술 외에도 문제해결능력, 의사소통능력, 조정·통합능력, 자원확보능력, 업무추진력, 홍보 능력 등 정책성과를 제고할 수 있는 역량을 키우기 위해 노력해야 한다(노승용, 2010).
적극성(積極性)이란 의욕적이고 능동적으로 활동하는 성질을 뜻한다. 즉, 업무를 적극적으로 수행한다는 것은 임무에 대한 열정을 바탕으로, 주도적으로 문제를 해결하는 자세를 의미한다. 공무원의 능동적이고 성실한 업무처리 자세는 흔히 적극행정이라는 용어로 표현되기도 하며, 보다 신속하게 국민의 불편을 해소하고 불필요한 규제를 정비할 수 있다는 점에서 정부 경쟁력에 긍정적으로 작용할 수 있다.

창의성, 전문성, 적극성의 실천
공무원 헌장 실천 강령은 창의성, 전문성, 적극성을 실제 공직생활에서 실천하기 위한 구체적인 행동지침으로 아래와 같이 세 가지로 나누어 제시하고 있다.

- 창의적 사고와 도전 정신으로 변화와 혁신을 선도한다.
- 주인의식을 가지고 능동적인 자세로 업무에 전념한다.
- 끊임없는 자기 계발을 통해 능력과 자질을 높인다.

우리 사회의 다양성을 존중하고
다양성(多樣性)은 사전적으로 모양, 빛깔, 형태, 양식 따위가 여러 가지로 많은 특성을 의미하며, 좁게는 다른 사람의 의견을 받아들이는 태도부터, 넓게는 다른 문화를 받아들이는 자세로 이해할 수 있다. 오늘날 우리사회는 종교, 인종, 지역 등 다양한 배경을 가진 구성원이 함께 살아가고 있으며, 공무원은 이러한 환경에서 발생하는 여러 요구들에 대응해야 한다. 다양성은 정부 운영의 관점에서도 여러 배경을 가진 사람들을 위한 정책을 개발한다는 점에서 반드시 고려해야 할 사회적 가치이다.

국민과 함께 하는 민주 행정을 구현한다.
민주(民主)는 주권이 국민에게 있음을 뜻하며, 국민이 모든 결정의 중심에 있는 것이라는 의미를 포함하고 있다. 즉, 민주란 국가를 이끄는 권력이 국민으로부터 나온다는 사실을 의미한다. 한편, 행정이라는 측면에서 민주주의는 문제해결 방식의 하나로서 국민들의 다양한 의견을 종합적으로 수렴하고 이러한 것에 대한 문제해결이 가능하도록 제도적으로 장려하는 것이다.
행정(行政)은 정치나 사무를 행함을 의미하며, 공익 증진 및 공공문제 해결과 같은 국가 목적을 실현하기 위한 사람과 물자의 관리 또는 공공 정책을 수립하고 집행하는 활동 등 국가 전체의 총체적인 움직임을 의미한다. 법률적으로는 입법 작용과 사법 작용을 제외한 국가 작용 혹은 국가 활동을 뜻한다.

앞서 언급된 민주와 행정을 하나의 개념으로 합친 것이 바로 민주 행정이라고 할 수 있다. 민주 행정은 모든 행정행위를 민주적으로 한다는 것으로, 국민 모두의 이익과 의사가 반영되는 방향으로 행정행위가 이루어져야 한다는 것을 뜻한다. 민주 행정은 정치적 의사결정을 분권화해 부패 가능성을 낮추고, 대중 참여를 제도화하여 시민 개인의 선호와 선택을 존중하며, 경쟁을 통해 공공서비스를 공급하여 사회 전체의 능률성을 극대화하는 것을 목표로 한다.

다양성, 민주 행정의 실천
공무원 헌장 실천 강령에서는 다양성과 민주 행정을 실제 공직생활에서 실천하기 위한 구체적인 행동지침을 아래와 같이 세 가지로 나누어 제시하고 있다.

- 서로 다른 입장과 의견이 있음을 인정하고 배려한다.
- 특혜와 차별을 철폐하고 균등한 기회를 보장한다.
- 자유로운 참여를 통해 국민과 소통하고 협력한다.

청렴을 생활화하고
청렴(淸廉)은 성품과 행실이 높고 맑으며 탐욕이 없음을 의미한다. 유교 전통의 가치관에서 청렴은 단순히 돈을 받지 않는다는 것에 그치지 않고 어떠한 흠결도 지니지 않으며 고귀한 가치를 추구하는 강직함이라는 뜻도 동시에 지닌다. 공직사회에서 청렴이라는 개념은 포괄적으로 이해할 필요가 있다. 즉 청렴은 부패하지 않아야 한다는 소극적 의미도 있지만, 모든 공무원의 행위와 결과가 떳떳하고 완벽을 추구해야 한다는 의미까지 확장된다. 영어권에서 청렴성에 해당되는 단어 'Integrity' 역시 정직하고 공정하며 완벽을 추구하는 상태를 의미한다.

규범과 건전한 상식에 따라 행동한다.
규범(規範)은 인간이 사회생활을 하는 데 있어 구성원으로서 지켜야할 행동 규칙을 의미하며, 그 강제의 정도에 따라 관습, 도덕적 관습, 법의 3가지 단계로 나누어진다. 따라서 규범에 근거한 행동을 한다는 것은 사회적 관습과 규칙에 어긋나지 않아야 한다는 의미이다(두산백과, 2016).
한편, 건전한 상식은 사회적으로 널리 사용되는 개념 정도로 해석될 수 있다. 규범과 건전한 상식은 사회의 대다수 구성원들에게 공유된다는 점에서 유사한 성격을 지닌다.

청렴성, 규범 준수, 건전한 상식에 따른 행동의 실천
공무원 헌장 실천 강령에서는 청렴성, 규범 준수, 건전한 상식에 따른 행동을 실제 공직생활에서 실천하기 위한 구체적인 행동지침을 아래와 같이 세 가지로 나누어 제시하고 있다.

- 직무의 내외를 불문하고 금품이나 향응을 받지 않는다.
- 나눔과 봉사를 실천하고 타인의 모범이 되도록 한다.
- 공무원으로서의 명예와 품위를 소중히 여기고 지킨다.

3. 면접의 실전 대책

(1) 면접 대비사항

① 국가정보원에 대한 사전 지식을 충분히 준비한다.

필기시험에서 합격 또는 서류전형에서의 합격통지가 온 후 면접시험 날짜가 정해지는 것이 보통이다. 이때 수험자는 면접시험을 대비해 사전에 자기가 지원한 직무에 대해 폭넓은 지식을 준비할 필요가 있다.

> **국가정보원에 대해 알아두어야 할 사항**
> - 국가정보원의 연혁
> - 국가정보원장의 이름, 출신학교, 관심사
> - 국가정보원에서 요구하는 인재상
> - 국가정보원의 원훈, 역사, 직원헌장
> - 국가정보원의 직무 수
> - 자기가 생각하는 국가정보원의 장단점
> - 국가정보원의 잠재적 능력개발에 대한 제언

② 충분한 수면을 취한다.

충분한 수면으로 안정감을 유지하고 첫 출발의 상쾌한 마음가짐을 갖는다.

③ 얼굴을 생기 있게 한다.

첫인상은 면접에 있어서 가장 결정적인 당락요인이다. 면접관에게 좋은 인상을 줄 수 있도록 화장하는 것도 필요하다. 면접관들이 가장 좋아하는 인상은 얼굴에 생기가 있고 눈동자가 살아 있는 사람, 즉 기가 살아 있는 사람이다.

④ 아침에 인터넷 뉴스를 읽고 간다.

그날의 뉴스가 질문 대상에 오를 수가 있다. 특히 경제면, 정치면, 문화면 등을 유의해서 볼 필요가 있다.

> **출발 전 확인할 사항**
> 이력서, 자기소개서, 지갑, 신분증(주민등록증), 손수건, 휴지, 볼펜, 메모지 등을 준비하자.

(2) 면접 시 옷차림

면접에서 옷차림은 간결하고 단정한 느낌을 주는 것이 가장 중요하다. 색상과 디자인 면에서 지나치게 화려한 색상이나, 노출이 심한 디자인은 자칫 면접관의 눈살을 찌푸리게 할 수 있다. 단정한 차림을 유지하면서 자신만의 독특한 멋을 연출하는 것, 지원하는 회사의 분위기를 파악했다는 센스를 보여주는 것 또한 코디네이션의 포인트이다.

> **복장 점검**
>
> - 구두는 잘 닦여 있는가?
> - 옷은 깨끗이 다려져 있으며 스커트 길이는 적당한가?
> - 손톱은 길지 않고 깨끗한가?
> - 머리는 흐트러짐 없이 단정한가?

(3) 면접 요령

① 첫인상을 중요시한다.

상대에게 인상을 좋게 주지 않으면 어떠한 얘기를 해도 이쪽의 기분이 충분히 전달되지 않을 수 있다. 예를 들어, '저 친구는 표정이 없고 무엇을 생각하고 있는지 전혀 알 길이 없다.'처럼 생각되면 최악의 상태이다. 우선 청결한 복장, 바른 자세로 침착하게 들어가야 한다. 건강하고 신선한 이미지를 주어야 하기 때문이다.

② 좋은 표정을 짓는다.

얘기를 할 때의 표정은 중요한 사항의 하나다. 거울 앞에서 웃는 연습을 해본다. 웃는 얼굴은 상대를 편안하게 하고, 특히 면접 등 긴박한 분위기에서는 천금의 값이 있다 할 것이다. 그렇다고 하여 항상 웃고만 있어서는 안 된다. 자기의 할 얘기를 진정으로 전하고 싶을 때는 진지한 얼굴로 상대의 눈을 바라보며 얘기한다. 면접을 볼 때 눈을 감고 있으면 마이너스 이미지를 주게 된다.

③ 결론부터 이야기한다.

자기의 의사나 생각을 상대에게 정확하게 전달하기 위해서 먼저 무엇을 말하고자 하는가를 명확히 결정해 두어야 한다. 대답을 할 경우에는 결론을 먼저 이야기하고 나서 그에 따른 설명과 이유를 덧붙이면 논지(論旨)가 명확해지고 이야기가 깔끔하게 정리된다.

한 가지 사실을 이야기하거나 설명하는 데는 3분이면 충분하다. 복잡한 이야기라도 어느 정도의 길이로 요약해서 이야기하면 상대도 이해하기 쉽고 자기도 정리할 수 있다. 긴 이야기는 오히려 상대를 불쾌하게 할 수가 있다.

④ 질문의 요지를 파악한다.

면접 때의 이야기는 간결성만으로는 부족하다. 상대의 질문이나 이야기에 대해 적절하고 필요한 대답을 하지 않으면 대화는 끊어지고 자기의 생각도 제대로 표현하지 못하여 면접자로 하여금 수험생의 인품이나 사고방식 등을 명확히 파악할 수 없게 한다. 무엇을 묻고 있는지, 무슨 이야기를 하고 있는지 그 요점을 정확히 알아내야 한다.

> **면접에서 고득점을 받을 수 있는 성공요령**
>
> 1. 자기 자신을 겸허하게 판단하라.
> 2. 지원한 직무에 대해 100% 이해하라.
> 3. 실전과 같은 연습으로 감각을 익히라.
> 4. 단답형 답변보다는 구체적으로 이야기를 풀어나가라.
> 5. 거짓말을 하지 말아라.
> 6. 면접하는 동안 대화의 흐름을 유지하라.
> 7. 친밀감과 신뢰를 구축하라.
> 8. 상대방의 말을 성실하게 들으라.
> 9. 근로조건에 대한 이야기를 풀어나갈 준비를 하라.
> 10. 끝까지 긴장을 풀지 말아라.

CHAPTER 02 국가정보원 일반직 9급 예상 질문

(1) 인성면접

다음은 인성면접에서 출제될 가능성이 높은 예상 질문들이다. 이에 대해 자신만의 답변을 미리 생각하고 정리해 보기 바란다.

- 자기소개를 해 보시오.
- 자신의 좌우명이 무엇인가?
- 본인의 장점과 단점에 대해 설명해 보시오.
- 국가정보원에 입사하고자 한 이유는?(지원한 이유는?)
- 국가정보원 입사 후 포부에 대해 간략히 말해 보시오.
- 국가정보원에 들어온 후 예상했던 것과는 달리 심부름 등 잔업이 업무의 주를 이룬다면, 면접자는 어떻게 할 것인가?
- 면접자 본인이 생각하기에는 자신이 속한 팀의 업무성격상 업무를 신속하게 처리해야 할 필요가 있어 결재 절차를 간소화시키고 융통성 있게 대처하는 것이 바람직하다고 생각되는 상황이라면, 어떻게 대처할 것인가?
- 선배로서 면접자는 자신의 뛰어난 업무 능력만을 믿고 상사의 주의를 제대로 듣지 않은 채 제멋대로 업무를 해석하여 처리하는 바람에 종종 문제를 일으키고 있는 후배에게 주의를 주고 싶은 상황인데, 면접자라면 이 상황에서 어떻게 대처할 것인가?
- 입사 후 같은 팀원인 특정인과 프로젝트나 기타 업무를 진행할 때마다 계속해서 의견이 대립하는 상황일 때, 면접자는 어떻게 대처할 것인가?
- 면접자는 처음 맡게 된 업무에 대해 상사에게 충분한 설명을 들었지만 당장 무엇부터 해야 하는지 기억나지 않는 상황이라고 할 때, 어떻게 대처할 것인가?
- 직속 선배가 엉망으로 작성한 보고서를 본 상황이라면 면접자는 어떻게 대처할 것인가?
- 하나의 업무가 끝나기도 전에 새로운 업무를 또다시 벌이는 소속 팀장이 항상 퇴근 시간이 되면 바로 퇴근을 해서 나머지 팀원들이 야근을 해야 하는 상황이라면 면접자는 어떻게 대처할 것인가?

(2) PT면접

다음은 PT면접에서 출제될 가능성이 높은 예상 주제들이다. 이에 대한 자신만의 답변을 미리 생각하고 정리해 보기 바란다.

- 북한의 비핵화 필요성에 대한 본인의 견해를 발표해 보시오.
- 북한과 미국의 사이, 특히 북미회담에서 우리나라가 담당해야 하는 역할에 대한 본인의 견해를 발표해 보시오.
- 주한미군 철수 및 향후 우리나라와 미국과의 관계에 대한 본인의 견해를 발표해 보시오.
- 현재의 한일 관계 실정과 앞으로의 나아갈 방향에 대한 본인의 견해를 발표해 보시오.
- 앞으로 북한, 미국, 중국, 일본 등 주변국 및 동맹국과의 관계에서 우리나라가 지향해야 할 역할이 무엇인지 본인의 견해를 발표해 보시오.
- 남북통일에 대한 본인의 기본적인 견해 및 통일 후 상황에 대한 본인의 견해를 발표해 보시오.
- 현 정부의 대북정책에 대한 본인의 평가를 발표해 보시오.
- 현 정부의 외교정책에 대한 본인의 평가를 발표해 보시오.
- 현 정부의 부동산 정책에 대한 본인의 평가를 발표해 보시오.
- 현 정부의 고용 정책에 대한 본인의 평가를 발표해 보시오.

NEXT STEP

시대에듀가 합격을 준비하는
당신에게 제안합니다.

성공의 기회
시대에듀를 잡으십시오.

시대에듀

기회란 포착되어 활용되기 전에는 기회인지조차 알 수 없는 것이다.
- 마크 트웨인 -

최신개정판

국가정보원
일반직 9급

편저 | 시대공무원시험연구소

정답 및 해설

시대에듀

PART 1
핵심이론 및 적중예상문제

CHAPTER 01 국어
CHAPTER 02 한국사
CHAPTER 03 일반상식

끝까지 책임진다! 시대에듀!

QR코드를 통해 도서 출간 이후 발견된 오류나 개정법령, 변경된 시험 정보, 최신기출문제, 도서 업데이트 자료 등이 있는지 확인해 보세요! **시대에듀 합격 스마트 앱**을 통해서도 알려 드리고 있으니 구글 플레이나 앱 스토어에서 다운받아 사용하세요. 또한, 파본 도서인 경우에는 구입하신 곳에서 교환해 드립니다.

CHAPTER 01 국어 적중예상문제

01	02	03	04	05	06	07	08	09	10
①	③	③	①	③	①	④	③	②	④
11	12	13	14	15	16	17	18	19	20
②	④	①	④	②	④	④	③	④	④
21	22	23	24	25	26	27	28	29	30
②	④	③	④	④	③	①	①	①	③

01 정답 ①

㉠은 바로 앞 문장의 내용을 환기하므로 '즉'이 적절하며, ㉡의 경우 앞뒤 문장이 서로 반대되므로 역접 관계인 '그러나'가 적절하다. ㉢에서는 바로 뒤 문장의 마지막에 있는 '~때문이다'라는 표현을 통해 '왜냐하면'이 적절하며, ㉣에는 부정하는 말 앞에서 '다만', '오직'의 뜻으로 쓰이는 말인 '비단'이 들어가는 것이 적절하다.

02 정답 ③

오답분석
- 웬지 → 왠지
- 어떻게 → 어떻게
- 말씀드리던지 → 말씀드리든지
- 바램 → 바람

03 정답 ③

'졸이다'는 '찌개를 졸이다.'와 같이 국물의 양을 적어지게 하는 것을 의미한다. 반면에 '조리다'는 '양념을 한 고기나 생선, 채소 따위를 국물에 넣고 바짝 끓여서 양념이 배어들게 하다.'의 의미를 지닌다. 따라서 ③의 경우 문맥상 '졸이다'가 아닌 '조리다'가 사용되어야 한다.

오답분석
① 맞히다 : 문제에 대한 답을 틀리지 않게 하다.
　맞추다 : 둘 이상의 일정한 대상들을 나란히 놓고 비교하여 살피다.
② 반듯이 : 비뚤어지거나 기울거나 굽지 않고 바르게
　반드시 : 틀림없이 꼭, 기필코
④ 이따 : 조금 지난 뒤에
　있다 : 어느 곳에서 떠나거나 벗어나지 않고 머물다. 또는 어떤 상태를 계속 유지하다.

04 정답 ①

'나뉘다'는 '나누다'의 피동형으로 피동을 만드는 접사인 '-어지다'를 결합할 경우 이중피동이 되기 때문에 옳은 표현은 '나뉘어'이다.

05 정답 ③

- 간헐적(間歇的) : 얼마 동안의 시간 간격을 두고 되풀이하여 일어나는
- 이따금 : 얼마쯤씩 있다가 가끔

오답분석
① 근근이 : 어렵사리 겨우
② 자못 : 생각보다 매우
④ 빈번히 : 번거로울 정도로 도수(度數)가 잦게

06 정답 ①

'황량하다'는 '황폐하여 거칠고 쓸쓸하다.'를 의미한다.

07 정답 ④

밑줄 친 '봉착(逢着)하게'는 '맞닥뜨리다, 당면하다'라는 뜻이다. 문맥적 의미는 '원하지 않은 일의 결과와 부딪히게 됨'이므로 능동적이고 긍정적인 의미보다는 부정적이고 피동적인 의미를 갖고 있다. 그러므로 '맞아들이게'라는 능동적인 표현은 바꾸어 쓰기에 적합하지 않다.

08 정답 ③

鼓舞(고무 : 북 고, 춤출 무)는 '북을 쳐 춤을 추게 함. 또는 격려하여 기세를 돋움'을 뜻한다.

09 정답 ②

견강부회(牽强附會)는 '이치에 맞지 않는 말을 억지로 끌어 붙여 자기에게 유리하게 함'을 뜻한다. A씨의 경우 아침에 먹는 사과와 감기의 상관관계가 없음에도 불구하고, 이치에 맞지 않는 주장을 억지로 주장하고 있다. 따라서 가장 적절한 한자성어는 ②이다.

오답분석
① 아전인수(我田引水) : 자기 논에 물 대기라는 뜻으로, 자기에게만 이롭게 되도록 생각하거나 행동함을 이르는 말
③ 지록위마(指鹿爲馬) : 윗사람을 농락하여 권세를 마음대로 함을 이르는 말
④ 사필귀정(事必歸正) : 모든 일은 반드시 바른길로 돌아감을 뜻하는 말

10 정답 ④

제시문은 우리나라가 인구 감소 시대에 진입할 가능성이 높아지고 있다고 하며, 인구 감소 시대의 공공재원의 효율적 활용 방안에 대해 설명하는 글이다. 따라서 (나) 우리나라가 인구 감소 시대에 돌입 – (라) 공공재원 확보 및 확충의 어려움 – (가) 공공재원의 효율적 활용 방안 – (다) 공공재원의 효율적 활용 등에 대한 논의 필요 순으로 나열하는 것이 적절하다.

11 정답 ②

제시문은 개념상으로 구별되는 기본권과 인권의 차이에 대하여 설명하고 있다. 먼저 제시된 문장에서는 개념상으로 인권과 기본권이 구별된다고 언급하고 있으므로 이어질 문단에서는 인권과 기본권의 차이에 대하여 구체적으로 언급하는 것이 적절하다. 따라서 (나) 인권과 기본권의 차이점 – (가) 기본권에 대한 보충 설명 – (라) 주관적 공권으로서의 성격을 가지는 기본권 – (다) 성질에 따라 견해가 나뉘는 주관적 공권으로서의 권리 순으로 나열하는 것이 적절하다.

12 정답 ④

전통적인 경제학은 외부성의 비효율성을 줄이기 위해 정부의 개입을 해결책으로 제시하고 있다. 따라서 정부의 개입이 오히려 비용을 높일 수 있다는 주장을 반박으로 제시할 수 있다.

오답분석
①・② 외부성에 대한 설명이다.
③ 전통적인 경제학의 주장이다.

13 정답 ①

제시문은 기술이 내적인 발전 경로를 가지고 있다는 통념을 비판하기 위해 다양한 사례 연구를 논거로 인용하고 있다. 따라서 인용하고 있는 연구 결과를 반박할 수 있는 자료가 있다면 글쓴이의 주장은 설득력을 잃게 된다.

14 정답 ④

단순히 젊은 세대의 문화만을 존중하거나, 기존 세대의 문화만을 따르는 것이 아닌 두 문화가 어우러질 수 있도록 기업 차원에서 분위기를 만드는 것이 본질적인 해결법으로 가장 적절하다.

오답분석
① 급여받은 만큼만 일하게 되는 악순환이 반복될 것이므로 제시문에서 언급된 문제를 해결하는 기업 차원의 방법으로는 적절하지 않다.
② 기업의 전반적인 생산성 향상을 이룰 수 없으므로 기업 차원의 방법으로 적절하지 않다.
③ 젊은 세대의 채용을 기피하는 분위기가 생길 수 있으므로 적절하지 않다.

15 정답 ②

제시문을 통해 조선시대 금속활자가 왕실의 위엄과 권위를 상징하는 것임을 알 수 있다. 특히 정조는 왕실의 위엄을 나타내기 위한 을묘원행을 기념하는 의궤를 정리자로 인쇄하고, 화성 행차의 의미를 부각하기 위해 그 해의 방목만을 정리자로 간행했다. 이를 통해 정리자는 정조가 가장 중시한 금속활자였음을 알 수 있으며, 나머지 문항은 제시문의 단서만으로는 알 수 없다.

16 정답 ④

실재론은 세계가 정신과 독립적으로 존재함을, 반실재론은 세계가 감각적으로 인식될 때만 존재함을 주장하므로 두 이론 모두 세계는 존재한다는 전제를 깔고 있다.

오답분석
① 세 번째 문단에서 어떤 사람이 버클리의 주장을 반박하기 위해 돌을 발로 차서 날아간 돌이 존재한다는 사실을 증명하려고 하였으나, 반실재론을 제대로 반박한 것은 아니라고 하였다. 따라서 실재론자의 주장이 옳다는 사실을 증명하는 것은 아니다.
② 세계가 감각으로 인식될 때만 존재한다는 것은 반실재론자의 입장이다.
③ 버클리는 객관적 성질이라고 여겨지는 것들도 우리가 감각할 수 있을 때만 존재하는 주관적 속성이라고 하였다.

17 정답 ④

마지막 문단에서 저작권의 의의는 인류의 지적 자원에서 영감을 얻은 결과물을 다시 인류에게 되돌려 주는 데 있다고 하였으므로 ④의 내용은 적절하지 않다.

18
정답 ②

제시문은 집단 소송제의 중요성과 필요성에 대하여 역설하는 글이다. 집단 소송제를 통하여 기업 경영의 투명성을 높여, 궁극적으로 기업의 가치 제고를 이룬다는 것이 글의 주제이다. 따라서 글의 주제로 가장 적절한 것은 ②이다.

19
정답 ③

제시문에서는 공동주택의 주거문화에서 중요성이 커지고 있는 이웃과의 관계에 대해 이야기하며, 올바른 공동주택 주거문화에 대해 함께 고민하고 서로 이야기해야 한다고 말하고 있다. 따라서 글의 제목으로 가장 적절한 것은 ③이다.

오답분석
① 공동주택 주거문화의 문제점보다는 특성에 대해 이야기하고 있으므로 적절하지 않다.
② 공동주택의 현황보다는 공동주택의 고층화·고밀화에 따른 주거문화에 대하여 이야기하고 있으므로 적절하지 않다.
④ 이웃과의 관계 변화보다는 이웃과의 관계에 대한 중요성이 커지고 있음을 이야기하고 있으므로 적절하지 않다.

20
정답 ④

제시문은 시장 메커니즘의 부정적인 면을 강조하면서 인간과 자연이 어떠한 보호도 받지 못한 채 시장 메커니즘에 좌우된다면 사회가 견뎌낼 수 없을 것이라고 주장한다. 따라서 필자의 주장으로 시장 메커니즘에 대한 적절한 제도적 보호 장치를 마련해야 한다는 내용의 ④가 가장 적절하다.

오답분석
① 필자는 무분별한 환경 파괴보다는 인간과 자연이라는 사회의 실패를 막기 위한 보호가 필요하다고 주장한다.
② 필자는 구매력의 공급을 시장 기구의 관리에 맡기게 되면 영리 기업들은 주기적으로 파산하게 될 것이라고 주장하므로 적절하지 않다.
③ 필자는 시장 메커니즘이 인간의 존엄성을 파괴할 수 있다고 주장하지만, 한편으로는 시장 경제에 필수적인 존재임을 인정하므로 철폐되어야 한다는 주장은 적절하지 않다.

21
정답 ②

제시문의 중심 내용은 '칸트가 생각하는 도덕적 행동'에 대한 것이며, 그는 도덕적 행동을 남이 나에게 해주길 바라는 것을 실천하는 것이라 말했다.

22
정답 ④

재생 에너지 사업이 기하급수적으로 늘어남에 따라 전력계통 설비의 연계용량 부족 문제가 발생하였는데, 이것은 설비 보강만으로는 해결하기 어렵기 때문에 최소부하를 고려한 설비 운영 방식으로 해결하고자 하였다.

오답분석
① 탄소 중립을 위해 재생 에너지 발전 작업이 추진되고 있다고 하였으므로 합리적인 추론이다.
② 재생 에너지의 예시로 태양광이 제시되었다.
③ 재생 에너지 확충으로 인해 기존 송배전 전력 설비가 과부하 되는 문제가 있다고 하였다.

23
정답 ③

치안 불안 해소를 위해 CCTV를 설치하는 것은 정부가 사회 간접자본인 치안 서비스를 제공하는 것이지, 공공재·공공자원 실패의 해결책이라고 보기는 어렵다.

오답분석
①·② 공공재·공공자원 실패에 대한 해결책 중에서 사용 할당을 위한 정책이라고 볼 수 있다.
④ 공공재·공공자원 실패의 해결책 중에서 사용 제한을 위한 정책이라고 볼 수 있다.

24
정답 ④

밑줄 친 '이런 미학'은 인간의 눈으로는 확인할 수 없는 부분에 대한 것을 사진을 통해 느껴보지 못한 아름다움을 느끼는 것으로, 기존 예술의 틈으로 파고들어갈 것을 주장하고 있다.

25
정답 ④

노모포비아는 '휴대 전화가 없을 때 느끼는 불안과 공포증'이라는 의미의 신조어이다. 따라서 휴대 전화를 사용하지 않는 사람에게서는 노모포비아 증상이 나타나지 않는다는 것을 추론할 수 있다.

26
정답 ③

오답분석
① 담론 : 일반적으로 말로 하는 언어에서는 한 마디의 말보다 큰 일련의 말들을 가리키고, 글로 쓰는 언어 에서는 한 문장보다 큰 일련의 문장들을 가리키는 언어학적 용어이다.
② 에세이 : 개인의 상념을 자유롭게 표현하거나 한두 가지 주제를 공식적 혹은 비공식적으로 논하는 비허구적 산문 양식이다.
④ 산문 : 운율적 단위로 정형화된 운문과는 다르게, 특별한 제약 없이 말이나 글로 된 모든 담화를 가리키는 포괄적인 용어이다.

27 정답 ①

서라벌은 현 경주시의 옛 지명으로, 신라의 수도였다. 따라서 보기 중 신라 헌강왕 때 지어진 처용가와 가장 관계가 깊다.

오답분석
② 청산별곡은 고려 가요이다.
③ 황조가는 삼국시대에 고구려 유리왕이 지었다.
④ 가시리는 고려 가요이다.

28 정답 ①

'뒤샹'의 '샘'은 작가의 손에 의해 탄생한 것이 아니다. 뒤샹은 남자 소변기를 돈을 주고 구입했으며, 그 소변기에 '샘'이라는 이름을 붙이고 작품으로 전시회에 출품한 것이다. 소변기의 재질과 형태는 달라지지 않았지만 뒤샹이 그 소변기를 작품으로 생각한 순간부터 그것은 작품으로의 가치가 생긴 것이다. 이는 '꽃'이라는 무의미한 대상을 명명의 과정을 통해 가치 있는 존재로 거듭나는 '김춘수'의 '꽃'과 연관 지을 수 있다.

29 정답 ①

조남주는 1978년생으로 방송작가 출신의 한국 소설가이다. 페미니즘적 시각에서 바라본 사회고발 소설 『82년생 김지영』(2016년 10월 발간)이 베스트셀러에 오르면서 유명 작가가 되었다. 2019년 10월에 김도영 감독, 정유미(김지영 역), 공유(정대현 역) 주연의 동명 영화가 개봉되었다.

오답분석
④ 한강 : 2024년 노벨문학상을 수상한 작가로서, 작품으로는 『소년이 온다』, 『채식주의자』, 『작별하지 않는다』, 『희랍어 시간』, 『흰』 등이 있다.

30 정답 ③

전지적 작가 시점으로 등장인물의 행동이나 심리 등을 서술자가 직접 자유롭게 드러내고 있다.

오답분석
① 배경에 대한 묘사로 사건의 분위기를 조성하지는 않는다.
② 등장인물 중 성격의 변화가 나타난 인물은 존재하지 않는다.
④ 과장과 희화화 수법은 나타나지 않는다.

CHAPTER 02 한국사 적중예상문제

01	02	03	04	05	06	07	08	09	10
②	②	②	④	③	④	④	④	①	②
11	12	13	14	15	16	17	18	19	20
④	③	②	①	①	③	①	①	①	②
21	22	23	24	25	26	27	28	29	30
④	②	③	①	④	②	④	②	③	②

01   정답 ②

청동기시대에는 야산, 구릉지 등에서 장방형 움집을 만들고 거주하며 마을 규모를 확대하였다.

[오답분석]
① 구석기시대의 유적지이다. 청동기시대의 유적지는 여주 흔암리, 부여 송국리, 서천 화금리 등이 있다.
③ 애니미즘, 샤머니즘, 영혼숭배, 토테미즘 등의 신앙은 신석기시대에 이미 등장하였다.
④ 널무덤, 독무덤 등은 철기시대에 만들어졌다. 청동기시대에는 고인돌 등의 무덤이 있다.

02   정답 ②

인간이 불을 이용하고 언어를 구사하게 된 것은 신석기시대가 아니라 구석기시대부터이다.

[오답분석]
④ 청동기시대에 벼농사가 시작되었다는 것은 여주 흔암리 유적과 충남 부여 송국리의 탄화미 유적으로 알 수 있다.

03   정답 ②

제시된 유물은 청동기시대의 비파형 동검과 민무늬 토기이다. 청동기시대에는 계급의 분화가 진행되었으며, 지배층과 피지배층으로 분화되었다. 따라서 ②가 옳은 설명이다.

[오답분석]
① 초기 철기시대의 생활모습이다.
③ 청동기는 제작의 어려움으로 인하여 누구나 소유하기 어려웠으며, 지배층이 주로 사용하였다.
④ 청동기가 제작되었음에도 석기가 여전히 생활의 큰 비중을 차지하였다.

04   정답 ④

사출도의 지배, 우제점법 등을 통해 설명하고 있는 국가가 부여임을 알 수 있으며, 부여는 12월에 제천 행사인 영고를 시행하였다.

[오답분석]
① 옥저에 대한 설명이다.
② 삼한에 대한 설명이다.
③ 고구려에 대한 설명이다.

05   정답 ③

삼한은 소도라는 신성 지역을 따로 두어 천군이 이를 관리하는 제정 분리 사회로, 죄인이 도망쳐 소도에 숨으면 잡아가지 못하였다.
(가): 고구려는 10월에 동맹이라는 제천 행사를 통해 하늘에 제사를 지내는 풍습이 있었으며, 혼인을 하면 신랑이 신부의 집 뒤에 서옥이라는 집을 짓고 생활하다가 자식을 낳아 장성하면 신랑 집으로 돌아가는 서옥제라는 풍속이 있었다.
(나): 삼한은 마한, 진한, 변한으로 구성된 연맹 왕국으로 신지, 견지, 읍차, 부례와 같은 정치적 지배자와 제사장인 천군이 있었다. 또한 해마다 씨를 뿌리고 난 뒤인 5월과 추수를 하는 10월에 계절제를 열어 하늘에 제사를 지냈다.

[오답분석]
① 부여는 남의 물건을 훔치면 12배로 갚도록 하는 1책 12법이란 엄격한 법률이 있었다.
② 삼한 중 변한 지역에서 철 생산이 매우 활발하여, 낙랑군과 왜에 수출하기도 하였다.
④ 동예는 각 부족의 영역을 중요시하여 다른 부족의 영역을 침범하는 경우 노비와 소, 말로 변상하게 하는 책화라는 제도가 있었다.

06   정답 ④

밑줄 친 '그 땅'은 '금관가야'이며, 해당 사료는 금관가야의 마지막 왕인 김구해가 신라 법흥왕 때 나라를 바치면서 항복하는 모습을 보여주고 있다.
ㄴ. 김무력은 금관가야의 마지막 왕인 김구해의 아들로 투항 후 관산성 전투에서 백제의 성왕을 전사시키는 큰 공을 세웠다. 후에 신라의 삼국통일에 공헌한 김유신이 그의 손자이다.

ㄷ. 금관가야는 지금의 경남 김해 지역을 중심으로 발전하였으며, 낙동강 하류의 이점을 살려서 바다를 통한 중계무역과 문화적 발전을 하였다.

[오답분석]
ㄱ. 후기 가야연맹의 맹주로서 등장한 가야연맹체의 국가는 금관가야가 아닌 대가야이다.

07 정답 ④

법흥왕은 병부를 설치하여 군사 업무를 제도화하고 병권을 장악하였다(516).

[오답분석]
① 진흥왕의 업적에 대한 설명이다.
② 내물왕의 업적에 대한 설명이다.
③ 지증왕의 업적에 대한 설명이다.

08 정답 ④

담징은 고구려의 승려로 일본에 건너가 불법을 강론하고 채화 및 맷돌·종이·먹 등의 제조법을 가르쳤으며, 일본 호류사에 그린 금당벽화가 유명하다.

09 정답 ①

제시된 내용은 4세기 말 ~ 5세기 초 광개토대왕에 대한 것이다. 광개토대왕은 북으로는 거란, 숙신, 후연, 동부여 등을 정벌하였고, 남으로는 백제를 공격하여 백제 아신왕의 항복을 받아내기도 하였다. 또한 신라 내물왕의 요청으로 군사를 파견하여 왜군을 격파하였다. 이러한 정복활동의 결과 광개토대왕은 재위기간 중 고구려의 영토를 크게 팽창시켰고, 영락이라는 연호를 사용하여, 당시 고구려 중심의 천하관을 보여주고 있다.

[오답분석]
ㄷ. 진흥왕이 대가야를 정복한 일은 6세기의 일이다.
ㄹ. 백제 문주왕이 웅진으로 도읍을 천도한 것은 고구려 장수왕 때의 일이다.

10 정답 ②

제시문의 역사적 사건을 시간 순서대로 나열하면 (다) 나·제 동맹(433) – (바) 신라의 한강 유역 차지(553) – (라) 백제 멸망(660) – (가) 고구려 멸망(668) – (마) 매소성 전투(675) – (나) 기벌포 전투(676) 순으로 나열하는 것이 적절하다.

11 정답 ④

제시된 사료는 고려 성종 때 최승로가 올린 시무 28조의 기록이다. 성종 때 12목을 설치하고 지방관을 파견하였다.

[오답분석]
① 태조 때 사심관 제도를 시행하였다.
② 현종 때 강감찬이 귀주대첩에서 승리하였다.
③ 광종 때 노비안검법을 시행하였다.

12 정답 ③

제시된 사료는 신돈이 권력을 잡은 후 죽는 내용으로, 밑줄 친 왕은 고려 공민왕이다. 국자감을 성균관으로 개편한 것은 충렬왕 때이다.

[오답분석]
① 1356년 원의 고려 내정 간섭 기구인 정동행성 이문소를 폐지하였다.
② 1356년 무력으로 원에 빼앗겼던 쌍성총관부를 수복하였다.
④ 1352년 무신 정권기에 설치된 정방을 폐지하였다.

13 정답 ②

고려시대 백정은 일반 주·부·군·현에 거주하면서 주로 농업에 종사하는 농민층을 말한다.

[오답분석]
ㄴ. 고려 백정은 일반적인 국역 의무를 가졌지만, 국가에 대한 특정한 직역이 없었기 때문에 백정이라 불렸다.
ㄹ. 고려 백정은 일반 농민층이다. 조선시대 백정이 천민에 속하였다.

14 정답 ①

밑줄 친 승려는 고려시대에 활동한 지눌이다. 지눌은 정혜쌍수를 제창하였으며, 수선사 결사운동 등을 하였다.

[오답분석]
② 고려 승려인 요세가 개창한 결사이다.
③ 교선일치는 의천 등이 시도하였고, 지눌은 선교일치를 시도하였다.
④ 고려 승려인 혜심이 처음 주장하였다.

15 정답 ①

고려 후기 충렬왕 때 이승휴가 지은 『제왕운기』에 대한 설명이다. 상권에서는 천지개벽, 삼황오제부터 원나라에 이르는 중국의 역사를 다루었다. 하권은 둘로 나누어져 앞의 부분은 단군조선에서 발해에 이르는 우리나라의 역사를 칠언고시로 읊었고, 뒤의 부분은 왕건의 조상 설화에서 충렬왕에 이르는 역사를 오언고시로 읊었다.

오답분석
② 『동명왕편』: 고려 후기 이규보가 고구려 동명왕에 대해 쓴 서사시
③ 『삼국유사』: 고려 충렬왕 때 일연이 신라, 고구려, 백제에 대해 지은 역사서
④ 『사략』: 고려 공민왕 때 이제현 등이 지은 역사서로 고려의 통사로 추정

16 정답 ③

조선 초에 저화라는 지폐가 유통된 것은 사실이다. 조선 초 왕들은 저화를 유통시키고 화폐 가치를 유지하기 위해 노력하였지만, 교환수단으로서의 가치를 인정받지 못하면서 16세기에 들어서는 자취를 감추게 되었다.

오답분석
② 조선 전기에는 각 지역의 수공업자들을 '공장안'이라는 장적에 기록하여 관리하고 있었다. 관영수공업이 철저히 관리되고 있음을 보여주는 증거이다. 조선 후기에는 민간의 수공업이 발달하면서 관영수공업이 쇠퇴하고, 18세기 영조 때에 공장안을 폐지하였다.
④ 세종 때의 공법하에서 전분6등법, 연분9등법의 수등이척법을 실시하여 조세를 차등적으로 징수하였다.

17 정답 ①

『경국대전』은 조선시대의 기본법전으로 세조 때 만들기 시작해서 성종 때 반포하였다.

오답분석
② 세종 때 북쪽의 여진족을 물리치고 최윤덕이 압록강 상류 지역에 4군을 김종서가 두만강 유역에 6진을 설치하여 현재와 같은 국경선을 확보하였다.
③ 세종 때(1423) 저화의 통용이 사실상 중단되자 동전을 주조·유통하기 위해 조선통보를 만들고, 사섬서에서 이를 관장하게 하였다.
④ 공법은 조선 전기 토지에 대한 세금 제도로 세종 때 시행되었다. 관료나 전주가 수확의 손실을 답험하여 세를 정하는 답험손실법의 폐단이 심해지자 폐단을 막기 위해 제정되었다. 정액세법을 주요내용으로 하는 전세제도로, 전분 6등법과 연분 9등법 등이 있다.

18 정답 ①

오답분석
② 박지원의 양반전, 허생전 등은 한문 소설이다. 한글 소설에는 허균의 홍길동전 등이 있다.
③ 양반과 부녀자의 생활과 유흥, 남녀 간의 애정 묘사를 한 그림은 신윤복이 유명하고, 김홍도는 서민적이면서 간결하고 소탈한 풍속화로 유명하다.
④ 이중환의 택리지에 지방의 자연환경, 인물, 풍속 등이 수록되어있다. 김정호는 대동여지도에 산맥, 하천, 포구, 도로망 등을 자세히 표시하였다

19 정답 ①

제시문은 광해군이 강홍립에게 중립 외교를 지시한 내용이다. 광해군은 토지 대장과 호적을 새로 만들어 국가재정 수입을 늘리고 공물을 현물 대신 토지의 결수에 따라 쌀, 삼베나 무명, 동전 등으로 납부하는 대동법을 경기도에서 시범적으로 실시하였다. 또한 허준으로 하여금 『동의보감』을 편찬하게 하였고 중립 외교 정책을 실시하였다.

20 정답 ②

「인왕제색도」, 「금강전도」 등의 진경산수화와 「미인도」 등의 풍속도는 조선 후기에 성행하였고, 『농사직설』, 『향약집성방』 등은 조선 전기에 저술되었다.

오답분석
① 조선 후기에는 부를 축적한 농민이 증가하고, 공명첩과 납속책 등이 시행되어 양반의 수가 늘어나는 등 신분제가 동요하였다.
③ 조선 후기에는 관영 수공업이 쇠퇴하고 민영 수공업이 발달하였으며, 선대제가 발달하였다.
④ 농업 기술의 발달로 이앙법이 확대되어 노동력이 절감되고, 이모작이 가능해졌으며, 수확량이 증가하였다.

21 정답 ④

오답분석
① 서얼은 정부의 관직 진출이 제한되었다.
② 노비의 신분은 세습되었고, 매매·양도·상속의 대상이었다.
③ 직역 세습과 신분 안에서 혼인이 가능했다.

22   정답 ②

조선시대 4대 사화를 시대 순으로 정리하면 다음과 같다.

구분	발생 시기	원인
무오사화	1498년 (연산군)	연산군의 실정, 세조의 왕위 찬탈을 비판한 김종직의 조의제문
갑자사화	1504년 (연산군)	연산군의 모친인 폐비 윤씨의 복위 문제
기묘사화	1519년 (중종)	조광조의 급진적 개혁 정치에 대한 훈구파의 반발
을사사화	1545년 (명종)	왕위 계승문제를 둘러싼 외척의 갈등

따라서 시대 순으로 바르게 나열한 것은 ②이다.

23   정답 ③

제시문은 비변사에 대한 설명이다. 비변사는 16세기에 왜구의 침략에 대비하기 위해 설치한 임시 기구로 출발하여 임진왜란을 거치며 실질적 최고 기구가 되었다. 전란 후에도 나라의 복구와 사회·경제적 혼란에 효율적으로 대처하고 붕당의 이해관계 조절을 위해 구성과 기능은 그대로 유지되었다.

24   정답 ①

제시된 사건은 병인양요이다. 병인양요(1866)는 흥선대원군이 프랑스 선교사들을 박해한 것을 빌미로 프랑스 군대가 강화도를 침입한 사건이다. 이 과정에서 프랑스군은 조선왕조 의궤 등 조선의 서적 등을 약탈하였으며, 정족산성 전투에서 패배하고 철수하였다.

오답분석
② 1866년 미국 상선인 제너럴셔먼호가 평양에 있는 군민들에 의해 불에 타는 사건이 일어났고, 미국은 이를 빌미로 신미양요를 일으켰다.
③ 1875년 일본 군함 운요호는 강화도로 불법 침입하여 함포를 사격하는 등의 공격을 하였고, 이를 계기로 강화도 조약이 체결되었다.
④ 1868년 독일인 오페르트는 남연군묘를 도굴하려다 묘가 견고하여 실패하였다.

25   정답 ④

독립협회는 1896년 계화 지식층이 설립한 한국 최초의 근대적 사회정치단체로 서재필을 중심으로 이상재, 이승만, 윤치호 등이 참여하였다. 독립신문을 발간하고 독립문을 세우기도 하였으며, 가장 큰 활동으로는 만민공동회 개최와 6개조 개혁안(헌의 6조)이 있다.

오답분석
① 1907년에 윤치호 등이 만든 항일 비밀결사단체이다.
② 1904년에 유신회를 개칭한 단체로 친일단체이다.
③ 1907년에 윤효정 등이 창립한 정치단체이다.

26   정답 ②

일본은 3·1 운동을 계기로 헌병 경찰제에서 보통 경찰제로 전환하여 문화 통치를 시작하였다.

27   정답 ④

국권을 상실한 지 10년 만에 우리 민족에 의한 정부가 수립되어 이후 민족 운동의 구심점이 된 점, 우리나라 최초의 민주공화제인 점, 정부 공백 상태에서 민족사적 공통성을 회복·계승해 온 점에 대한민국 임시정부의 역사적 의의가 있다.

28   정답 ②

일본은 러·일 전쟁 중 독도를 불법적으로 시마네 현에 편입시켰다(1904).

29   정답 ③

농지개혁법은 농지개혁 전에 지주들이 토지를 임의 처분하여 개혁 대상 농지가 축소되었으며, 지주들이 받은 지가 증권의 현금화가 어려워 산업 자본 전환에 한계가 있었다.

30   정답 ②

제시된 사건은 ㄴ. 좌우합작위원회(1946) → ㄱ. 제2차 미·소 공동 위원회(1947) → ㄷ. 5·10 총선거(1948) → ㄹ. 김구 암살(1949) 순으로 나열하는 것이 적절하다.

CHAPTER 03

일반상식 적중예상문제

01	02	03	04	05	06	07	08	09	10
①	①	②	③	①	③	③	④	①	③
11	12	13	14	15	16	17	18	19	20
④	②	④	③	①	③	④	②	③	④
21	22	23	24	25	26	27	28	29	30
④	④	④	③	②	④	②	③	④	③

01 정답 ①

베버리지 보고서는 1942년 영국의 경제학자 베버리지가 사회보장에 관한 연구·조사 결과를 정리한 보고서로 국가가 '요람에서 무덤까지' 국민들의 생활을 보장해야 한다는 복지국가 이념을 담았다. 이후 영국은 복지 제도가 과대해져 국가 재정은 바닥나고 국민의 근로 의욕은 바닥인 '복지병'을 앓기도 했다.

02 정답 ①

탈중앙화된 금융(Decentralized Finance), 즉 디파이는 중앙기관이 통제하지 않고 블록체인 기술로 금융 서비스를 제공하는 것을 말한다. 정부·은행 등의 중앙기관의 개입·중재·통제를 배제하고 거래 당사자들끼리 직접 송금·예금·대출·결제·투자 등의 금융 거래를 하자는 것이 주요 골자이다. 디파이 서비스에서는 책임 주체가 없기 때문에 보안사고 등의 문제가 발생했을 때 문제에 대한 책임 소재 논란이 발생할 수 있다. 또한 아직은 법적 규제와 이용자 보호 장치가 미흡해 금융 사고 발생 가능성이 있고 상품 안정성이 낮다.

오답분석

② 디파이는 거래의 신뢰를 담보하기 위해 높은 보안성, 비용 절감 효과, 넓은 활용 범위를 자랑하는 블록체인 기술을 기반으로 한다.
③ 디파이는 서비스를 안정적으로 제공하기 위해 기존의 법정화폐에 연동되거나, 비트코인 같은 가상자산을 담보로 발행된 스테이블코인을 거래 수단으로 주로 사용한다.
④ 디파이는 거래의 속도를 크게 높이고 거래 수수료 등 부대 비용이 거의 들지 않기 때문에 비용을 절감할 수 있다. 또한 인터넷에 연결되기만 하면 누구나 언제 어디든 디파이에 접근할 수 있으며, 응용성·결합성이 우수해 새로운 금융 서비스를 빠르게 개발할 수 있다.

03 정답 ②

네거티브 스크리닝은 일정한 ESG나 국제규범 등을 평가 기준으로 설정하고, 이 기준에 부합하지 않는 기업·산업군에 대한 주식·채권 투자를 배제하는 전략을 뜻한다.

오답분석

① ESG 그리니엄 : 'Green'과 'Premium'의 조합어로서의 'Greenium'은 녹색채권 차입 금리가 일반채권보다 낮은 현상으로, 일반채권 대비 ESG 채권이 받는 프리미엄을 뜻한다. 녹색채권에만 투자하는 조건으로 운용되는 펀드가 많아질수록 일반채권 대비 ESG 채권에 대한 수요 증가가 유발된다. 이러한 수요의 증가는 곧 ESG 관련 프로젝트들의 자본조달 비용(차입금리)을 낮추는 음(-)의 그리니엄을 의미한다. 그리니엄은 채권이 자본을 조달하는 프로젝트에 영향을 끼치므로 투자자들의 수익 확대를 기대할 수 있다.
③ 포지티브 스크리닝 : 네거티브 스크리닝과 상대적인 개념으로, 평가 기준에 부합하는 기업·산업군에 대한 투자를 확대하는 전략이다.
④ 규칙 기반 스크리닝 : ESG 활동이 국제규범 등의 평가 기준에 부합하지 않는 또는 ESG 활동이 전혀 없는 기업·국가를 투자 포트폴리오에서 제외하는 전략이다. 네거티브 스크리닝이 산업의 특성을 기준으로 한다면, 규칙 기반 스크리닝은 발행자의 구체적인 행동을 기준으로 한다.

04 정답 ③

제시된 자료의 이 시기는 르네상스에 해당한다. 르네상스의 미술은 자연과 인체에 대한 사실적인 묘사를 특징으로 하며, 원근법이 사용되었다.
ㄴ. 미켈란젤로의 「천지 창조」
ㄷ. 보티첼리의 「봄」으로, 인체에 대한 사실적 묘사로 르네상스 시기 미술의 특징을 잘 보여주고 있다.

오답분석

ㄱ·ㄹ. 중세 시대의 미술로 원근법을 사용하지 않아 평면적이며, 인체를 드러내지 않고 있다.

05 정답 ①

①은 싱귤래리티(Singularity, 특이점)에 대한 설명이다. 미래학자이자 인공지능 연구가인 미국의 레이 커즈와일은 인공지능이 인류의 지능을 넘어서는 순간을 싱귤래리티라고 정의하였다. 세렌디피티(Serendipity)는 '뜻밖의 재미·발견'이라는 뜻으로, 과학 연구에서는 플레밍이 페니실린을 발견한 것처럼 순전히 우연으로부터 중대한 발견·발명이 이루어지는 것을 가리킨다.

06 정답 ③

북한은 김일성·김정일 생일(4.15 / 2.16), 정권 창건일(9.9)·노동당 창건일(10.10) 등 주요 국경일, 기념일과 민속명절을 공휴일로 정하고 있다. 설날과 추석을 제외하고 남한과 공통된 휴일은 8월 15일(광복절 / 조국해방기념일)뿐이다.

07 정답 ③

WT 전략은 '약점 – 위협' 전략으로, 시장의 위험을 회피하고 약점을 최소화하는 것이다. 집중적 다각화는 위험이 수반되어 약점 – 위협 포지션에서는 할 수 없는 전략이기에 옳지 않다.

08 정답 ④

침묵의 나선이론은 지배적인 여론의 형성 및 확장 과정을 설명한다.

09 정답 ①

제시된 그림 (가)는 빗자루를 타고 나는 마녀, (나)는 마녀라는 누명을 쓰고 화형당한 잔다르크이다. 따라서 제시된 그림의 공통점은 '마녀'로, 마녀와 관련이 적은 작품은 마녀가 등장하지 않는 「피터팬」이다.

10 정답 ③

XR(eXtended Reality, 확장현실)은 VR, AR, MR 등을 아우르는 확장된 개념으로, 가상과 현실이 매우 밀접하게 연결되어 있고, 현실 공간에 배치된 가상의 물체를 손으로 만질 수 있는 등 극도의 몰입감을 느낄 수 있는 환경이나 그러한 기술을 뜻한다.

오답분석

① AR(Augmented Reality, 증강현실) : 머리에 착용하는 방식의 컴퓨터 디스플레이 장치는 인간이 보는 현실 환경에 컴퓨터 그래픽 등을 겹쳐 실시간으로 시각화함으로써 AR을 구현한다. AR이 실제의 이미지·배경에 3차원의 가상 이미지를 겹쳐서 하나의 영상으로 보여주는 것이라면 VR은 자신(객체)과 환경·배경 모두 허구의 이미지를 사용하는 것이다.

② MR(Mixed Reality, 혼합현실) : VR과 AR이 전적으로 시각에 의존한다면, MR은 시각·청각·후각·촉각 등 인간의 감각을 접목할 수 있다. VR과 AR의 장점을 융합함으로써 더 진보한 기술로 평가받는다.

④ SR(Substitutional Reality, 대체현실) : VR·AR·MR과 달리 하드웨어가 필요 없으며, 스마트 기기에 광범위하고 자유롭게 적용될 수 있다. SR은 가상현실과 인지 뇌과학이 융합되어 한 단계 업그레이드된 기술이라는 점에서 VR의 연장선상에 있는 기술로 볼 수 있다.

11 정답 ④

오답분석

① 점유권 : 점유라는 사실을 법률요건으로 하여 점유자에게 인정되는 물권(物權)의 일종이며, 대표적인 효력으로는 선의취득이 있다. 이는 타인의 동산을 공연하게 양수한 자가 무과실로 그 동산을 점유한 경우에는 양도인이 정당한 소유자가 아닐지라도 즉시 그 동산의 소유권을 취득하는 것이다.

② 저당권 : 민법상의 규정으로 채무가 이행되지 않을 때 목적물을 경매해 그 대금에서 저당채권자가 다른 채권자보다 우선 변제를 받을 목적으로 하는 담보물권을 말하며, 경매권과 우선변제권 등이 있다. 질권과는 달리 유치(留置) 효력을 가지고 있지 않기 때문에 변제기까지 채무자가 목적물을 점유하게 된다.

③ 질권 : 담보물권의 하나로 채권자가 그 채권의 담보로 채무자 또는 제삼자(물상보증인)로부터 취득한 물건 또는 재산권을 채무변제가 있을 때까지 유치할 수 있고 변제가 없을 때에는 그 담보 목적물의 가액에서 우선 변제받을 수 있는 권리로 담보권자에게 목적물의 점유를 이전한다는 점이 저당권과의 차이라 할 수 있다.

12 정답 ②

크레디트 라인은 금융기관이 일정 기간 동안 상대방에게 공여할 수 있는 신용공여의 종류와 최고 한도를 뜻한다. 크레디트 라인은 위기 때 상대방이 거부하면 자금을 차입할 수 없으므로 비상시에 필요한 만큼의 외화 확보를 보장하기 어렵다. 이와 달리 커미티드 라인(Committed Line)은 다른 금융사에 일정한 수수료를 지불하고 유사시 필요한 자금을 빌릴 수 있는 권한이 있으므로(공급 요청에 대한 거부권 없음) 비상시에 외화 확보 수단으로 활용될 수 있다.

13 정답 ④

도덕적 해이(Moral Hazard)는 보험시장에서 시작되어 점차 대중적으로 쓰이게 된 용어로, 경제학에서는 비대칭정보로 인하여 거래, 혹은 대리인이 상대방에게는 바람직하지 못하지만 자신의 이해에는 부합하는 행동을 취하려는 경향을 뜻한다.

오답분석
① 포이즌 필(Poison Pill) : 주식용어로 기업사냥꾼들의 적대적 인수합병 시도로부터 기업의 경영권을 방어하기 위한 수이다. 적대적 M&A 인수자에게 불리한 조건으로 작용하게 됨에 따라 인수자로 하여금 인수 의지를 약하게 만드는 역할을 한다.
② 역선택 : 의사결정에 필요한 정보가 불충분함에 따라 불리한 선택을 하게 되는 현상을 뜻한다. 정보의 비대칭성으로 인하여 가치에 비해 높은 가격을 지급하거나, 같은 가격으로 더 낮은 가치의 것을 선택하는 것을 가리킨다.
③ 내부자 거래 : 특정 기업의 직무 또는 지위를 맡은 사람이 기업 내부 정보를 이용하여 자기 회사의 주식을 거래하는 행위이다. 이러한 거래는 부당이익으로 취급되어 대부분의 국가에서는 이를 범죄로서 처벌한다.

14 정답 ③

제시카법은 미국에서 2005년 9살 제시카 런스포드(Jessica Lunsford)가 성폭행 후 살해된 사건에서 명칭이 유래한 법으로, 12세 미만의 아동에 성범죄를 저지른 범죄자에게 25년 이상의 징역형과 출소 후에는 종신토록 위치추적장치를 채우는 강력한 처벌 내용을 담고 있다. 우리나라에서도 13세 미만 아동에게 성범죄를 저지른 전과자가 출소 후 학교·보육시설로부터 500m 이내에는 거주할 수 없게 하는 '한국형 제시카법'이 입법됐다.

15 정답 ①

오답분석
② 유틸리티(Utility) : 프로그램 작성에 도움이 되거나 컴퓨터 운영에 도움이 되는 소프트웨어이다.
③ 블로트웨어(Bloatware) : 꼭 필요한 기능 외에도 사용 빈도와 효용성이 낮은 기능까지 갖추다 보니 지나치게 많은 메모리를 요구하게 되어 저장 공간을 과다하게 차지하는 소프트웨어이다.
④ 블루투스(Bluetooth) : 근거리 무선 통신 규격의 하나이다.

16 정답 ④

치킨게임(Chicken Game)은 어느 한쪽이 양보하지 않을 경우 양쪽 모두 파국으로 치닫게 되는 극단적인 상황을 설명하는 게임이론으로 1950～1970년대 미국과 소련 사이의 극심한 군비경쟁을 꼬집는 용어로 사용되면서 국제정치학 용어로 정착되었다.

오답분석
① 필리버스터(Filibuster) : 합법적 의사 진행 방해는 의회에서 다수당이 수적 우세를 이용해 법안이나 정책을 통과시키는 상황을 막기 위해 소수당이 법률이 정한 범위 내에서 의사 진행을 방해하는 행위이다.
② 캐스팅보트(Casting Vote) : 의회의 의결이 가부동수인 경우 의장이 가지는 결정권이다.
③ 로그롤링(Log Rolling) : 정치세력이 자기의 이익을 위해 경쟁세력의 요구를 수용하거나 암묵적으로 동의하는 정치적 행위이다.

17 정답 ①

갭투자는 주택의 매매 가격과 전세 가격의 차이(Gap)가 작을 때 전세를 끼고 주택을 매입해 수익을 내는 투자 방식이다. 매매 가격과 전세 가격 차이만큼의 돈으로 주택을 매입한 후, 전세 계약이 종료되면 전세금을 올리거나 매매 가격이 오른 만큼의 차익을 얻을 수 있다. 이는 역으로 매매나 전세 수요가 줄어 매매 가격이나 전세 가격이 떨어지면 문제를 겪을 수 있다. 주택 매매 가격이 떨어지면 전세 세입자가 집주인에게 전세보증금을 돌려받지 못하는 이른바 '깡통전세'가 속출할 위험이 있다.

오답분석
② 대체투자 : 제품을 생산하는 데 사용하던 낡은 기계나 설비 등을 새로운 것으로 바꾸어 생산성을 높이려는 투자(Replacement Investment)를 뜻한다. 또는 채권·주식 등의 전통적인 투자 상품 대신 부동산·인프라·사모펀드 등에 투자(Alternative Investment)하는 방식으로, 채권보다 수익률이 높고 주식에 비해서는 위험성이 낮다.
③ 그린필드(Green Field)투자 : 해외 자본이 투자 대상국의 토지를 직접 매입하여 공장이나 사업장을 짓는 방식의 투자로, 외국인 직접투자의 일종이다.
④ 바이아웃(Buy-out)투자 : 특정 기업에 지분을 투자한 후 경영을 지원해 기업 가치가 높아지면 지분을 다시 팔아 투자금을 회수하는 방법을 뜻한다.

18 정답 ②

모달 시프트(Modal Shift)는 화물을 운송함에 있어 교통 혼잡, 공해 등을 유발하는 트럭 등의 자동차 운송보다 환경에 끼치는 피해가 적고 효율성이 높은 철도·해상 운송으로 전환하는 것을 뜻한다. 모달 시프트 정책은 탄소중립 시대에 도로 교통 중심에서 철도·해상 교통 중심으로 바뀌어야 한다는 환경보호 인식에서 비롯되었다.

오답분석

① 그린 시프트(Green Shift) : 환경 위해성이 적고 에너지 효율이 큰 화학 물질이나 제품을 생산하도록 유도하는 녹색 화학 체계로의 전환을 뜻한다. 국민 건강 보호와 화학산업의 국제 경쟁력 강화를 달성하는 데 목표를 둔다.
③ 다운 시프트(Down Shift) : 자동차의 기어를 고단에서 저단으로 바꾸어 속도를 줄이는 것처럼 삶의 속도를 낮추고 보수는 적더라도 시간적 여유가 있는 일로 전환한다는 뜻이다.
④ 패러다임 시프트(Paradigm Shift) : 과학의 역사는 연구자들의 객관적 관찰에 의한 진리의 축적에 따른 점진적 진보가 아니라 혁명, 즉 단절적 파열에 의한 새로운 패러다임의 등장을 통해서 과학이 발전한다는 이론이다. 미국의 과학철학자 토머스 쿤이 그의 저서 「과학 혁명의 구조」에서 처음 제시한 개념이다.

19 정답 ④

베토벤은 나폴레옹을 공화제와 인민들의 영웅이라고 생각해 「보나파르트」라는 제목으로 나폴레옹에게 헌정하기 위해 교향곡 제3번을 작곡하였다. 하지만 그가 황제가 되었다는 소식을 듣고 실망하여 악보를 던지고 한탄하며 제목도 「영웅」으로 변경했다.

20 정답 ④

현대의 입헌군주제는 '군림하되 통치하지 않는다'는 것을 기조로 국왕과 왕실은 상징적인 존재로 남고 헌법에 따르며, 실질적인 통치는 주로 내각의 수반인 총리가 맡는 정부 형태를 말한다. 현존하는 입헌군주국에는 네덜란드와 덴마크, 노르웨이, 영국, 스페인, 일본, 태국, 캄보디아 등이 있다. 네팔은 1990년에 입헌군주정을 수립했으나 2007년 국민투표를 통해 군주제가 폐지되었고, 2008년 제헌의회에서 왕정 폐지와 공화정 실시를 중심으로 한 신헌법이 제정되어 오늘날의 네팔 연방민주공화국(Federal Democratic Republic of Nepal)이 수립되었다. 네팔의 정부 형태는 내각책임제로서 대통령은 상징적인 국가 원수이며, 총리가 행정수반으로서 실권을 행사한다. 또한 의회는 상하원의 양원제이다.

21 정답 ④

2004년 동남아 쓰나미 피해의 복구 및 지원을 위한 쓰나미 코어 그룹에서 비롯되어 2007년 본격화된 쿼드(Quad)에 참여하는 나라는 미국, 인도, 호주, 일본 4개국이다. 쿼드는 중국의 세력 확장으로 인해 발생된 갈등에 대항하는 군사적 동맹으로서의 성격이 강하다.

22 정답 ④

그리드플레이션은 '탐욕(Greed)'과 '물가상승(Inflation)'의 합성어로 대기업들이 탐욕으로 상품 및 서비스의 가격을 과도하게 올려 물가상승을 가중시키는 상황을 말한다.

23 정답 ②

링겔만 효과는 집단에 참여하는 구성원의 수와 성과가 정비례할 것이라는 예상과 달리 도리어 전체 성과에서 차지하는 1인당 공헌도가 떨어지는 현상을 뜻한다. 즉, 혼자서 일할 때보다 단체 속에서 함께 일할 때 노력을 덜 기울이는 것이다. 자신이 노력하지 않아도 다른 구성원이 노력할 것이라는 '무임승차' 의식, 자신이 최대한으로 노력하지 않는 것을 타인이 모른다고 생각하는 '익명성' 등도 링겔만 효과를 초래하는 것으로 분석된다.

오답분석

① 마태 효과 : 자본주의 사회에서 부(富)가 한쪽으로 쏠리는 부익부빈익빈(富益富貧益貧) 현상으로서, '무릇 있는 자는 받아 풍족하게 되고 없는 자는 그 있는 것까지 빼앗길 것이다.'라는 마태복음에서 유래했다.
③ 앵커링 효과 : 최초의 숫자가 기준점 역할을 해 합리적인 사고를 하지 못하고 이후의 판단에 영향을 받는 배가 닻을 내리면 더 이상 움직이지 못하듯이 인간의 사고가 처음에 제시된 하나의 이미지, 숫자, 자료, 기억에 얽매여 어떤 판단도 그 영향을 받아 새로운 정보를 수용하지 못하거나 이를 부분적으로만 수정하는 현상을 뜻한다.
④ 기니피그 효과 : 실험 참여자들이 자신의 행동을 실험의 의도, 연구자의 기대에 적합하게 수정하는 경향을 뜻한다. 흔히 실험용 쥐를 뜻하는 '모르모트'가 프랑스어로 기니피그를 뜻하는 데서 유래한 것으로 추정된다.

24 정답 ③

인포데믹(Infodemic)은 '정보'의 '인포메이션(Information)'과 '감염병 확산'을 뜻하는 '에피데믹(Epidemic)'이 합쳐진 신조어로, 정확하지 않은 정보나 악성 루머 등이 미디어나 인터넷을 통해 한꺼번에 급속도로 퍼지는 현상을 의미한다.

오답분석
① 시노포비아(Sinophobia) : 중국이나 중국인, 중국 문화에 대한 두려움. 또는 반감을 의미한다.
② 팬데믹(Pandemic) : 세계적으로 전염병이 대유행하는 상태를 의미한다.
④ 네카시즘(Netcarthism) : 다수의 네티즌이 일방적인 여론몰이를 통해 특정 개인이나 사회를 공중의 적으로 매도하는 현상

25 정답 ②

메타버스(Metaverse)란 가상세계가 현실세계로 들어온 것으로 가상을 의미하는 '메타(Meta)'와 현실을 의미하는 '유니버스(Univerce)'가 합쳐진 단어로, 국내의 대표적인 메타버스로는 '제페토'가 있으며, 미국에는 '세컨드 라이프'가 있다.

오답분석
ㄷ. 가상현실(VR)이 발전한 개념이 메타버스이다.
ㅁ. 메타버스 내의 세계는 현실과 동일한 형태를 띄고 있다.

26 정답 ④

다른 나라의 외교사절을 승인하는 것을 '아그레망을 부여한다'고 표현하는데, 아그레망을 부여받은 사람은 '페르소나 그라타'라 하고, 아그레망을 받지 못한 사람은 '페르소나 논 그라타'라고 부른다.

27 정답 ②

퍼펙트스톰(Perfect Storm)은 크고 작은 악재들이 동시다발적으로 일어나면서 직면하게 되는 절체절명의 위기 상황을 가리킨다. 원래는 위력이 약한 태풍이 다른 요인에 의해 엄청난 파괴력을 가진 태풍으로 바뀌는 것을 지칭하는 기상 용어로 세바스찬 융거의 베스트셀러 『퍼펙트스톰(1991)』에서 유래했다. 이것이 경제 분야에서는 복합적인 위험 요인에 빠진 세계경제 위기로 확장되어 사용된다.

28 정답 ③

제시문에서 설명하는 것은 시뮬라크르(Simulacre)로, 이러한 개념을 이용한 작품은 앤디 워홀의 「마릴린 먼로」 시리즈이다. 이는 실제 모델을 모사한 사본이 아니라 애초부터 복제품을 조금씩 다르게 반복하여 수직적 유사성이 아닌 각 사물들 사이의 수평적인 동일성에 차이를 두었다.

오답분석
① 파블로 피카소의 「우는 여인」
② 이중섭의 「소」
④ 잭슨 폴록의 「심연」

29 정답 ④

ㄷ. 대표적으로 버려진 의류나 폐기물을 재활용한 의류나 물을 사용하지 않는 염색법으로 염색한 의류, 합성 섬유가 아닌 천연소재로 만든 의류, 중고 의류의 공유 및 재활용 등이 있다.
ㄹ. 컨셔스 패션은 패스트 패션이 유행하면서 자원낭비 및 환경문제가 대두된 것에 따른 자성의 움직임에서 시작했다.

30 정답 ③

블록체인의 데이터는 모든 사용자가 동일한 정보를 보관할 수 있도록 하기 때문에 한 부분의 정보가 손실되어도 금방 복구할 수 있다.

오답분석
① 온라인 거래 정보는 수정할 수 없도록 블록에 저장된다.
② 블록체인은 데이터를 분산하고 체인으로 연결하여 관리하는 분산 컴퓨팅 기술이다.
④ 가장 처음 생성된 블록을 제네시스 블록이라고 한다. 즉, 제네시스 블록은 그 앞에 어떤 블록도 생성되지 않은 최초의 블록을 말한다.

PART 2
최종점검 모의고사

- **제1회** 최종점검 모의고사
- **제2회** 최종점검 모의고사
- **제3회** 최종점검 모의고사
- **제4회** 최종점검 모의고사
- **제5회** 최종점검 모의고사
- **제6회** 최종점검 모의고사

제1회 최종점검 모의고사

01 국어

01	02	03	04	05	06	07	08	09	10
②	③	④	④	②	④	②	③	②	②
11	12	13	14	15	16	17	18	19	20
②	③	③	④	①	③	③	④	①	④

01   정답 ②

'앞', '뒤', '전', '후', '옆', '안', '밖', '속', '위', '밑', '끝', '날', '땅', '때', '떼', '막', '맛', '면', '밤', '변', '빛', '탓' 등의 명사와 결합한 단어는 복합 명사로 보기 어려우므로 앞 명사와 띄어 써야 한다. 한편, '이', '그', '저' 등이 지시대명사로 쓰일 때에는 뒤 말과 붙여 쓴다. 따라서 '그날 밤에'로 써야 한다.

02   정답 ③

'밖에'는 '그것 말고는', '그것 이외에는', '기꺼이 받아들이는', '피할 수 없는'의 뜻을 나타내는 보조사이므로 앞말과 붙여 쓴다.

오답분석
① '만'은 '앞말이 가리키는 횟수를 끝으로'의 뜻을 나타내는 의존 명사로 사용되었으므로 '열 번 만에'와 같이 앞말과 띄어 써야 한다.
② '만큼'은 앞말과 비슷한 정도나 한도임을 나타내는 격조사로 사용되었으므로 '아빠만큼'과 같이 앞말에 붙여 써야 한다.
④ '뿐'은 '그것만이고 더는 없음'을 의미하는 보조사로 사용되었으므로 '너뿐만'과 같이 앞말에 붙여 써야 한다.

03   정답 ④

'물, 가스 따위가 흘러나오지 않도록 차단하다.' 등의 뜻을 가진 동사는 '잠그다'이다. '잠구다'는 '잠그다'의 잘못된 표현으로 '잠구다'의 활용형인 '잠궈' 역시 틀린 표기이다. '잠그다'의 올바른 활용형은 '잠가'이다. 따라서 '사용 후 수도꼭지는 꼭 <u>잠가</u> 주세요.'가 옳은 문장이다.

04   정답 ④

오답분석
① 팸플릿(팜플렛×)
② 리더십(리더쉽×), 소시지(소세지×)
③ 소파(쇼파×), 싱크대(씽크대×), 보디로션(바디로션×), 슈퍼마켓(수퍼마켓×), 스카우트(스카웃×)

05   정답 ②

본말전도(本末顚倒)는 일의 처음과 나중이 뒤바뀌었다는 것으로, 중요한 것과 사소한 것의 평가나 역할 등이 뒤바뀐 모습을 말한다.

오답분석
① 격물치지(格物致知) : 실제 사물에 대해서 깊이 연구하여 지식을 완전하게 함
③ 유명무실(有名無實) : 이름만 그럴듯하고 실속은 없음
④ 돈오점수(頓悟漸修) : 불교 용어로 문득 깨달음에 이르는 경지에 이르기까지 점진적인 수행단계가 따름을 일컫는 말

06   정답 ④

당랑거철(螳螂拒轍)은 사마귀가 수레를 막는다는 뜻으로 자기의 힘을 헤아리지 않고 강자에게 함부로 덤빔을 말하며, 이는 문장의 쓰임에 맞지 않다.

오답분석
① 구곡간장(九曲肝腸) : 굽이굽이 서린 창자라는 뜻으로, 깊은 마음속 또는 시름이 쌓인 마음속을 비유적으로 이르는 말
② 곡학아세(曲學阿世) : 바른길에서 벗어난 학문으로 세상 사람에게 아첨함을 이르는 말
③ 구밀복검(口蜜腹劍) : 입에는 꿀을 바르고 뱃속에는 칼을 품고 있다는 말로 겉으로는 절친한 척하지만 내심으로는 음해할 생각을 하거나 돌아서서 헐뜯는 것을 비유하는 말

07 정답 ②

집권(執權 : 잡을 집, 권세 권)

오답분석
① 집착(執着), ③ 참관(參觀), ④ 집중(執中)

08 정답 ③

'곰살궂다'는 '태도나 성질이 부드럽고 친절하다.' 또는 '꼼꼼하고 자세하다.'라는 뜻의 형용사이다.

오답분석
① '숫접다[숟쩝따]'는 '순박하고 진실하다.'는 뜻으로 '숫저워, 숫저우니' 등 'ㅂ'불규칙 활용을 하는 형용사이다. 'ㄷ' 소리로 나는 받침 중에서 'ㄷ'으로 적을 근거가 없는 것은 'ㅅ'으로 적는 원칙에 따라 '숫접다'로 적는다.
② '염려하거나 두려워하다'는 뜻의 동사 '저어하다'는 순우리말 동사이며, '저어(齟齬)하다'는 '익숙하지 아니하여 서름서름하다, 뜻이 맞지 아니하여 조금 서먹하다'라는 뜻의 한자어 형용사이다.
④ '새살거리다'는 '샐샐 웃으면서 가볍게 자꾸 지껄이는 짓, 다른 사람에게 잔소리를 하거나, 어떤 사정을 길게 늘어놓는 일'을 뜻하는 명사 '새살'에 '그런 상태가 잇따라 계속됨'의 뜻을 더하고 동사를 만드는 접미사 '-거리다'가 더해진 파생어이다.

09 정답 ②

'눈비'는 화자와 중심 대상 사이를 연결하는 매개체가 아니라 은거하며 힘들게 살아가는 선비의 모습을 나타낸다고 볼 수 있다. 따라서 ②는 옳지 않다.

오답분석
㉠ '베옷'은 벼슬을 하지 아니한 가난한 선비를 나타내며, 이를 통해 화자가 지금 산림에 은거하는 상황임을 추측할 수 있다.
㉢ '서산에 해가 졌다'라는 말은 화자가 산림에 은거하고 있어 멀리 떨어져 있는 왕이 승하하였음을 표현한 것이다.
㉣ '눈물겨워'는 왕의 승하 소식을 듣고 화자가 슬픔을 표현한 것이다.

10 정답 ②

고대 중국인들은 하늘을 인간의 개별적 또는 공통적 운명을 지배하는 신비하고 절대적인 존재로 보았다. 따라서 이러한 고대 중국인들의 주장에 대한 반박으로는 '사람이 받게 되는 재앙과 복의 원인은 모두 자신에게 있다.'는 내용의 ②가 가장 적절하다.

11 정답 ②

문맥상 먼저 속담을 제시하고 그 속담에 얽힌 이야기가 순서대로 나와야 하므로 (라) 문단이 가장 먼저 와야 한다. (라) 문단 다음으로 '앞집'과 '뒷집'의 다툼이 시작되는 (가) 문단이 나오고, 적반하장 격으로 뒷집이 앞집에 닭 한 마리 값을 물어 주게 된 상황을 설명하는 (다) 문단이 (가) 문단 뒤로 이어지며, 이야기를 전체적으로 요약하고 평가하는 (나) 문단이 마지막에 와야 한다. 따라서 (라) - (가) - (다) - (나) 순으로 나열하는 것이 적절하다.

12 정답 ③

인간은 오랜 세월 태양의 움직임에 따라 신체 조건을 맞추어 왔다는 (다) 문장이 가장 먼저 나와야 한다. 다음으로 그러나로 시작하는 (라) 문장이 나오고, 그 덕분에 인류의 문명은 발달할 수 있었다는 (가) 문장이 와야 한다. 마지막으로 그 대신 사람들은 생체리듬을 잃었다는 내용의 (나)가 와야 한다. 따라서 (다) - (라) - (가) - (나) 순으로 나열하는 것이 적절하다.

13 정답 ③

자신의 상황에 불만족하여 불안정한 정신 상태를 갖게 되는 사람에게서 리플리 증후군이 잘 나타나는 것은 사실이나, 자신의 상황에 불만족하는 모든 이가 불안정한 정신 상태를 갖는 것은 아니다.

14 정답 ④

현충일이 정부 기념일로 제정된 해는 1982년이고 현충일로 공식 개칭된 해는 1975년이다.

15 정답 ①

제시문에서는 중소기업의 기술 보호를 위한 선제적 노력의 방법으로 특허등록과 기술 유출 방지, 기술 보호 역량에 대해 설명하고 있으므로 글의 제목으로는 ①이 가장 적절하다.

오답분석
② 기술분쟁 사례는 언급하고 있지 않다.
③ 비교분석에 대한 내용은 찾아볼 수 없다.
④ 핵심기술에 대한 특허등록은 기술 보호를 위한 방법 중 하나이므로 글 전체 내용을 나타내는 제목으로는 적절하지 않다.

16 정답 ③

제시문은 대상들 사이의 유사점을 말하지도 않고 특성을 설명하지도 않았기 때문에 ③은 적절하지 않다.

오답분석
① · ④ 제시문은 글쓴이가 일상에서 말을 빌려 탄 경험을 바탕으로 한 글이다.
② '우의적 기법'이란 다른 사물에 의미를 덧붙여 풍자하거나 비유하는 수법으로 표면적 의미 이면에 본질적인 의미를 가진다. 따라서 제시문은 '말'이라는 동물을 통해 주제를 전달하고 있다.

17 정답 ③

『데카메론』은 이탈리아의 보카치오가 1351년에 발표한 단편소설집으로 근대소설의 시초로 평가받기도 한다. 그리스어로 '10일간의 이야기'라는 뜻이며, 흑사병을 피해 피렌체 별장에 모인 7명의 숙녀와 3명의 신사 등 10명의 지혜와 사랑에 대해 나눈 100편의 이야기를 묶었다.

18 정답 ④

『배따라기』는 김동인이 1921년 6월 「창조」 제9호에 발표한 단편소설·액자소설로, 강화도에 사는 형제의 결혼과 갈등의 이야기를 담고 있다. 이야기의 화자인 '내'가 화창한 봄날, 대동강에 나왔다가 그곳에서 영유(지명) 배따라기를 부르는 뱃사공 '그(주인공)'를 만나 '그'의 의처증으로 인해 일어난 아내와 동생에 얽힌 비극적 사연을 듣는 내용이다.

19 정답 ①

제시된 시는 우리의 아름다운 국토에 통일이 이루어지길 바라는 마음을 표현하고 있으므로 '현실을 초월한 순수 자연의 세계를 노래하고 있다.'고는 할 수 없다.

20 정답 ④

(가)는 한(恨)이 체념적 정서의 부정적 측면과 '밝음'이나 '간절한 소망'과 연결된 긍정적인 측면을 내포하고 있음을 설명하고 있으나, 부정적인 측면을 지양할 것을 강조하고 있지 않다. 따라서 글의 논점을 파악한 내용으로 적절하지 않은 것은 ④이다.

02 한국사

01	02	03	04	05	06	07	08	09	10
③	④	①	③	③	④	③	①	④	②
11	12	13	14	15	16	17	18	19	20
③	②	④	①	④	②	④	④	③	④

01 정답 ③

제시된 유물은 가락바퀴로 신석기시대의 유물이다. 가락바퀴는 실을 뽑는 도구로 신석기시대에 원시적 형태의 수공예가 이루어졌음을 알 수 있는 증거이다. 빗살무늬 토기는 신석기시대를 대표하는 토기로, 서울 암사동 유적지에서 출토된 밑이 뾰족한 모양의 토기가 대표적이다.

오답분석
① 청동기시대에 해당하는 설명이다. 청동기를 대표하는 유물로는 비파형 동검, 미송리식 토기, 고인돌, 반달돌칼 등이 있다.
② 구석기시대의 주거 생활과 관련이 있다. 구석기인들은 강가 인근에서 막집을 짓고 살았으며 동굴의 바위그늘에서 추위와 비를 피하기도 하였다.
④ 철기시대에 해당하는 설명이다. 기원전 300년경, 중국으로부터 철기문화가 들어오면서 우리나라의 철기시대가 시작되었다. 단단하고 예리한 철기는 쓰임이 다양하여 쇠로 만든 도끼, 괭이와 삽, 따비, 낫, 손칼 등 농사를 짓는 도구로 이용되었고, 일상생활에서도 널리 쓰였다.

02 정답 ④

제시문은 『한서』 지리지에 실린 고조선의 8조법이다. 8조법은 고조선 사회의 질서를 지키는 수단이었고 현재는 3개조의 내용(살인자는 사형에 처하고, 남을 상하게 한 자는 곡물로 보상하고, 도둑질한 자는 노예로 삼는다)만 전해져 당시 사회를 짐작할 수 있다. 살인자는 사형에 처한다는 규정은 생명(노동력)을 중시하였음을, 남을 상하게 하면 곡물로 보상한다는 규정은 사유재산제·농업사회였음을, 물건을 훔치면 노예로 삼는다는 규정은 사유재산제·계급사회였음을 알 수 있다.
한 무제는 고조선의 경제적·군사적 성장에 위협을 느껴 수도 왕검성을 공격하였으나, 고조선은 약 1년간 완강하게 저항하였다. 그러나 장기간의 전쟁으로 지배층의 내분이 일어나 왕검성이 함락되어 멸망하였다(B.C. 108).

오답분석
① 임신서기석에는 신라의 화랑들이 3년 동안 유교경전을 공부할 것을 하늘 앞에 맹세한 내용이 적혀 있다.
② 졸본에서 건국된 고구려는 2대 유리왕 재위 후반에 국내성으로 수도를 옮겼다(A.D. 3).
③ 백제왕이 일본왕에게 하사한 것으로 알려진 칠지도의 양면에는 60여 자의 명문(銘文)이 새겨져 있다.

03 정답 ①

호우명 그릇은 신라와 고구려의 관계를 잘 나타내 주는 유물이다. 신라 고분인 호우총에서 발견되었는데, 그릇의 아래에 '을묘년국강상광개토지호태왕호 우십(乙卯年國岡上廣開土地好太王壺釪十)'이라는 명문이 양각으로 새겨져 있다. 이는 '국강(國岡) 위에 있는 광개토대왕릉용 호우'라는 의미이다. 이 명문을 통해 고구려의 그릇이 교류를 통해 신라의 왕릉에까지 묻힌 사실을 파악할 수 있게 되어 당시 신라와 고구려의 대외 교류나 정치적 관계를 살펴볼 수 있는 중요한 유물로 평가된다.

오답분석
② 신라에 전래된 서역 문화를 알아볼 수 있는 유물은 황남대총에서 발견된 금제감장보검(황금보검)이다.
③ 서울 석촌동에 있는 백제 고분은 고구려 초기의 고분과 비슷한 돌무지무덤으로, 백제 왕실이 고구려와 깊은 관련이 있었음을 알려준다.
④ 백제의 성왕은 일본에 노리사치계를 보내어 불교를 전파하였다.

04 정답 ③

제시문은 발해에 대한 설명이다. 발해와 신라의 교류 사실을 알 수 있는 교통로인 신라도는 8세기경에 개설되었다.

오답분석
① 발해의 수출품은 말과 모피 등이었다.
② 발해는 926년 거란의 침략으로 멸망하였다.

05 정답 ③

5소경은 사신이 관할하였으며, 장관이나 군주(총관, 도독)가 행정을 관할하도록 한 곳은 9주였다.

06 정답 ④

대몽항쟁은 고려에 몽골침입에 40여 년간 항전한 것을 말한다. 고려 최우 무신정권은 몽골 1차침입에 수도를 강화도로 천도(1232)하고, 이후 몽골 2차침입에서 김윤후 등이 처인성 전투(1232)에서 이를 막아냈다. 고려는 계속된 몽골침투에 팔만대장경(1236)을 만들어 호국불교 정신으로 몽골을 막아내려 했다. 결국 고려는 몽골에 굴복했으나, 삼별초 부대는 이를 거부하고 몽골군에 마지막까지 저항했다(1270).

07 정답 ③

제시문은 고려 성종 대에 최승로가 건의한 시무 28조이다. 성종은 경학박사・의학박사를 파견함으로써 교육 제도를 정비하였다.

오답분석
① 고려 인종 대의 일로, 묘청과 정지상 등이 풍수지리설을 내세워 서경 천도를 주장하였다.
② 고려 현종 대의 일로, 전국을 5도 양계, 경기로 크게 나누고, 그 안에 3경, 4도호부, 8목을 비롯하여 군・현・진을 설치하였다.
④ 고려 성종은 과도한 국가 재정 지출을 막기 위해 연등회와 팔관회 등의 불교 행사를 폐지하였다.

08 정답 ①

고려시대의 광학보는 승려들의 불교 공부를 위해 설치한 장학 재단이었다.

오답분석
④ 고려시대에는 농민 생활의 안정을 위해서 농번기에는 잡역 동원을 금지하여 농사에 지장을 주지 않게 하였다.

09 정답 ④

촌락 단위의 동약 실시와 서원과 사우를 많이 세운 것은 조선 후기 양반사족이 향촌 질서를 유지하기 위해서 한 것이므로, 사림의 향촌 주도를 위한 것이 아니다.

10 정답 ②

공음전은 5품 이상의 관료에게 주어 세습이 허용된 제도로, 고려 전시과에 해당한다.

오답분석
① 과전법은 받은 사람이 죽거나 반역을 하면 국가에 반환하도록 정해져 있었으나 수신전, 휼양전은 그 예외로 세습이 가능하였다.
③ 세조는 관리의 토지 세습 등으로 지급할 토지가 부족하게 되자 국가의 재정 확보와 중앙 집권화의 일환으로 직전법을 시행하였으며, 현직 관리에게만 토지를 지급하였다.
④ 성종은 지방 관청에서 그해의 생산량을 조사하고 직접 수조권을 행사하여 세를 거두어 관리에게 다시 나누어 주는 방식의 관수관급제를 시행하였다.

11 정답 ③

조선 전기에는 무오, 갑자, 기묘, 을사사화가 발생하였다. 환국 정치는 숙종 대인 조선 후기에 나타났다.

오답분석
① 붕당정치는 정치적 이념과 학문적 경향에 따라 나뉜 복수의 붕당이 상호 견제와 협력을 통하여 정치를 운영하는 것이다.
② 사헌부, 간원, 홍문관으로 구성된 삼사는 서경·간쟁·봉박권을 행사하였으며 부정을 방지하는 데 기여하였다.
④ 상피제 운영, 음서 축소 등과 같은 제도를 통해 고려 시대의 귀족적인 정치에서 보다 관료제적 정치로 나아갔다.

12 정답 ②

『농사직설』은 우리나라 풍토에 맞는 씨앗의 저장법, 토질의 개량법, 모내기법 등 농민의 실제 경험을 종합하여 정초 등이 세종의 명을 받아 편찬하였다.

오답분석
① 고려 말 이암이 원에서 들여온 것은『농상집요』이다.『농가집성』은 조선 효종 대에 신속이 편술한 농서이다.
③『산림경제』는 조선 후기 홍만선이 저술한 것으로, 농업 기술의 발전에 이바지하였다.
④『과농소초』는 박지원이 저술한 것으로, 영농 방법의 혁신, 상업적 농업의 장려, 수리 시설의 확충 등을 통하여 농업 생산력을 높여야 한다고 주장하였다.

13 정답 ④

(가)는『경국대전』의 완성이므로 성종의 시기이고, (나)는『속대전』을 편찬했다는 걸 통하여 영조의 시기라는 것을 알 수 있다. 또한 (다)는『대전통편』을 통하여 정조의 시기임을 알 수 있고 (라)는『대전회통』을 통하여 흥선대원군(고종)의 시기임을 알 수 있다. 하지만 삼정이정청은 임술농민봉기(1862) 이후에 설치되었기 때문에 철종 시기이므로 ④는 적절하지 않다.

오답분석
① 홍문관의 설치는 성종과 관련된다.
② 서원을 붕당의 근거지로 보아 대폭 정리한 것은 영조이다.
③ 화성축조는 정조와 관련된다.

14 정답 ①

조선시대 지방의 수령을 보좌하고 향리를 감찰하는 기구였던 유향소는 좌수와 별감 등의 향임이 회의를 주도하였다.

오답분석
② 조선시대 관학인 성균관과 향교에서는 대성전에서 매년 봄, 가을에 공자에 대한 제사를 지냈다.
③ 조선시대에 사헌부, 사간원과 함께 삼사를 구성하여 언론 역할을 담당했던 홍문관은 옥당이라고 불리며 왕의 자문 역할과 경연, 경서, 사적 관리 등의 업무를 담당하였다.
④ 두레는 원시시대부터 지속된 공동 노동체 조직으로 농촌 사회의 상호 협력, 감찰을 목적으로 조직되었다.

15 정답 ④

대한국 국제의 제9조 해당하는 내용이다.

오답분석
① 갑신정변의 14개조 정강 중 제4조이다.
② 갑오개혁의 홍범 14조 중 제7조이다.
③ 독립협회의 헌의 6조 중 제5조이다.

16 정답 ②

고종이 이상설, 이준, 이위종을 헤이그 특사로 파병하자 일제는 이를 빌미로 고종을 강제 퇴위(1907.7)시키고, 한일신협약(정미 7조약)을 강요하였다. 또한 고종 황제의 강제 퇴위와 한일신협약에 대한 민족항일운동이 거세지자 통감 이토는 순종 황제를 협박하여 군대마저 해산(1907.8)하고 실질적으로 한국을 지배하기 시작하였다.
ㄱ. 안중근은 만주 하얼빈에서 이토 히로부미를 사살하였다 (1909.10.26).
ㄹ. 이인영과 허위가 지휘하는 연합의병부대는 경기도 양주에 집결하여 서울 근교까지 진격하였으나, 총대장 이인영이 부친상으로 낙향하게 되었고, 일본군의 반격이 심하여 더 이상 전진하지 못하고 후퇴하였다(1908.1).

오답분석
ㄴ. 민영환의 자결은 1905년의 일이다.
ㄷ. 장지연의 '시일야방성대곡'의 발표는 을사늑약 이후인 1905년의 일이다.

17 정답 ④

일본은 공업화로 인해 미곡생산량이 감소하였다. 이에 일본 내에서 쌀값이 폭등하였고 이를 해결하기 위해 조선에서 1920년을 시작으로 1933년까지 산미증식계획을 시행하였다.

오답분석
① 1932년 일본이 실시한 농촌진흥운동의 구호이다.
② 일제는 1937년 중일 전쟁으로 병참기지화 정책을 시행하였다. 이때 국가총동원법(1938)을 제정하여 조선에서 인적·물적 자원의 수탈을 강화하여 공출제도를 강화하고 배급제도를 실시하였다.
③ 일제는 1932년 농촌진흥운동을 전개하면서 소작쟁의를 조정하고 억제하기 위해 '조선소작조정령'을 발표하였다.

18 정답 ④

제시된 자료는 국가총동원법(1938)이므로 1910년대 토지조사사업에 대한 설명을 한 ④는 적절하지 않다.

오답분석
① 일제는 국민정신총동원 조선연맹(1938)을 조직하면서 그 아래에 애국반을 만들어 노동력과 자원 등을 체계적으로 동원하였다.
② 1940년 일제는 창씨개명을 통하여 일본식으로 이름을 바꾸게 하였다.
③ 1940년에 일제는 조선 여성들에게 일본 여성의 작업복인 '몸뻬' 바지를 착용하도록 강요하였다.

19 정답 ③

제시된 사건을 일어난 순서대로 나열하면 (다) 브라운 각서 (1966) – (라) 새마을운동(1970) – (나) 7·4 남북공동선언 (1972.7) – (가) 유신 헌법 선포(1972.10) 순으로 나열하는 것이 적절하다.

20 정답 ④

조선은 1945년 8월 15일에 일본으로부터 독립하였고, 1945년 12월에 미국, 영국, 소련은 모스크바에서 한반도에 대해 논의하였다(모스크바 3상회의).

오답분석
① 조선건국동맹은 1944년 여운형에 의해 조직되었다.
② 대한민국 임시정부는 1941년에 건국강령을 발표하였다.
③ 조선어학회는 우리말 큰사전의 편찬을 시도하였으나 성공하지 못했다.

03 일반상식

01	02	03	04	05	06	07	08	09	10
②	①	④	④	③	①	③	②	①	③

01 정답 ②

폭풍군단은 북한군의 특수작전부대로 훈련이 잘되고 충성심이 특히 굳건한 부대로 전해진다. 경보병여단, 항공육전단, 저격여단 등 특수작전에 특화된 예하 여단을 거느리고 있다. 지난 2024년 10월 북한군 동향을 감시하던 국가정보원은 러시아 해군 수송함이 북한군을 실어 나르는 장면을 포착했다. 이어진 첩보와 조사에서 1만 명이 넘는 폭풍군단 소속병력들이 러시아군을 지원하기 위해 파병된 사실이 드러나면서 국제적 파장이 일었다.

02 정답 ①

위고비(Wegovy)는 덴마크의 제약회사인 노보 노디스크가 2021년에 개발한 성인용 비만치료제다. 본래는 제2형 당뇨를 치료하기 위한 약품이었으나, 비만인의 체중감량 효과가 있다는 것이 확인되면서 미국 FDA에서 비만치료제로 승인을 받았다. 이후 미국에서 위고비는 선풍적인 인기를 얻었고, 지난 2024년 10월에는 우리나라에도 정식 출시가 되면서 큰 화제를 불러일으켰다.

03 정답 ④

2025년 1월 기준, 국회의원 당선 이력이 없는 인물은 김동연 경기도지사이다. 김동연 지사는 2017년 6월 9일부터 2018년 12월 10일까지 문재인정부의 제4대 부총리 겸 기획재정부 장관을 역임했다.

04 정답 ④

IPEF 참여국들은 4개 필라(Pillar) 중에서 협상에 참여할 필라를 선택할 수 있으므로 필라별로 협상 참여국의 차이는 협상의 진전 속도와 합의의 수준에 차이가 있을 수 있다. 또한 IPEF의 합의가 적용되는 국가들이 필라별로 다를 수 있음을 의미한다. 한편 IPEF 참여국은 한국, 미국, 일본, 호주, 뉴질랜드, 베트남, 브루나이, 인도, 인도네시아, 말레이시아, 필리핀, 싱가포르, 태국 등의 창립 멤버 13개국과 피지 등 14개국이다(2023년 1월 기준).

오답분석

① IPEF는 인도·태평양 지역에서 중국의 경제적 영향력을 억제하기 위해 미국이 주도하는 다자 경제협력체로서, 2022년 5월 발족되었다.
② IPEF는 행정협정으로서 의회의 비준 절차나 국제법적 구속력이 없다. 따라서 가입에 대한 장벽이 낮고 신속한 이행이 가능하지만, 실효성·구체성이 낮고 미국에서 정권 교체가 이루어질 경우에 백지화될 수도 있다.
③ IPEF의 필라는 무역(Trade), 공급망(Resilient Economy), 청정 경제(Clean Economy), 공정 경제(Fair Economy) 등 4개로 구성되어 있다.

05 정답 ③

오답분석

① 풀(Pull) : 브라우저가 웹 서버로부터 요청하여 받은 웹 페이지를 화면에 보여주는 방식이다.
② 푸시(Push) : 요청하지 않은 정보를 웹 서버가 보내주며, 사용자는 이런 기술을 지원받기 위해서 별도의 플러그인 소프트웨어가 필요하다.
④ 캐싱(Caching) : 자주 사용하는 사이트를 하드디스크에 저장하고, 해당 자료에 접근하면 미리 저장한 하드디스크의 자료를 빠르게 보여준다.

06 정답 ①

우리나라의 ○○버거 가격 2,500원을 시장 환율 1,250원으로 나누면 2달러가 나온다. 이는 우리나라의 ○○버거 가격이 미국의 ○○버거 가격보다 0.5달러 싸다는 것, 즉 원화가 저평가되어 있음을 의미한다.

07 정답 ③

양도성 예금증서는 은행이 기업이나 개인 또는 다른 은행으로부터 돈을 받고 증서를 발행하는 것이며, 무보증 CD는 기업이 은행에 예금이 없으면서 양도성 예금증서를 발행하는 것을 말한다.

08 정답 ②

ㄱ. 한국은 전 세계적으로 확산되고 있는 탄소중립 흐름에 발맞추어 2020년 10월 국가비전으로 2050 탄소중립을 선언하고 그해 12월에 탄소중립 전략을 수립했다. 이에 따른 후속 대응으로 2021년 10월에 2050 탄소중립 시나리오(A안 화력발전 전면 중지, B안 화력발전 잔존 및 탄소 제거 기술 적극 활용)를 확정하고 중간 목표인 2030 국가 온실가스 감축 목표(NDC)를 2018년 배출량 대비 40% 감축하는 것으로 강화하였다.
ㄷ. 탄소중립에서 말하는 '탄소'는 화석연료를 사용해 발생하는 이산화탄소 등의 온실가스를 일컫는다. 온실가스는 이산화탄소(CO_2), 메테인(CH_4), 아산화질소(N_2O), 수소불화탄소(HFCs), 과불화탄소(PFCs), 육플루오린화황(SF_6) 등을 통틀어 이른다.
ㅁ. 2050 탄소중립녹색성장위원회는 대통령 소속 기관이며 (탄소중립기본법 제15조 제1항), 기후대응기금을 운용·관리하는 주체는 기획재정부장관이다(동법 제72조 제1항).

오답분석

ㄴ. 탄소중립을 실현할 수 있는 방안으로는 이산화탄소 등 온실가스 배출량에 상당하는 만큼의 숲을 조성하거나 화석연료를 대체하는 재생에너지 개발 및 이용 확대, 이산화탄소 배출량에 상응하는 탄소배출권을 구매하는 방법 등이 있다.
ㄹ. 직접 공기 포집(DAC) 기술은 대기 중의 이산화탄소를 포집하는 기술이고, 탄소 포집 및 저장(CCS) 기술은 화력발전 과정에서 발생하는 탄소가 대기 중으로 배출되기 전에 추출해 보관하는 기술이다. 이때 배출된 탄소는 전량 포집되지 않고 일부는 대기로 흡수된다. 다만 이들 기술은 포집된 이산화탄소를 저장하는 장소를 찾기 어렵다는 한계가 있다.

09 정답 ①

디깅소비(Digging Consumption)란 '파다'라는 뜻의 '디깅(Digging)'과 '소비'를 합친 신조어로 청년층의 변화된 라이프스타일과 함께 나타난 새로운 소비패턴을 의미한다. 소비자가 선호하는 특정 품목이나 영역에 깊이 파고드는 행위가 소비로 이어짐에 따라 소비자들의 취향을 잘 반영한 제품들에서 나타나는 특별 수요현상을 설명할 때 주로 사용된다. 특히 가치가 있다고 생각하는 부분에는 비용지불을 망설이지 않는 MZ세대의 성향과 맞물려 청년층에서 두각을 드러내고 있다.

10 정답 ③

사회보험에 대한 설명으로, 사회보험이란 국민에게 발생하는 사회적 위험을 보험 방식에 의해 대처함으로써 국민건강과 소득을 보장하는 제도이다. 우리나라에서는 국민연금·건강보험·고용보험·산업재해보험 등을 실시하고 있다.

제2회 최종점검 모의고사

01 국어

01	02	03	04	05	06	07	08	09	10
③	②	①	②	④	④	④	④	③	③
11	12	13	14	15	16	17	18	19	20
①	④	②	④	④	④	①	③	②	②

01 정답 ③

오답분석
① 일일히 → 일일이
② 맏대고 → 맞대고
④ 흐터지면 → 흩어지면

02 정답 ②

'발(이) 빠르다'는 '알맞은 조치를 신속히 취하다'는 의미의 관용구로 띄어 쓴다. 따라서 띄어쓰기가 옳은 것은 ②이다.

오답분석
① 손 쉽게 가꿀 수 있는 → 손쉽게 가꿀 수 있는
   '손쉽다'는 '어떤 것을 다루거나 어떤 일을 하기가 퍽 쉽다.'의 의미를 지닌 한 단어이므로 붙여 써야 한다.
③ 겨울한파에 언마음이 → 겨울한파에 언 마음이
   '언'은 동사 '얼다'에 관형사형 어미인 '-ㄴ'이 결합한 관형어이므로 '언 마음'과 같이 띄어 써야 한다.
④ 도농간 소통하는 시간을 → 도농 간 소통하는 시간을
   '간'은 '관계'를 의미하는 의존 명사로 앞말과 띄어 쓴다.

03 정답 ①

조음 기관이 좁혀진 사이로 공기가 마찰하여 나는 소리는 마찰음으로 현행 국어의 자음에는 'ㅅ, ㅆ, ㅎ' 세 가지뿐이다. 따라서 파열음인 'ㄱ'과 유음인 'ㄴ, ㄹ'으로 구성된 '개나리'는 적절하지 않다.

오답분석
② 하얗다 : 'ㅎ'이 마찰음, 'ㄷ'은 파열음이다.
③ 고사리 : 'ㅅ'이 마찰음, 'ㄱ'은 파열음, 'ㄹ'은 유음이다.
④ 싸우다 : 'ㅆ'이 마찰음, 'ㄷ'은 파열음이다.

04 정답 ②

'ㄴ'은 '象舌附上齶之形(상설부상악지형)'으로 혀끝이 윗잇몸에 닿는 모양이다.

오답분석
① ㄱ : '象舌根閉喉之形(상설근폐후지형)' : 혀뿌리가 목구멍을 막는 모양이다.
③ ㅅ : '象齒形(상치형)' : 이의 모양이다.
④ ㅇ : '象喉形(상후형)' : 목구멍 모양이다.

05 정답 ④

다른 형태소 뒤에서 [빼기]로 발음되는 경우, '빼기'로 적는다는 한글 맞춤법에 따라 '곱빼기'가 올바른 표기이다.

오답분석
① '적다'의 뜻이 없이 [쩍따]로 발음되는 경우, '쩍다'로 적는다는 한글 맞춤법에 따라 '겸연쩍다'가 올바른 표기이다.
② '거적때기'가 표준어이다.
③ '맛깔나는'이 표준어이다.

06 정답 ④

'-는'은 주격 조사 역할을 하는 보조사이다.

오답분석
① '-에서'는 장소를 나타내는 부사격 조사이다.
② '-와'는 비교를 나타내는 부사격 조사이다.
③ '-로서'는 자격을 나타내는 부사격 조사이다.

07 정답 ④

一走 → 逸走(일주 : 숨을 일, 달아날 주) : 도망쳐 달아남

> 오늘 우리들의 이 거사는 정의, 인도, 생존, 번영을 위하는 겨레의 요구이니, 오직 자유의 정신을 발휘할 것이요, 결코 배타적 감정으로 치닫지 말라.

오답분석
① 人道(인도) : 사람으로서 마땅히 지켜야 할 도리
② 尊榮(존영) : 지위가 높고 영화로움
③ 發揮(발휘) : 지니고 있는 재능이나 역량 등을 떨쳐 드러냄

08 정답 ④

밑줄 친 부분의 직접적 의미와 관련 있는 한자성어를 골라야 한다. 그믐달에 대한 이미지를 비유한 것이지 '정든 임 그리워 잠 못 들어 하는' 분이 그믐달에 감정을 이입하여 '동병상련(同病相憐)'하는 것은 아니다. 따라서 자나 깨나 잊지 못한다는 뜻의 '오매불망(寤寐不忘)'이 밑줄 친 부분과 어울리는 한자성어이다.

오답분석
① 동병상련(同病相憐) : 같은 병을 앓는 사람끼리 서로 가엾게 여긴다는 뜻으로, 어려운 처지에 있는 사람끼리 서로 동정하고 도움을 이르는 말
② 불립문자(不立文字) : 불도의 깨달음은 마음에서 마음으로 전하는 것이므로 언어나 문자에 의지하지 않는다는 말
③ 각골난망(刻骨難忘) : 은혜를 마음속에 깊이 새겨 잊지 아니함

09 정답 ③

청출어람(靑出於藍)은 '푸른색은 쪽에서 나왔지만 쪽빛보다 더 푸르다.'라는 뜻으로, 제자가 스승보다 나음을 의미한다.

10 정답 ③

일반적 진술인 (다)를 맨 앞에 두고, 나머지 문장들은 문두의 연결 고리를 통해 자연스럽게 순서를 나열한다. 따라서 '(다) - (가) - (라) - (마) - (나)' 순으로 나열하는 것이 적절하다.

11 정답 ①

제시문은 앞부분에서 위기 상황을 나타낸 다음 뒷부분에서는 인류의 각성을 촉구하는 내용이다. 앞뒤의 내용을 논리적으로 자연스럽게 연결시키기 위해서는 각성의 당위성을 이끌어 내는 데 필요한 전제가 들어가야 한다. 따라서 빈칸에 들어갈 내용으로 ①이 가장 적절하다.

12 정답 ④

제시문에서는 청소년들의 과도한 불안이 집중을 방해하여 학업 수행에 부정적으로 작용한다고 주장한다. 따라서 이러한 주장에 대한 반박으로는 오히려 불안이 긍정적으로 작용할 수 있다는 내용의 ④가 가장 적절하다.

13 정답 ②

제시문의 서두에 조직문화란 무엇인지를 제시해 내집단과 외집단에 대한 정보를 제공하고 '학술문화체육대회'라는 상황을 분석하여 보여주고 있다.

14 정답 ④

마지막 문단의 '원을 이용하지 못하는 민간인 여행자들은…' 부분에서 민간인 여행자들이 자유롭게 '원(院)'에서 숙식하지 못했음을 알 수 있다. 따라서 ④는 적절하지 않다.

15 정답 ④

매체의 특성을 고려하여 발표 내용을 조절하고 있는지는 알 수 없으므로 ④는 발표에서 사용한 전략으로 적절하지 않다.

16 정답 ④

라이코노믹스는 우리가 내리는 거의 모든 결정에 영향을 미치는 것은 논리가 아니라 관계이며, 이것의 기반은 대상을 향한 높은 호감도라는 개념을 내포한다. 따라서 논리보다 관계가 더 중요하다는 것을 추론할 수 있다.

17 정답 ①

제시문의 첫 번째 문단에서 이산화탄소로 메탄올을 만드는 곳이 있다며 관심을 유도하고, 두 번째 문단에서는 메탄올을 어떻게 만들고 어디에서 사용하는지 구체적으로 설명함으로써 탄소 재활용의 긍정적인 측면을 부각하고 있다. 하지만 세 번째 문단에서는 앞선 내용과 달리 이렇게 만들어진 메탄올의 부정적인 측면을 설명하고, 마지막 문단에서는 이와 같은 이유로 탄소 재활용에 대한 결론이 나지 않았다며 글이 마무리되고 있다. 따라서 글의 주제로 가장 적절한 것은 탄소 재활용의 이면을 모두 포함하는 내용인 ①이다.

오답분석
② 두 번째 문단에 한정된 내용이므로 글의 전체를 다루는 주제로 보기에는 적절하지 않다.
③ 지열발전소의 부산물을 통해 메탄올이 만들어진 것은 맞지만, 새롭게 탄생된 연료로 보기는 어려우며, 글의 전체를 다루는 주제로 보기에도 적절하지 않다.
④ 제시문의 첫 번째 문단과 두 번째 문단에서는 버려진 이산화탄소 및 부산물의 재활용을 통해 메탄올을 제조함으로써 미래 원료를 해결할 수 있을 것처럼 보이지만, 이어지는 세 번째 문단과 마지막 문단에서는 이렇게 만들어진 메탄올이 과연 미래 원료로 적합한지 의문점이 제시되고 있다. 따라서 글의 주제로 적절하지 않다.

18 정답 ③

『그녀 이름은』(2018)의 작가는 조남주이다. 조남주는 2016년 여성에 대한 차별을 담은 사회비판 소설『82년생 김지영』(2016)을 통해 큰 호응을 얻기도 했다.

19 정답 ②

공감각적 비유 혹은 표현이란 '감각을 전이시켜 표현하는 것'으로 시각적인 현상을 청각적으로 표현하거나 청각적인 현상을 미각적으로 바꾸어 표현하는 것을 말한다. 제시문에는 공감각적 비유가 쓰이지 않았다.

[예] 분수처럼 흩어지는 푸른 종소리(청각의 시각화), 즐거운 울림(시각의 청각화)

[오답분석]
① '−습니다'라는 상대높임법이 나타난다.
③ '나는 나룻배 / 당신은 행인'이라는 표현이 처음과 끝에 쓰여 수미상관의 방식이 나타난다.
④ '행인'과 '나룻배'의 속성과 관계를 통해 참된 사랑의 본질인 희생과 믿음의 실천이라는 주제를 드러내고 있다.

20 정답 ②

내재적 관점이란 작품 그 자체에만 집중하는 것으로 작품 자체의 구조나 언어, 이미지, 운율, 어조, 문체, 표현(비유, 상징, 모호성, 긴장) 등에 주목하여 작품을 감상하는 것이다.

[오답분석]
①·③ 작가 표현론적 관점(외재적 관점)
④ 현실 반영론적 관점(외재적 관점)

02 한국사

01	02	03	04	05	06	07	08	09	10
①	②	④	③	③	④	②	②	④	③
11	12	13	14	15	16	17	18	19	20
④	②	①	③	④	①	①	②	①	③

01 정답 ①

제시된 설명은 주먹도끼로, 주먹도끼는 구석기시대의 뗀석기 유물로 찢고, 자르고, 찍고, 땅을 파는 등 다양한 용도로 사용되었다. 우리나라에서는 1978년 5월 경기 연천 전곡리에서 아슐리안형 주먹도끼가 발견되었다.

[오답분석]
② 슴베찌르개 : 끝이 뾰족하여 찌르거나 가르는 데 사용된 것으로, 좀돌날몸돌과 함께 후기 구석기시대의 대표적인 유물이다.
③ 가락바퀴 : 솜이나 털 따위의 섬유에서 실을 뽑을 때 가락에 끼워 회전을 돕는 바퀴로 방추차(紡錘車)라고도 하며, 신석기 ~ 청동기시대의 유물이다.
④ 농경굴지구 : 땅을 파고 일구는 신석기시대 유물로, 신석기시대에 농경이 이루어지고 있었음을 알려준다.

02 정답 ②

삼한에 대한 사료로 삼한의 제천 행사는 5월에 수릿날, 10월에 계절제가 있다.

[오답분석]
① 동예에 대한 설명이다.
③ 옥저에 대한 설명이다.
④ 고구려에 대한 설명이다.

03 정답 ④

(가)는 통일신라 신문왕, (나)는 통일신라 경덕왕 때로 이 시기는 신라 중대로 왕권을 중심으로 집사부의 기능이 강화되었던 시기였다. 이 시기에 6두품 세력들은 통일신라 시대에 집사부의 시랑직에 진출하여 국왕의 정치적 조언자로 활약하였다.

[오답분석]
① 6세기 법흥왕
② 진지왕(576 ~ 579)
③ 신라 말

04 정답 ③

(가) 웅진시대의 사실로 493년 백제 동성왕과 신라와의 결혼 동맹에 대한 설명이다.
(나) 사비시대의 사실로 554년 관산성(구천)에서 신라와 싸우다 전사한 백제 성왕에 대한 설명이다.
따라서 성왕은 538년 사비로 천도하고 국호를 남부여라 하였으므로 (가)와 (나) 사이의 시기에 일어났던 일이다.

오답분석
① 백제가 웅진으로 천도한 것은 475년 문주왕 때이다.
② 고구려 장수왕의 공격을 받아 전사한 것은 백제 개로왕이다.
④ 백제의 불교 공인은 한성시대로 384년 침류왕 때이다.

05 정답 ③

제시문의 왕은 발해 무왕(대무예)으로 무왕은 북만주 일대를 차지하고 산동의 등주를 공격하였다.

오답분석
① 선왕(대인수)에 대한 내용이다.
② 고왕(대조영)에 대한 내용이다.
④ 문왕(대흠무)에 대한 내용이다.

06 정답 ④

제시문에서 알 수 있듯이 소의 주민이 공을 세우면 소를 현으로 승격시켜 주기도 하였다.

오답분석
① 소의 주민은 주로 수공업에 종사하였다.
② 향·소·부곡민은 일반 양인에 비해 더 많은 세금을 부담하였다.
③ 제시문에서 알 수 있듯이 향·부곡 등의 자손은 과거에 응시할 수 없었다.

07 정답 ②

성균관은 충렬왕 때 국학에서 성균감으로 개칭되고, 충선왕 때 성균관으로 개칭되었다. 그 후 공민왕 때 유학교육이 강화되면서 부흥하였다.

오답분석
① 충선왕의 정책이다.
③ 우왕의 정책이다.
④ 충목왕의 정책이다.

08 정답 ②

고구려는 동가강 유역의 졸본 지역에서 다섯 부족의 연맹체로서 발원했다. 이후 주몽이 고구려를 건국하고 시조가 되어 졸본성으로 도읍을 정했고, 이후 유리왕이 국내성으로 훗날 장수왕이 평양성으로 도읍을 옮겼다. 위례성은 한강 이남에 있었던 백제 건국 초기의 도읍이다.

09 정답 ④

조선 후기 세도정치 시기에는 양반 수의 증가로 향촌을 사대부가 아닌 수령(향리)이 통제하게 되었다. 따라서 향회는 수령의 자문기구로 전락하였고, 향회를 구성하는 장도 수령이 임명했다.

10 정답 ③

(다)는 직전법으로 직전법이 폐지되자 관리들은 녹봉만을 지급받게 되었고, 이에 관리들의 소유권을 바탕에 둔 지주전호제가 강화되었다.

오답분석
① (가)는 관수관급제로 국가에서 직접 수조했기 때문에 국가의 토지 지배력이 강화되었다.
② (나)는 과전법으로 경기지역의 토지로 한정되어 있었다.
④ (나) 과전법(공양왕) → (다) 직전법(세조) → (가) 관수관급제(성종) 순서이다.

11 정답 ④

조선 초기 명과의 외교관계는 겉으로는 사대외교를 하였으나, 실상으로는 실리외교관계를 취하는 사대교린정책을 취하고 있었다. 태조는 명으로부터 고명(왕을 승인하는 문서)을 받지 못해 명과 갈등이 있었으며 태조가 이인임의 아들이었다는 중국 측의 기록 때문에 양국의 관계에 문제가 있었다. 그러나 교역에 있어서는 그 방법을 정함에 있어(명 : 3년 1공 / 조선 : 1년 3공) 갈등이 있었지만, 회사품의 양과 가치에 대한 갈등은 아니었다.

12 정답 ②

'가산의 토적', '청천강 이북'이라는 키워드를 통해 '변란'은 홍경래의 난(1811)임을 알 수 있다. 이 시기 재위한 왕은 순조이며, 순조는 양인 확보책으로 내수사 등 중앙 관서에 소속된 공노비 6만 여명을 해방시켰다.

오답분석
① 동학은 조선 철종 때 창도되었다(1860).
③ 제너럴셔먼호 사건은 조선 고종 때의 일이다(1866).
④ 삼정이정청은 조선 철종 때 설치되었다.

13 정답 ①

정약전은 정약용의 형으로, 정약용과 함께 흑산도로 유배를 가게 된 사건의 계기는 '기해사옥'이 아니라 '신유박해'이다. 『자산어보』를 저술한 사실은 맞다.

14 정답 ③

18세기에 이이의 사상을 계승한 노론 내부에서 인간과 사물의 본성이 같은지 여부를 두고 호락논쟁이 벌어졌다. 호론은 인물성이론을 주장하였으며, 낙론은 인물성동론을 주장하였다.

[오답분석]
① 정도전이 국가의 통치이념으로 중요시한 것은 『주례』이다.
② 16세기 조선 사회의 모순을 극복하기 위해 주기론적 입장에서 통치체제 정비와 수취제도의 개혁을 주장한 것은 '이이'이다. 이이는 수미법 실시, 방군수포제 폐지, 십만양병설 등 다양한 개혁안을 제시하였다.
④ 유형원과 이익의 경세치용 사상을 계승한 이는 중농실학자인 정약용이다. 그는 500여 권의 책을 저술하고, 여전론·정전론 등의 토지 개혁안을 제시하였다.

15 정답 ④

어람용 의궤는 병인양요(1866) 때 강화도에 침입한 프랑스군이 외규장각에서 약탈해 갔다. 2011년 5월에 5년 임대의 형식으로 반환되어 현재 우리나라에 있다.

16 정답 ①

(가)는 조일수호조규(강화도조약)의 일부이고, (나)는 임오군란으로 인해 체결된 조청상민수륙무역장정이다(1882). 따라서 강화도조약은 운요호 사건으로 인해 1876년에 체결되었으며 조선의 자유국 규정, 항구 개항, 치외법권, 해안측량권 등을 규정하였으므로 ①이 옳은 설명이다.

[오답분석]
② 일본 상인의 내지 통상권에 대한 허가는 조일수호조규속약에 규정되어 있다.
③ 갑신정변 이후 체결된 조약은 한성조약과 톈진조약이다.
④ 천주교의 포교권 인정이 규정된 것은 조프수호통상조약이다(1886).

17 정답 ①

제시문은 1909년 『서북학회 월보 제1권』에 게재되었던 박은식의 『유교구신론』의 일부이다. 박은식은 유림계를 친일화하려는 일제에 맞서 양명학을 토대로 대동교를 조직하고 유교 개혁을 주장하였다.

[오답분석]
② 손병희에 대한 설명이다.
④ 신채호에 대한 설명이다.

18 정답 ②

(나) 대한광복군정부가 수립된 것은 1914년의 일이다. 대한광복군정부는 블라디보스토크에서 수립된 일제강점기 최초의 망명 정부로 정통령 이상설, 부통령 이동휘를 중심으로 하였다.
(다) 봉오동전투는 1920년의 일이다. 대한독립군(홍범도), 군무도독부군(최진동), 국민회군(안무) 등이 봉오동에서 일본군을 상대로 대승을 거두었다.
(라) 영릉가전투는 1932년의 일이다. 만주사변(1931) 등으로 반일 감정이 고조된 중국의용군과 조선혁명군이 한중 연합 작전을 펼쳤다.
(가) 지청천을 총사령으로 하는 한국광복군은 1940년에 창설되었다.

19 정답 ①

제시문은 1972년 발표한 7·4 남북공동성명으로 남북조절위원회가 설치되었다.

[오답분석]
②·④ 김대중 정부 시기이다.
③ 노태우 정부 시기이다.

20 정답 ③

미국에게서 무상 원조를 받던 시기는 6·25 전쟁 직후부터 1950년대 말까지이다.

[오답분석]
① 제1차 경제개발 5개년 계획의 추진은 1962년이다.
② 베트남 파병은 1964~1975년이다.
④ 한·일협정은 1965년의 일이다.

03 일반상식

01	02	03	04	05	06	07	08	09	10
④	②	②	④	④	①	②	②	①	②

01 정답 ④
스타십(Starship)은 일론 머스크의 우주기업 스페이스X가 달과 화성으로 사람들을 보낸다는 목표하에 개발하고 있는 다목적 탐사선이다. 스페이스X는 미 항공우주국(NASA)의 달 유인탐사 계획인 '아르테미스 프로젝트'에서도 달착륙선 개발·발사 작업에 참여하고 있다.

02 정답 ②
레퀴엠(Requiem)은 '위령곡', '진혼곡'이라고도 불린다. 가톨릭에서 죽은 이를 기리기 위한 위령 미사에서 사용된 곡을 뜻한다.

오답분석
광상곡은 '카프리치오(Capriccio)'라고도 불리며, 일정한 형식에 구속되지 않는 자유로운 요소가 강환 기악곡을 말한다.

03 정답 ②
독점은 균형상태에서 P>MC이므로, 생산비가 그 재화에 대한 사회적 한계효용의 중요성보다 더 낮다. 이 경우 가격이 기회비용을 정확히 반영하지 못하여 비효율성을 초래한다.

04 정답 ④
오답분석
① 로그롤링 : 정치세력들이 상호지원을 합의하여 투표거래나 투표담합을 하는 행위이다.
② 매니페스토 : 구체적인 예산과 실천방안 등 선거와 관련한 구체적 방안을 유권자에게 제시하는 공약이다.
③ 캐스팅보터 : 양대 당파의 세력이 비슷하게 양분화된 상황에서 결정적인 역할을 수행하는 사람이다.

05 정답 ④
스니핑(Sniffing)은 네트워크 주변의 모든 패킷을 엿보면서 계정(Account)과 암호(Password)를 알아내는 행위로 1회용 암호를 사용하거나 지정된 암호를 자주 변경한다.

06 정답 ①
오답분석
② 쿠바드 증후군 : 아내가 임신했을 경우 남편도 육체적·심리적 증상을 아내와 똑같이 겪는 현상이다.
③ 펫로스 증후군 : 가족처럼 사랑하는 반려동물이 죽은 뒤에 경험하는 상실감과 우울 증상이다.
④ 빈둥지 증후군 : 자녀가 독립하여 집을 떠난 뒤에 부모나 양육자가 경험하는 외로움과 상실감이다.

07 정답 ②
인터페론(Interferon)은 바이러스에 감염된 세포 주변에서 생산되는 항바이러스 물질로서 세포에 작용하여 세포 속에서 바이러스가 증식할 수 없게 만든다. 알파, 베타, 감마 등 세 가지 종류로 구분된다.

08 정답 ②
오답분석
① 캄테크(Calm-tech) : 조용함(Calm)과 기술(Technology)의 합성어로, 사람들이 인지조차 하지 못한 상태에서 편리한 서비스를 제공하는 기술을 말한다. 예를 들어 아무도 없는 불 꺼진 집의 현관문을 열고 들어가는 순간 신발장에 불이 들어오는 경우가 있다. 이것이 바로 센서를 이용한 캄테크의 사례라 할 수 있다.
③ 제로 레이팅(Zero-rating) : 통신사가 특정 서비스에 대한 데이터 사용 요금을 할인 또는 면제해 주는 것을 말한다.
④ 그로스 해킹(Growth Hacking) : 성장(Growth)과 해킹(Hacking)의 합성어로, 상품 및 서비스의 개선 사항을 수시로 모니터링하여 즉각 반영함으로써 사업의 성장을 촉구하는 온라인 마케팅 기법이다.

09 정답 ①
우리나라의 외교 관계는 단순 수교 관계에서 시작해 선린우호 관계 → 동반자 관계 → 전통적 우호협력 관계 → 동맹 관계의 순서로 점차 협력 수위가 높아진다. 현재 우리나라가 동맹 관계를 맺고 있는 나라는 미국이 유일하다.

10 정답 ②
개방형은 외부인의 채용으로 인하여 상대적으로 내부승진 기회가 제한된다. 그러므로 재직자의 사기가 저하될 것이다.

개방형과 폐쇄형 특징

구분	개방형 제도	폐쇄형 제도
신분보장	불안정	안정
승진임용	최적격자	내부임용
임용자격	전문능력자	일반능력자
직원 간의 관계	사무적	온정적
직업공무원제	불리	유리

제3회 최종점검 모의고사

01 국어

01	02	03	04	05	06	07	08	09	10
③	④	③	②	④	④	②	③	②	①
11	12	13	14	15	16	17	18	19	20
①	④	②	④	②	③	③	①	③	④

01　　　　　　　　　　　　　　　　정답 ③

- 무릇 : 대체로 헤아려 생각하건대
- 대저(大抵) : 대체로 보아서

오답분석
① 가령(假令) : 1. 가정하여 말하여
　　　　　　　 2. 예를 들어
② 대개(大蓋) : 일의 큰 원칙으로 말하건대
④ 도통(都統) : 1. 아무리 해도
　　　　　　　 2. 이러니저러니 할 것 없이 아주

02　　　　　　　　　　　　　　　　정답 ④

'-데'는 경험한 지난 일을 돌이켜 말할 때 쓰는, 즉 회상을 나타내는 종결 어미이며 '-대'는 '다(고)해'의 준말이다. 곧 '대'는 화자가 문장 속의 주어를 포함한 다른 사람으로부터 들은 이야기를 청자에게 간접적으로 전달하는 의미를 갖고 있다. 따라서 ④의 문장은 영희에게 들은 말을 청자에게 전달하는 의미로 쓰였으므로 '맛있대'가 되어야 한다.

03　　　　　　　　　　　　　　　　정답 ③

'그래'는 일부 종결 어미 뒤에 붙어 청자에게 문장의 내용을 강조함을 나타내는 보조사이다. 따라서 조사는 앞말에 붙여 쓴다는 한글 맞춤법에 따라 '맑군그래'와 같이 붙여 써야 한다.

04　　　　　　　　　　　　　　　　정답 ②

'-고자'는 동사의 어간이나 선어말 어미 '-으시-'의 뒤에 붙어, 행동의 의도나 소망, 목적 따위를 나타내는 연결 어미이다. 따라서 '기여하고자'로 써야 한다.

오답분석
① 우리 부 : '부(部)'는 우리나라 중앙 행정기관 분류의 하나를 나타내는 명사이므로 앞말과 띄어 쓴다.
③ 계획인바 : '-ㄴ바'가 어떤 말을 하기 전에 그와 관계되는 배경이나 근거 따위를 제시하는 데 쓰는 연결 어미이므로 붙여 쓴다.
④ 밝힌 바와 : '바'가 '앞의 말을 성립시키는 측면이나 내용의 뜻을 나타내는 말 또는 그 방법이나 방도의 뜻을 나타내는 말'의 의미일 때는 의존 명사이므로 관형어와 띄어 쓴다. 참고로 '바' 뒤에 조사가 붙는 경우는 의존 명사이다.

05　　　　　　　　　　　　　　　　정답 ④

제시된 한자는 남을 여(餘), 남을 잔(殘), 남을 잉(剩)이며 공통적인 의미는 '남다'이다.

06　　　　　　　　　　　　　　　　정답 ④

결재(決裁)는 결정할 권한이 있는 상관(上官)이 부하가 제출한 안건을 검토하여 허가하거나 승인함을 의미한다.

오답분석
① 현금(現金)
② 병원(病院)
③ 거래(去來)

07
정답 ②

문맥의 의미는 '겉과 속이 다르다'에 있는 것이 아니라 '좀 과장하자면', '차이가 매우 심하다'이므로 '하늘과 땅 차이'와 바꿀 수 있는 한자성어를 골라야 한다.
운니지차[=천양지차(天壤之差)]는 '구름과 진흙의 차이'라는 뜻으로, 서로 간의 차이가 매우 심함을 이르는 말이다.

오답분석
① 아비규환 : 불교에서 아비지옥과 규환지옥을 아울러 이르는 말. 여러 사람이 비참한 지경에 빠져 울부짖는 참상을 비유적으로 이르는 말
③ 노기등천[=노기충천(怒氣衝天)] : 성이 하늘을 찌를 듯이 머리끝까지 치받쳐 오름
④ 백난지중 : 온갖 괴로움과 어려움을 겪는 가운데

08
정답 ③

마지막 문단에서 '선비들은 어려서부터 머리가 희어질 때까지 오직 글쓰기나 서예 등만 익혔을 뿐이므로 갑자기 지방 관리가 되면 당황하여 어찌할 바를 모른다.'고 하여 형벌에 대한 사대부들의 무지를 비판하고 있음을 알 수 있다.

09
정답 ②

첫 번째 문단에서는 높아지는 의료보장제도의 필요성에 대해 언급하고 있으며, 두 번째 문단과 세 번째 문단에서는 의료보장제도의 개념에 대하여 이야기하고 있다. 마지막 문단에서는 이러한 의료보장제도의 유형으로 의료보험 방식과 국가보건서비스 방식에 대해 설명하고 있다. 따라서 글의 주제로 가장 적절한 것은 각 문단의 중심 내용을 포괄할 수 있는 '의료보장제도의 개념과 유형'이다.

10
정답 ①

저작권법에 의해 보호받을 수 있는 저작물은 최소한의 창작성을 지니고 있어야 하며, 남의 것을 베낀 것이 아닌 저작자 자신의 것이어야 한다.

11
정답 ①

제시문에서는 냉전의 기원을 서로 다른 관점에서 바라보고 있는 전통주의, 수정주의, 탈수정주의에 대해 각각 설명하고 있다.

오답분석
② 여러 가지 의견을 제시할 뿐, 어느 의견에 대한 우월성을 논하고 있지는 않다.

12
정답 ④

제시문은 대중문화가 대중을 사회 문제로부터 도피하게 하거나 사회 질서에 순응하게 하는 역기능을 수행하여 혁명을 불가능하게 만든다는 내용이다. 따라서 이 주장에 대한 반박은 대중문화가 순기능을 한다는 태도여야 한다. 그런데 ④는 글과 연관성이 없는 현대 대중문화의 질적 수준에 대한 평가에 대한 내용이므로 반박하기에 적절하지 않다.

13
정답 ②

제시문의 마지막 문단에서 '말이란 결국 생각의 일부분을 주워 담는 작은 그릇'이며, '말을 통하지 않고는 생각을 전달할 수가 없는 것'이라고 하며 말은 생각을 전달하기 위한 수단임을 주장하고 있다.

14
정답 ④

프랑스 출신의 소설가·극작가인 알베르 카뮈(Albert Camus)는 1942년 소설 『이방인』을 발표하며 명성을 떨치기 시작했다. 전염병이 덮친 알제리의 마을을 배경으로 하는 소설 『페스트』는 그의 대표작이기도 하다. 부조리에 저항하는 인물상을 많이 그려냈으며, 시사 평론을 하기도 하고 희곡을 쓰기도 했다. 1957년 노벨문학상을 수상했다.

15
정답 ②

작품에서는 등장인물의 외모 묘사와 대화 속 말투 등을 통해 '그 녀석'의 거친 성격을 간접 제시 기법으로 보여주고 있다.

오답분석
① 주어진 부분에는 개인과 개인의 갈등이 드러나 있다.
③ 인물의 내면 심리를 중심으로 서술하는 직접 제시 기법은 나타나고 있지 않다.
④ 제시된 작품의 시점은 서술자가 작품 밖에서 이야기를 진행하는 3인칭 전지적 작가 시점에 해당한다.

16
정답 ③

제시된 작품에는 사물을 의인화하여 대상의 속성을 강조하는 부분이 없다. 마지막 연의 '모닥불은 어려서…'는 모닥불을 의인화하여 '어리다'라고 한 의미가 아니라, 모닥불에 슬픈 역사가 담겨 있다는 뜻이며, 이 문장에서 '어리다'의 주체는 '할아버지'이다.

17 정답 ③

ㄴ. 인류의 미래에 대한 낙관(도입, 화제를 제시함)
ㅁ. 낙관론의 문제점
ㄱ. ㅁ의 예로서의 자연 파괴 사례
ㄷ. ㅁ의 또 다른 예로서의 전쟁 발발 가능성
ㄹ. 낙관적 전망의 위험성(결론, 논지를 요약함)
따라서 ㄴ – ㅁ – ㄱ – ㄷ – ㄹ 순으로 나열하는 것이 적절하다.

18 정답 ①

제시문의 논지는 '자유로부터의 도피'이며, 제시문은 크게 '사회적 제약으로부터 거리를 확보하면 새로운 도전에 노출된다.'라는 원인과 '따라서 도전에서 벗어나기 위해서는 자유로부터의 도피를 감행하게 된다.'라는 결과로 구성되었다. 이를 간단히 다시 정리해 보면 다음과 같다.
• 자유란 개인이 스스로 판단하고 행동하며 그 결과에 대해 책임질 수 있는 능력이다(정의).
• 사회적인 제약으로부터 거리를 확보할수록 고립, 소외, 안정성과 소속감에 대한 위협, 도전에 대한 노출 등에 적나라하게 노출된다(원인).
• 이러한 문제로부터 벗어나기 위해 '자유로부터의 도피'를 감행한다(결론).

19 정답 ③

제시문은 '여름방학의 유의 사항'에 대한 예를 열거하고 있다.

오답분석
① 정의 : 사물의 뜻을 명백히 밝혀 규정하였다.
② 대조·비교 : '양'으로 비유한 것은 은유, '황소'로 비유한 것은 직유이다.
④ 비교·비유 : '처럼'을 사용하여 잣나무를 소나무에 비유하였다.

20 정답 ④

'Ⅱ-2' 청소년 디지털 중독의 요인과 관련지어 'Ⅲ-3'의 해결 방안을 살펴보면, ㉣에서는 '자극적이고 중독적인 디지털콘텐츠의 무분별한 유통'에 대한 해결 방안이 제시되어야 한다.

02 한국사

01	02	03	04	05	06	07	08	09	10
④	③	①	②	③	②	④	③	④	①
11	12	13	14	15	16	17	18	19	20
①	②	②	③	④	②	④	②	①	②

01 정답 ④

(가)는 옥저의 민며느리제이고, (나)는 동예의 무천에 대한 설명이므로 동예의 책화를 설명한 ④가 옳다.

오답분석
①·② 고구려에 대한 설명이다.
③ 부여에 대한 설명이다.

02 정답 ③

제시된 유물은 신석기시대의 빗살 무늬 토기에 대해 설명하고 있다. 신석기시대에는 원형 또는 둥근 방형의 움집을 짓고 살았으며, 집 중앙에는 취사와 난방을 할 수 있는 화덕이 있었다.

오답분석
① 철기시대에 대한 설명이다.
②·④ 청동기시대에 대한 설명이다.

03 정답 ①

통일신라시대의 민정문서는 촌주가 '3년마다' 작성하였다.

오답분석
② 민정문서는 통일신라시대에 서원경 부근 4개 지역의 인구, 가호, 노비, 소와 말, 나무의 수와 증감을 기록한 문서로 이를 통해 매년 수취를 하였다.
③ 토지는 연수유답, 촌주위답, 내시령답, 관모전답, 마전 등으로 구분하여 기록하였고, 인구는 남녀로 나누고, 연령을 기준으로 하여 6등급으로 구분하였다.
④ 개별 호(戶)는 상상호에서 하하호까지 9등급으로 구분하였다.

04 정답 ②

장군총은 중국 길림성 집안현에 있는 고구려시대의 돌무지무덤 중 하나로 413 ~ 490년에 축조된 장수왕의 무덤으로 추정되고 있다.

05 정답 ③

제시된 사료에서 '대조영', '아들', '인안'을 통하여 (가)는 발해의 2대 국왕인 무왕임을 알 수 있다. 따라서 장문휴를 시켜 당의 등주를 공격한 것은 무왕(대무예)과 관련되므로 ③이 옳은 설명이다.

오답분석
① 상경 천도는 발해의 3대 국왕인 문왕과 5대 국왕인 성왕과 관련된다.
② 해동성국은 발해의 10대 국왕인 선왕과 관련된다.
④ 동모산에 도읍을 정한 것은 발해의 1대 국왕인 고왕(대조영)이다.

06 정답 ②

(나) 고려 초기 성종 때(993), 거란의 1차 침입 당시 서희가 외교담판으로 거란 장수 소손녕에게 강동 6주를 확보한 자료이다.
(가) 고려 숙종 때(1104), 윤관이 여진족의 기병부대에 대항하기 위해 별무반의 설치를 주장하는 내용이다.
(다) 고려 후기 고종 때(1232), 몽고의 1차 침입 이후 무신집권자 최우가 강화도 천도를 주장하자 유승단이 이를 반대하는 내용이다. 이 자료에서 '바다 가운데 섬'이 강화도를 뜻한다.
따라서 (나) - (가) - (나) 순으로 나열하는 것이 적절하다.

07 정답 ④

제시문은 고려 후기에 일연이 편찬한 『삼국유사』이다. 『삼국유사』는 일연이 신이한 불교사관으로 편찬한 자주적 사서로 단군신화 등이 수록되어 있다.

오답분석
① 『사략』에 대한 설명이다.
② 『삼국사기』에 대한 설명이다.
③ 『동명왕편』에 대한 설명이다.

08 정답 ③

제시문은 고려시대 화폐 주조에 대한 설명으로 고려시대에는 대도시에 국가에서 운영하는 관영 상점이 있었다.

오답분석
① 공인은 조선 후기 대동법의 시행으로 나타났다.
② 금난전권을 제한한 것은 조선 후기 통공정책이다.
④ 신라 지증왕 시기이다.

09 정답 ④

제시문은 세종 때 편찬한 역법서인 『칠정산』에 대한 설명이다. 따라서 세조 때의 사실인 ④가 적절하지 않다.

10 정답 ①

(가)는 이황, (나)는 이이에 대한 설명이다. 이황의 학문은 임진왜란을 계기로 일본에 전해졌다.

11 정답 ①

제시문은 1391년 단행한 전제개혁으로 성립된 과전법에 대한 설명으로 과전법은 전・현직 관리에게 경기지방의 수조권을 지급하여 신진 사대부들의 경제적 기반을 마련하였다.

12 정답 ②

이익의 『곽우록』은 『성호사설』에 수록되어 있다. 이익은 『곽우록』에서 국가 제도 전반에 대하여 여러 가지 의견을 제시하였다. 그중 토지제도 개혁안에서 한전론을 제시하였다.

오답분석
① 유형원의 『반계수록』은 백과사전적 성격이 아니라 국가 개혁안에 대하여 체계적으로 정리되어 있다. 하지만 학자들에 따라 백과사전류로 보기도하여 논란의 여지가 있다.
③ 『연기』는 박지원의 기행문이 아니라 홍대용의 청나라 기행문이다. 박지원의 청나라 기행문은 『열하일기』이다.
④ 안정복의 『동사강목』은 단군시대부터 고려 말까지 다루고 있다.

13 정답 ②

'중심도 변두리도 없이 모두가 중심이다.'라는 문장을 통해 홍대용의 지구 자전설을 떠올릴 수 있다. 홍대용은 『임하경륜』에서 균전법을 주장하였다.

오답분석
① 『동국지리지』 - 한백겸
③ 『동사』 - 이종휘
④ 『동국지도』 - 정상기

14 정답 ③

제시문의 국왕은 자신의 호를 '만천명월주인옹'이라 하였던 정조이다. 정조는 신해통공을 행하여 육의전을 제외한 시전 상인들의 금난전권을 폐지하였다.

오답분석
① 숙종이 실시한 정책이다.
② 효종이 실시한 정책이다.
④ 영조가 실시한 정책이다.

15 정답 ④

제시문은 조선 고종 21년(1884)에 일어난 갑신정변에 대한 설명이다. 김옥균, 박영효 등 급진 개화파가 민씨일파를 몰아내고자 정변을 일으켰으나 이틀 후에 민씨 등의 수구파와 청나라 군사의 반격을 받아 실패로 돌아갔다. 급진개화파는 청나라에 대한 조공과 사대를 그만두고, 의정부와 6조 외에 불필요한 관청은 혁파하며, 혜상공국, 내시부, 규장각 등의 폐지를 꾀하였다.

오답분석
ㄱ. 동학농민운동의 폐정개혁안의 내용이다.
ㄴ. 러시아와의 비밀 협약은 일본을 견제하기 위해서 갑신정변 후에 두 차례 추진되었다.

16 정답 ②

을미사변은 1895년, 아관파천은 1896년 2월, 독립협회 결성은 1896년 7월, 대한제국 수립은 1897년이다.

오답분석
① 1895년 을미사변 직후 단발령이 시행되었다.
③ 1894년 제2차 갑오개혁 때 홍범 14조가 반포되었다.
④ 1895년 아관파천 직전에 춘생문 사건이 있었다.

17 정답 ④

제시문에 언급된 '사건'은 독립운동의 중요한 분기점이 된 만세운동인 3·1 운동(1919)이므로 파리강화회의와는 관련이 없다.

> **파리강화회의**
> 1919년 제1차 세계 대전의 전후 처리에 관한 회의로, 1919년 1월 18일, 프랑스 외무부에 전승국인 27개국 대표가 모여 강화 회의가 시작되었다. 파리강화회의에 파견된 사람은 신한청년당의 단장인 '김규식'으로 임시정부는 김규식을 외무총장으로 임명하여 파리강화회의에 독립청원서를 제출하게 하였다.

18 정답 ②

신민회는 1907년에 창립되어 국권 피탈기에 애국계몽운동과 무장 투쟁을 함께 하였던 단체이다. 신민회의 애국계몽운동은 평양 대성학교와 정주 오산학교설립, 태극서관 및 평양 자기회사 운영 등 교육과 산업을 강조하였다. 또한 장기적인 무장 투쟁을 위해 국외 독립운동기지를 건설하고자 하여 경학사, 신흥강습소를 설치하고, 서간도 삼원보에 신한민촌을 만들었다.

19 정답 ①

제시문은 김구 선생의 '삼천만 동포에게 읍고함'이라는 성명서로, 1948년 2월에 유엔소총회에서 남한만의 단독 선거를 결정하려 하자 발표한 것이다. 김구는 1948년 4월 평양에서 김규식과 함께 통일정부 수립을 위한 남북협상에 참여하였다.

오답분석
② 한국민주당을 결성해 미군정에 적극적으로 참여한 것은 당시의 우익세력들로 송진우, 김성수 등이다.
③ 독립촉성중앙협의회를 구성한 것은 이승만이다.
④ 조선건국준비위원회를 조직하고 위원장으로 활동한 인물은 여운형이다.

20 정답 ②

제시문은 1987년 전개된 6월 민주항쟁에 대한 내용으로 국민들의 직선제 개헌과 민주화 요구가 반영되어 대통령 선거제도가 간선제에서 직선제로 개헌이 추진되었다.

03 일반상식

01	02	03	04	05	06	07	08	09	10
③	③	①	①	③	③	②	④	③	①

01 정답 ③

커피브랜드 '스타벅스'는 1971년 고든 보커, 제리 볼드윈, 지브 시글이 창업했다. 1982년 스타벅스의 마케팅 담당자로 일하게 된 하워드 슐츠는 이탈리아에 갔다가 에스프레소 커피를 보고서, 이를 스타벅스에 적용할 것을 경영진에 권했다. 그러나 거절당한 슐츠는 회사를 떠나 '일 지오날레'라는 커피 프랜차이즈를 설립해 큰 성공을 거둔다. 이 성공을 바탕으로 1987년 슐츠는 스타벅스를 인수하고 세계적 브랜드로 성장시켰다.

02 정답 ③

쿼드(Quad)는 '법치를 기반으로 한 자유롭고 개방된 인도·태평양 전략'의 일환으로 미국과 일본, 인도, 호주 4개 국가가 모여 구성한 안보협의체. 오커스(AUKUS)는 미국, 영국, 호주 등 3국이 출범한 외교안보 3자 협의체로 명칭 또한 세 국가의 이름 첫 글자에서 따왔다.

03 정답 ①

침입 탐지 시스템(IDS)은 네트워크 장비나 방화벽 시스템에서 모든 포트의 동작을 감시하고, 침입이 의심되는 패턴을 찾는다. 또한, 각종 해킹 기법을 자체적으로 내장하여 실시간으로 감지 및 제어할 수 있도록 한다.

04 정답 ①

탄소중립산업법(Net-Zero Industry Act)은 유럽판 인플레이션감축법(IRA)이라고 불리는 법안이다. 2023년 3월 16일 유럽연합(EU) 집행위원회가 유럽의 탄소중립과 친환경산업 육성을 위해 발표했다. 법률의 기본구성이 IRA와 비슷하며, 유럽 내의 친환경산업 확대를 통해 독소조항이 많은 IRA에 대항하려는 목적이 있다고 알려졌다. 우리 정부는 이 법안이 IRA와는 달리 외국에 대한 차별적 조항은 담겨있지 않다고 분석했다.

05 정답 ③

팬더스트리(Fandustry)는 '팬(Fan)'과 '인더스트리(Industry)'가 조합된 신조어이다. 팬덤을 기반으로 한 산업을 뜻하며, 케이팝의 위상이 높아지면서 팬덤 구매력이 크게 높아짐에 따라 팬더스트리가 형성되었다.

[오답분석]
① 파노플리(Panoplie) : 집합이라는 뜻으로, 동일한 맥락을 가진 상품의 집단을 뜻한다. 이 단어에서 파생된 파노플리 효과는 소비자가 특정 제품을 소비하면서 같은 제품을 소비하는 소비자와 같은 부류라고 여기는 현상을 뜻한다.
② 패닉 세일(Panic Sale) : 갑작스러운 요인으로 주가가 떨어질 때, 투자자들이 보유 주식을 마구 파는 일을 뜻한다.
④ 팬플레이션(Panflation) : 사회 전반적으로 인플레이션이 심화되는 현상을 뜻한다. 화폐뿐만 아니라 상품, 서비스의 가치가 떨어져 같은 돈을 내고도 이전에 비해 질이 낮은 상품이나 서비스를 이용하게 된다.

06 정답 ③

엠바고(Embargo)는 본래 특정 국가에 대한 무역·투자 등의 교류 금지를 뜻하지만 언론에서는 뉴스기사의 보도를 한시적으로 유보하는 것을 말한다. 즉, 정부기관 등의 정보제공자가 뉴스의 자료를 제보하면서 일정 시간까지 공개하지 말 것을 요구할 경우 그때까지 보도를 미루는 것이다. 흔히 '엠바고를 단다'고 말하며 정보제공자 측과의 관계를 고려하여 되도록 지켜주는 경우가 많다.

07 정답 ②

다보스포럼의 정확한 명칭은 세계경제포럼(WEF; World Economic Forum)이다. 본부는 스위스 제네바에 있으며 1971년 비영리재단으로 창설되어 '유럽인 경영 심포지엄'으로 출발했으나, 1973년에 전 세계로 넓혀져 정치인으로까지 참여가 확대됐다.
다보스포럼은 독립된 비영리단체로 세계 각국의 정상과 장관, 재계 및 금융계 최고경영자들이 모여 각종 정보를 교환하고, 세계경제 발전방안 등에 대해 논의한다.

08 정답 ④

젠트리피케이션이란 지주계급을 뜻하는 'Gentry'에서 유래한 말로, 낙후된 지역이 다양한 이유로 활성화되어 유명세를 타면서 중산층이 유입되고 비싼 임대료를 감당하지 못한 원주민들은 내몰리는 현상을 말한다. 우리나라의 경우 '망리단길'로 불리는 망원동 일대, 서촌, 성수동 등에서 해당 현상이 나타난다.

09 정답 ③

국회의원의 헌법상 의무에는 재물에 욕심을 내거나 부정을 해서는 안 된다는 '청렴의 의무', 개인의 이익보다 나라의 이익을 먼저 생각하는 '국익 우선의 의무', 국회의원의 신분을 함부로 남용하면 안 된다는 '지위 남용금지의 의무', 법에서 금지하는 직업을 가져서는 안 되는 '겸직금지의 의무' 등이 있다. '품위유지의 임무'는 국회법상 국회의원의 의무에 해당한다.

10 정답 ①

그린뉴딜은 '그린(Green)'과 '뉴딜(New Deal)'의 합성어로, 환경과 사람이 중심이 되는 지속 가능한 발전정책을 뜻하는 말이다. 화석 에너지 중심의 현재 정책을 신재생 에너지로 전환하는 저탄소 경제구조로 전환하면서 고용과 투자를 늘리는 정책을 일컫는다.

오답분석

② 그린 리모델링(Green Remodeling) : 에너지 소비가 많은 노후 건축물을 녹색건축물로 전환시켜 에너지 효율과 성능을 끌어올리는 사업으로, 단열보완, 창호 교체 등을 통해 에너지 성능을 개선하고 온실가스 배출을 줄이는 것이 목적이다.
③ 그린 스마트 스쿨(Green Smart School) : 한국판 뉴딜 종합계획의 추진 과제 중 하나로 전국 초・중・고교에 태양광과 친환경 단열재를 설치하고 교실에 Wi-Fi와 교육용 태블릿 PC를 보급하는 사업이다.
④ 탄소배출권(Certificated Emissions Reduction) : 지구 온난화의 주범인 6대 온실가스(이산화탄소, 메탄, 아산화질소, 과불화탄소, 수소불화탄소, 육불화황)를 일정 기간 동안 배출할 수 있는 권리로, 유엔기후변화협약에서 발급하며 발급된 탄소배출권은 시장에서 상품처럼 자유롭게 거래할 수 있다.

제4회 최종점검 모의고사

01 국어

01	02	03	04	05	06	07	08	09	10
④	①	①	②	③	②	①	④	①	①
11	12	13	14	15	16	17	18	19	20
③	③	②	④	④	③	③	③	③	②

01 정답 ④

'~만큼'은 조사로도 쓰이고 의존명사로도 쓰이는 단어로 조사는 붙여 쓰고 명사는 띄어 쓰는 것을 원칙으로 한다. 따라서 '너도 할 만큼 했다.'로 수정하는 것이 옳다.

02 정답 ①

'다섯(수 관형사)'은 뒤의 '권(의존명사)'을 꾸미는 관형사로 쓰였다.

[오답분석]
② '싶다'는 보조형용사로 본용언 뒤에 붙어 행동하고자 하는 욕구를 표현한다.
③ '요'는 보조사로 종결 어미 뒤에 붙어 청자에 대한 존대의 의미를 표현한다.
④ '및'은 부사로 문장에서 같은 종류의 성분을 연결한다.

03 정답 ①

'덧붙은, 가외로 더한'의 의미로 쓰였다.

[오답분석]
②·③·④ '쓸데없는'의 의미로 쓰였다.

04 정답 ②

A는 '면담이 계시다'라고 말하며, 사람이 아닌 '면담'을 높이는 오류를 범하고 있다. ② 역시 주체인 손님을 높이기 위해 햄버거까지 높여버린 '간접 높임의 오류'를 범하고 있다.
• 면담이 계시다 → 면담이 있다고 하셨어요.
• 햄버거(가) 나오시다 → 햄버거(가) 나왔습니다.

05 정답 ③

전세방(傳貰房)은 한자어와 한자어 사이이므로 사이시옷을 표기하지 않는다.

[오답분석]
①·② 아랫집(아래+집), 쇳조각(쇠+조각)은 순우리말 합성어로, 순우리말로 된 합성어이면서 앞말이 모음으로 끝나고 뒷말의 첫소리가 된소리로 나는 것은 사이시옷을 적는다.
④ 자릿세(자리+貰)이며, 순우리말과 한자어로 된 합성어로서 앞말이 모음으로 끝나고 뒷말의 첫소리가 된소리로 나오는 것은 사이시옷을 적는다.

06 정답 ②

망우보뢰(亡牛補牢)는 '소 잃고 외양간 고친다.'라는 뜻으로, 실패한 후에 일을 대비함을 이르는 말이다.

[오답분석]
① 십벌지목(十伐之木) : '열 번 찍어 베는 나무'라는 뜻으로, 열 번 찍어 안 넘어가는 나무가 없음을 이르는 말
③ 견문발검(見蚊拔劍) : '모기를 보고 칼을 뺀다.'는 뜻으로, 보잘것없는 작은 일에 지나치게 큰 대책(對策)을 세움을 이르는 말
④ 조족지혈(鳥足之血) : '새발의 피'란 뜻으로, 극히 적은 분량(分量)을 이르는 말

07 정답 ①

가치(價値)는 사물이 지니고 있는 쓸모를 이르는 말이다.

[오답분석]
② 가계(家計)
③ 사실(事實)
④ 실재(實在)

08 정답 ④

밑줄 친 한자어의 음은 공경(공손할 공, 공경 경)이다.

09 정답 ①

논공행상(論功行賞)은 '공적이 크고 작음 따위를 논의하여 그에 알맞은 상을 준다.'라는 뜻으로, 서술어 '벌하다'와 어울리지 않는다. 공이 있는 자에게는 반드시 상을 주고, 죄가 있는 사람에게는 반드시 벌을 준다는 뜻의 '신상필벌(信賞必罰)'이 쓰이는 것이 적절하다.

오답분석
② 초근목피(草根木皮) : 풀뿌리와 나무껍질, 즉 거친 음식을 비유적으로 이르는 말
③ 반포지효(反哺之孝) : 자식이 자란 후에 어버이의 은혜를 갚는 효성을 이르는 말
④ 각고면려(刻苦勉勵) : 고생을 무릅쓰고 몸과 마음을 다해 부지런히 노력함을 이르는 말

10 정답 ①

제시문의 첫 번째 문단에서의 '특히 해당 건물은 조립식 샌드위치 패널로 지어져 있어 이번 화재는 자칫 대형 산불로 이어져'라는 내용과 빈칸 앞뒤의 '빠르게 진화되었지만', '불이 삽시간에 번져'라는 내용으로 미루어 볼 때, 해당 건물의 화재가 빠르게 진화되었지만 사상자가 발생한 것은 조립식 샌드위치 패널로 이루어진 화재에 취약한 구조이기 때문으로 볼 수 있다. 따라서 빈칸에 들어갈 내용으로 가장 적절한 것은 ①이다.

오답분석
② 건조한 기후와 관련한 내용은 제시문에서 찾을 수 없다.
③ 해당 건물이 불법 가건물에 해당되지만 해당 건물의 안정성과 관련한 내용은 제시문에서 찾을 수 없다.
④ 소방 시설과 관련한 내용은 제시문에서 찾을 수 없으며, 두 번째 문단에서의 '화재는 30여 분 만에 빠르게 진화되었지만'이라는 내용으로 보아 소방 대처가 화재에 영향을 줬다고 보기는 어렵다.

11 정답 ③

'시점의 해방'은 인물이나 사건의 변화에 따른 시점의 변화를 의미하는 것인데 에베레스트산을 항공 촬영한 것은 시점의 변화라고 보기 어렵다.

12 정답 ③

16세기 말 그레고리력이 도입되기 전 프랑스 사람들은 3월 25일부터 4월 1일까지 일주일 동안 축제를 벌였다.

오답분석
① 만우절이 프랑스에서 기원했다는 이야기는 많은 기원설 중의 하나일 뿐, 정확한 기원은 알려지지 않았다.
② 프랑스는 16세기 말 그레고리력을 받아들이면서 달력을 새롭게 개정하였다.
④ 프랑스에서는 만우절에 놀림감이 된 사람들을 '4월의 물고기'라고 불렀다.

13 정답 ②

제시문은 윤리적 상대주의가 참이라는 결론을 내리기 위한 논증이다. 어떤 행위에 대한 문화 간의 지속적인 시비 논란(윤리적 판단)은 사람들의 윤리적 기준 차이에 의하여 한 문화 안에서 시대마다 다르기도 하고, 동일한 문화와 시대 안에서도 다를 수 있다. 그러므로 올바른 윤리적 기준은 그것을 적용하는 사람에 따라 상대적이고 그러므로 윤리적 상대주의가 참이라는 논증이다. 따라서 이 논증의 반박은 '절대적 기준에 의한 보편적 윤리 판단은 존재한다.'가 되어야 한다. 그러나 ②는 '윤리적 판단이 항상 서로 다른 것은 아니다.'라는 내용이다. 제시문에서도 윤리적 판단이 '~ 다르기도 하다.', '다른 윤리적 판단을 하는 경우를 볼 수 있다.'라고 했지 '항상 다르다.'라고는 하지 않았다. 따라서 ②는 반박하는 내용으로 적절하지 않다.

14 정답 ④

제시문에서는 인지부조화의 개념과 과정을 설명한 후, 이러한 인지부조화를 감소시키는 행동에 자기방어적인 행동을 유발하는 비합리적인 면이 있음을 지적하며, 이러한 행동이 부정적 결과를 초래할 수 있다고 밝히고 있다.

15 정답 ④

서술하는 대상은 '심청' 하나이며, 단일한 공간과 비교적 짧은 시간을 통해 하나의 장면을 서술하고 있다.

오답분석
① '차마 보지 못할 지경이었다'라는 대목에서 서술자의 주관적 서술이 드러난다.
② 빨리 (인당수에) 빠지라는 뱃사람들의 말로 시작하여 심청의 기도, 심청이가 뱃사람들에게 하는 말 등 대화를 통해 사건의 상황을 알 수 있다.
③ 효심은 『심청가』전체의 주제이며, 제시문에 있는 '심청이 죽는 일은 추호도 섧지 아니하되'라는 심청의 기도 내용을 통해서도 심청의 지극한 효심을 알 수 있다.

16 정답 ③

'작년 이때 뒷동산 명월 아래 우리 임을 만났더니, 달은 다시 보건마는 임을 어찌 보지 못하는고'라는 부분을 통해 임과 이별한 인물이 임을 그리워하고 있음을 알 수 있다. 따라서 제시문은 사랑하는 임과 이별한 외로움을 노래한 작품이다. ③은 고구려 제2대 유리왕이 지은 한시(漢詩)인 「황조가」로 현재 가장 오래된 개인 서정시이다. 『채봉감별곡』과 「황조가」 모두 '달, 꾀꼬리' 등의 자연물을 통해 감정을 토로하고 있기 때문에 시적 상황이 가장 유사하다.

17 정답 ③

대조(對照)는 둘 이상인 대상의 내용을 맞대어 같음과 다름을 검토하는 것이다. 제시문은 '노동 시장'과 '생산물 시장'의 대조를 통해 노동 시장의 특징을 설명하고 있으므로 글의 서술상 특징으로 ③이 가장 적절하다.

18 정답 ③

제시문의 중심 내용은 '감각의 중요성', '감각을 통하지 않으면 어떤 구체적인 것도 얻지 못한다.'이므로 감각을 통해 지식을 얻은 사례인 종을 치는 것을 본 시각적 경험이 종을 치면 소리가 난다는 지식을 알게 한다는 의미의 ③이 적절하다.

[오답분석]
① 감각 이전의 사고(思考)를 통해 존재 자체를 증명한 데카르트의 명제이다.
② '마음, 본성, 천명' 등은 인간의 감각으로 인지할 수 있는 차원의 것이 아니다.
④ '자유 의식'은 인간의 감각을 통해 인지할 수 있는 것이 아니다.

19 정답 ③

제시문은 기술 공학적 질서의 본질과 영향력을 이야기하며 화제를 제시하고 있다. 그 뒤로 기술 공학적 질서가 이끈 변화의 구체적 사례를 제시하여 문제 제기를 심화한 후, 사회적인 문제들이 심각해질수록 기술 공학의 힘이 더 커진다는 사실을 들어 앞 문단을 뒷받침한다. 결론으로는 현재에 이르러 '주체'로 등장한 기술의 중요성을 시사하고 있다. 따라서 (가) – (다) – (나) – (라) 순으로 나열하는 것이 적절하다.

20 정답 ②

제시문은 배경을 묘사하고 있다. 묘사란 어떤 대상이나 사물, 현상 등을 언어로 서술하거나 그림을 그려서 표현하는 방법이다.

[오답분석]
① 서사 : 일정한 시간 내에 일어난 일을 순서대로 전개하는 방법으로 '무엇'에 관한 사항에 관심을 둔다.
③ 비유 : 어떤 현상이나 사물을 직접 설명하지 아니하고 다른 비슷한 현상이나 사물에 빗대어서 설명하는 방법으로 직유・은유・의인・활유・대유(환유와 제유)・풍유・중의・의태・의성・상징법 등이 있다.
④ 인과 : 어떤 결과를 가져오게 한 원인, 또는 그 원인에 의해 결과적으로 초래된 현상을 중심으로 전개해 나가는 방법으로 '왜'에 관한 사항에 관심을 둔다.

02 한국사

01	02	03	04	05	06	07	08	09	10
③	③	③	②	②	②	①	④	①	③
11	12	13	14	15	16	17	18	19	20
③	①	③	④	②	①	①	④	③	③

01 정답 ③

고조선 세력의 범위는 청동기시대로 추정할 수 있는 유물은 비파형동검과 고인돌이 출토된 지역과 일치한다. 따라서 바르게 연결된 것은 ③이다.

02 정답 ③

(가) 부여의 형벌 제도에 대한 내용이다. 1책 12법과 음란죄, 투기죄를 처벌했다는 내용을 통해 파악할 수 있다.
(나) 삼한에 대한 설명이다. '소도', '별읍'이라는 키워드로 파악할 수 있다. 제정 분리가 특징인 삼한에는 제사장인 천군이 다스리는 '소도'라는 '별읍'이 있었다.
ㄴ. 연맹왕국인 부여에서는 흉년이 들면 제가들이 그 책임을 왕에게 물어 왕을 바꾸거나 죽였다.
ㄷ. 삼한의 제천행사는 5월 수릿날과 10월 계절제이다.

[오답분석]
ㄱ. 왕 아래 상가, 고추가 등의 대가가 있는 나라는 고구려이다. 부여의 대가들 명칭은 마가, 우가, 저가, 구가이다.
ㄹ. 동이 지역에서 가장 넓고 평탄한 곳이라 기록되어 있는 곳은 부여이다.

03 정답 ③

고구려가 신라를 '동이매금'이라 칭하고, 신라의 왕에게 의복을 하사했다는 내용이 실려 있는 비는 중원 고구려비이다.

04 정답 ②

불립문자(不立文字), 심성(心性), 견성오도(見性悟道) 등을 통해 제시문이 선종에 대한 설명이고 선종은 신라 하대에 성장한 지방 호족들의 사상적 기반이었음을 알 수 있다.

[오답분석]
① 전제왕권 강화는 교종의 화엄사상과 관련된 내용이다.
③ 왕실에서는 선종을 포섭하기 위해 구산선문(九山禪門)을 초청하려는 꾸준한 노력을 기울였다.
④ 중국에서 공부해 온 승려들에 의해 전파되었다.

05 정답 ②

주어진 사건들을 발생한 순서대로 나열하면 다음과 같다.
ㄱ. 장보고의 청해진 설치(882)
ㄹ. 견훤의 후백제 건국(900)
ㄴ. 고려 초 광종의 노비안검법 실시(956)
ㄷ. 고려 말 원 간섭기 정동행성 설치(1280)
따라서 ㄱ - ㄹ - ㄴ - ㄷ 순으로 나열하는 것이 적절하다.

06 정답 ②

제시문의 왕은 공민왕으로 공민왕은 반원 자주 정책을 표방하여 변발과 호복 등 원나라 풍속을 없애려 하였고, 원의 내정간섭기구인 정동행성 이문소를 폐지하였다. 또한 요동 지방을 공격하고, 쌍성총관부를 탈환하였다.

오답분석
① 노비소송을 담당하는 장례원은 조선 세조 때 설치되었다.
③ 『동국병감』은 조선 문종 때 편찬된 책이다.
④ 과전법은 고려 말에 신진사대부의 경제적 기반을 마련하기 위해 시행된 제도이다.

07 정답 ①

제시문의 '몽고', '강화', '진도로 도읍을 옮겼다'라는 키워드를 통해 삼별초임을 알 수 있다. 삼별초는 최우가 치안 유지를 위해 설치한 야별초에서 비롯되었다. 이후 좌우별초로 확대되고, 이어서 몽고에서 탈출한 포로병들로 조직된 신의군이 합쳐져 구성된 조직이다.

오답분석
② 도방에 대한 설명이다.
③ 광군사에 대한 설명이다.
④ 쌍성총관부 수복은 삼별초와 관계가 없다.

08 정답 ④

제시문은 고려 중기 승려인 의천의 '교관겸수' 사상을 나타낸 『대각국사 문집』의 일부분이다. 제시문에서 '교관'이라는 단어를 통해 쉽게 알 수 있으며, "관(觀)도 배우지 않을 수 없고, 경(經)도 배우지 않을 수 없다."라는 문장도 꼭 알아두어야 한다.
정혜쌍수는 고려 무신집권기의 승려인 보조국사 지눌의 사상이고 그 외에 돈오점수를 주장하며 수선사 결사운동을 전개하였으므로 밑줄 친 '나'에 대한 설명으로 ④는 적절하지 않다.

09 정답 ①

산림(山林)은 조선 후기 붕당정치의 전개 과정에서 출현하였다.

10 정답 ③

제시문은 조선 초 재상 중심의 정치를 주장한 정도전의 글로 의정부 서사제와 관련이 깊다.
의정부 서사제는 의정부에서 정책을 심의하는 정치체제로 국왕의 권한을 의정부에 많이 넘겨주고, 훌륭한 재상들을 등용하여 정치를 맡기는 재상 중심의 정치이다.

오답분석
①·② 태종의 왕권 강화정책의 일환이었다. 태종은 언론기관인 사간원을 독립시켜 대신들을 견제하게 하였다.
④ 집현전은 세종 때 설치된 것으로 정책 연구와 문물 연구를 통해 문헌을 편찬하는 학술기관이었다.

11 정답 ③

제시문은 『율곡전서』에 수록된 해주향약 입약 범례문으로 촌락의 농민 조직인 '향도'에 대한 설명이다. 향도는 주로 상을 당하였을 때에나 어려운 일이 생겼을 때에 서로 돕는 역할을 하였으며 상여를 메는 사람인 상두꾼도 향도에서 유래하였다.

12 정답 ①

제시문은 안정복의 『동사강목』으로 고조선부터 고려 말까지를 다루고 있으며, 정통국가와 정통군주에 대하여 구별하여 서술하였다.

오답분석
② 이종휘의 『동사』에 대한 내용이다. 이종휘는 단군 - 부여 - 고구려의 역사 흐름에 중점을 두어 고대사 연구의 시야를 한반도 중심의 협소한 사관에서 벗어나 만주지방까지 넓혔다.
③ 한치윤의 『해동역사』에 대한 설명이다. 『해동역사』는 다양한 외국 자료를 망라하여 민족사 인식의 폭을 넓히는 데 이바지하였다.
④ 안정복의 『동사강목』은 백과사전류의 성격과는 거리가 멀다. 『동사강목』은 편년체의 서술방식에 강목법을 가미하였다.

13 정답 ③

부여의 능산리 고분군도 유네스코 문화유산으로 지정된 백제 역사 유적 지구이나. 굴식 돌방무덤이 발견되었다. 계단식 돌무지무덤은 백제 한성시대의 고분으로 능산리 고분과는 관련 없다.

오답분석
①·②·④ 공주의 무령왕릉, 부여의 정림사지, 익산의 미륵사지는 모두 유네스코 문화유산 지역인 백제 역사 유적 지구이다.

14
정답 ④

제시문은 붕당정치의 계기가 된 '이조전랑직'을 둘러싼 동인과 서인의 갈등에 대해 설명하고 있다.

오답분석
① 을사사화에 대한 설명이다. 을사사화 때에 인종의 외척 대윤과 명종의 외척 소윤의 갈등에 의해 훈구 세력과 사림 세력이 제거되었다.
② 심의겸은 서인이며 서경덕, 이황, 조식의 문인들은 동인에 가세하였다.
③ 이이와 성혼의 문인들은 서인에 가세하였다.

15
정답 ②

삼정이정청을 설치하게 된 계기는 동학농민운동이 아니라 1862년 임술농민봉기이다.

오답분석
① 황룡천·황토현 전투에서 승리한 동학농민군은 폐정개혁안을 제시하면서 정부와 전주화약을 체결하였다. 이때 동학농민군은 외세의 개입을 막고자 청·일 군대의 철수를 요청하였다.
③ 집강소는 농민 자치기구로 전주화약의 결과로 설치되었다. 집강소는 청·일 전쟁 발발 직후에도 운영되었다.
④ 일본군이 무력으로 경복궁을 점령하자 동학농민군은 전라도 남접과 충청도 북접이 연합하여 삼례에서 재봉기하였다.

16
정답 ③

1801년 노론 벽파가 반대파인 남인 시파를 제거하기 위해서 신유박해를 일으켰다. 이때 황사영은 청나라 주교에게 도움을 요청하는 백서를 썼다가 발각되어 처형당하였다.

오답분석
① 1791년 신해박해에 대한 설명이다.
② 1839년 기해박해에 대한 설명이다.
④ 1866년 병인박해에 대한 설명이다.

17
정답 ①

제시문의 ㉠은 문일평에 대한 설명으로, 1934년에 민족주의 사학자 정인보·문일평·안재홍 등은 조선 후기의 실학에 주목하고 성과를 보급하기 위한 조선학운동을 주도하였다.

오답분석
② 진단학회의 이병도에 대한 설명이다.
③ 백남운에 대한 설명으로 그는 유물사관을 바탕으로 보편성을 강조하였다.
④ 박은식에 대한 설명이다.

18
정답 ④

김좌진과 함께 청산리 전투를 이끌었던 홍범도에 대한 내용이다. 홍범도의 대한 독립군은 봉오동 전투를 승리로 이끌었다.

19
정답 ③

이승만 대통령은 반민법 개정을 요구하였고, 일부 의원이 공산당과 내통했다는 구실로 반민 특위 위원들을 구속했다. 또한 경찰을 동원하여 반민 특위 산하 특경대를 강제로 해산시켰다. 따라서 친일파 청산은 이승만 정부의 적극적인 협조로 진행되지 않았다.

20
정답 ③

4·19 혁명 이후 허정을 중심으로 수립된 과도 정부는 내각책임제를 기본으로 민의원과 참의원의 양원제 국회를 구성하는 3차 개헌을 단행하였다(1960).

03 일반상식

01	02	03	04	05	06	07	08	09	10
④	①	①	②	③	②	②	④	④	③

01 정답 ④

피딩족(FEEDing族)은 경제적(Financial)으로 여유가 있고, 육아를 즐기며(Enjoy), 활동적(Energetic)이고, 헌신적(Devoted)인 장년층 이상을 가리키는 용어이다. 손자와 손녀를 위해 서슴없이 비싼 선물을 사주는 경제력 있는 노년층을 뜻하기도 한다.

오답분석
① 노노족(No老族) : 나이는 노년층이지만 건강을 유지하며 젊은이들처럼 왕성하게 활동을 하는 사람들을 가리키는 용어. 의학의 발전, 평균수명의 연장, 건강에 대한 사회적 관심의 증가 등으로 인한 노노족의 증가는 이들을 겨냥한 실버산업의 호재로 이어진다.
② 코쿤족(Cocoon族) : 외부 세계로 나가기보다는 자신만의 안락한 공간에서 자신의 생활을 즐기려는 사람들을 가리키는 용어이다.
③ 슬로비족(Slobbie族) : 'Slower but Better working people', 즉 천천히 그러나 훌륭하게 일하는 사람들을 가리키는 용어. 급변하는 현대 생활의 속도를 조금 늦춰 여유롭게 살아가려는 사람들로, 물질보다는 마음을, 출세보다는 자녀를 중시하는 경향이 있다.

02 정답 ①

중대선거구제는 지역구당 2~5명의 의원을 뽑는 방식이다. 유권자 입장에서는 선택의 폭이 넓어지고, 당선자 선출에 기여하지 못하는 사표(死票)가 줄어든다. 따라서 유권자의 정치적 효능감도 커지게 된다. 그러나 유권자의 민의(民意)가 충분히 반영되지 않고, 군소정당의 후보들이 선거판에 난립할 수 있다는 단점도 있다. 지역구가 넓어 선거비용도 비교적 많이 들게 된다.

03 정답 ①

탈리오 법칙은 함무라비 법전 속에 나오는 것으로 복수의 방법을 나타내는 말이나, 근본적으로는 무차별적인 사적 구제를 방지하고 당한 만큼만 응징하게 하려는 징벌적 정의를 실현하기 위한 것이다.

04 정답 ②

웹(Web)과 알코올 중독(Alcoholism)의 합성어인 웨바홀리즘은 일상생활에서 정신적·심리적으로 인터넷에 과도하게 의존하는 중독 증세이다. 이들은 인터넷에 접속하지 않으면 불안감을 느끼고 일상생활을 하기 어려울 정도로 힘들어하며 수면 부족, 생활패턴의 부조화, 업무 능률 저하 등이 나타나기도 한다.

05 정답 ③

오답분석
① 옴니채널 쇼핑 : 온·오프라인 매장을 결합하여 소비자가 언제 어디서든 구매할 수 있도록 한 쇼핑체계
② 모루밍 : 오프라인 매장에서 제품을 확인하고 모바일로 구매하는 현상
④ 쇼루밍 : 매장에서 제품을 살펴본 뒤 실제 구매는 온라인 등 다른 유통 경로로 하는 것

06 정답 ②

스타(Star) 사업이란 유망한 사업으로, 시장성장률과 기업의 시장점유율이 높으므로 성장성과 수익성이 모두 높은 영역이다. 이처럼 성장성·수익성이 크므로 지속적인 투자가 필요하다. 현금을 많이 창출하지만 경쟁자들을 방어하기 위해 생산시설 확충, 기술개발 등에 많은 현금 유출이 뒤따른다.

오답분석
① 도그(Dog) 사업 : 사양 사업, 즉 성장성과 수익성이 없는 철수해야 하는 사업
③ 캐시카우(Cash Cow) 사업 : 수익 창출원, 즉 기존의 투자에 의해 수익이 계속적으로 실현되므로 자금의 원천 사업
④ 퀘스천 마크 사업 : 신규 사업, 즉 상대적으로 낮은 시장점유율과 높은 시장성장률을 가진 사업으로 기업의 행동에 따라서는 차후 스타 사업이 되거나, 도그 사업으로 전락할 수 있는 사업

07 정답 ②

②는 그리드 컴퓨팅(Grid Computing)에 대한 설명이다. 그리드 컴퓨팅은 PC나 서버 등의 모든 컴퓨팅 기기를 하나의 네트워크를 통해 연결함으로써 정보처리 능력을 슈퍼컴퓨터 혹은 그 이상 수준으로 극대화하려는 분산 컴퓨팅 모델로, 고속 네트워크로 연결된 다수의 컴퓨터 시스템이 사용자에게 통합된 가상의 컴퓨팅 서비스를 제공한다.

08

정답 ④

스마트 그리드(Smart Grid)는 기존의 전력망에 정보통신(IT), 통신 네트워크를 결합한 지능형 전력망을 뜻하며, 차세대 에너지 신기술로 평가받는다. 전기자동차에 전기를 충전하는 기본 인프라로 태양광·풍력 등 신재생에너지를 안정적으로 이용할 수 있게 한다.

자율주행 자동차의 5대 핵심 기술로는 BSD, HDA, LDWS 외에도 LKAS, ASCC 등이 있다. LKAS(Lane Keeping Assist System)는 차선 유지 지원 시스템, 즉 방향 지시등 없이 차선을 벗어나는 것을 보완하는 기술이다. ASCC(Advanced Smart Cruise Control)는 설정된 속도로 차간 거리를 유지하며 정속 주행하는 기술이다.

오답분석

① BSD(Bind Spot Detection) : 후측방 경보 시스템으로, 후진 중 주변 차량을 감지하고 경보를 울리는 기술을 말한다.
② HDA(Highway Driving Assist) : 고속도로 주행 지원 시스템으로, 자동차 간 거리를 자동으로 유지해 주는 기술을 말한다.
③ LDWS(Lane Departure Warning System) : 차선 이탈 경보 시스템으로, 방향 지시등을 켜지 않고 차선을 벗어났을 때 전방 차선의 상태를 인식하고 핸들 진동, 경고음 등으로 운전자에게 알려 사고를 예방하는 기술을 말한다.

09

정답 ④

도덕적 해이는 법과 제도적 허점을 이용해 자기 책임을 소홀히 하거나 집단적인 이기주의를 나타내는 상태·행위를 뜻한다. 도덕적 해이와 역선택은 모두 소비자와 공급자 간의 정보 차이에 의해 일어나는 현상으로, 도덕적 해이는 거래 이후에 발생하는 반면, 역선택은 거래가 이루어지기 전에 발생한다는 특징이 있다.

오답분석

① 도덕적 해이를 예방하기 위해 보험회사에서는 실손보험계약에 공제조항을 적용해 손실 일부를 계약자에게 부담시키거나, 위험관리가 잘 이루어지고 있는 위험집단에 할인을 적용하는 등의 방법을 실시한다.
② 역선택은 자기에게 유리하게 하려고 상대편에게 불리한 것을 고르는 행위를 뜻하며, 공급자와 수요자가 갖고 있는 정보가 각각 다르다는 비대칭성 때문에 발생한다.
③ 보험 부문에서 역선택은 자신의 직업이 위험직군에 속하는 사람, 건강에 자신이 없는 사람 등의 리스크가 높은 계약자가 보험금을 노리고 고의적으로 보험상품에 가입하는 것을 뜻한다. 위험도가 낮은 보험가입자는 보험시장에서 사라지고 사고율이 높은 보험가입자만 보험시장에 남게 되며, 결과적으로 보험회사는 보험금을 지급할 확률이 높은 사람들과 계약하는 경우가 많아져 손실을 입게 된다.

10

정답 ③

유니언숍(Union Shop)은 클로즈드숍(Closed Shop)과 오픈숍(Open Shop)의 중간 형태로서 고용주는 노동조합 이외의 노동자까지도 자유롭게 고용할 수 있으나, 일단 고용된 노동자는 일정 기간 내에 조합에 가입해야 한다.

제5회 최종점검 모의고사

01 국어

01	02	03	04	05	06	07	08	09	10
④	②	②	①	③	①	②	③	②	①
11	12	13	14	15	16	17	18	19	20
③	③	②	②	④	④	④	①	③	①

01 　　　　　　　　　　　　　　　　정답 ④

'뇌졸중(腦卒中)'은 뇌에 혈액 공급이 제대로 되지 않아 손발의 마비, 언어 장애 등을 일으키는 증상을 일컬으며, '뇌졸증'은 이러한 '뇌졸중'의 잘못된 표현이다.
'꺼림칙하다'와 '꺼림직하다' 중 기존에는 '꺼림칙하다'만 표준어로 인정되었으나, 2018년 표준국어대사전이 수정됨에 따라 '꺼림직하다'도 표준어로 인정되었다. 따라서 '꺼림칙하다', '꺼림직하다' 모두 사용할 수 있다.

02 　　　　　　　　　　　　　　　　정답 ②

'바램'은 '바람'의 잘못된 표기법이다. '바라다'는 '생각이나 바람대로 어떤 일이나 상태가 이루어지거나 그렇게 되었으면 하고 생각하다.'의 의미로 고치는 것은 적절하지 않다.

오답분석
① '다르다'는 '비교가 되는 두 대상이 서로 같지 아니하다.'는 의미로 오빠의 생김새와 나의 생김새를 서로 비교하는 것으로 보아 '틀려'를 '달라'로 고치는 것이 적절하다.
③ 주어와 서술어의 호응 관계가 맞지 않으므로 고치는 것이 적절하다.
④ 서술어 '주다'는 '주어는 ~에게 ~을 주다.'의 형태로 쓰이기 때문에 '인간에게'를 넣어 고쳐 쓴 것이 적절하다.

03 　　　　　　　　　　　　　　　　정답 ②

직장에서는 가급적 압존법을 사용하지 않는 것이 상례이다. 다만, 제시문의 경우에는 전화 통화를 하는 상대방을 높이는 의미에서 '과장님께서는'이라고 표현하지 않는 것이 적절하다.

오답분석
① '귀하'라는 특정 한 개인에게 '많이'라는 부사를 사용하여 틀린 문장이다. 한 명의 개인에게 많이 와달라는 요청을 할 수 없기 때문이다. 이 문장에서 '모시는' 행동을 하는 주체는 '나'이고 '참석하는' 행동을 하는 주체는 귀하이며, '하오니'라며 문장을 연결하는 과정에서 호응하는 주어가 생략되었다. 우리말에서는 의미 소통에 지장이 없고 상황이 명백한 때에는 일부 문장 성분을 생략할 수 있으므로 '(제가) 귀하를 이번 행사에 꼭 모시고자 하오니 (귀하께서는) 참석해 주시기 바랍니다.'로 고칠 수 있다(괄호 안의 문장성분은 생략가능).
③ '품절'의 주체는 '상품'인데, 상품은 사물이므로 높여서 말할 수 없다. 따라서 '품절입니다'가 바른 표현이다.
④ '나라'는 높임이나 낮춤의 대상이 아니므로 '저희'라고 수식할 수 없으며, '우리나라'는 우리 한민족이 세운 나라를 스스로 이르는 한 단어의 명사이므로 붙여 쓴다.

04 　　　　　　　　　　　　　　　　정답 ①

왕십리[왕심니] : Wangsimri → Wangsimni. 로마자 표기법에서는 자음동화를 반영하기 때문에 [왕심니]의 발음으로 표기해야 한다. 또한 왕십리는 행정구역 단위를 뜻하는 '리'가 아니므로, 붙임표를 넣을 필요없이 소리 나는 대로 '니(ni)'라고 적는다.

오답분석
② 울릉[울릉] : 'ㄹㄹ'은 'll'로 표기
③ 백마[뱅마] : 자음동화는 로마자 표기법에 반영
④ 학여울[학녀울 → 항녀울] : ㄴ 첨가와 자음동화는 로마자 표기법에 반영

05 정답 ③

훈민정음에서 설명하는 '병서(竝書, 나란히 쓰기)'는 초성자 두세 글자를 가로로 나란히 붙여 쓰는 방식으로서 'ㄲ, ㄸ, ㅃ, ㅆ, ㅉ, ㆅ' 등의 각자(各字) 병서와 'ㅲ, ㅳ, ㅴ, ㅵ, ㅶ, ㅷ, ㅺ, ㅼ, ㅽ, ㅾ' 등의 합용(合用) 병서가 있다.

오답분석
① 상형 : 'ㄱ, ㄴ, ㅁ, ㅅ, ㅇ' 등의 초성 기본자는 발음기관의 모양을 본떠 만들었다.
② 가획 : 'ㅋ, ㄷ, ㅌ, ㅂ, ㅍ, ㅈ, ㅊ, ㆆ, ㅎ'의 가획자는 기본자에 획을 더해 만들었다.
④ 연서 : 'ㅸ, ㅱ, ㆄ, ㅹ' 등의 순경음은 이어쓰기 방법으로 만들었다.

06 정답 ①

'도청도설(道聽塗說)'은 길에서 듣고 길에서 말한다는 뜻으로, 길거리에 퍼져 돌아다니는 뜬소문을 이르는 말이다.

오답분석
② 심심상인(心心相印) : 말없이 마음과 마음으로 뜻을 전한다는 뜻으로 묵묵한 가운데 서로 마음이 통함을 이르는 말
③ 염화미소(拈華微笑) : 꽃을 집어 들고 웃음을 띤다는 뜻으로, 석가모니가 영산회(靈山會)에서 연꽃 한 송이를 대중에게 보이자 마하가섭만이 그 뜻을 깨닫고 미소 지으므로 그에게 불교의 진리를 알려주었다고 하는 데서 유래한 말로, 말로 통하지 아니하고 마음에서 마음으로 전하는 일을 뜻함
④ 이심전심(以心傳心) : 마음과 마음이 통하고, 말을 하지 않아도 의사가 전달됨. 또는 말로써 설명할 수 없는 심오한 뜻은 오직 마음으로 깨닫는 수밖에 없다는 말

07 정답 ②

'언 발에 오줌 누기'는 언 발을 녹이려고 오줌을 누어 봤자 효력이 별로 없다는 뜻으로, 임시변통(臨時變通)은 될지 모르나 그 효력이 오래가지 못할 뿐만 아니라 결국에는 사태가 더 나빠짐을 비유적으로 이르는 말이다.

오답분석
① 손해를 크게 볼 것을 생각지 아니하고 자기에게 마땅치 아니한 것을 없애려고 그저 덤비기만 하는 경우를 비유적으로 이르는 말
③ 당장에 쓸데없거나 대단치 않게 생각되던 것도 막상 없어진 뒤에는 아쉽게 생각된다는 말 또는 오랫동안 해오던 일을 그만두기는 퍽 어렵다는 말
④ 밑 빠진 독에 아무리 물을 부어도 독이 채워질 수 없다는 뜻으로, 아무리 힘이나 밑천을 들여도 보람 없이 헛된 일이 되는 상태를 비유적으로 이르는 말

08 정답 ③

③의 해결은 '제기된 문제를 해명하거나 얽힌 일을 잘 처리함'을 의미하므로 解決(풀 해, 결정할 결)로 표기하는 것이 옳다.

오답분석
① 만족(滿 찰 만, 足 발 족) : 마음에 흡족함
② 재청(再 다시 재, 請 청할 청) : 이미 한 번 한 것을 다시 청함
④ 재론(再 다시 재, 論 의논할 논) : 이미 논의한 것을 다시 논의함

09 정답 ②

'오비이락(烏飛梨落)'은 까마귀 날자 배 떨어진다는 뜻으로, 아무 관계도 없이 한 일이 공교롭게도 때가 같아 억울하게 의심을 받거나 난처한 위치에 서게 됨을 이르는 말이다.

오답분석
① 금상첨화(錦上添花) : 비단 위에 꽃을 더한다는 뜻으로, 좋은 일 위에 또 좋은 일이 더하여짐을 비유적으로 이르는 말
③ 고진감래(苦盡甘來) : 쓴 것이 다하면 단 것이 온다는 뜻으로, 고생 끝에 즐거움이 옴을 이르는 말
④ 일거양득(一擧兩得) : 한 가지 일을 하여 두 가지 이익을 얻음

10 정답 ①

제시문은 허파의 기능에 대해 말하고 있으므로 글의 주제로 가장 적절하다.

11 정답 ③

차로 유지기능을 작동했을 때 운전자가 직접 운전을 해야 했던 '레벨 2'와 달리 '레벨 3'은 운전자가 직접 운전하지 않아도 긴급 상황에 대응할 수 있는 자동 차로 유지기능이 탑재되어 있다. 이러한 '레벨 3' 안전기준이 도입된다면, 지정된 영역 내에서 운전자가 직접 운전하지 않고도 주행이 가능해질 것이다. 따라서 빈칸에 들어갈 내용으로 '운전자가 운전대에서 손을 떼고도 차로를 유지하며 자율주행이 가능해진다'가 가장 적절하다.

오답분석
① 레벨 3 부분자율주행차는 운전자 탑승이 확인된 후에만 작동할 수 있다.
② · ④ 제시문에서는 레벨 3 부분자율주행차의 자동 차로 유지기능에 대해 이야기하고 있으며, 자동 속도 조절이나 차량 간 거리 유지기능에 대해서는 제시문을 통해 알 수 없다.

12 정답 ③

제시문은 우리가 먹는 채소 종자를 많은 부분 수입하고 있으며 이로 인한 문제가 발생할 수 있음을 설명하는 글이다. 따라서 국내산 채소와 종자에 대한 화두를 꺼내는 (가)가 먼저 오고 '하지만'으로 연결되어 많은 종자들을 수입하고 있음을 설명하는 (다)가 나와야 한다. 다음으로 '심지어'라는 접속어로 설명을 보충하는 (나)와 이로 인해 발생할 수 있는 문제점에 대해서 설명한 (라)가 차례로 오는 것이 적절하다.

13 정답 ②

제시문의 핵심 논점은 첫번째 문단의 '제로섬(Zero-sum)적인 요소를 지니는 경제 문제'와 두 번째 문단의 '우리 자신의 수입을 보호하기 위해 경제적 변화가 일어나는 것을 막거나 혹은 사회가 우리에게 손해를 입히는 공공정책이 강제로 시행되는 것을 막기 위해 싸울 것'이다. 따라서 제시문은 사회경제적인 총합이 많아지는 정책, 즉 '사회의 총생산량이 많아지게 하는 정책이 좋은 정책'이라는 주장에 대한 비판이라고 할 수 있다.

14 정답 ②

박지원은 조선 후기 실학자 겸 소설가로, 이용후생의 실학을 강조하였으며, 여러 편의 한문소설을 발표하였다. 작품으로는 『열하일기』, 『연암집』, 『허생전』 등이 있다.

15 정답 ④

소장에게는 감독조가 필요하므로 소장은 감독조를 해체하지 않고 3공사장으로 보내서 시간을 벌 생각을 하고 있다.

오답분석
① 우선 내일의 행사를 위해 숨 좀 돌려보자는 게 그(=소장)의 속셈이었다.
② 소장은 이 모든 일들(=쟁의)을 열흘 안으로 해치우고 원상 복구를 해 놓을 자신이 있었다.
③ 소장은 점차로 시간을 보내면서 하나둘씩 해고해 나갈 것이었다.

16 정답 ④

서산의 해가 지는 것은 임금의 승하를 비유하므로 오랜 세월을 함께한 벗이라는 해설은 적절하지 않다.

오답분석
① (가)의 ㉠은 계유정난으로 인해 억울하게 해를 입은 충신들을 의미한다.
② (나)는 유배를 당해 귀양을 가면서 지은 시조로 ㉡은 임금을 의미한다.
③ (다)는 임과 이별한 화자가 낙엽이 떨어지는 가을에 임을 그리워하면서 ㉢ '저(=임)'이 자신을 그리워하는지 궁금해 하고 있다.

17 정답 ④

제시문은 '진리'와 '정의'를 통하여 '법과 제도'에 대하여 말하고 있으므로 논리 전개 방식은 유추이다. 따라서 인생과 여행에 대해 유추의 방식으로 전개해 나가고 있는 ④가 적절하다.

오답분석
① 삼단 논법으로 논리를 전개하고 있다.
② 대조의 방식으로 남녀의 차이점에 대해 설명하고 있다.
③ 구체적인 상황을 근거로 일반적인 사실에까지 확대하는 귀납의 논리 전개 방식을 띠고 있으나, 특정한 사례를 성급하게 일반화하는 일반화의 오류를 범하고 있다.

18 정답 ①

마지막 문장 '이러한 세상을 살아가는 데에 인문학은 실질적인 지침을 제공해야 한다.'를 통해 현대 사회에서 인문학이 담당해야 할 역할에 대해서 말하고 있음을 알 수 있다.

19 정답 ③

'묘수'는 특수한 영역에서 사용되던 것이 일반화되면서 단어의 의미가 변화한 것에 비해 '배꼽'은 일반 영역에서의 사용이 바둑에서 특수하게 변화된 것으로 ㉢의 사례로 적절하지 않다.

오답분석
① '밥'의 의미는 '아침'에 포함되어있다는 것처럼 '코'도 '콧물'의 의미를 포함하고 있으므로 적절한 사례이다.
② '수세미'는 그 식물인 수세미였지만 오늘날은 그릇을 씻는데 물건을 뜻하므로 언어 표현은 그대로지만 대상이 바뀐 것으로 보아 적절한 사례이다.
④ 질병에 대한 두려움으로 특정 표현을 피하기 위해 전염병인 '천연두'를 '손님'이라고 불렀다는 것은 적절한 사례이다.

20 정답 ①

몽타주는 '상형문자가 합해져서 회의문자가 만들어지는 과정에서 아이디어를 빌려'온 것이므로 '상형문자의 형성 원리를 바탕으로 만들어졌다.'고 말할 수 없다.

오답분석
② 에이젠슈타인은 두 개의 묘사 가능한 것을 병치하여 시각적으로 묘사 불가능한 것을 재현하려 했다.
③ 사람의 '눈'과 '물'의 이미지를 충돌시켜 '슬픔'의 의미를 드러낸다.
④ '문' 그림 옆에 '귀' 그림을 놓아 '도청'의 이미지를 나타낸다.

02　한국사

01	02	03	04	05	06	07	08	09	10
②	②	③	②	①	④	①	②	④	①
11	12	13	14	15	16	17	18	19	20
①	②	④	③	②	③	②	③	②	②

01　정답 ②
모두 구석기시대의 유적이 발견된 것으로 보아, 발굴조사 연대를 묻는 문제이다.
- 공주 석장리 : 1964 ~ 1974년에 발굴, 구석기시대 유적
- 웅기 굴포리 : 1963년에 발굴, 구석기 중기 ~ 신석기시대 유적

[오답분석]
① ・제주 빌레못 : 1973년에 발굴, 구석기 중기 유적
　・상원 검은모루동굴 : 1966 ~ 1970년에 발굴, 구석기 전기 유적
③ ・단양 상시리 : 1984년에 발굴, 구석기 후기 ~ 초기 철기 유적
　・덕천 승리산 : 1972년에 발굴, 구석기 중기 유적
④ ・연천 전곡리 : 1978년에 발굴, 구석기시대 유적
　・평양 만달리 : 1979년에 발굴, 구석기시대 유적

02　정답 ②
제시된 (가) 나라는 부여로, 부여에는 12월에 열리는 제천 행사인 영고가 있었고, 지배 계급이 죽었을 때 부인이나 노비 등의 산 사람을 함께 묻는 순장이라는 풍습이 있었다. 또한 왕 아래 가축의 이름을 딴 마가, 우가, 저가, 구가가 행정 구역인 사출도를 다스렸고, 왕이 통치하는 중앙과 합쳐 5부를 구성하였다.

03　정답 ③
고구려에서 일어난 사건을 시기 순으로 나열하면 다음과 같다.
ㄷ. 고국천왕(179 ~ 197)은 을파소의 건의에 따라 진대법을 실시하였다.
ㄴ. 고국원왕은 백제 근초고왕과의 평양성전투(371)에서 전사하였다.
ㄱ. 372년 소수림왕 때에 전진의 순도를 통해 불교를 수용하고, 373년에 반포하였다.
ㄹ. 475년 장수왕은 남하 정책을 실시하여 한성을 함락시키고 백제의 개로왕을 죽였다.
따라서 ㄷ – ㄴ – ㄱ – ㄹ 순으로 나열하는 것이 적절하다.

04　정답 ②
삼국시대에 나라별로 전성기를 이끌었던 왕과 시기는 다음과 같다.
- 백제 – 근초고왕(4C)
- 고구려 – 광개토대왕(5C)
- 신라 – 진흥왕(6C)

따라서 근초고왕 – 광개토대왕 – 진흥왕 순으로 연결하는 것이 적절하다.

05　정답 ①
제시문에서 설명하는 인물은 의상이며 『화엄일승법계도』를 저술하여 화엄사상을 정리하였다.

[오답분석]
② 신라 말 승려 도선은 중국에서 풍수지리설을 들여왔다.
③ 원효에 대한 설명이다. 원효는 『십문화쟁론』에서 모든 것이 한 마음에서 나온다는 일심사상을 바탕으로 다른 종파들과의 조화를 이루어야 한다는 화쟁사상을 제시하였다.
④ 혜초에 대한 설명이다.

06　정답 ④
삼한통보 등의 동전을 만들어 유통한 것은 고려 숙종 대의 일이다.
제시문의 시기는 조선 후기로, 상평통보가 전국적으로 유통되면서 포구 상업이 발달했다. 종래의 포구는 세곡이나 소작료를 운송하는 기지의 역할을 했으나, 18세기에 이르러 강경포, 원산포 등이 상업의 중심지로 성장하였다. 포구를 거점으로 선상, 객주, 여각 등이 활발한 상행위를 하였다.

07　정답 ①
제시문은 통일신라시대의 만파식적 설화이며, 만파식적 설화는 『삼국유사』에 기록되어 있다.
『삼국유사』는 충렬왕 때 일연이 저술한 불교사, 다양한 신화와 설화, 그리고 14수의 향가가 기록되어 있는 종합적인 역사서이다. 『삼국유사』에 기록된 향가로는 「서동요」, 「찬기파랑가」, 「제망매가」 등이 있다. 향가가 기록되어 있는 다른 저술로는 광종 때 균여가 지은 『보현십원가』가 있으며 11수가 기록되어 있다.

[오답분석]
② 김부식의 『삼국사기』에 대한 설명이다.
③ 고려 때에 승려 각훈이 지은 『해동고승전』에 대한 설명이다.
④ 이규보가 저술한 『동명왕편』에 대한 설명이다.

08   정답 ②

제시문은 고려의 벽란도에 대한 설명이다.

오답분석
① 통일신라 흥덕왕 때의 장군 장보고가 해상권을 장악하고 중국·일본과 무역하던 곳
③ 조선시대 일본인이 조선에서 통상을 하던 무역처
④ 인천 중구 지역에 있던 조선시대의 포구로, 1882년 제물포조약이 이루어진 곳

09   정답 ④

제시문은 의정부 서사제에 대한 설명으로, 세종 대에 시행하였다.

오답분석
① 의정부 서사제는 왕권과 신권을 조화시킨 제도이다.
② 태종과 세조는 의정부 서사제 대신에 6조 직계제를 시행함으로써 왕권을 더욱 강화하였다.
③ 6조 직계제에 대한 설명이다.

10   정답 ①

'조선의 실정에 맞는 농법'을 소개한 이 농서는 세종 때 간행된 『농사직설』이다. '몽유도원도'는 15세기에 세종의 아들인 안평대군이 꿈에서 본 광경을 이야기하여 안견에게 그리게 한 것이다.

오답분석
② 고려 무신 정권기 시기의 문화에 대한 내용이다.
③ 조선 숙종 시기의 문화에 대한 내용이다.
④ 조선 후기(18세기) 시기의 문화에 대한 내용이다.

11   정답 ①

제시문은 이황의 『성학십도』의 일부분이다. 『성학십도』는 어린 선조에게 이황이 바친 것으로, 군주 스스로가 성리학의 요체를 터득할 것을 바라는 내용이다. '열 폭 밖에 되지 않는 종이', '여러 번 반복하여 공부하소서'라는 문장을 통해 파악할 수 있다. 또한 이황은 주리론을 강조하며, 임진왜란 이후 일본 성리학에 크게 영향을 끼쳤으므로 ①은 옳은 설명이다.

오답분석
② 수미법을 주장한 인물은 조광조, 이이, 유성룡 등이 있으며, 이이는 이황과는 달리 주기론을 강조하였다.
③ 성리학자임에도 불구하고 노장 사상을 포용하며 학문의 실천성을 강조한 사람은 조식이다.
④ 이황은 『전습록논변』을 저술하여 양명학을 비판하였으므로 틀린 지문이다.

12   정답 ②

제시문은 조선 후기의 향회가 수령에 의해 좌우지 되는 자문기구적인 성격과 수령의 권력이 향촌 깊숙이 스며들어 관권이 강화되고, 수령을 보좌하던 향리의 영향력이 강해졌음을 보여준다.

오답분석
① 조선 후기에는 관권이 강해지면서 상대적으로 사족의 향촌 지배력은 약화되었다.
③ 원래 향회는 사족들의 공론을 집약하는 기능을 가졌지만, 조선 후기로 갈수록 수령에 의해 좌우되는 자문기구적인 성격을 띠게 되었다.
④ 관권과 손을 잡은 부농층은 향촌 사회의 주도권을 놓고 양반 사족과 다툼을 벌였다.

13   정답 ④

(가)는 서원이다. 서원을 배경으로 세력을 확대했던 정치 세력은 사림파이고, 사림파는 소격서 폐지를 주장하였다. 따라서 조선 건국을 주도한 세력은 훈구파이므로 ④는 옳지 않다.

14   정답 ③

선혜청은 이원익의 건의에 따라 대동법이 실시되면서 설치된 기구로 함경도와 평안도를 제외한 6도에 설치되었다.

오답분석
① 어영청 : 인조 때 후금의 침입에 대비하기 위해 설치되었다.
② 상평청 : 세조 때 설치된 굶주린 백성들의 구제를 위한 기관이다.
④ 균역청 : 영조 때 균역법의 시행에 따라 관련 업무를 관장하던 기관이다.

15   정답 ②

제시문은 대한자강회의 취지문으로 대한자강회는 고종 황제의 강제 퇴위를 반대하는 운동을 전개하다가, 일제의 탄압으로 강제 해산되었다(1907).

오답분석
① 독립협회에 대한 내용이다. 독립협회는 만민운동회 개최, 외국의 내정 간섭·이권 요구 저지 활동 등을 하였다. 대표적으로는 러시아의 절영도 차차요구 저지, 한·러 은행의 폐쇄를 예로 들 수 있다. 그러나 독립협회의 외세 배척 운동은 주로 러시아를 대상으로 추진되었고, 미국, 영국, 일본 등에 대해서는 우호적이었다.
③ 일제강점기의 물산장려운동에 대한 설명이다.
④ 보안회에 대한 설명이다.

16 정답 ③

제시문은 병인양요(1866.9)에 대한 설명으로 병인박해(1866.1)를 배경으로 발생하게 되었으며, 당시 프랑스군이 외규장각 도서를 약탈하여 갔다.

오답분석
① · ② 신미양요(1791)에 대한 설명이다. 신미양요는 제너럴셔먼호 사건을 계기로 일어났고, 당시에 어재연은 광성보에서 미군에 맞서 싸웠다.
④ 1882년 조 · 미 수호통상조약에 대한 설명이다. 김홍집이 들고 온 『조선책략』을 계기로 조선은 미국과 수교를 맺었다.

17 정답 ②

제시된 사건을 발생 순서대로 나열하면 다음과 같다.
ㄴ. 1905년 7월 가쓰라 · 태프트 밀약이다. 미국은 필리핀, 일본은 조선에 대한 지배권을 인정하였다.
ㄹ. 1905년 8월 제2차 영일동맹이다. 영국은 인도, 일본은 조선에 대한 이권을 서로 인정하였다.
ㄱ. 1905년 9월 포츠머스 강화조약이다. 러일 전쟁에서 일본이 승리하고 러시아가 패배를 인정하게 되면서 사할린 양도와 일본의 조선에 대한 지배를 인정한다는 내용을 담고 있다.
ㄷ. 1905년 11월 을사조약에 대한 설명이다. 이 조약을 통해 일본은 조선의 외교권을 박탈하였다.
따라서 ㄴ - ㄹ - ㄱ - ㄷ 순으로 나열하는 것이 적절하다.

18 정답 ③

제시된 대한민국 임시정부 산하의 군대는 한국광복군으로 1940년 충칭에서 창설되었다. ③은 조선독립동맹 산하 단체인 조선의용군에 대한 설명으로 한국광복군과 관련이 없으므로 적절하지 않다.

오답분석
① 1942년에 한국광복군과 김원봉의 조선의용대 일부가 통합되었다.
② 한국광복군 초기에는 중국 정부 군사위원회의 지원을 받았기 때문에 간섭을 받았으나 1944년에 들어서야 한국광복군의 통할권이 대한민국 임시정부로 이관되었다.
④ 1945년에 한국광복군은 미국전략정보국(OSS)와 합작하여 국내진공작전을 계획하였다.

19 정답 ②

제시문은 1946년 미소공동위원회 결렬 직후 전개된 좌우합작위원회의 '좌우합작 7원칙'으로 좌우합작 7원칙에서는 미소공동위원회의 속개를 요청하고자 하였다.

오답분석
① 외국 군대의 철수는 남북협상에서 나온 내용이다.
③ 북한의 토지개혁에 대한 내용이다.
④ 유엔총회에서 결정된 사항이다.

20 정답 ②

제시문은 1960년 3 · 15 부정선거에 대한 내용으로 3 · 15 부정선거를 계기로 4 · 19 혁명이 발생하였고, 이로 인해 장면 정부가 들어서게 되었다.

오답분석
① 4 · 19 혁명의 계기가 되었다.
③ 이승만의 대통령의 당선 가능성은 높았으나, 부통령인 이기붕의 당선 가능성이 낮아 부정선거가 이루어지게 되었다.
④ 4 · 19 혁명이 발생하자 정부는 배후에 공산세력이 있다고 발표하고는 탄압하였다.

03 일반상식

01	02	03	04	05	06	07	08	09	10
②	①	②	①	②	②	①	④	④	③

01 　　　　　　　　　　　　　　　정답 ②

2028년 하계 올림픽을 주최하는 도시는 미국 로스앤젤레스(LA)다. 앞서 프랑스 파리와 LA가 2024년 올림픽 개최를 두고 경쟁을 벌였는데, 결과적으로 2024년 올림픽 개최권은 파리가 가져갔고, 이와 동시에 차기 대회 개최는 LA가 따낸 것으로 알려졌다. LA는 이로써 1984년 올림픽 이후 44년 만에 다시 하계 올림픽을 열게 됐다.

02 　　　　　　　　　　　　　　　정답 ①

우르줄라 폰 데어 라이엔(Ursula von der Leyen)은 독일의 의사 출신 정치인이다. 2003년 주의원으로 당선되며 정계에 입문했고, 이후 메르켈 내각에서 가족노인여성청소년부 장관과 노동부 장관, 그리고 2013~2019년에는 독일 최초 민간 출신이자 여성 국방부 장관을 역임했다. 국방부에서 퇴임 후 중도우파 성향의 유럽국민당(EPP) 소속으로 2019년 12월 유럽연합(EU)의 수장인 13대 집행위원장 자리에 올랐으며, 2024년 7월 연임에 성공했다.

03 　　　　　　　　　　　　　　　정답 ②

셀피노믹스(Selfinomics)는 'Self(자신)'와 'Economics(경제학)'의 조합어로, 유튜브처럼 온라인에서 활동하며 개인 콘텐츠를 만드는 인플루언서 또는 그들이 벌이는 독립적·자주적인 경제활동을 뜻한다. 또한 기업들도 유튜브, SNS 등에서 많은 구독자를 보유한 사람들을 통해 제품 광고나 판매가 이루어지는 경우가 늘고 있어 셀피노믹스 시장은 성장 추세를 이어갈 것으로 예상된다. 그러나 조회 수를 늘리기 위한 과열 경쟁, 부적절한 콘텐츠, 가짜뉴스 등의 확산 등 셀피노믹스의 부작용 또한 우려된다.

오답분석

① 셀프홀릭(Selfholic) : 'Self(자신)'와 중독자라는 뜻의 접미사 '-holic'의 조합어로, 스스로에 대해 매우 만족하며 타인에게 인정받기를 원하는 자기애적 성향이나 태도를 뜻한다.
③ 폴리시 믹스(Policy Mix) : 경제 성장과 안정을 동시에 실현하기 위하여 재정 정책, 금융 정책, 외환 정책 등의 다양한 경제 정책 수단을 종합적으로 운영하는 일을 뜻한다.
④ 에르고노믹스(Ergonomics) : 인간 및 인간의 작업에 관계되는 원리를 과학적으로 연구하는 학문으로서, 인간의 에너지를 효율적으로 사용하는 데 영향을 끼치는 해부학·생리학·심리학 또는 역학적 원리를 연구한다. 흔히 우리말로 '인간공학'이라고 풀이하기도 한다.

04 　　　　　　　　　　　　　　　정답 ①

국정조사는 공개를 원칙으로 하고, 비공개를 요할 경우에는 위원회의 의결을 얻도록 한다.

05 　　　　　　　　　　　　　　　정답 ②

「자본시장과 금융투자업에 관한 법률」제6조에서 금융투자업의 종류를 투자매매업, 투자중개업, 집합투자업, 투자자문업, 투자일임업, 신탁업으로 구분하고 있다. 신용협동기구는 제2금융권의 종류이며 신용협동조합, 새마을금고, 상호금융 등이 포함된다.

06 　　　　　　　　　　　　　　　정답 ②

AIIB(아시아인프라투자은행)은 2013년 시진핑 주석이 창설을 처음 제의하였으며, 2014년 10월 아시아 21개국이 설립을 위한 양해각서(MOU)에 서명함으로써 자본금 500억달러 규모로 출범했다.

오답분석

① IMF : 개별 국가에 자금을 융통해주는 국제기구로 선진국들이 펀드 형태로 기금을 조성한다. 1944년 미국 달러의 금태환제인 브레튼 우즈 체제의 합의와 함께 설치되었다.
③ ASEAN : 인도네시아를 수장으로 하는 동남아시아의 국가연합체이다. 가입국은 미얀마, 라오스, 타이, 캄보디아, 베트남, 필리핀, 말레이시아, 브루나이, 싱가포르, 인도네시아이다. ASEAN+3으로 중국, 한국, 일본을 포함하기도 한다.
④ WB : 유엔 산하의 금융기관으로 빈곤 구제를 목적으로 자금을 대출해준다. 1944년 미국 달러의 금태환제인 브레튼 우즈 체제의 합의와 함께 설치되었다.

07 　　　　　　　　　　　　　　　정답 ①

윔블던효과란 윔블던 테니스 대회를 개최하는 것은 영국이지만, 우승은 외국 선수들이 더 많이 한다는 데서 따온 말이다. 즉, 개방된 시장을 외국 기업이 석권하는 현상을 뜻한다.

오답분석

② 롱테일 법칙 : 인터넷 쇼핑몰에서 비인기 상품이 올리는 매출을 모두 합하면 인기상품 매출만큼 커지는 의외의 현상을 말한다. '우수고객(상품) 20%가 전체 매출의 80%를 만든다'는 파레토 법칙과 반대되는 개념이다.
③ 서킷브레이커(Circuit Breakers) : 주식거래를 일시적으로 중단하는 제도로, '주식거래중단제도'라고도 하며, 주가가 폭락하는 경우 거래를 정지시켜 시장을 진정시키는 목적으로 도입됐다.
④ 스핀오프(Spin Off) : 기업 경쟁력 강화를 위해 다각화된 기업이 한 회사를 독립시키는 '회사 분할'을 말한다. 회사 분할은 경영 효율성 증진 및 필요 없는 부분을 정리하려는 목적으로 실시한다.

08 정답 ④

투키디데스의 함정은 새로운 강대국이 떠오르면 기존의 강대국이 이를 두려워하여 견제하여 부딪칠 수밖에 없는 상황을 의미한다. 이는 아테네와 스파르타의 전쟁에서 유래한 말로, 미국 정치학자 그레이엄 앨리슨은 2017년에 낸 저서 『예정된 전쟁』에서 기존 강국이던 스파르타와 신흥 강국이던 아테네가 맞붙었듯이 현재 미국과 중국의 세력 충돌 또한 필연적이라는 주장을 하면서 이런 필연을 '투키디데스의 함정'이라고 명명했다.

오답분석
① 루카스 함정 : 케인스 학파가 정부 정책의 효과를 분석할 때 사용하는 방식에 대한 비판을 뜻한다. 미국의 경제학자 루카스의 주장으로, 과거의 정부 정책하에 성립하였던 값을 이용하여 새로운 정부 정책의 효과를 분석하는 데에는 문제가 있다고 지적한다.
② 맬서스의 함정 : 영국의 경제학자 맬서스가 주장한 것으로, 소득의 증가 속도가 인구의 증가 속도를 따라가지 못하여 소득이 정체되는 현상을 뜻한다.
③ 중진국의 함정 : 개발도상국이 경제 발전 초기에는 순조로운 성장세를 보이다가 중진국에 이르면 성장이 장기간 둔화되면서 정체 또는 퇴보하는 현상을 뜻한다. 세계은행(WB)의 보고서(2007)에서 유래했다.

09 정답 ④

울산 '반구천의 암각화'는 선사시대의 생활상이 생생히 기록된 벽화로, 2023년 문화재청(현 국가유산청)이 세계유산 등재에 도전하겠다고 밝힌 바 있다. 2024년 6월 유네스코의 현장실사가 마무리됐고, 최종결과는 2025년 7월 세계유산위원회의 등재 심사에서 보고될 예정이다.

10 정답 ③

모디슈머(Modisumer)는 'Modify(수정하다)'와 'Consumer(소비자)'의 합성어로, 제품을 제조사에서 제시한 방법이 아닌 자신만의 방식으로 사용하는 소비자를 말한다. 이들은 신제품 개발이나 디자인, 서비스 등에 관해 적극적으로 자신의 의견을 내놓는 성향이 있다.

오답분석
① 앰비슈머(Ambisumer) : 'Ambivalent(양면적인)'와 'Consumer(소비자)'의 조합어로, 이들은 자신의 가치관에 부합하는 것에는 소비를 망설이지 않는 반면, 그 외의 것들에 대해서는 굉장히 절약하는 상반된 소비 행태를 보인다.
② 트윈슈머(Twinsumer) : 'Twin(쌍둥이)'과 'Consumer(소비자)'의 조합어로, 자신과 취향이 비슷한 구매자들의 후기를 보고 구매하는 소비자를 가리킨다.
④ 큐레이슈머(Curasumer) : 'Curator(전시 기획자)'와 'Consumer(소비자)'의 조합어로, 큐레이터가 전시회를 기획하듯 기존 제품을 꾸미고 다양하게 활용하여 자신에게 맞게 구성하는 데 능수능란한 편집형 소비자를 말한다. 스마트폰 사용자 중 배경화면과 앱의 배치를 자신의 스타일에 맞게 재구성하는 사람들이 있는데, 이들이 바로 큐레이슈머에 해당한다.

제6회 최종점검 모의고사

01 국어

01	02	03	04	05	06	07	08	09	10
④	②	④	③	①	②	④	②	③	①
11	12	13	14	15	16	17	18	19	20
①	④	②	④	①	②	③	③	④	②

01 정답 ④

무릎쓰고 → 무릅쓰고
- 무릅쓰다 : 1. 힘들고 어려운 일을 참고 견디다.
  2. 뒤집어서 머리에 덮어쓰다.

02 정답 ②

제시문과 ②번의 '나서다'는 '어떠한 일을 적극적으로 또는 직업적으로 시작하다.'라는 의미이다.

오답분석
① 앞이나 밖으로 나와 서다.
③ 어떠한 일을 가로맡거나 간섭하다.
④ 어디를 가기 위하여 있던 곳을 나오거나 떠나다.

03 정답 ④

'듯'은 의존 명사이므로 앞에 오는 관형형 '올'과 띄어 써야 한다.

04 정답 ③

'제우'는 '겨우'의 방언(강원, 경남, 전라, 충청, 함경)이다.

05 정답 ①

오답분석
② 팔당 → Paldang
③ 홍빛나 → Hong Bitna
④ 설악산 → Seoraksan

06 정답 ②

밑줄 친 '헤아려'는 문맥상 '제자들의 재능을 미루어 짐작하여'의 뜻이므로, '計算(계산)하여'는 문맥상 적절하지 않다. 한편, ①·③·④은 인간이 지닌 여러 가지 측면과 능력을 신중하게 생각해 본다는 추상적 개념이 포함되어 있다.

오답분석
① 참작(參酌)하여, ③ 판단(判斷)하여, ④ 감안(勘案)하여

07 정답 ④

개과불린(改過不吝)은 '허물을 고침에 인색하지 말라.'는 뜻으로, 잘못된 것이 있으면 고치는 데 주저하지 않고 빨리 바로잡아 반복하지 말라는 의미이다.

오답분석
① 유비무환(有備無患) : 준비가 있으면 근심이 없다.
② 유유상종(類類相從) : 같은 무리끼리 서로 사귄다.
③ 회자정리(會者定離) : 만남이 있으면 헤어짐도 있다.

08 정답 ②

동족방뇨(凍足放尿)는 '언 발에 오줌 누기'라는 뜻으로 임시 변통은 될 수 있어도 그 효력이 오래가지 못하며, 결국 사태가 더 나빠짐을 비유적으로 이르는 말이다.

오답분석
① 밑빠진 독에 물 붓기 : 노력이나 비용을 아무리 들여도 한이 없고 들인 보람도 없는 사물이나 상태를 비유적으로 이르는 말이다.
③ 가재는 게 편이다 : 모양이나 형편이 비슷하고, 인연이 있는 것끼리 서로 잘 어울리고 감싸 주기 쉽다는 뜻이다.
④ 백지장도 맞들면 낫다 : 아무리 쉬운 일이라도 서로 힘을 합하면 훨씬 쉽다는 뜻이다.

09 정답 ③

苦盡甘來(고진감래)는 '쓴 것이 다하면 단 것이 온다.'는 말로, 고생 끝에 즐거움이 온다는 뜻이다.

오답분석
① 脣亡齒寒(순망치한) : 입술이 없으면 이가 시리다는 말로, 서로 의지하고 있어서 한쪽이 사라지면 다른 한쪽도 온전하기 어렵다는 뜻
② 堂狗風月(당구풍월) : 서당개 삼 년이면 풍월을 읊는다는 말로, 그 분야에 전문성이 없는 사람도 오래 있으면 지식과 경험을 얻는다는 뜻
④ 朝三暮四(조삼모사) : 아침에는 세 개, 저녁에는 네 개라는 말로, 간사한 꾀로 남을 속인다는 뜻

10 정답 ①

평균 세율은 세액을 과세 표준으로 나눈 값이므로 과세 표준 금액이 3,000만 원이고, 세액이 '(1,000만 원×10%)+(2,000만 원×20%)=500만 원'인 경우 평균 세율은 약 500÷3,000=16.7%가 된다.

11 정답 ①

두 번째 문단은 첫 번째 문단의 부연 설명이고, 제시문의 전개 방식은 다음과 같다.
- 대전제 : 전 세계를 상대로 진리를 탐구하는 것만이 진정한 학자이다.
- 소전제 : 남의 학문을 전파하는 것은 진리 탐구와는 성질이 다른 것이다.
- 결론 : 남의 학문을 전파하는 사람은 진정한 학자가 아니다.

따라서 전체적으로 보면 세 개의 정언 명제로 구성된 간접추리 방식으로 세 개의 명제 가운데 두 개의 명제는 전제이고, 나머지 한 개의 명제는 결론이 되는 연역법의 '정언 삼단논법' 방식이다.

12 정답 ④

하찮고 더러운 일(똥 치우는 일)을 주옥(珠玉)처럼 소중히 여겼으나 '이는 그 사람의 청렴한 인격에는 아무런 손상을 가져오지 않았다.'는 서술은 사람을 평가할 때 그 사람이 하는 일을 가지고 판단하지 말라는 말이다. 따라서 제시문의 입장과 가장 가까운 견해는 ④로 사람을 평가할 때는 그 사람의 인격을 우선적으로 고려해야 한다는 견해이다.

13 정답 ②

청산별곡은 작자・연대 미상의 고려가요이다. 어떤 젊은이가 속세를 떠나 청산과 바닷가를 헤매면서 자신의 비애를 노래한 것으로, 당시의 생활감정이 잘 나타나 있다.

오답분석
① 관동별곡 : 송강 정철이 관동팔경 등의 절승을 두루 유람한 후 자신의 소감 등을 읊은 노래이다.
③ 속미인곡 : 조선 선조 때 정철이 지은 가사로, 임금을 그리워하는 마음을 젊은 여인이 남편을 사모하는 형식으로 읊고 있다.
④ 서경별곡 : 작자 미상의 고려 속요의 하나로, 서경에 사는 여인이 대동강에서 임과 이별하는 심정을 노래하고 있다.

14 정답 ④

과학과 사법 체계를 '자연'이라는 큰 테두리에 종속된 개념이라는 주장은 몇 가지 새로운 분야가 동등한 위치로 합쳐져서 시너지 효과를 낳는 '융합, 컨버전스'와는 다른 차원의 주제이다. 나머지는 과학기술과 법이 융합된 새로운 패러다임의 주제이다.

15 정답 ①

제시문은 근대문학 형성의 주역들이 시민이었다는 것을 주장하고 있으므로 글의 주제로 ①이 가장 적절하다.

16 정답 ②

제시문의 글쓴이는 마지막 부분에서 자신의 경험을 '백성을 좀먹는 무리'에 적용하고 있는데, 백성들을 괴롭히는 이들은 미리 제거해야 나중에 큰일을 당하지 않게 된다고 하였다. 따라서 하늘의 뜻을 따르는 임금의 통치에 대한 평가는 임금이 죽은 후에 해야 한다는 보기의 글쓴이에 대해 가렴주구(苛斂誅求, 가혹한 정치로 백성을 못살게 들볶음)를 내버려 두었다가 맞게 될 결과를 비판할 것이다.

17 정답 ③

할랄식품 시장의 확대로 많은 유통업계들이 할랄식품을 위한 생산라인을 설치 중이다.

오답분석
①・② 할랄식품은 엄격하게 생산・유통되기 때문에 일반 소비자들에게도 평이 좋다.
④ 세계할랄 인증 기준은 200종에 달하고 수출하는 국가마다 별도의 인증을 받아야 한다.

18 정답 ③

제시문은 혈관 건강에 좋지 않은 LDL 콜레스테롤을 높이는 포화지방과 LDL 콜레스테롤의 분해를 돕고 HDL 콜레스테롤을 상승하게 하는 불포화지방에 대해 설명하고 있다. 따라서 글의 제목으로 '몸에 좋은 지방과 좋지 않은 지방'이 가장 적절하다.

19 정답 ④

의약품 특허권을 둘러싼 사건의 시작을 제시하며 도입부 역할을 하는 (라) 문단이 처음에 오고, 미국의 세부적인 요구 사항을 언급한 (가) 문단이 그다음에 와야 한다. 이어 칠레 정부의 대처를 설명하는 (다) 문단이 세 번째로 오고, 이러한 의약품 특허권이 지적재산권 협정을 예고했다는 (나) 문단이 마지막에 오는 것이 가장 적절하다.

20 정답 ②

제시문은 제1차 세계대전의 원인을 여러 방면에서 살펴봄과 동시에 방아쇠이자 효시가 되었던 오스트리아 황태자 부처 암살 사건의 중요성에 대해서도 이야기하고 있다. 즉, 제시문은 역사의 전개 양상이 필연적인 요소에 의해서만 흘러가는 것이 아니라 우연적인 요소에 의해서도 좌우된다는 것을 강조하고 있다. 따라서 다음에 이어질 부분의 내용으로 적절한 것은 '역사의 필연성과 우연성'이다.

02 한국사

01	02	03	04	05	06	07	08	09	10
③	①	③	④	①	②	④	②	①	④
11	12	13	14	15	16	17	18	19	20
③	②	③	③	④	④	③	②	④	③

01 정답 ③

제시된 토기는 신석기시대 때 사용된 빗살무늬 토기로, 밭농사와 달리 농사가 비교적 어려운 벼농사는 청동기시대부터 가능해졌다.

02 정답 ①

제시된 기록은 부여에 대한 내용이다. 부여는 왕 아래 마가, 우가, 저가, 구가 등의 부족이 있었고, 이들은 독자적인 세력 기반을 가지고 있어 각기의 읍락들을 통솔하였다.

[오답분석]
② 부여의 제천 행사로 영고가 있었고, 무천은 동예의 제천 행사이다.
③ 제사장이 관리하는 소도가 있는 국가는 삼한이다.
④ 민며느리제는 옥저의 결혼 풍습이다.

03 정답 ③

제시된 업적은 삼국 통일 후 전제 왕권을 확립한 신문왕의 업적이다.

04 정답 ④

(가) 인물은 궁예이다. 신라 왕족 출신인 궁예는 북원의 양길의 휘하로 들어가 세력을 키워 송악에 도읍을 정하고 후고구려를 세웠다(901). 이후 영토를 확장하여 도읍을 철원으로 옮기고 국호를 마진으로 바꿨다가 다시 태봉으로 바꾸기도 하였다. 그러나 미륵 신앙을 바탕으로 한 전제 정치로 인해 백성과 신하들의 원성을 사게 되어 왕건에 의해 축출되었다.

[오답분석]
① 김헌창의 활동에 대한 내용이다.
② 왕건의 활동에 대한 내용이다.
③ 견훤의 활동에 대한 내용이다.

05 정답 ①
제시된 사료가 쓰인 시기는 조선 후기이다. 삼한통보와 해동통보는 고려 숙종 때 발행된 화폐이므로 옳지 않다.

06 정답 ②
(가) 부대는 별무반으로 고려 숙종 때 부족을 통일한 여진족이 고려의 국경을 자주 침입하자 윤관이 왕에게 건의하여 편성하였고(1104), 예종 때 여진족을 물리치고 동북 9성을 설치하였다(1107).

오답분석
① 군사 기구인 도방에 대한 설명이다.
③ 군사 기구인 삼별초에 대한 설명이다.
④ 권력기관인 교정도감에 대한 설명이다.

07 정답 ④
제시된 사건을 일어난 순서대로 나열하면 다음과 같다.
(다) 흥화진 전투(1010) : 강조의 정변을(1009) 구실로 2차 침입을 한 거란군이 압록강을 건너 흥화진을 공격하였다. 고려 장수 양규는 거란의 압박에 조금도 굴하지 않고 전투를 지휘하여 적을 물리쳤다.
(나) 윤관의 별무반(1104) : 고려 숙종 때 부족을 통일한 여진족이 고려의 국경을 자주 침입하자 윤관이 왕에게 건의하여 별무반을 편성하였다. 윤관의 별무반은 여진족을 물리치고, 예종 때 동북9성을 설치하였다(1107).
(가) 처인성 전투(1232) : 몽골의 2차 침입 때 승장 김윤후가 이끄는 민병과 승군이 처인성에서 몽골군에 항전하여 적장인 살리타를 사살하고, 몽골군에 승리를 거두었다.
(라) 홍산 대첩(1376) : 고려 말 왜구와의 3대 대첩(황산 대첩, 진포 대첩) 중 하나로 최영이 충남 내륙 지역까지 올라온 왜구를 전멸시켰다.
따라서 (다) – (나) – (가) – (라) 순으로 나열하는 것이 적절하다.

08 정답 ②
ㄱ. 중서문하성, ㄴ. 중추원, ㄷ. 도병마사, ㄹ. 식목도감이다. ㄱ의 재신과 ㄴ의 승선이 아닌 추밀이 참여하였다. 중서문하성의 재신과 중추원의 추밀을 재추(宰樞)라 하여 도병마사와 식목도감에서 의정(議政)활동을 하였다. 승선은 왕명의 출납을 담당하였다. 따라서 ②는 옳지 않다.

오답분석
① 중서문하성은 고려 최고의 관서로서 그 장관인 문하시중이 국정을 총괄하는 수상이 되었다. 중서문하성은 2품 이상의 재신과 3품 이하의 낭사로 구성되었다. 재신은 국가의 정무를 의논하고 결정하는 의정활동을 하였고, 낭사는 간쟁·봉박·서경권을 행사하였다.

③ 도병마사는 고려 후기 도평의사사(도당)로 개칭되면서 국가최고기관으로 발전하였다.
④ 도병마사와 식목도감은 고려의 독자적인 기구로서 귀족합의정치의 발달을 알려주기도 한다. 당의 관제의 영향을 받은 것은 2성 6부이고 송의 영향을 받은 것은 중추원과 삼사이다.

09 정답 ①
혜민국(惠民局)은 고려 중기 예종 7년에 설치한 의료기관으로 백성의 질병을 고치기 위해 설치되었다. 이후 공양왕 3년에 혜민전약국으로 개칭되었고, 조선시대까지 이어지다가 세조 12년에 혜민서(惠民署)로 다시 개칭되었다.

오답분석
② 전의감 : 조선시대에 의료 행정과 의학 교육을 맡아보던 관아이다. 태조 1년(1392)에 설치하여 고종 31년(1894)에 없앴다.
③ 제생원 : 조선시대에 각 도에서 해마다 약재를 실어서 바치는 일을 맡아보던 관아이다. 치료, 교육 따위의 일도 담당하였으며, 태조 6년(1397)에 설치하여 세조 6년(1460)에 혜민국에 합쳤다.
④ 위생국 : 구한말에 내무아문 및 내부(內府)에 속하여 위생 사무를 맡아보던 부서이다. 1894년에 둔 것으로, 광무 9년(1905년)에 위생과로 고쳤다가 융희 2년(1908년)에 다시 위생부로 고쳤다.

10 정답 ④
조선 후기 군역으로 인한 농민들의 부담이 가중되자, 영조는 균역법을 시행하였다(1750). 농민은 1년에 2필이었던 군포를 1필만 부담하도록 하였고, 균역법의 시행으로 감소된 재정 수입은 지주에게 결작이라 하여 토지 1결당 미곡 2두를 부담시켰다. 또한 일부 상류층에게 선무군관이라는 칭호를 주고 군포 1필을 납부하게 하였으며, 어장세와 선박세 등을 거둬 재정수입을 보충하였다.

11 정답 ③
제시문은 북학파 박제가의 주장이다. 인물성동론은 서울 노론의 주장으로 북학사상을 발전시킨 세력이다.

오답분석
① 조선 후기 양명학자 정제두에 대한 설명이다.
② 조선 후기 서인에 대한 설명이다.
④ 경세치용학파는 대부분 경기 남인이었다.

12 정답 ②

공법은 세종 때 시행된 전세제도이다. 세종은 전국의 백성과 관리들의 여론을 조사하여 풍년·흉년(연분 9등법)과 토지의 질(전분 6등법)에 따라 세금을 달리하는 공법을 제정하였다.

오답분석
① 답험손실법 : 중앙 관리가 직접 조사하여 수확량을 결정하고 세금을 거두는 전세제도
③ 대동법 : 조선시대에 공물(특산물)을 쌀로 통일하여 바치게 한 납세제도
④ 영정법 : 조선 후기 인조 때(1635) 제정된 풍년과 흉년에 관계없이 토지의 등급에 따라 고정 전세를 거두는 전세제도

13 정답 ③

제시된 임진왜란 때 사건을 순서대로 나열하면 (나) 한산도 대첩 : 1592년 7월 – (가) 진주성 대첩(1차 혈전) : 1592년 10월 – (라) 행주 대첩 : 1593년 2월 – (다) 명량 대첩 : 1597년 9월 순으로 나열하는 것이 적절하다.

14 정답 ③

『조선왕조의궤』는 조선 왕조 500여 년간의 왕실 의례에 관한 기록물로 2007년 유네스코에 등재되었다.

오답분석
① 『불조직지심체요절』은 고려 시대의 유물이다.
②·④ 『경국대전』, 『국조오례의』는 유네스코에 등재되지 않았다.

15 정답 ④

제시된 역사적 사건을 발생 순서대로 나열하면 (가) 병인박해(1866. 1) – (마) 제너럴셔먼호 사건(1866. 7) – (다) 병인양요(1866. 9) – (나) 신미양요(1871) – (라) 강화도 조약(1876) 순으로 나열하는 것이 적절하다.

16 정답 ④

1904년 2월 8일에 시작된 전쟁은 러·일 전쟁이다. 러·일 전쟁은 러시아 제국과 일본 제국이 한반도에서 주도권을 쟁취하기 위한 무력 충돌이었으며, 일본은 전쟁에서 승리함에 따라 제국주의가 더욱 가속화되는 계기가 되었고, 동시에 대한제국은 독립을 유지하기 어렵게 되었다.

17 정답 ③

제시된 내용은 대한민국 임시정부에 대한 내용이다.

오답분석
① 대한광복군정부 : 1914년 3·1 운동이 일어나기 전 연해주에서 조직되었던 단체
② 대한국민의회 : 준 임시정부로 1919년 러시아의 블라디보스토크에 건립한 임시정부 성격의 단체
④ 대한인국민회 : 1910년 미국에서 조직되었던 독립운동단체

18 정답 ②

김원봉을 중심으로 활동하던 조선 민족 혁명당은 중·일 전쟁(1937)이 일어나자 조선의용대를 조직하여 중국 국민당 정부의 지원을 받으며 중국 여러 지역에서 많은 활약을 하였다. 1942년 조선의용대의 일부는 한국광복군 제1지대에 편입되었다.

오답분석
① 3부
③·④ 한국광복군

19 정답 ④

발췌 개헌은 1952년 부산에서 통과된 첫 번째 헌법 개정이다. 이승만은 간선제로 대통령 재당선될 가능성이 적어지자 직선제로 바꾸기 위해 개헌이 필요하다고 판단하였다. 이에 전쟁 중 계엄령을 선포하고 개헌에 반대하는 국회의원의 국회 참석을 방해하는 등의 방법으로 대통령 직선제를 통과시켰다. 이는 독재 정치를 목적으로 한 것으로, ㄴ과 ㄹ 또한 독재 정치를 하기 위해 벌어진 사건들이다.

20 정답 ③

제시된 역사적 사건을 발생 순서대로 나열하면 (다) 4·19 혁명(1960) – (가) 부마항쟁(1979) – (나) 5·18 민주화 운동(1980) – (라) 6월 민주 항쟁(1987) 순으로 나열하는 것이 적절하다.

03 일반상식

01	02	03	04	05	06	07	08	09	10
①	③	②	④	②	①	③	④	③	④

01 정답 ①

페레니얼(Perennial) 세대란 자신이 속한 세대가 향유하는 문화나 생활방식에 얽매이지 않고, 다른 세대의 문화도 자유롭게 소비하는 탈세대형 인간을 뜻한다. 페레니얼은 원래 '다년생 식물'을 뜻하는데, 마우로 기엔 미국 펜실베이니아대 교수가 이 같은 의미로 재정의하면서 현재의 의미로 확산했다. 평균수명이 늘어나면서 각 세대가 보편적으로 향유하는 문화만을 고집하지 않고, 이를 넘나들며 유연하게 즐기는 사람들이 늘어나고 있다.

02 정답 ③

메디치 효과(Medici Effect)란 서로 다른 분야의 요소들이 결합하여 각 요소가 지닌 에너지의 합보다 더 큰 에너지를 분출하는 것을 말한다. 15세기 이탈리아 피렌체의 메디치 가문이 문화, 철학, 과학 등 여러 분야 전문가를 후원하면서 자연스럽게 서로 융합돼 상승효과가 일어난 데서 유래한 용어다.

03 정답 ②

2024년 황석영 작가가 장편소설 『철도원 삼대』로 부커상 인터내셔널 최종후보에 올랐으나 아쉽게도 수상은 불발됐다. 2023년에는 천명관 작가가 『고래』로 최종후보에 올라 기대를 모았지만 역시 수상에는 실패해 아쉬움을 남겼다. 독일 출신의 작가 예니 에르펜베크의 『카이로스』가 2024년 인터내셔널 부문 수상의 영광을 안았다.

04 정답 ④

우리나라의 중앙은행인 한국은행은 화폐를 발행·환수하고, 기준금리 등 통화신용정책을 수립하고 진행한다. 또 은행 등 금융기관을 상대로 예금을 받고 대출을 해주며, 국가를 상대로 국고금을 수납하고 지급하기도 한다. 아울러 외환건전성 제고를 통해 금융안정에 기여하며, 외화자산을 보유·운용한다. 국내외 경제에 대한 조사연구 및 통계 업무를 수행하기도 한다. 금융기관에 대한 검사나 감독은 금융감독원이 한다.

05 정답 ②

빅맥 지수는 각국의 빅맥 가격을 미국의 빅맥 가격으로 나누어 각국의 구매력을 측정하는 지표이다. 제시된 자료를 통해 빅맥 지수를 구하면 다음과 같다.

국가	빅맥 지수
한국	4,500/5,66=795.05
일본	390/5,66=68.90
노르웨이	52/5,66=9.19
스위스	6.5/5,66=1.15

빅맥 지수는 실질구매력을 나타내는데, 빅맥 지수는 구매력평가설에 따라 적정 환율수준을 측정한다. 만약 빅맥 지수보다 현재 환율이 높다면 현재 화폐가치는 과소평가되어 있고, 빅맥 지수보다 현재 환율이 낮다면 현재 화폐가치는 과대평가되어 있다.
따라서 한국과 일본의 경우 빅맥 지수보다 현재 환율이 높기 때문에 화폐가치가 과소평가되어 있는 국가이고, 노르웨이와 스위스의 화폐가치는 과대평가되어 있다.

06 정답 ①

'자성적 예언'은 타인의 긍정적인 기대와 관심이 있을 경우에 본인이 그 기대와 관심에 부응하고자 노력하게 되고 높은 성과를 거두게 되는 효과를 의미한다. '피그말리온 효과'라고도 한다.

[오답분석]
② 후광효과 : 타인이 가진 일부분의 긍정적인 특징만으로 그 사람 전체를 판단하는 것을 의미한다.
③ 관대화 경향 : 다수의 사람을 평가할 때, 전반적으로 상대를 좋은 쪽으로 평가하게 되는 점수 분포상의 오류를 말한다.
④ 바넘효과 : 사람들이 보편적으로 가지고 있는 성격이나 심리적 특징을 자신만의 특성으로 여기는 심리적 경향을 말한다.

07 정답 ③

'가마우지 경제'는 소재, 부품, 장비 등을 대부분 일본에서 수입하기 때문에 수출로 거두는 이익의 많은 부분을 일본이 갖게 되는 한국의 경제구조를 뜻한다. 일본·중국 등지에서 낚시꾼이 가마우지의 목에 끈을 매어 두고 가마우지가 고기를 잡으면 그 끈을 잡아당겨 삼키지 못하게 한 다음 고기를 가로채는 데서 나온 말이다.

[오답분석]
① 무중량 경제 : 소프트웨어, 디자인, 금융 상품 등 지적 재산 같은 눈에 보이지 않고 무게가 없는 비물질적인 생산물에 가치를 두는 경제 활동을 뜻한다. 일단 개발하고 나면 추가 생산하는 데 비용이 들지 않는다는 특징이 있다.

② 긱 경제 : 기업들이 정규직보다 필요에 따라 계약직이나 임시직을 고용하는 경향이 커지는 경제상황을 뜻한다. 노동자들이 원하는 시간에 원하는만큼 일할 수 있지만, 최저임금 · 건강보험 등 사회제도적 보장을 받기 어렵다는 단점이 있다.
④ 마냐나 경제 : '일은 내일의 태양이 뜬다.'는 식으로 경제를 지나치게 낙관적으로 전망하는 것을 뜻한다. 마냐나는 에스파냐어로 '내일'을 뜻한다.

08   정답 ④

2025년 최저시급은 2024년 대비 약 1.7% 인상된 10,030원이다.

09   정답 ③

핏 포 55(Fit for 55)는 EU 집행위원회에서 발표한 탄소배출 감축 계획안이다. 이 계획의 핵심은 탄소국경조정제도(CBAM)로서, EU 역내로 수입되는 제품 중 EU에서 생산되는 제품보다 탄소배출량이 많은 제품에 탄소국경세를 부과하는 것이다. 2026년부터 철강·시멘트·비료·알루미늄·전기 등에 단계적으로 제도를 적용하게 된다.

[오답분석]
① RE100 : 'Renewable Electricity 100%'는 2050년까지 사용 전력의 100%를 태양광, 풍력 등 재생에너지로만 충당하겠다는 다국적 기업들의 자발적인 약속이다. 2014년 영국의 비영리단체인 '기후그룹'과 '탄소공개프로젝트'가 제시했으며, 국내에서도 이에 동참하는 기업들이 늘고 있다.
② 바젤협약 : 유해폐기물이 국가들을 이동할 때 교역국과 경유국에 사전 통보하는 등 유해폐기물의 불법적인 이동을 예방하자는 협약으로, 1989년 3월 유엔환경계획(UNEP)에서 채택되었고 1992년 5월 정식 발효되었다. 한국은 1994년 3월에 바젤협약에 가입했다.
④ 그린 택소노미 : 'Green(녹색산업)'과 'Taxonomy(분류학)'의 조합어이며, 환경적으로 지속 가능한 경제활동의 범위를 정하는 것으로 친환경산업을 분류하기 위한 녹색산업 분류체계를 말한다. 녹색투자를 받을 수 있는 산업 여부를 판별하는 기준으로 활용된다. 2020년 6월 유럽연합(EU)이 그린 택소노미를 세계 최초로 발표했다.

10   정답 ④

GPU(Graphics Processing Unit)에 대한 설명으로, 딥러닝(Deep-learning)에서 다량의 학습 데이터를 신속하게 반복 학습시키기 위해 GPU를 많이 활용하고 있다. 실제로 GPU를 활용하면서 딥러닝의 성능 또한 크게 향상되었다.

[오답분석]
① CPU(Central Processing Unit) : 컴퓨터의 두뇌이자 심장부의 역할을 하는 중앙처리장치로, 다른 모든 장치의 동작을 제어한다. 또한 프로그램 명령을 해독·실행하는 장치, 제어 장치, 연산장치 및 내부 기억장치(레지스터)로 구성되어 있다.
② DHCP(Dynamic Host Configuration Protocol) : 동적 호스트 구성 프로토콜로서, TCP / IP 통신을 수행하기 위해 네트워크 구성 파라미터들을 동적으로 설정하는 데 필요한 표준 네트워크 프로토콜이다.
③ HDD(Hard Disk Drive) : 자성체로 코팅된 원판형 알루미늄기판에 자료를 저장할 수 있도록 만든 보조기억장치의 한 종류이다.

국가정보원 일반직 9급 필기시험 답안지

문번	국어				문번	한국사				문번	일반상식			
1	①	②	③	④	1	①	②	③	④	1	①	②	③	④
2	①	②	③	④	2	①	②	③	④	2	①	②	③	④
3	①	②	③	④	3	①	②	③	④	3	①	②	③	④
4	①	②	③	④	4	①	②	③	④	4	①	②	③	④
5	①	②	③	④	5	①	②	③	④	5	①	②	③	④
6	①	②	③	④	6	①	②	③	④	6	①	②	③	④
7	①	②	③	④	7	①	②	③	④	7	①	②	③	④
8	①	②	③	④	8	①	②	③	④	8	①	②	③	④
9	①	②	③	④	9	①	②	③	④	9	①	②	③	④
10	①	②	③	④	10	①	②	③	④	10	①	②	③	④
11	①	②	③	④	11	①	②	③	④					
12	①	②	③	④	12	①	②	③	④					
13	①	②	③	④	13	①	②	③	④					
14	①	②	③	④	14	①	②	③	④					
15	①	②	③	④	15	①	②	③	④					
16	①	②	③	④	16	①	②	③	④					
17	①	②	③	④	17	①	②	③	④					
18	①	②	③	④	18	①	②	③	④					
19	①	②	③	④	19	①	②	③	④					
20	①	②	③	④	20	①	②	③	④					

※ 본 답안지는 마킹연습용 모의 답안지입니다.

고사장	
성 명	

수험번호	⓪	①	②	③	④	⑤	⑥	⑦	⑧	⑨
	⓪	①	②	③	④	⑤	⑥	⑦	⑧	⑨
	⓪	①	②	③	④	⑤	⑥	⑦	⑧	⑨
	⓪	①	②	③	④	⑤	⑥	⑦	⑧	⑨
	⓪	①	②	③	④	⑤	⑥	⑦	⑧	⑨
	⓪	①	②	③	④	⑤	⑥	⑦	⑧	⑨
	⓪	①	②	③	④	⑤	⑥	⑦	⑧	⑨

감독위원 확인	(인)

※ 절취선을 따라 분리하여 실제 시험과 같이 사용하면 더욱 효과적입니다.

국가정보원 일반직 9급 필기시험 답안지

고사장		성 명		수험번호	

감독위원 확인 (인)

국어

문번	1	2	3	4
1	①	②	③	④
2	①	②	③	④
3	①	②	③	④
4	①	②	③	④
5	①	②	③	④
6	①	②	③	④
7	①	②	③	④
8	①	②	③	④
9	①	②	③	④
10	①	②	③	④
11	①	②	③	④
12	①	②	③	④
13	①	②	③	④
14	①	②	③	④
15	①	②	③	④
16	①	②	③	④
17	①	②	③	④
18	①	②	③	④
19	①	②	③	④
20	①	②	③	④

한국사

문번	1	2	3	4
1	①	②	③	④
2	①	②	③	④
3	①	②	③	④
4	①	②	③	④
5	①	②	③	④
6	①	②	③	④
7	①	②	③	④
8	①	②	③	④
9	①	②	③	④
10	①	②	③	④
11	①	②	③	④
12	①	②	③	④
13	①	②	③	④
14	①	②	③	④
15	①	②	③	④
16	①	②	③	④
17	①	②	③	④
18	①	②	③	④
19	①	②	③	④
20	①	②	③	④

일반상식

문번	1	2	3	4
1	①	②	③	④
2	①	②	③	④
3	①	②	③	④
4	①	②	③	④
5	①	②	③	④
6	①	②	③	④
7	①	②	③	④
8	①	②	③	④
9	①	②	③	④
10	①	②	③	④

※ 정답선을 따라 분리하여 실제 시험과 같이 사용하면 더욱 효과적입니다.

※ 본 답안지는 마킹연습용 모의 답안지입니다.

국가정보원 일반직 9급 필기시험 답안지

문번	국어				문번	한국사				문번	일반상식			
	1	2	3	4		1	2	3	4		1	2	3	4
1	①	②	③	④	1	①	②	③	④	1	①	②	③	④
2	①	②	③	④	2	①	②	③	④	2	①	②	③	④
3	①	②	③	④	3	①	②	③	④	3	①	②	③	④
4	①	②	③	④	4	①	②	③	④	4	①	②	③	④
5	①	②	③	④	5	①	②	③	④	5	①	②	③	④
6	①	②	③	④	6	①	②	③	④	6	①	②	③	④
7	①	②	③	④	7	①	②	③	④	7	①	②	③	④
8	①	②	③	④	8	①	②	③	④	8	①	②	③	④
9	①	②	③	④	9	①	②	③	④	9	①	②	③	④
10	①	②	③	④	10	①	②	③	④	10	①	②	③	④
11	①	②	③	④	11	①	②	③	④					
12	①	②	③	④	12	①	②	③	④					
13	①	②	③	④	13	①	②	③	④					
14	①	②	③	④	14	①	②	③	④					
15	①	②	③	④	15	①	②	③	④					
16	①	②	③	④	16	①	②	③	④					
17	①	②	③	④	17	①	②	③	④					
18	①	②	③	④	18	①	②	③	④					
19	①	②	③	④	19	①	②	③	④					
20	①	②	③	④	20	①	②	③	④					

※ 본 답안지는 마킹연습용 모의 답안지입니다.

※ 절취선을 따라 분리하여 실제 시험과 같이 사용하면 더욱 효과적입니다.

고사장

성명

수험번호
⓪ ① ② ③ ④ ⑤ ⑥ ⑦ ⑧ ⑨
⓪ ① ② ③ ④ ⑤ ⑥ ⑦ ⑧ ⑨
⓪ ① ② ③ ④ ⑤ ⑥ ⑦ ⑧ ⑨
⓪ ① ② ③ ④ ⑤ ⑥ ⑦ ⑧ ⑨
⓪ ① ② ③ ④ ⑤ ⑥ ⑦ ⑧ ⑨
⓪ ① ② ③ ④ ⑤ ⑥ ⑦ ⑧ ⑨
⓪ ① ② ③ ④ ⑤ ⑥ ⑦ ⑧ ⑨

감독위원 확인
(인)

국가정보원 일반직 9급 필기시험 답안지

고사장		
성 명		
수험번호	⓪①②③④⑤⑥⑦⑧⑨ ⓪①②③④⑤⑥⑦⑧⑨ ⓪①②③④⑤⑥⑦⑧⑨ ⓪①②③④⑤⑥⑦⑧⑨ ⓪①②③④⑤⑥⑦⑧⑨ ⓪①②③④⑤⑥⑦⑧⑨ ⓪①②③④⑤⑥⑦⑧⑨ ⓪①②③④⑤⑥⑦⑧⑨	
감독위원 확인	(인)	

국어					한국사					일반상식				
문번	1	2	3	4	문번	1	2	3	4	문번	1	2	3	4
1	①	②	③	④	1	①	②	③	④	1	①	②	③	④
2	①	②	③	④	2	①	②	③	④	2	①	②	③	④
3	①	②	③	④	3	①	②	③	④	3	①	②	③	④
4	①	②	③	④	4	①	②	③	④	4	①	②	③	④
5	①	②	③	④	5	①	②	③	④	5	①	②	③	④
6	①	②	③	④	6	①	②	③	④	6	①	②	③	④
7	①	②	③	④	7	①	②	③	④	7	①	②	③	④
8	①	②	③	④	8	①	②	③	④	8	①	②	③	④
9	①	②	③	④	9	①	②	③	④	9	①	②	③	④
10	①	②	③	④	10	①	②	③	④	10	①	②	③	④
11	①	②	③	④	11	①	②	③	④					
12	①	②	③	④	12	①	②	③	④					
13	①	②	③	④	13	①	②	③	④					
14	①	②	③	④	14	①	②	③	④					
15	①	②	③	④	15	①	②	③	④					
16	①	②	③	④	16	①	②	③	④					
17	①	②	③	④	17	①	②	③	④					
18	①	②	③	④	18	①	②	③	④					
19	①	②	③	④	19	①	②	③	④					
20	①	②	③	④	20	①	②	③	④					

※ 절취선을 따라 분리하여 실제 시험과 같이 사용하면 더욱 효과적입니다.

※ 본 답안지는 마킹연습용 모의 답안지입니다.

국가정보원 일반직 9급 필기시험 답안지

문번	국어 1	2	3	4	문번	한국사 1	2	3	4	문번	일반상식 1	2	3	4
1	①	②	③	④	1	①	②	③	④	1	①	②	③	④
2	①	②	③	④	2	①	②	③	④	2	①	②	③	④
3	①	②	③	④	3	①	②	③	④	3	①	②	③	④
4	①	②	③	④	4	①	②	③	④	4	①	②	③	④
5	①	②	③	④	5	①	②	③	④	5	①	②	③	④
6	①	②	③	④	6	①	②	③	④	6	①	②	③	④
7	①	②	③	④	7	①	②	③	④	7	①	②	③	④
8	①	②	③	④	8	①	②	③	④	8	①	②	③	④
9	①	②	③	④	9	①	②	③	④	9	①	②	③	④
10	①	②	③	④	10	①	②	③	④	10	①	②	③	④
11	①	②	③	④	11	①	②	③	④					
12	①	②	③	④	12	①	②	③	④					
13	①	②	③	④	13	①	②	③	④					
14	①	②	③	④	14	①	②	③	④					
15	①	②	③	④	15	①	②	③	④					
16	①	②	③	④	16	①	②	③	④					
17	①	②	③	④	17	①	②	③	④					
18	①	②	③	④	18	①	②	③	④					
19	①	②	③	④	19	①	②	③	④					
20	①	②	③	④	20	①	②	③	④					

※ 본 답안지는 마킹연습용 답안지입니다.

고사장

성 명

수 험 번 호

감독위원 확인 (인)

※ 절취선을 따라 분리하여 실제 시험과 같이 사용하면 더욱 효과적입니다.

국가정보원 일반직 9급 필기시험 답안지

문번	국어 1	2	3	4		문번	한국사 1	2	3	4		문번	일반상식 1	2	3	4
1	①	②	③	④		1	①	②	③	④		1	①	②	③	④
2	①	②	③	④		2	①	②	③	④		2	①	②	③	④
3	①	②	③	④		3	①	②	③	④		3	①	②	③	④
4	①	②	③	④		4	①	②	③	④		4	①	②	③	④
5	①	②	③	④		5	①	②	③	④		5	①	②	③	④
6	①	②	③	④		6	①	②	③	④		6	①	②	③	④
7	①	②	③	④		7	①	②	③	④		7	①	②	③	④
8	①	②	③	④		8	①	②	③	④		8	①	②	③	④
9	①	②	③	④		9	①	②	③	④		9	①	②	③	④
10	①	②	③	④		10	①	②	③	④		10	①	②	③	④
11	①	②	③	④		11	①	②	③	④						
12	①	②	③	④		12	①	②	③	④						
13	①	②	③	④		13	①	②	③	④						
14	①	②	③	④		14	①	②	③	④						
15	①	②	③	④		15	①	②	③	④						
16	①	②	③	④		16	①	②	③	④						
17	①	②	③	④		17	①	②	③	④						
18	①	②	③	④		18	①	②	③	④						
19	①	②	③	④		19	①	②	③	④						
20	①	②	③	④		20	①	②	③	④						

고사장

성명

수험번호

감독위원 확인 인

※ 정정사유 때라 분리하여 실제 시험과 같이 사용하면 더욱 효과적입니다.

※ 본 답안지는 마킹연습용 모의 답안지입니다.

국가정보원 일반직 9급 필기시험 답안지

문번	국어				문번	한국사				문번	일반상식			
	1	2	3	4		1	2	3	4		1	2	3	4
1	①	②	③	④	1	①	②	③	④	1	①	②	③	④
2	①	②	③	④	2	①	②	③	④	2	①	②	③	④
3	①	②	③	④	3	①	②	③	④	3	①	②	③	④
4	①	②	③	④	4	①	②	③	④	4	①	②	③	④
5	①	②	③	④	5	①	②	③	④	5	①	②	③	④
6	①	②	③	④	6	①	②	③	④	6	①	②	③	④
7	①	②	③	④	7	①	②	③	④	7	①	②	③	④
8	①	②	③	④	8	①	②	③	④	8	①	②	③	④
9	①	②	③	④	9	①	②	③	④	9	①	②	③	④
10	①	②	③	④	10	①	②	③	④	10	①	②	③	④
11	①	②	③	④	11	①	②	③	④					
12	①	②	③	④	12	①	②	③	④					
13	①	②	③	④	13	①	②	③	④					
14	①	②	③	④	14	①	②	③	④					
15	①	②	③	④	15	①	②	③	④					
16	①	②	③	④	16	①	②	③	④					
17	①	②	③	④	17	①	②	③	④					
18	①	②	③	④	18	①	②	③	④					
19	①	②	③	④	19	①	②	③	④					
20	①	②	③	④	20	①	②	③	④					

※ 본 답안지는 마킹연습용 모의 답안지입니다.

고사장	
성명	

수험번호	⓪	①	②	③	④	⑤	⑥	⑦	⑧	⑨
	⓪	①	②	③	④	⑤	⑥	⑦	⑧	⑨
	⓪	①	②	③	④	⑤	⑥	⑦	⑧	⑨
	⓪	①	②	③	④	⑤	⑥	⑦	⑧	⑨
	⓪	①	②	③	④	⑤	⑥	⑦	⑧	⑨
	⓪	①	②	③	④	⑤	⑥	⑦	⑧	⑨
	⓪	①	②	③	④	⑤	⑥	⑦	⑧	⑨

감독위원 확인	(인)

※ 절취선을 따라 분리하여 실제 시험과 같이 사용하면 더욱 효과적입니다.

국가정보원 일반직 9급 필기시험 답안지

문번	국어				문번	한국사				문번	일반상식			
1	①	②	③	④	1	①	②	③	④	1	①	②	③	④
2	①	②	③	④	2	①	②	③	④	2	①	②	③	④
3	①	②	③	④	3	①	②	③	④	3	①	②	③	④
4	①	②	③	④	4	①	②	③	④	4	①	②	③	④
5	①	②	③	④	5	①	②	③	④	5	①	②	③	④
6	①	②	③	④	6	①	②	③	④	6	①	②	③	④
7	①	②	③	④	7	①	②	③	④	7	①	②	③	④
8	①	②	③	④	8	①	②	③	④	8	①	②	③	④
9	①	②	③	④	9	①	②	③	④	9	①	②	③	④
10	①	②	③	④	10	①	②	③	④	10	①	②	③	④
11	①	②	③	④	11	①	②	③	④					
12	①	②	③	④	12	①	②	③	④					
13	①	②	③	④	13	①	②	③	④					
14	①	②	③	④	14	①	②	③	④					
15	①	②	③	④	15	①	②	③	④					
16	①	②	③	④	16	①	②	③	④					
17	①	②	③	④	17	①	②	③	④					
18	①	②	③	④	18	①	②	③	④					
19	①	②	③	④	19	①	②	③	④					
20	①	②	③	④	20	①	②	③	④					

※ 정착시킬 따라 분리하여 실제 시험과 같이 사용하면 더욱 효과적입니다.

고사장

성 명

수험번호

감독위원 확인 (인)

※ 본 답안지는 마킹연습용 모의 답안지입니다.

시대에듀 국가정보원 일반직 9급 필기시험

개정5판1쇄 발행	2025년 06월 20일 (인쇄 2025년 05월 21일)
초 판 발 행	2018년 08월 30일 (인쇄 2018년 08월 20일)
발 행 인	박영일
책 임 편 집	이해욱
편 저	시대공무원시험연구소
편 집 진 행	안희선・윤지원
표지디자인	박종우
편집디자인	유가영・고현준
발 행 처	(주)시대고시기획
출 판 등 록	제10-1521호
주 소	서울시 마포구 큰우물로 75 [도화동 538 성지 B/D] 9F
전 화	1600-3600
팩 스	02-701-8823
홈 페 이 지	www.sdedu.co.kr
I S B N	979-11-383-9343-0 (13350)
정 가	25,000원

※ 이 책은 저작권법의 보호를 받는 저작물이므로 동영상 제작 및 무단전재와 배포를 금합니다.
※ 잘못된 책은 구입하신 서점에서 바꾸어 드립니다.

최신개정판

국가정보원
일반직 9급

정답 및 해설

나는 이렇게 합격했다

자격명 : 위험물산업기사
구분 : 합격수기
작성자 : 배*상

나는 할 수 있다 69년생 50중반 직장인 입니다. 요즘 자격증을 2개정도는 가지고 입사하는 젊은 친구들에게 일을 시키고 지시하는 역할이지만 정작 제자신에게 부족한 점이 많다는 것을 느꼈기 때문에 자격증을 따야겠다고 결심했습니다. 처음 시작할때는 과연 되겠냐? 하는 의문과 걱정이 한가득이었지만 **시대에듀** 인강을 우연히 접하게 되었고 잘 차려진 밥상과 같은 커리큘럼은 뒤늦게 시작한 늦깎이 수험생이었던 저를 **합격의 길**로 인도해주었습니다. 직장생활을 하면서 취득했기에 더욱 기뻤습니다.

합격은 시대에듀

감사합니다! ♥

당신의 합격 스토리를 들려주세요.
추첨을 통해 선물을 드립니다.

QR코드 스캔하고 ▷▷▶
이벤트 참여해 푸짐한 경품받자!

베스트 리뷰	상/하반기 추천 리뷰	인터뷰 참여
갤럭시탭/ 버즈 2	상품권 / 스벅커피	백화점 상품권

합격의 공식

시대에듀